中国外经贸改革与发展
2021

ZHONGGUO WAIJINGMAO GAIGE YU FAZHAN 2021

主　编　金　旭
副主编　边振瑚　李　钢
执行主编　郝宝生

中国商务出版社
CHINA COMMERCE AND TRADE PRESS

图书在版编目 (CIP) 数据

中国外经贸改革与发展 . 2021 / 金旭主编 . -- 北京：
中国商务出版社 , 2022.5
ISBN 978-7-5103-4271-4

Ⅰ . ①中… Ⅱ . ①金… Ⅲ . ①对外贸易—中国—文集
Ⅳ . ① F752-53

中国版本图书馆 CIP 数据核字 (2022) 第 068905 号

中国外经贸改革与发展 2021

主　编　金　旭　　副主编　边振瑚　李　钢　　执行主编　郝宝生

出版发行：中国商务出版社
社　　　址：北京市东城区安定门外大街东后巷 28 号　邮政编码：100710
网　　　址：http://www.cctpress.com
电　　　话：010-64212247（总编室）　　010-64515151（事业部）
　　　　　　010-64208388（发行部）　　010-64286917（零售电话）
责任编辑：刘姝辰
网　　　店：https://shop162373850.taobao.com/
邮　　　箱：349183847@qq.com
开　　　本：710 毫米 × 1000 毫米　1/16
印　　　张：28
版　　　次：2022 年 5 月第 1 版　　印　　次：2022 年 5 月第 1 次印刷
书　　　号：ISBN 978-7-5103-4271-4
字　　　数：425 千字　　　　　　定　价：85.00 元

PREFACE | 前 言

　　2021 年，举国隆重庆祝中国共产党百年华诞，是我国全面建成小康社会之后，开启全面建设社会主义现代化国家新征程、实施"十四五"规划的起始之年。这一年也是中国加入世界贸易组织廿周年，我们在回顾对外开放艰难历程中，更加深刻认识到只有进一步深化改革、扩大开放，紧紧抓住构建以国内大循环为主体、国内国际双循环相互促进的新发展格局这个"纲"，开放创新，建设更高水平开放型经济新体制，才能最终实现中华民族伟大复兴的梦想。

　　2021 年，也是中国国际贸易学会成立四十周年的大日子。我们举办了中国国际贸易学会成立 40 周年暨中国入世 20 周年座谈会。40 年前的 1981 年 7 月，中国国际贸易学会在改革开放的大潮中应运而生，成为我国改革开放以后成立的第一个具有社团法人地位的全国性国际贸易学术团体。学会的宗旨是团结和组织全国广大对外经贸理论和研究的实际工作者，特别是多年从事外经贸学术研究和专业实践的专家、学者、企业家和领导干部。在党的基本路线指引下，坚持改革开放政策，贯彻百花齐放、百家齐名的学术民主方针，发扬理论联系实际和实事求是的学风，积极探索社会主义市场经济体制下我国对外经贸改革和发展的理论实践问题。在我国深化外贸体制改革、建立多双边的贸易合作机制、积极改善贸易投资环境、加快转变外贸发展方式、推动对外贸易高质量发展和加快构建国内国际"双循环"新发展格局的历史进程中，中国国际贸易学会始终围绕商务工作中心，积极履职，建言献策，发挥了重要的参谋助手作用，为我国外经贸事业的发展与改革作出了积极贡献。

2021 年，中国国际贸易学会继续开展了第卅五届"中国外经贸发展与改革"征文活动，主题是"双循环新发展格局与构建更高水平开放型经济新体制"。本届征文共收到来自全国 23 个省市自治区征文投稿 194 篇。经审核确认有效征文稿件 181 篇。经过评审委员会三轮严格评审，确定了各个奖项。这部论文集收录其中有代表性的作品。论文集共分为四个部分：中国"入世"20 周年；推动对外贸易高质量发展；多双边贸易，包括区域经济一体化和贸易关系的理论及实证分析。

四十岁，人生之盛年，对中国国际贸易学会亦如是。进入新的发展阶段，中国国际贸易学会各项工作要深入贯彻新发展理念，为构建新发展格局做出自己的努力。我们将以成立 40 年作为新起点，继往开来，传承创新，团结全体会员，搭建更多平台，创造更多的学界与业界对话机会，不断探索理论与实践的融合创新，在"政产学研用"中发挥独特作用，为推进高水平对外开放、建设社会主义现代化强国展现新作为、做出新贡献！

值此《中国外经贸改革与发展 2021》付梓之际，我代表中国国际贸易学会向一直以来对我会给予厚爱与支持的领导和社会各界人士表示诚挚的感谢。最后，对中国商务出版社领导和责任编辑的鼎力支持与帮助表示由衷的谢意。

中国国际贸易学会会长

二〇二二年四月廿日

CONTENTS | 目 录

第一部分　中国"入世"20年

加入 WTO 二十年，中国改变了什么？

易小准 *

2021 年是中国加入 WTO 20 周年。我全程参加了中国加入 WTO 的漫长谈判，十年前被派到日内瓦担任了近三年的中国驻 WTO 大使。之后，又担任七年半的 WTO 副总干事，两个多月之前卸任回国。可以说我的整个职业生涯都没有离开过 WTO，所以今天我想就中国与全球经贸治理这个话题，以及在多边贸易体制框架下的中欧合作谈点看法。

中国与多边贸易体制

记得 20 年前中国加入 WTO 的那一刻，不仅十几亿中国人在欢欣鼓舞，全世界都在欢庆这一多赢的结果。事实证明，中国加入 WTO 在世界历史上也是一件具有里程碑意义的重大事件。它不仅推动了世界经济全球化的全面提速，而且也标志着 WTO 终于成为一个名副其实的世界性的贸易组织。

加入世贸组织 20 年来，中国的经济社会发展取得了巨大的成就。

中国的经济总量增长了近十倍，在世界经济中所占的比重从 4% 增长为 17%，成为全球第二大经济体。

中国的货物贸易总额增长了 8 倍，进口、出口在全球所占份额从 3.8% 和 4.3%，分别增长为 11.5% 和 14.7%，中国成为全球第一大出口国和第二大进口国。

外商对华直接投资的规模年均增长 6.1%，连续 29 年居发展中国家的首位。

中国对外直接投资的年度流量在全球的排名，也从 20 年前的第 26 位上升

---

*作者简介：易小准，商务部原副部长。

至 2019 年的第 4 位。

在以世贸组织为核心的多边贸易体制中受益的同时，中国也为推动全球的可持续发展做出了重要的贡献。中国对全球经济增长的年均贡献率接近 30%。

让我们来看一下中国与几个主要贸易伙伴的双边货物贸易发展情况。

2001 年，中国仅是美国第 11 大出口目的地，占美国的出口总额不足 2%。而 2020 年，美国对华出口已增长至其出口总额的 9%，中国成为美国第 3 大出口市场。

中国与欧盟国家的贸易也经历了同样的快速发展。按照欧盟统计，2000 年，中国自欧盟进口的货物为 252 亿美元，对欧盟国家的货物出口为 697 亿美元。到了 2019 年，中国从欧盟的进口已经飙升至 2252 亿美元，进口增长了 8 倍，年均增速为 12%。对欧盟的出口则增至 4207 亿美元，增长了 5 倍，年均增速为 10%。

与发展中国家的经贸关系，南非是一个很典型的例子，2001 年，中国在南非的出口市场中仅排名第 17 位，而今天，中国早已成为南非的第 1 大出口目的地，在南非的出口总额中占比已从 1.7% 跃升至 11%。

对于其他一些新兴经济体来说，中国市场则更为重要。例如，中国吸纳了巴西近 32% 的出口。

此外，中国还是 WTO 成员方中仅有的几个主要发展中国家之一，承诺对最不发达国家 97% 的出口产品实行零关税待遇。自 2008 年以来，中国就一直是最不发达国家的主要出口目的地，吸收了他们 1/4 以上的出口。

在贸易体制自由化方面，中国也交出了一份不错的成绩单。

大家知道，自从 1995 年多哈回合结束以来，WTO 多数成员在贸易自由化方面就基本上是原地踏步，止步不前。20 多年来，对开放市场的主要贡献是来自于新加入成员在市场准入方面所做出的承诺。中国在加入 WTO 谈判时做出了高水平承诺，不断扩大各领域对外开放，加快推进贸易与投资自由化和便利化，使中国国内的营商环境不断优化。我们做出的关税减让承诺是将平均最惠国关税税率降至约 10%。但中国并未止步于履行 WTO 承诺，而是进一步主动降至今天的 7.5%。中国的贸易加权税率更低至 4.4%，已经接近美欧的关税水平。

在服务贸易开放方面，中国也在当年加入 WTO 时高水平承诺基础上，陆续在金融、法律服务、物流和分销等领域推出一些重大的开放举措，受到 WTO 成员的欢迎。

2020 年生效的新外商投资法，还正式确立了"准入前国民待遇加负面清单"的外商投资管理模式，在金融业、制造业、基础设施、农业和医药等领域不断扩大对外资的市场开放，并在政府采购、资质许可、标准制定等方面推动落实准入后国民待遇，为外资企业提供更加公平、透明和可预期的市场环境。

可以说，在加入 WTO 之后的 20 年中，中国既是多边贸易体制的最大受益方之一，也是其最大的贡献者。

但中国作为快速增长的发展中大国，对自己在 20 年来取得的成绩决不能自满，也不能躺在 20 年前加入 WTO 时的承诺上睡大觉。改革开放是我们化解当前面临的众多国际矛盾的不二选择。同时，中国还应当主动承担起与自己发展水平相匹配的国际义务，为多边贸易体制提供更多的公共产品。

中国营商环境的不断改善为中欧经贸关系带来新契机

当前，中欧经贸关系面临前所未有的机遇和挑战。我认为，中欧经贸合作的本质是互利双赢。中欧是世界经济的重要力量，也互为对方最重要合作伙伴之一。

中欧经贸往来已经从货物贸易扩大至服务贸易、投资、技术、金融、互联互通、数字经济等领域，广度和深度不断拓展，产业链、供应链的稳定性和韧性持续增强。近年来，中国与欧盟签署了航空安全协定、地理标志协定，完成了中欧投资协定谈判，还建立起数字、绿色伙伴关系，与瑞士、冰岛自贸区协定运行良好。

2020 年，中国与欧洲国家的货物和服务贸易接近 1 万亿美元，双向投资累计超过 2500 亿美元。疫情期间，中欧相互帮助支持，经贸合作一刻也没有放松过、停止过。2019 年底，中欧达成地理标志协议，在优质农产品贸易方面潜力巨大。新冠肺炎疫情暴发以来，中国统筹推进疫情防控和经济社会发展，在

全球主要经济体中率先实现经济正增长。2020 年 1—11 月，中欧贸易逆势增长 3.5%，显示出强大的韧性。此外，双向投资成为中欧经贸关系的重要纽带。截至 2019 年底，欧盟累计对华直接投资 1379 亿美元，中国累计对欧盟直接投资 1021 亿美元。

中国欧盟商会发布的《2021 年商业信心调查报告》显示，有 60% 的欧盟受访企业计划于 2021 年扩大在华业务，较 2020 年上升近十个百分点。约 68% 的受访企业对所在行业未来两年的商业前景持乐观态度。

这些数据充分体现出欧盟企业对中国市场的信心，也展现了中欧经贸合作的光明前景。

中欧之间没有、也不应人为制造所谓的根本利益分歧。中国需要欧洲，欧洲也需要中国，中欧互利合作有利于中国，有利于欧洲，也有利于世界。在座的各位大多数都是中欧的企业家，欧洲企业在华经营的成功案例不胜枚举。

比如，德国大众汽车集团在华经营收益已超过其本土业务的收益。2020 年，大众携手中国伙伴在华投资超过 40 亿欧元，其中超过 40% 的投资用于电动出行领域。到 2025 年，大众集团计划在中国交付约 150 万辆电动汽车。

5

法国欧莱雅集团是一个全球性的化妆品集团，受新冠肺炎疫情影响，2020年，全球销售总额同比下滑 6.3%，营业利润同比下滑 6.1%。但在 2020 年下半年，欧莱雅集团在中国市场逆势上扬，营业收入取得同比增长 27% 的好成绩。

2020 年，作为博世集团全资子公司的博西家电，不仅在中国市场取得了 7% 的增长，而且在产品设计、生产和电子商务方面都取得了重大进展，尤其是抓住了洗碗机和干衣机这一类的新兴消费需求，取得了突破性增长。我自己家里正在装修，就购买了从冰箱、洗衣机、洗碗机到干衣机和烤箱等全套的博西家电。

我相信，中国广阔的市场腹地和众多的消费者群体，将为欧洲企业带来巨大的发展空间。

支持多边贸易体制是中欧经贸关系中的最大公约数

过去几年里，世界经济经历了深刻调整，经济全球化遇到强大的逆流。单边主义和保护主义泛滥，贸易战烽烟四起，以 WTO 为代表的多边贸易体制遭受严重的冲击和挑战。

值此艰难时刻，中欧都选择站在了经济全球化的正确一边，旗帜鲜明地支持多边贸易体制，抵制贸易保护主义。我记得在特朗普政府扬言退出 WTO 时，世界为之愕然，绝大多数国家完全没有心理准备接受一个没有美国领导的多边贸易体制。但是中欧在此关键时刻，在各个层面加强了协调，共同引领 WTO 的成员度过了这场退群危机。

此外，由于美国执意阻挠上诉机构成员的遴选程序，使得 WTO 长期以来引以为傲的争端解决机制彻底陷入瘫痪。又是中欧密切合作提出了一份联合提案，在捍卫上诉机构核心价值的同时，也积极推动对该机构进行合理的改革。这份联合提案获得了众多 WTO 成员的支持和赞赏，使各方对上诉机构未来能够重获新生充满了希望。

在世界质疑 WTO 已经丧失其最重要的谈判功能时，还是中欧双方互相支持，在 WTO 中发起了开放式的诸边谈判模式，成功地在 WTO 中发起了投资便利化和服务贸易的国内规制等几个新议题的谈判，并取得了重大进展。

当前，世界正在面对史无前例的新冠肺炎疫情危机。此外，诸如网络安全、环境污染和气候变化等全球性的挑战也日益增多。中欧作为世界上的主要经济体，应该责无旁贷地进一步加强在多边贸易体制中的合作，引领 WTO 应对这些全球性的挑战，促进疫后的全球经济复苏。

最近，欧盟在 WTO 中提出了有助于全球防疫的医疗产品和服务的倡议。我认为，中国可以积极地支持和参与这项讨论。

同样，为了应对塑料对环境和海洋的污染，中国近日也在 WTO 中牵头提出了有关在贸易领域治理一次性塑料的倡议。该倡议符合欧盟一贯倡导的绿色环保理念，也理应得到欧盟建设性的参与和支持。

一个健康、强大的多边贸易体制不仅是中欧经贸关系发展的基石，也是世界在疫后快速复苏的重要保障。中欧在 WTO 中的合作和共同引领，将为当前这个充满不确定性和不稳定性的世界注入正能量，为各国企业界之间的合作开辟更广阔的空间。*F*

开放本身是个大课题

杨正位 [*]

新发展格局问题

新发展格局一提出来，国内外疑虑非常大，就是说是不是以国内为主？国际上怎么办？是不是开放要往回走了？总书记说有"八个误区"。第一个误区，是不是对外开放要大幅度收缩了？这个是大家非常关心的。当然，我们学者还不重要，企业就更关心，外资企业非常关注。新格局是什么？到底新格局和开放是什么关系？以国内大循环为主体，国内国际双循环相互促进，我们说外循环在哪里呢？新格局和高水平开放是什么关系呢？

后来我们看五中全会，中央的文件说得非常清楚，它把两个并列，有一部分是讲新格局，有一部分是讲高水平开放，我们就能够理解这两者根本不是一种矛盾对立的关系，我们构建新发展格局，还要扩大高水平开放，扩大全面对外开放，这两者是并行不悖的。我们理解，怎么表述这个关系？咱们不是讲内循环，国际双循环、外循环，我们就讲全球化时代，内中有外，外中有内，水乳交融，你想分也分不开。总书记也强调，我们不走封闭倒退的老路，那么必然要继续扩大开放。

客观来说，内循环、外循环什么关系呢？我们部长的话很有哲理，他讲内循环牵引外循环，外循环促进内循环，双循环是在更加开放条件下的良性循环，而不是自我封闭、自成一体的恶性循环。所以，这从定位上、认识上，对于我们搞好工作，看待国际大势是有帮助的。

具体怎么循环？大循环的内容，以及国际循环、双循环，市场相通，两个

---

*作者简介：杨正位，商务部政策研究室主任。

市场是分不开的，产业相融，我们的产业更加交融，每个人要脱钩，那我们就必须要反脱钩，怎么反脱钩？继续扩大利用外资、扩大贸易合作，相互更分不开。还有创新相促，我们是要强调自立自强，但我们的创新和开放式创新是并行不悖的。一方面，一些核心技术、关键技术是买得来的，另一方面，大多数常规的创新还是得利用全球创新要素，共同合作，最典型的例子就是华为，华为用的是全球的人才，虽然地球上有一块地方要封闭它，但是其他地方还可以用。从这个角度来理解，未来几十年我们的开放亮点在哪里？商品的开放、要素开放，我个人理解，有可能将来在人才这一块，怎么能够有水平地利用全球的人才，那才能体现出一个开放盛世的未来和期待。

另外还有规则相连，要开放，要搞新格局，也不是两个规则不衔接，这两个规则也是有效沟通的。我们有时候琢磨，两个规则是不是完全一样？怎么琢磨？觉得无论如何还是没办法一样。举个例子，比如说我们吃饭，他用刀叉，我们用筷子，也不能说我们全部用筷子，他全部用刀叉，但是我们不能一起吃饭吗？完全可以。中国和美国，以及其他国家，很大一部分交集，就要寻求最大公约数，寻求最大交集。所以，新格局下我们要以高水平开放提升国内循环，融入国际循环，我们的开放水平是更高的，部领导也要求我们，你们能不能用几句话总结清楚呢？我们初步理解，高水平是新发展格局的强大动力，是新发展格局内外融通和提质增效的必由途径。

新发展格局和水平开放是什么关系呢？新发展格局是高水平开放的战略依托，是高水平开放塑造优势和保障安全的强力支撑。就是下一步开放要塑造新的优势，国际合作与竞争。大家注意，一般原来我们讲国际竞争，现在第一个是合作，先要合作，同时还要竞争。所以理解两者关系对于我国未来是很重要的。同时，这也涉及内需和外需的关系问题。很多部门也不太了解，其实长期看就是0，有时候经常为负，这就容易让国内很多人误解或者看清内需的作用。我想，搞统计的只有少数人大概了解支出法里面内需、外需的关系。部领导新来的时候，我们也经常跟领导介绍这两者是什么关系。

事实上，支出法是没办法用来衡量内需、外需的关系，就是"$Y = C + I + G + (X - M)$"，$(X - M)$ 相当于我们用来算外需，这是完全错误的，我们也和统计局沟通了几次，他们说算外需的贡献绝不能用这个公式，需要另外的指标体系。你看这几年统计局公布的外需贡献，它从来不这么说，它只能说进出口拉动多少个百分点，不能说那个是外需。外需到底是多少呢？我们各方面去算，初步算的话，如果单纯算一般的外需，简要的小的外需概念就是外贸吧，再小一点就是出口，就是外贸这一块贡献，那么我们初步估计现在对国民经济的贡献大概在五分之一。如果再加上投资，投资当然不单是投资需求，就是投资带动的这一块，贸易和投资，这个贡献大概在四分之一以上。如果按照中央的大概念，外循环，包括各种要素，包括技术外溢、思想理念交流、文明互鉴……如果都算的话到底有多少，那我们不能说对增长的贡献，就得换一个词，是对国家发展的贡献，这个作用或者占比，我们觉得不低于三分之一。

我们做过这些基础研究过后，一方面，要与党中央保持高度一致，另一方面，也把相关的观点通过合理的途径向国务院汇报。后来中财办觉得这个东西非常好，它转发了，让我们觉得政治上完全正确，和党中央保持一致，但是我们也把这个问题说清楚了，说明白了，这在当前格局下，在当前的国际形势下，有利于正确处理内外关系。我们要走向复兴的道路还是离不开更高水平的开放，因为时间关系，我就不一一介绍开放的空间了，贸易投资这些，包括国际合作规则这些东西都是大量的空间，就是说高水平开放的空间也是很大的，现在最多是个大国，离强国还早着呢。简单举个例子，外贸的比重现在也才13% 左右，2020 年特殊情况下是 14.6%，将来中国这么一个制造大国，比如说迈向 20% 以上也不是什么难事，也不是一个奇怪的事，所以我觉得对于这些问题的理解，对于这些方面的认识，我们了解清楚了，对未来就有更长远的看法和理解。

巨大成功的原因

入世 20 周年，我想简要讲一下 20 年我们取得巨大成功的原因，包括国际的原因和国内的原因，外部的原因和自身的原因。

当然，如果简单地归结为内因、外因，内因就是起主导作用，外因通过内因起作用，就可以是这种逻辑，也是一种主流的观点。从国际的原因我们理解，首先，入世 20 年，就提供了一个国际大市场，我们的市场空间更大了。原来 13 亿人，现在 14 亿人的大市场，国际上又增加了几十亿人，当然这几十亿人未必我们都占了，但是我们的市场空间扩大了很多倍。

其次，我们有一个稳定可预期的制度环境，就是外部环境，这也是非常重要的。搞贸易、搞生意，如果环境不稳定，预期不稳定，就会直接影响发展，这个也非常重要。原来美国人审我们的最惠国待遇，一年一审，当时咱们是多么困难，现在这个也不用了，所以外部制度环境也很重要。

最后，开放让我们改革摸对了石头，找到了路子，知道我们改革对标的方向。所以，有时候开专家研讨会，有的专家提出这个，我们觉得说得非常好。原来我们是摸着石头过河，不知道改革往哪个方向改，加入世贸组织，让我们摸对了石头，知道改革的方向在哪里。有一次我们开内部研讨会，一位早期的老领导说我们早期的改革都是开放推动的，就是这个意思。所以这些东西对我们理解很重要。从国际上来讲，我们觉得就是这三个方面。

从国内来说，首先，是我们的制度优势。我们党的领导和中国特色社会主义的制度优势，集中力量办大事，这个让我们在制定开放决策的时候，把握和顺应国际大势的时候走对了路子。比如说小平同志，20 世纪 80 年代初抓住机遇搞开放，90 年代初，毅然决然搞浦东开发开放。倒过来算，在东欧剧变之际，推出了浦东开发开放和南方讲话，这是非常伟大的，了不起的，有远见的。还有一个就是入世，入世的时候也是很艰难的。

另外，我个人理解这种制度的最核心优势独立自主和扩充开放是并行不悖，是结合的。我去过好多国家，反思他们的开放，一会儿政策摇摆，一会儿脱钩，一会儿新自由主义，一会儿一个政党上台政策又变了，确实没有独立自主。外资一撤走国家就完了。包括当年要求我们资本项目可兑换，说兑换的和不兑换的大概都有一批著名的经济学家，但是我们国家资本项目没有可兑换，所以我个人理解，这也是我们 40 多年没发生大金融危机的重要原因。这是制度优势。

其次，是工业基础、制度基础。从工业化开放来讲，改革开放初期，基本上工业体系建立了。

最后，中国人勤劳、刻苦、努力、智慧。20世纪二三十年代西方人测智商，东方人有的比他们还高，并不低，但是西方人不公布，因为那个时候东方比较落后，所以说很多人没有民主自信心。我们倒过来看，好多人的亲人都是农民工，农民工多辛苦，每年两三亿人，他们抛家别口，那么多留守儿童，只有中国人这么能干，外国人自己要出来，是不是也拖家带口？这就是中国人的勤劳，是几千年农耕民族形成的韧性和坚强性。所以，内外大概都是三个方面，我们总觉得入世取得巨大成就，内外因素都有。内部是我们党抓住了全球化的机遇，获得这种成就也不是别人恩赐的，也是靠自己努力奋斗的。另外，我们是抓住了全球化机遇，主动融入世界经济，以更开放的胸怀与世界走在一起，这些方面都是重要的。

关于高水平开放问题

说到开放问题，我就首先想到为什么开放是一个问题？为什么清末的时候那么多人反对开放？有时候比较很相似。五年一小反，十年一大反，大概是这个概念，对于开放的认识。这个问题本来就很重要，如果做些比较，更能看清楚为什么有这些思想的交流和火花。

第一，作为一个民主国家，我们国家出现这种特点也是很正常的。刚才我说独立自主和对外开放也是体现了两个方面，一方面，有时候确实需要民族主义、独立自主才有定心、才有定力。另一方面，需要不断扩大开放与世界交融，我们更有动力，更能够缩小发展差距，所以开放本身就是一个大问题。

第二，在当前的新格局下，为什么还要高水平开放？事实上，简要来说，要发挥强大的国际市场优势必须要高水平开放。我今天看了一个新闻，就是美大使馆转过来的，他的商务部长说了一堆污蔑的话，说中国人怎么不守规则。但是，它这个大市场还是非常好的，我们必须要和它做生意、打交道。这就证明了我们发挥大市场优势是有道理的，我们只要开放，他们要脱钩，要有压舱石，说得简单一点，仗就打不起来。所以有时候我们也反思，是不是当时说是压舱石，经贸合作，好像有人说"压舱石"也不灵了，但是反过来思考，如果没这个压舱石呢？是不是翻车就更快、更容易了？所以我们初步的体会，压舱石还是压舱石。

我觉得要应对美西方围堵确实是需要高水平开放。换个角度，如果我们关门了，其他发达国家、发展中国家开门，就可以完全分化、瓦解它的脱钩图谋，只要我们扩大开放，而西方早就不是铁板一块，大概看看20世纪六七十年代的时候，哪怕两大阵营对垒的时候，法国和欧洲、美国、英国矛盾都很大，戴高乐主义大家都知道。今天法国把大使召回其实不是什么新鲜事，法国那个民族主义一直很强的。它觉得法语也不比英语差，甚至比英语还高贵。当时18世纪、19世纪，特别是俄国好多国家非说两句法语，到法国去一去就是最牛的，这些例子都很多了。所以要突破围堵，是靠开放。

第三，要创造良好国际环境，和世界良性互动还需要更高水平开放。说透了，中华文明要和平崛起，要民族复兴，肯定还是需要一个相对和平、良好的外部环境，需要多打交道、多来往。我们一下发展很快，外国人一下不理解、不适应，只有慢慢得相互适应，多沟通、多了解，这样我们的未来才会有更大的空间。

第四，我们要构建人类命运共同体。有时候想想，中华文明有好多传统的东西，立己达人。就是我好了，也希望你好，协和万邦，其实还是体现了一种和平的手段，和西方那种直接去占领和征服还是不一样的文明。总书记强调，人类优先、命运与共，这些方面确实还是有它非常先进的地方。当然，不能说我们好就看不起人家，还是要交流互鉴，西方很多好的我们还没学够呢，还得认真学，我们既不自大，也不自卑，以相对平视的心态对待自己、对待世界，人看我，我看人，我看我，三个关系都需要处理好，不能只从一个角度看问题，那这样就很难沟通和理解。

我们为什么要高水平开放？那么我们现在的水平高不高？到底怎么样？我们也做过一些具体的测算。和发展中国家相比，我们的开放水平已经有所提高，但是我们和发达国家相比，开放水平还有不小的差距。我们政研室也做过一些基础的研究，把世界各个国家的开放进行排名，我们的排名能够排在四十位上下。作为一个对世界负责任的大国，我们还是需要更高水平的开放。我们觉得和发达国家的开放相比，更加注重平等或者看齐、对标，和发展中国家的开放相比，我们更多是要普惠、均衡，我们也不能索取过多。我们也算了一下，175 个经济体，232 个伙伴当中，175 个我们是顺差，要和人家做生意，你到哪个国家都说贸易不平衡，要大家愿意一起玩，所以这个贸易平衡，无论如何还是要努力缩小，让大家都觉得愿意和中国一起做生意，共同做大蛋糕，也适度地分好蛋糕，这些都是非常重要的。

具体开放的举措，比如说世贸谈判，我们也在谈，特别是中国 BAT，督促他争取早日签署生效，这些都是前沿的。特别重要的是当前的 CPTPP，我们已经申请了，这些都是最高标准的。对于这些高标准到底怎么看？现在领导非常有远见。2000 多条标准，我们一一打开来看，对照来看，绝大多数是现在完全可以接受的。还有一部分，估计不到 10%，这部分我们是完全可以通过国内改革实现的，也是能达到这个标准的。红线和底线到底有多少，我们一条条来分，哪怕是劳工条款，我们也把条款打开来看，不能接受的是多少，也是非常少的，只是有的概念理解不一样。比如说民主、人权、自由，我们也强调，核心的差异在哪里？是实现方式，是发展阶段和国情，不是一个模子，所以这个东西理解清楚了，那我们可以理解的东西就更多了。不要天天争概念，要争实质内容，有可能对我们解放思想或者走向未来是有帮助的。🅕

多边贸易体制的成功与规则重塑

赵宏[*]

对外贸易成功的 40 年

中国国际贸易 40 年应该说从内容到形式都发生了非常深刻的变化。比如说你看我第一个题目，咱们现在的贸易是货物贸易，我刚加入外经贸部的时候，外经贸那时是如日中天，那时最难找的工作是外经贸行业，加工贸易是那个时代的特点，加工贸易曾一度占据半壁江山。现在就像石部长刚才讲的，服务贸易是最受关注的，服务贸易渗透到第一、第二、第三产业，服务贸易已经成为一个核心关注的焦点，是扩大吸纳就业，也是产业升级换代转型的最重要的行业。

它不光是给制造业上的一个服务业，制造业上附加着服务业，同时新的服务业也在不断地发展，各种形式，从外包到内包，从离岸到近岸，现在有一个概念叫 servitization，就是服务化，这个就是抽象地讲了，要展开来就很多内容。那么还有数字化、网络化，数字化是数字经济对当前的贸易各个产业渗透，这也是一场深刻的革命。从有了火，有了电，到信息时代，现在这个数字时代对全球经济的重塑和影响，对各个产业的影响，我认为是非常深刻的，它给国际经济规则的发展带来很大的挑战。

贸易的这种形态的发展已经是变化非常大，如果不到实践当中去，我们可能不知道现在贸易是怎么做的。另外就是价值链贸易，叫 trading value-added，这个现在对贸易的统计和原产地影响也是非常大的。我们过去就知道这个税字号改变，这个增值的比例，还有 Processing 传统的几种方法。实际上原来我

＊作者简介：赵宏，世贸组织前上诉机构主席、商务部研究院副院长（正司级）。

们做贸易统计的时候，我们跟香港，跟澳门等也有这样的，中美也有统计工作组，但那个是解决转口贸易。

实际上如果用价值链贸易的这种方式来做新的贸易统计的话，比如说，这一个手机如果 100 块钱的话，我们进口的部分，从中国台北、韩国，从日本进口的料件如果能占到 50% 的话，我们其实可能还超过 50%，那么统计到这 100 块钱向下到中国贸易的增值就是 50，那个 50 是不统计进来的。但是我们现在统计是 100，如果按照这种方法就是价值链贸易，咱们政研室是做这个研究的，如果按这种方法的话，我们的顺差会很大程度上减少。

实际上我们入世 10 周年的时候，中国就已经开始跟很多国际组织，包括 OECD、WTO 合作，因为加工贸易，这个价值链贸易实际上很大程度上是在中国发生，虽然这个概念最早从日本来，但在中国发生。我们有很多数据，但现在还没有全口径的，就是用价值链统一，如果说用了这个 trading value-added 方法统计的话，我觉得中美贸易摩擦的时候，我们那个顺差会下来，而且有的年度可能会出现小部分的逆差。

这就是一个很大的题目，我觉得是可以很好地去研究的，还不要算我们的服务贸易，如果把服务贸易的逆差再算上的话，那还是又有一个新的变化。但是你看现在的统计，我们播的统计数字仍然是传统的统计方法。另外就是我们现在谈贸易的时候，实际上不能光看商品贸易，就是我们纺织品服装、鞋、机电产品这样，我认为实际上是在价值链的这种变动，产业链的变动带动的这个贸易，对贸易的影响可能是更深刻的一个影响。

这在疫情期间也是非常明显的，大家谈的原来是一个产业升级的自然选择，现在更多的是供应链安全，就是大家很担心的脱钩等这样一些问题引发的。投资对贸易的影响，实际上跨国投资内部贸易已经占到全球贸易的 70%，这是什么概念？实际上贸易已经不是你贸易公司的贸易，而是跨国公司的，所以世贸组织如果不管投资问题的话，你能把贸易问题搞好吗？我觉得这些问题可能都需要来思考。

另外就是技术对贸易的驱动，现在疫情大家看得很清楚，原来不起眼的电子商务公司，包括阿里巴巴等很多的互联网产业的发展，那是咱们非常有远见。技术驱动对数字贸易，产生了深刻的影响。

现在我说都不知道什么叫数字贸易，或什么叫数字经济，没法定义，因为这个技术还在发展，它是个生发型的，人工智能、区块链、物联网、大数据、云计算，未来 5 年 IT 企业投资到云服务的成本占到 14% 以上，就是它的成本里边有 14% 都在云上，都在数据上，现在很多人的资料可能都在云上，这一轮技术革命对贸易的影响究竟是什么？贸易的成分已经变化了，数据是最核心的因素。过去是资本服务跨越国际，将来的问题就是数据跨越国际的问题。

另外贸易当中现在不光是一个自由贸易，过去我们加入的时候，这个黄金时代谈的就是自由贸易，后来说公平贸易，实际上已经完全不止这些，我们关起门自己讲，我说中国人熟悉了自由贸易以后，就让我们搞知识产权贸易，贸易和知识产权，要保护知识产权这样的贸易，然后当你把知识产权的问题解决了以后，又会出现"两反一保"贸易救济这样的一些贸易问题。

然后环境，欧盟的碳税马上要实施，美国现在强调的以劳工为中心的，以工人为中心的贸易政策，当然你还不要说特朗普时代搞了很多 232 的国家安全的这样的一些调查，他还有其他的一些国家安全的调查。所以我觉得非贸易观，对贸易领域的非贸易关注，就是我们在一个一个地上台阶，这些壁垒实际上都是一些对贸易的壁垒，就是贸易加上非贸易的问题怎么解决？

过去 40 年，国际贸易也是一个快速发展的历程，它远远超出实体经济增长的比率，通常是一倍的速度。那么它为战后 70 年的和平做出了巨大的贡献，对这个减贫，10 亿人口的减贫主要发生在中国，所以过去 40 年就是国际贸易发展的黄金时代。当然对于中国的对外贸易来讲，我说还有一个就是中美关系的波澜壮阔，对美的这一块就像过山车一样，但我认为总体维护了双边关系的稳定，发挥了这样的压舱石和稳定器的作用。

我们从年度审议到永久正常贸易法案，从知识产权谈判把这个表就定在 12 点钟，当时吴仪副总理还在，从知识产权问题，谈到贸易权的开放，再到对外贸易法修改，到三个不利条款的应对，这就是这一代人的付出，我们这样的一支优秀的团队奋斗在这样几个不利条款上，从 232 的谈判开始。

在不利条款的应对上，商务部应该说投入了巨大的力量，解决了一个稳定的贸易环境的问题，我们最关心一个稳定的贸易环境问题，就是这一代人，我们现在白头发也多起来了，2018 年以来的，我说最不容易的史上最大的一个贸易战，非常荣幸的就是和各位一起 40 年风风雨雨走过来，为领导提过一些建议和参考。所以说过去 40 年，如果从国际贸易理论的角度来看，实际上是一个贸易和平的理论，在国际贸易理论里是一个很重要的理论，它是一个成功的实践。

大家都知道这句话非常有名，"当货物服务通过边境的时候，军队和坦克穿越边界的可能性就更小了"。很多经济学家过去讲过，通过强化扩展具有天然反战略性的个人利益，贸易可以快速地使战争被遗弃。实际上战争往往因贸易而起，而历史上也有很多例证，战后马上签的是停战协议，以后签的就是贸易协议。所以贸易和平是经济学领域里面很重要的一个理论。日内瓦的同志开会的时候到团里来，我经常给他们讲，我们就是 peacekeeping force，我们这些外交官就是维和部队，国际贸易领域的维和部队。

多边贸易体制的危机

但是有成功可能就有困境，或者说有成功就会有不如意，当前国际贸易体制应该说遭遇了非常大的困难，一个是世贸组织以多元贸易体制为代表，管理多边贸易体制的世界贸易组织的两大支柱，谈判支柱、争端解决支柱都遇到了一些困难，多哈回合 20 年，现在没有谈成整体的一揽子成果，但是取得了一些贸易便利化协定、知识产权协定的修改，新技术协定扩围，政府采购的扩大，农产品出口补贴的取消等一些零星的成果。

从巴厘岛到内罗毕还是取得了很多成果，但是应该说一揽子的谈判没有完成。包括 1995 年授权世界贸易组织谈判的一些议题，包括 DSU review，就说争端解决这个 1996 年就开始谈，20 年也没有谈出一个结果，可能也埋下了今天美国人说的我们提了很多年，这个问题都解决不了，也可能是这样的一个原因。那么争端解决，大家都知道这个情况，就是上诉机构是没有法官无法运行，所以一审的案件一旦被上诉的时候就悬而未决，就是它没法被通过了，实际上就是它的约束力被极大地削弱。

中国最近也上诉这个案子，就是我们诉美国的那个保障措施案，专家小组一条也没接受，我们打过特保的案子，保障措施没赢的只有我们这两个案子，特保我们没赢，那就那样了。但是美国就没有采取过特保，就采取那一例还让我们告了，所以我们觉得也是一个和平解决争端的方法。另外就是这个案子，这个案子我们也上诉了，因为我们是原告，那我们上诉对我们现在也是没有约束力的。如果越来越多的案子被上诉的话，大家可以想象这个争端解决机制，现在一审还在正常运行，它会是个什么情况，所以这是非常令人忧虑的一个现象。

那么区域贸易协定，它是世贸组织 24 条的一个条款项下生发出来的一些合作的协定，已经远远超过了世贸组织的规则发展的力度，就是新的规则都发生在区域贸易协定，这是把世贸组织，我们叫它 sideline，就是有点边缘化，始终受到区域贸易协定的挑战。另外它的多边的一揽子的，世贸组织特别著名的一种谈判方式，现在推动非常困难，所以现在都是用 joint statement initiative，就是 JSI 投资便利化电子商务服务的国内规制中小企业女性参与贸易，除了这个渔业补贴现在还试图以多边方式谈成，对所有成员开放这种方法以外，其他的都是诸边的方法。

当然像电子商务有 90 多个成员参加，这个发展也比较快，投资便利化现在有 110 多个成员参加，就是涵盖的贸易量也很高，这是不是会成为未来多边谈判的一种模式也是一个值得期待的问题。所以客观地评价，我认为还不能说当前世贸组织面临的危机是一个生死存亡的危机，应该说仍然是世贸组织处于管理多边贸易体制的一个核心地位，多边贸易规则体系的基础性地位仍然是不可替代的，就说我们现在所有的区域贸易协定仍然是在这个基础上搭建起来的一个体系。

所以世贸组织作用的方式，它的影响力、它的谈判模式在发生变化，但是还受到很大挑战，但成员已形成了一个共识，有一种紧迫感，我认为这是对的，就是说应该去推动体制进一步发展，让它继续为维护世界和平和人类福祉的提升发挥它应有的作用。那么如果说，大家经常看到的这些就是比如决策机制失灵，consensus，所谓协商一致就是 164 个成员都要同意。其实世贸组织规则内部是有表决投票机制的，在第 9 条里面都有这样的内容，但是它很少被使用，有 2/3 表决，3/4 表决，完全都有这一套内容。

所以在我看来这都不是最根本的原因，因为实际上协商一致就是可以否决的成员总是有，但小的成员你是能给他做通工作的，在内罗毕也好，在巴厘岛也好，这些小成员有一些波折的时候都做通了，最后还是形成了这样的一些成果。所以核心还是核心成员如果否决的话，你怎么办？这是一个很大的挑战。另外一个说法就是领导力真空，就是核心成员从塑造推动多边贸易体制这样的一个角色，可能变成了对体制这样的一个撼动，甚至一定意义上通过他的单边行为给体制造成很大的破坏。

另外就是很多成员关心的这样的一个包容性的问题，就是 inclusiveness，发展中成员融入，特别是最不发达成员融入多边贸易体制仍然有很大的困难。还有的就是两大经济体之争，就是你们看张向晨大使在当大使的时候和美国大使辩论，就是每次找一个主题，两边都要有个辩论，这个也是就一些问题，当然他们谈的非市场经济体制补贴国有企业，这个美欧都有多轮的动议，要制定新的规则，实际上是意在中国，他现在已经不专门指向中国，但是意在中国，但这是不是一个真命题？

没有一个像中国市场体制这样充分发展竞争，你看我们从淘宝上订的货，7 天无理由退货，全世界只有中国能做到。我们的中小企业也好，我们这些企业承担着什么样的一种竞争化？充分竞争，所有的行业。如果说这还不叫市场机制的话，我就不知道什么叫市场机制，你们那些国家我也都待过，我还没看到你们有这么好的服务，这么好的商品的质量，这么激烈的竞争。我说中国消费者在一定意义上是幸福的，他是供应非常充足，那这是什么？这难道不是市场经济？

所以大家怎么看这个问题，我认为最深层次的矛盾仍然是世界经济格局的演变，过去老的贸易规则，支撑它的经济基础在发生很大的变动。简单来说，这个打开来讲结构内容也很多，从贸易和投资这两项来讲，发展中成员占国际贸易和投资的比重都有一半以上了，前两年就达到一半以上，投资也是 40%，甚至更高，这在历史上是没有的。

那国内市场规模，现在你看麦肯锡最近的报告，发达国家占全球消费比重从 1995 年的 81% 下降到 2017 年的 62%，预计到 2030 年将进一步下降到 49%

以下。中国呢，我们现在贸易大国这样的一个地位，就是我们的国内市场，实际上有的统计说法是从 2017 年、2018 年，我们已经超过美国，国内消费国内市场的总规模已经上来了，不用说我们这个消费的能力，所以这是一个深刻的变化。

当年战后的体制，那个时代是完全不同的，所以现在发达国家内部大家都了解这个情况，如国内政治的内卷，内部分配不均，中产阶级的缩水，等等，内部很多矛盾，调节起来比较困难。另外一个就是科技进步推动全球经济的发展，就不管你规则能不能谈判，经济巨轮在隆隆地推进，没有停步，所以跨国公司国际投资价值链深度发展。过去 40 年贸易做出了贡献，投资推动它做出了贡献，但是这些问题在一定意义上也都是跨国资本惹的祸。

我们贸易背的是投资的锅，它在全世界冲破了所有壁垒的障碍，在全球布局等获取很多利润，但也留下了很多问题，给各个国家的国内经济调整带来很沉重的负担。那么现在调整之中就导致今天这个困境，就是国内政治绑架对外贸易这个情况是有很多的，同时非政府组织、公民社会代表的非贸易利益的这种 NGO 的成长，从西雅图，那个时代抗议的时候，他们都进不了那个会场，那个激烈的程度，当然现在已经不到世贸组织去抗议了，他就在他国内去抗议了，因为世贸组织没发挥那么大作用，现在是区域贸易协定在引领风潮。

所以我想是不是这个能作为一个深层次的矛盾供大家来考虑，但是如果我们从历史上来看多边贸易体制的话，它实际上是从失败走向成功的。这个大家也都知道，最早是在 1947 年，那时就是一个临时适用的松散的契约性的有限的多边组织，通过 8 轮谈判积累实践经验，从外交到法律到准司法这样的一个发展历程，因为最早它连一个 legal officer 都没有，第一个 legal officer 是 Petersmann，这是欧洲的贸易官员，现在他也是一个非常知名的教授了，也是我们一个很好的朋友。

就是原来都是外交官来裁决争端，逐步往司法性的方向发展，它的法制化是不断发展的，所以现在它是几十个贸易协定，一个庞大的规则体系，全球 98% 的贸易提供一个可预见的制度框架。同时我要强调的就是国际贸易领域的一个准宪政体制，立法、司法、行政，实际上是其他国际机构都没有的，你看国际货币基金组织和世界银行都是认缴额制，都是一票否决。只有世贸组织成立，就是这个《马拉喀什协定》可以作为一个准宪法的纲领性文件，下面有货物服务、知识产权，这是实体规则，程序规则就是争端解决机制，这个是作为准司法的一个机制。

那么政策审议相当于准行政这样的一个结构，这个结构框架特别类似于西方发达国家国内的立法、司法、行政三权分立，西方民主政治的核心就是分权，实际上世贸组织做到了这样一个分权和制衡，但它仍然面临今天的困境，这代表了什么？这是一个可以考虑的问题。世贸组织在一定意义上实现了一个成员一票，就是平等互惠的，非歧视的理念，这个深入人心，世界贸易规则的基石性就是非歧视，国民待遇最惠国待遇，它的目标是消减贫困、增加就业、提升福祉、促进发展。

它有个分权制衡的组织架构，协商一致投票相结合的，在一定意义上有点像民主集中，但集中它用得不多，主要在用民主，有约束力的两级审理的独立的裁决机制，和平解决国际贸易争端。但现在它上诉的机制受到了破坏，现在是停顿的状态，所以它为发展国际贸易维护世界和平应该说做出了贡献。在比较国际经济法的其他领域，贸易领域的机制化、法制化仍然是最突出的，是发展比较成功的，它叫做《国际法》，其实不是法。

之所以叫"法"，还有一点约束力，就在世贸组织这个领域里面还有所体现，就是它因为有一点约束力，但现在也遇到了很大的困难，所以它可以说是人类制度文明发展的一个很重要的代表的成果。那又为什么它能够实现一个平等的架构？为什么能找到一个非歧视的理念，作为世贸组织基石性的一个制度呢？我觉得它和建构时期，就是说战后的时代背景有很大的关系。

为什么这套机制，这么庞大的规模体系能够建立起来？因为当时是百废待兴，美国一家独大，他有这个力量，他能够做制度设计。同时他有一系列的谈判，最核心的我认为如果从平等这个问题来看，美国要突破的是欧洲当时作为殖民地的宗主国，在全世界有很多的特惠安排，欧洲对非洲贸易这样的一个安排和美国想打破这个特惠制——英帝国的特惠制。

《大西洋宪章》第 4 条里面专门有一句话，我讲课的时候也经常举这个例子，

"with due respect for their existing obligations"，实际上解决的是英国特惠的贸易安排，他就不想取消，因为英国议会说如果把他那个取消了，他就不能同意战后的制度安排。这句话使得谈判怎么也达不成，最后这个红色的字是丘吉尔加上的，在那个大西洋舰上加上，罗斯福没有删除。但你要注意罗斯福没有删除，前面叫什么呢？They will endeavor，他们会努力实现，它是一个最佳努力条款，所以这是法律上的一个平衡，那个年代的一种妥协和平衡。

你看下面讲的，而且他考虑到了战败国的利益，为什么能实现这个平等？当时和"一战"已经不一样了，Further the enjoyment by all States, great or small, victor or vanquished，什么意思？就是战胜国、战败国都有 equal terms, on equal terms of access to trade and to raw materials，他那个时候的设计就是对战后市场的进入，战胜国、战败国都可以平等条件。所以我觉得不能不说那个时候，当然美国有他的想法，因为美国是想要进入世界市场的，他有最强大的动力去找一个平等的条件，所以能够建立起我们今天所谓的这样一个平等。

为什么《联合国宪章》写的 "nation because made small an equal" 这么好的词，我认为当时是有这些理念在里面。当然如何真正实现这个理念，我认为可能又是未来几代人需要去努力的。国际秩序当然现在就不用讲了，大家都知道了，就是构建时期是那样子的，他要建构这套体系，有这样的需要，今天完全让大家大跌眼镜，被告知我们应该遵守《国际法》的，我们现在看到《国际法》是如何被这个强大的国家来遵守的。

所以说美国国内政治角度，它就是近乎国际自由贸易的衰落，就是美国主导这个秩序，他认为是在衰落。从美国国际政治角度来看的话，我们法学界很多学者非常失望，其实从国际政治角度来看，这是必然发生的，美国从20世纪七八十年代他的国际政治理论就在担忧，就在提出霸权稳定，就担心怎么保住他的霸权，他有很多反思和辩论，Paul Kennedy 当时在《纽约时报》发表的 "The Rise and Fall of Great Powers"，那个时候70年代他就在忧虑，那是如日中天的时候，他内部讨论就是我要衰落怎么办？

其实那个时候他就在讨论，提出了很多国际政治理论，今天的发生，在那个时候都预见过，从国际政治看的话，今天的事情都是一种必然，因为每一个国家都不可能永远强大，当然这个对国际法治，对国际秩序的冲击和破坏影响是非常大的。所以世贸组织的危机，如果说我们放在大的国际政治经济的框架下来看的话，它是国际组织制度机制的危机，它是国际法、国际经济法，国际法治的危机，它是自由主义国际政治理论的危机。那么现在要过渡到现实主义，里根、撒切尔的新自由主义的经济理论、华盛顿共识的一种危机是霸权主义、强权政治和单边主义引发的国际秩序的危机。

所以从一定意义上，如果说世贸组织是一个非常镜像，西方国内民主政治的这样一个政治架构、分权的架构，所谓先进的一个架构被福山称为 end of history 的这种模式的一个危机的话，它是否预示着西方制度文明在国际层面的一种危机？就是它不光在国内层面了，所以这个我只是画一个问号，请大家来思考这个问题。

总结起来看，我觉得这个制度还要去认真思考挖掘，因为我们要重塑也好，发展也好，必须要了解旧的现有制度是如何建立的，它是怎么建立的？它是怎么形成的？那个时候，新的帝国取代一个老的帝国，这已经和欧洲的时代用殖民地统治世界不一样，他用的是金融、法治、军事、科技和他的价值观。所以他要消除歧视，他要有基于互惠的国际合作，搭建了联合国的政治构架，在经济领域是市场开放贸易投资自由化。

那么今天这个国际秩序面临着一个什么样的考验？就是 70 年承平日久，现在这个体制能否承受秩序调整之重？我仍然认为国际贸易有它的韧性，国际机制、体制、法制有它的韧性，大家有很多担心，我们一辈子就是干这个事情的，我也在反复思考，我觉得总书记提出的人类命运共同体这个宏大的构架是我们未来探索国际经济新秩序，包括国际贸易秩序体制的一个实践之路，还需要我们共同去努力。国际法现在都是低潮，就是说危机，但我认为它其实仍然在快速发展，我们必须要辩证地看。

一方面要看到《国际法》受到冲击，受到危机、受到破坏，等等，但实际上它仍然每天以最快的速度在发展。所以美国的亨廷顿，我特别愿意引他的这句话，就是几乎所有的国家在所有的时刻遵守了几乎所有的国际法原则和他们几乎所有的国际法义务，尽管《国际法》不是法，如果说跟国内法比起来，它不是法，所以这就是一个辩证的来看待国际上的法治，怎么来看国际秩序，我觉得它就是一个非常辩证的问题。所以世贸组织争端解决就是最好的例证，因为它是准司法架构，在所有国际机制当中，它有两级架构，就是这么一家，我们有个上诉机构的。

所以上诉机构实际上是允许反向一致被通过的时候，它的一个平衡的机制，也就是说被告原来是可以一票否决的，你现在不能一票否决，除非大家一致不同意通过这个报告，那给了它这样一个效力的同时就允许你上诉，就是让上诉机构来纠正一审可能出现的错误，它是这样一个平衡，也是当时的一个内在的平衡。但是上诉机构的危机简单地说，实际上就是世贸组织成员对上述机构的性质，它究竟应该发挥什么样的作用，是有很大的差异的，看法是不一样的。

你们去看莱特希泽，前任的贸易代表，他 2020 年 8 月份在《金融时报》上发表了一篇文章，他最后谈了四点意见，关于争端解决机制，他说要回到 volunteer commercial arbitration like dispute settlement，就是回到一级审理，像商事仲裁那样的一个机制，那就完全不是我们现在的上诉机构，他认为理想状态是实际上就不要上诉机构，他当时还是约斯基亚的代表。所以我想究竟对于争端解决机制，上诉机构怎样去发挥作用？是不是像一个法院？是不是像一个法官？它不叫国际贸易法院，但是它是个 standing body。

它是个常设机构，7 个人有固定任期，它不是一审的专家小组，你有案子就去，它是常设的，它有固定任期，可以延长 4 年。所以它是什么性质？它应该发挥什么作用？我认为核心就在这儿。当然工作上讲，条约解释讲起来，我们 130 多个报告，这个对于建设性的模糊能不能做裁决？能不能诉讼？怎么样去做条约的解释？这里面就是法律上一系列的问题，这个可以再开个研讨会。

那么最大的问题实际上我认为还是主权国家愿不愿意接受一个国际裁决机构对他的裁决，他愿不愿意在当年他很强大的时候同意的一套制度，为什么同意？因为当年的乌拉圭回合把货物贸易扩大到服务贸易、知识产权这些领域，他就担心这些国家不遵守这个规则，所以要强化这个规则，要强化一个争端解决机制，你不遵守不行。但今天情况变了，美国是败诉比较多的国家，但美国也是胜诉很多的国家，美国是大案子最多的国家，是最有经验的国家。

我第一次开 TRIPS 的理事会是 2012 年 2 月，就是过年之前，TRIPS 理事会每年是最早开会，但是我们作为加入世贸组织的第一次理事会，当时我和知识产权局很多同志去谈公共健康问题，开了 6 次会，那年到了 12 月份，最后圣诞节就要到了，就是最后一次会，那个授权就到当年的年底，143 个成员都同意了的一个方案。

那个其实是很弱的一个方案，是一个豁免的方案，我们当然有四五个法律途径，是个最弱的途径。当时从例外、修改，包括个案的豁免，当时就美国没同意，大家还等着，等到 2 点还是不同意，当时是所有的人在等着公共健康这样的一个问题，道义的问题，他们不同意，那个时候给我的震撼是很大的。所以今天发生这样的否决的时候，否决文化大家可以研究一下，对国际贸易领域的研究我觉得也可以拓展到很多方面去研究它，去认识它，加深对它的理解。

为什么形成今天的危机？究竟是什么？这是我一直在考虑的一个问题。所以说就是世贸组织的危机，谈判争端解决机制，我认为是组织法、程序法、实体法，是成员共识的危机，是目标方向未来道路差异的危机，也是国际政治经济社会文化价值观差异。从国际政治经济学、国际组织、社会学、宪政和人权角度都可以做很多研究，争端解决机制的贡献就是 GUD 时期 400 多个案子，现在是 600 多个案子。

原审专家组的上诉机构的报告加起来一共有 130 多个，所以我认为上诉机构赢得了绝大多数成员的支持，就是每个月现在 121 个成员要求启动上诉机构成员的遴选，我在的时候就是 the remaining six，要指定另外 6 个，重新恢复 7 个，但实际上失去了什么？失去了最核心成员，就是一个很主要的核心成员的不支持。那他的未来呢，我觉得一审是要加强的，就现在这个状况，从一个 pragmatic 角度来看，一审要加强，仍然要发挥争端解决的作用。

我是做争端解决工作的，但是在我这个 capacity 上，我没有办法去跟成员商量，因为是成员之间在商量我们的未来，就是做争端解决工作的同志没有解决成员和我们争端解决机构之间的争端，或者是一个矛盾，这是我最大的遗憾。

现在周边机制要继续探索，上诉机构应该尽快恢复，从长远来讲还要推动更加公平公正的争端解决机制，因为我在那看案子，看到发展中国家的档案和发达国家的，每一个过程我经常有很多感慨，我真的有很多感慨，我觉得还要让这个制度更加公平公正，惠及所有的成员，所以现在越来越多的发展中成员来打案子。

原来他们美国批评的有一点，就说原来设计的时候就是让你们案子没有那么多，案子多是成员信任这个机制，他愿意到这儿来解决争端，他愿意维护自己的权益，每个成员都要维护自己的权益，他觉得打官司是他维护权益的方式。所以在离任演讲的时候我讲，未来世贸组织要做好案件还要继续增多的准备，因为最发达国家未来可能都会来打官司，所以我们现在不是案子少，我走的时候还有 15 个案子在上诉，审不了。

国际贸易规则的重塑

最后我简单说一下国际贸易规则的重塑和发展，就是经济的现实是不等同国际政治的一个协调或国际规则的迟滞的，它是每天仍在发展，经济和科技带动的这种发展，但国际规则迟滞到什么程度呢？所有的领域都在迟滞，国际贸易领域也是非常突出的。国际贸易 WTO 规则已经是最完善的，是一个有二十几个协定的规则体系，它无法更新，20 年无法系统更新。跨国投资基本就没有，除了投资保护，双边投资保护协定 2000 多个。

核心的就是投资者和国家的争议解决，没有全面的、平衡的、综合的国际投资，而国际投资对全球经济的影响和塑造，可以看到的作用，70% 的贸易是跨国公司内部贸易，跨国公司富可敌国，这已经是不争的事实，它发挥了很大的作用。一个主权国家要规制跨国公司几乎是没有可能的，但是我们从 20 世纪 50 年代以来的国际投资规则就是投资保护，就是给他开放市场。那么未来，现在也在谈 regulatory authority，就是这个权力，规制的权力怎么去平衡？能不能实现平衡？怎么样让投资能够更符合人类发展的利益？这都是一些非常核心的问题。

我认为只有走到这个领域，才能把贸易的问题真正解决，当然货币金融领域只有软法，没有硬法，现在 OECD 牵头搞了一个最低征税的税收，数字经济要高度重视，现在是区域规则在引领它的发展。美国最近在跟亚太国家搞数字经济，数字贸易协定，因为没看到文本，但第一部分就是新加坡、新西兰、智利搞了一个，现在对比的 CPTPP、RCEP，等等，就是有美版的数据流动。

当然数据流动也仅仅是一个问题，就是数字经济的规制，所以我们研究的范围很广，包括定义等一系列的问题，对经济如果不清楚的话，我们怎么用规则去规制它？我觉得深入前线去调研是非常重要的。比如碳税，从知识产权到碳，碳中和这又是一个道义上大的问题，新一轮的利益平衡怎么去平衡？欧盟现在用单边的方法来做，贸发做过一个分析，如果每吨加 88 块钱的话，贸易利益是一种平衡方法，每吨加 44 块钱是一种方法，但基本上收不到发达国家的碳税。

因为发达国家已经低碳了，收的就是发展中国家，收的就是俄罗斯、印度、中国、巴西这样的一些国家，这个问题我认为还是要加强重视去应对。服务贸易现在是一个什么呢？就是它发展得非常快，比如它的服务化、数字化，但是它的规则严重滞后，用的是 80 年代的 CPC 的分类目录，用的还是那个减让表下承诺的目录，那个 schedule 还是老的。所以现在打的官司，你看中国的音像制品、电子支付什么的，全都是一个分类的问题。

因为用那个解决不了，那个时候不能代替现在的分类，上诉机构曾经就用演绎的方法，自动就演绎到现在的电子时代，是不是符合成员的意志？都是一些问题。所以有很多问题，就是业务在迅速发展，但规则严重滞后，这就给我们国际贸易领域提出很深刻的一些问题。国际贸易研究，有特别多的领域，特别多的问题，要从很多视角来对这个问题进行研究，最主要的还是人才培养。当然贸易和法律，一个是国际贸易学院，一个是法学院，我认为都要有这种职责担当。𝓕

深入参与经济全球化的里程碑

洪晓东 *

里程碑和新阶段

中国加入世贸组织 20 周年值得纪念，有三句话，可能大家也都听过，但在这里确实值得再强调一下。中国"入世"是中国改革开放 40 多年历程当中的一件大事，这个大事是两个方面，一个方面是中国深度参与经济全球化的里程碑。"入世"是深度参与经济全球化的一个里程碑。

另一个方面就是中国改革开放的新阶段。上午石广生部长回忆了 20 年前，2001 年 11 月 10 日在卡塔尔首都多哈，当时我跟石部长也去了。在 11 月 11 日公开的第四届 WTO 部长会议上，石部长签署了一尺多厚的《中国加入世贸组织议定书》以及《关税减让表》等所有的附件。当天的《人民日报》有一个社论，说了这么一句话"我国对外开放事业进入了一个新的阶段，必将对 21 世纪我国经济发展和社会进步产生重要而深远的影响"。那么 20 年以后的今天，我来谈谈对中国"入世"进入了一个新阶段的理解。

第一，我认为中国在世贸组织的框架下融入了世界经济，成为全球产业链的重要组成部分。我们有四任"复关"和"入世"的谈判代表，其中有一位谈判代表说过，我们通过加入世贸组织，向全世界承诺我们搞市场经济，这是改革开放当中一个重大的历史转折。大家知道，世贸组织的规则是以市场经济为基础的，按照世贸规则办事，实际上就是如何搞好市场经济，所以这位谈判代表讲的是有道理的。中国"入世"，实际上是更好地服务于中国建设市场经济，这是一个新阶段。

---

*作者简介：洪晓东，中国世界贸易组织研究会专家。

第二，按世贸组织的承诺，我们的外贸体制进入了一个以世贸规则为基础的全面开放新阶段。大家知道最多的实际上是大幅降低关税、取消非关税壁垒，外资更加开放、透明、文明，有几个词现在大家耳熟能详了，但是当时却经历了"入世"以后很多的培训，全面实施最惠国待遇和国民待遇，实际上这两个待遇的核心叫做"非歧视原则"。入世 20 年来，非歧视待遇深入人心，不仅是中国企业和外资企业非歧视，更重要的是在中国这个大市场上，各类经营主体对外资都是一视同仁了，对民企、私企也是一视同仁的待遇。所以非歧视待遇和透明度原则深入人心，实际上对我们进入新阶段是非常重要的。实际上入世以后，中国的企业从加入世贸组织当中获得了更广阔的国际市场，而中国的消费者也通过扩大进口获得了更多利益，所以中国入世实际上是促进中国融入国际大循环。这是对新阶段的第二个理解。

当然，还有两个新阶段的重要标志，就是中国加入世贸组织不久，陆续成为世界第二大经济体和第一出口大国，到今天货物加服务，我们现在是世界第一贸易大国。而且，入世以后我们不仅进入了新阶段，改革开放也没有停止，有一些新的市场准入开放措施包括全国版的准入前国民待遇的负面清单大幅削减，从第一版的 93 项缩减到 33 项，全面实施负面清单管理制度。实际上我们在开放入世以后进入了新阶段，而且这个新阶段依然没有停止，反而在不断地实现更大、更宽、更深的高水平开放。

另一方面是中国的外贸制度，实际上是从法规上与 WTO 接轨。在这里简单点一下，加入以后不久，我们基本上就完成了全国法律法规的清理。国务院30 个部门，总共清理了各种法律法规和部门规章 2300 多件，量是非常大的。其中最有代表性的就是《外贸法》和"外资三法"。

第三，"入世"以后新阶段实际上还有一个制度性开放，在这里想举一个大家切身体会的例子，就是取消外贸经营权的审批。2004 年 7 月 1 日，根据WTO 承诺，外贸经营审批制废止，《新外贸法》开始实施，取消对所有经营主体外贸经营权的审批，改为备案登记制，个人也可以从事外贸。没有了门槛，取消了外贸经营权的限制，长期被束缚的外贸经营权被松绑了，众多的企业和个人开始直接从事外贸经营的热情被迅速点燃。所以，这种热情的点燃实际上是一种制度性的开放，释放了更大的生产力。我的体会是，外贸经营权审批的废止或者叫放开外贸经营权，可以说为中国成为第一出口大国助了一臂之力。同样，刚刚提到的我们又开始实施准入前国民待遇加负面清单制度，实际上也是制度性开放，政府非禁止的都可以进入，这种制度性开放可以激发企业的热情和活力，也会带来制度上的红利。

巨大成绩

第一，我想讲的是中国"入世"以后确确实实取得了巨大成绩，既发展了自己也造福了世界，这是一个非常重要的特点。而且，这是全面看待中国"入世"。也就是说中国"入世"20年，我们是从WTO当中受益的。但同时整个贸易体制包括WTO成员也是受益于中国的贡献。2021年上半年，易大使参加CCG研讨会的时候也说了，我们是多边贸易体制最大的贡献者，这一点我为什么要强调呢？实际上我们这个会是以WTO 20周年作为一个议题，下半年包括接近年底的时候会有更多的会议，有更多的发声，但是在发声的时候，很多人都只看到一面，就是中国成为世界第二大经济体和第一贸易大国，但是却忘掉了，在我们发展的同时也造福所有的成员，所以这一点我在这里要强调一下。

刚刚说到降关税，我们从20世纪90年代的43%降到9.7%，目前我们是3.4%的低水平，降关税的直接成果就是带来了很大的进口量。根据WTO的统计，过去20年，世界货物贸易总额翻了一番，中国的货物出口增长了7倍多，但与此同时，进口增长了6倍。也就是说，全球贸易额翻了一番。这么大幅的进口，显然出口创造就业机会，创造GDP，但我们的进口也是为全球创造就业机会。根据2020年的数据，我们已经占到了世界货物进口总额的12%。

从服务来讲，2005年到2020年15年间我们服务贸易的增长比货物还要快，占全球的比重从2005年的3.3%增长到2020年的8%。2020年，我们的外贸规模达到了4.6万亿美元，占国际市场的份额是4.7%。同时我们的GDP占世界的比重基本上也是很类似，GDP占到全球的比重是14.8%，实际上这两个数字都说明了中国对世界经济增长的贡献，平均算下来是30%，是拉动世界经济复苏和增长的重要引擎。不光是对全球的贡献，从国别来讲，在这里就点三个，一个是美国，美国经常抱怨，但实际上 2001 年的时候，我们只是美国的第十一大出口目的地，美国对华的出口总额占美国出口总额的不足 2%，到 2020 年，这一比例已经增长到 9%，中国成为美国第三大出口市场。而从其他的发展中国家来看，也是同样的增长迅速。还有最不发达国家，我们给予最不发达国家 97% 的关税免税待遇，自 2008 年以来，我们一直是最不发达国家的主要出口地，吸收了最不发达国家 25% 的出口。所以从这个角度来讲，我们是互利共赢，以前强调的是中国从 WTO 受益，今天我想用更多数字证明，中国也是惠及全球的。这是贡献的一个方面。

第二，中国"入世"以后，确确实实我们是第二大经济体和第一贸易大国，我们有了分量，有了分量就有话语权。中国入世以后，实际上是在利用好地位和分量，在 WTO 这 20 年里做的一件事情就是推动贸易和投资的自由化、便利化。在这里给大家点几个题。

其一，ITA。在中国入世之前，ITA 叫 ITA1，叫作"信息技术协议"第一协议。中国"入世"的时候它完了，我们加入了。但是后面非常重要的就是"信息技术协议扩围谈判"。大家知道，今天手机电脑这么便宜，就是因为 ITA 把所有的信息技术产品关税谈到了零。所以，中国在扩围谈判当中也发挥了重要作用，可以说在 WTO 成立以后的多哈回合谈判，到现在为止进入一种停滞的状态了，而这个 ITA 扩围谈判，是中国做出的一个非常重要的贡献。中国是信息技术产品的重要生产大国。

其二，就是非常有名的"贸易便利化协议（TFA）"，我们在 WTO 里面对 TFA 协议的达成也做出了很大贡献，而且我们切实履行了这个协议，贸易自由化水平显著提升。目前我国海关进口货物的平均通关时间已经缩短到 20 小时以内，出口货物的平均通关时间不到 2 小时，而且还加快推进国际贸易的单一窗口，进一步压缩进口关税的成本，不断优化口岸营商环境，所以我们不仅推动贸易自由化，还有便利化。

其三，就是投资，大家知道 WTO 里面是不包含投资的，中国在 WTO 里面是推动启动了投资便利化的诸边谈判，当时最初的倡议只有 75 个连署，但今天参加这个谈判的，支持这个连署的已经达到 105 个。所以我想通过这些实际的例子就可以看出来，通过履行承诺、扩大开放，用市场、进口来使成员受益，我们作为一个成员，用话语权对多边贸易体制做出了非常重要的贡献。

世贸组织的现在和未来

中国"入世"20 周年不仅是一个新阶段、一个里程碑，而且在自身取得巨大发展的同时，也惠及世界。但是现在 WTO 发生了很大变化，下面我想跟大家分享一下，"入世"20 周年之际，对于世贸组织的现在和未来的一些看法。

中国加入世贸组织，大家印象非常深刻，当时的美国是站在全球化和贸易自由化的引领方向，美国当时是推动和支持全球化、自由化的。而且我们当时也正在从商品经济到市场经济不断地摸索，在这种大背景下，美国对我们的"入世"要求和中国改革开放的浪潮应该是合拍的。正因为合拍，可以说实行了一个良性互动，结果是双赢和多赢。但现在不同了，主要有两点变化，第一点变化是美国的贸易政策发生了根本性变化，我不是在这里谈美国的贸易政策，是谈美国贸易政策对多边的影响。从 20 世纪 90 年代开始，美国在全球兜售自由贸易、削减壁垒、降低关税、开放服务市场、保护知识产权，强调以规则为基础的多边贸易体制。而现在大家看看，美国依然是老大，但在民粹主义和保护主义政策的影响下，从自由化和全球化的倡导者、主导者走到了全球化和自由化的反面，这是一个最大的变化，也是对 WTO 伤害最大的一个根本原因。

美国现在实行的是什么？美国优先、产业回流，保护工人利益，一系列的贸易保护主义措施，可以说是和自由贸易背道而驰的，这对 WTO 本身的影响，而且更多的是对成员的影响，因为它是老大。所以，现在 WTO 体制的混乱和停滞不前跟美国贸易政策的根本性变化紧密相关，而且目前我们看不到美国贸易政策短期内会逆转的迹象。

第二点变化，大家会发现，在这里搞多边的，2021 年是"入世"20 周年，但实际上 WTO 的历史更长。有非常著名的前六轮多边谈判，最成功的是乌拉圭回合谈判，达成协议以后成立了世贸组织。这过去的几轮谈判需要领导者，领导者是谁？就是美国，没有领导者是很难把一轮谈判成功地结束的，但是美国现在失去了对谈判的领导力。怎么看呢？首先美国在谈判当中已经明确表示，它的关税已经不可能再降了，我觉得有两个原因，一是因为它的关税已经降到很低的水平，二是国内工人优先的政策以及东升西降下美国国内竞争力的降低。明确表示在关税减让、农业补贴不可能再让了，而且美国的整体关税水平已经降到很低了，加上工人优先的政策。现在美国不仅不能降关税，而且还在千方百计找理由提高关税，对中国提高关税，挑起中美贸易战。

但是，现在它还在千方百计地以劳工、人权、环境保护标准，它说中国的企业都接受了大量补贴，要征反补贴税，大家可以看到，不管是劳工还是环境，这些都是理由，目的都是为了提高关税。所以我觉得看这个问题很简单，如果 WTO 是搞贸易自由化，如果美国现在不断地提出所谓的理念，征中国的反补贴税，搞"301""232"，搞环境劳工，不断地提高关税，这是与 WTO 自由化背道而驰的。它不能再减，只能增关税，它就走到了一个反面，没法向 WTO 提供公共产品。大家知道，中国提出"一带一路"，中国不断地开放，就是为世界提供公共产品，你不能够提供公共产品就失去了谈判的引领力。所以从这个角度来讲原因有两个，一个美国内向的贸易政策，民粹主义、保护主义，另一个就是多边失去了领导力，美国已经没有这个能力，也没有这个资格，这种情况下就导致了 WTO 谈判基本上已经陷入了瘫痪，而且美国和欧盟的代表在会上已经明确说，WTO 多哈回合已经死了。

未来 WTO 的两个变化

将来 WTO 的变化有两个方面：

一方面是谈判机制的变化，没有引领力以后，一揽子谈判难以持续。在这里，可能对 WTO 关心的人都知道，一揽子谈判的意思是什么呢？就是把所有成员的利益都能够涵盖，要把所谓的工业品、农产品、服务贸易一揽子捆绑，一揽子达成才叫达成。由于美国的贸易政策变化，由于没有了领导力，现在这一揽子谈判和共识的机制以后很难在 WTO 里形成共识。对多边贸易体制的未来很多专家都这么认为，包括我也有这么个看法，历史上再进行一揽子谈判的可能性已经不大了。刚刚我已经回顾了入世对中国经济发展和改革开放的重要性，大家可能要问一个问题，WTO 还能不能做事？ WTO 能不能再为推动全球贸易和投资的自由化、便利化做事？一揽子谈判已经很困难了，共识机制已经成为谈判启动和谈判达成协议的一个障碍，怎么办？我们不能够坐视 WTO 因为一揽子，因为形成不了共识而成为一个"清谈馆"，我们要另辟蹊径。

我觉得另辟蹊径一个重要的议题就是开放的诸边谈判。大家知道，现在WTO 里面唯一一个正在进行的多边议题就是"渔业补贴谈判"，但是"渔业补贴谈判"现在也遭遇了重大挫折，反而是另外四个开放的诸边，专业名称叫作"联合声明倡议"的方式反而展示了活力。目前电子商务谈判这个是诸边，中美欧都参加了，第二个议题就是中国推动的投资便利化谈判。我们这个投资便利化谈判，等于说你不感兴趣的可以先待在外面，没有准备好，国内没有授权，你先看看，但是你不要阻止别的成员进行谈判，所以现在电子商务是一个非常重要的诸边谈判，第三个就是中国引领推动的投资便利化，这个投资便利化已经得到 128 个成员的支持，包括服务贸易的国内规制还有一个中小企业。这些诸边谈判，为多边谈判、为 WTO 带来了新的活力和动力。未来多边可能要在谈判的程序上做改革，下面就提到了 WTO 改革一个非常重要的问题。

世贸组织改革，大家都很熟悉了，如国有企业，中国经济的发展模式、补贴，发展国家的地位。这里我想讲的，不管现在美国提出世贸组织改革，欧盟提出世贸组织改革，还是中国提出三原则、五主张，以及中国关于世贸组织改革的文件都向 WTO 做了提交。核心的一条，要看改革是把 WTO 往更自由化、促进全球化方向发展，是改革 WTO 还是要改革中国。如果 WTO 改革未来的方向是让它更开放……WTO 的核心是什么？刚刚我说中国"入世"20 周年的时候，一个关键的词就是"非歧视"，所以 WTO 未来的改革一定要强化它的自由化和非歧视，贸易的自由化和便利化。只要改革的方向是朝着非歧视、自由化和便利化的方向，中国都应该支持，即使中国要付出一些代价，我认为都是可以支持的，因为开放市场永远是双赢的。

但我们担心的是什么？我们担心的不是改革 WTO，而是改革中国。对于美国的逻辑大家要有清醒的认识，美国的逻辑是什么呢？美国人在根本上与我们有不同的看法，我刚刚谈到中国入世是中国融入全球化的里程碑和中国改革开放的新阶段，我觉得对中国市场经济的促进，是由心而发的。但是美国人不这么看，美国人反过来说中国搞的是非市场经济模式，是政府主导的经济发展模式。包括你的资源配置，对别的成员造成了不公平，扭曲了市场，而且国有企业大量补贴，又产能过剩，产能过剩的出口和外溢效应引起了不公平竞争，抢占了美国的就业机会，所以美国人认为 WTO 的危机根源是中国的非市场导向的政策和做法，所以要改世贸组织规则，建立更加严格的国有企业规则和补贴的规则。虽然多边改革现在还在推进、讨论当中，但实际上美国包括欧盟已经对中国开始征收调查反补贴税。它不是降低关税，而是对我们企业的出口征收更多的反倾销税，遏制中国企业的出口和海外投资。

所以对世贸组织改革要警惕什么呢？第一不是降关税，而是提高关税。第二这个规则是针对中国的，它针对一个成员量身定做，就意味着什么？对中国造成了歧视，就违反了 WTO 最核心的原则。所以，我们对于有些改革的议题是要小心的，在这种情况下，我们要避免一套歧视性的规则，虽然世贸组织改革这个议题很热，但也要有一个思想准备，可能是一个持久战。

最后我想就世贸组织的未来还有中国参与世贸组织工作说一下个人的建议。"入世" 20 年的成功经验告诉我们，我们成为第二大经济体和第一贸易大国，第一，改革开放的基本政策不能变。第二，积极参与和融入全球化的态度和立场不能变。第三，维护以 WTO 为代表多边贸易体制的决心不能变。

所以核心的还是一句话，对国内来讲，我们还是要不断地提高推进高水平和高质量对外开放。对外来讲，世贸组织改革有可能成功，也有可能是持久战。还有一种可能，是 WTO 改革不成功。前任的总干事，从素巴猜到拉米搞过很多名人谈，写了很多的调研报告，他们当时就研究过世贸组织改革，最后都不了了之，所以现在的世贸组织改革，如果是一个反自由化，如果只是针对一个成员搞一个量身定做的规则，我觉得将来也有可能是一个持久战。也就是说，WTO 改革有可能成功，也有可能不成功。

另一个方面的变化，是 WTO 的第 12 届部长级会议将在 11 月底至 12 月初在日内瓦召开。因为疫情，还有选择地点的原因，本来是在哈萨克斯坦，现在又回到了日内瓦，变成了4年开一次，所以WTO每2年开一次部长级会议，结果11次部长级会议和即将召开的12次部长级会议竟然隔了4年。这4年WTO发生了很多事情，包括特朗普要退出WTO，包括世贸组织改革。所以，部长级会议是WTO的最高权力机构，4年这些部长没见面，没讨论过事。所以，对于12次部长级会议，所有的成员、国际社会，包括业界都充满了期待，WTO还能不能重新恢复活力？能不能做成事？都很期待。

我在这里跟大家要说一下，由于时间关系不能展开。也有两种可能，一种可能是会达成一些实质性的成果。什么叫实质性成果？比如电子商务，数字经济的发展，能不能建立规则，投资便利化，WTO从来没有涵盖过投资，投资便利化能不能达成协议？渔业补贴谈判是否能够结束？能够拯救海洋的未来。但是，也有另一种可能这些问题依然很难，难的原因我已经说了，美国是一个很重要的因素。如果分歧太大，不能够取得一致的话，依然会取得积极成果，但这个积极成果是象征性的。就是没有人能够宣称，任何一次部长级会议是失败的部长级会议，但大家需要看，是取得实质性的成果还是象征性的成果。所以，在这种情况下，我们坚定地支持以WTO为代表的多边贸易体制，这一点是毫无疑问的，我们"入世"20周年，充分证明了这一点。

但是，我们也要有一个心理准备，就是要学会两条腿走路。一方面要支持多边贸易体制，我们身体力行去推进贸易投资自由化和便利化，另外一方面要在扩大区域和双边贸易协定当中有所作为。所以，在这个议题下，不仅要多边，而且在暂时或者在未来一段时间内做不成事的情况下，我们不能停滞贸易投资自由化和便利化的推动。显然，区域和双边贸易协定就是一个非常好的选择，我这里强调的是两条腿走路，不是非此即彼的问题。

前段时间，王部长向CPTPP的协定保管方新西兰提交了正式申请。我觉得这个申请实际上和WTO本质是一样的，表明了中国积极推动亚太地区贸易自由化和经济一体化的态度与立场。另外，大家看新闻里都形成了一个共识，同时也表明了中国不断改革和扩大开放的决心。为什么？因为CPTPP是一个开放程度高、领域广、参与国家多、地域范围大的自贸协定。

加入CPTPP有三个有利于，第一，有利于有效地参与全球贸易投资和新规则体系的构建。第二，有利于平衡中美经贸摩擦。第三，有利于进一步推进国内改革开放。加入 CPTPP 的难度，因为我是入世的一个亲历者，但是我在这里也做过 CPTPP 的研究，最后一句话是说什么呢？不管 CPTPP 还是 WTO，都是国内改革开放的推动力，但是说实在话，可能 CPTPP 的难度肯定要大过中国当时加入 WTO 的水平。但是我相信，这个进程将会进一步使我们能够在更高层次上参与国际规则的制定。

发展中国家特殊与差别待遇 SDT

林桂军 *

十分高兴给我一次机会听听不同的声音。我找了一些照片，这个是国际贸易学院成立 30 年的时候，2011 年在对外经济贸易大学举行的类似于今天这个会，可以看到场面之宏观。那么今天再次对国际贸易学会成立 40 周年表示祝贺。今天，我主要讲一下 WTO 关于发展中国家特殊与差别待遇，我就简称 SDT。我们有一个跟国外的人一起提的建议，通过 T20，就是智库 20，提给 WTO 了，大致的我们的思想跟这个差不多，但是每一个人都有自己的想法，都有不同的地方，现在这个问题可能在国内还没有达成共识，国家也没有下决心要推进这个过程。

但是如果说我们被动地，老是让人家出牌然后指责我们，而我们不拿出自己主动的方案，甚至拒绝参加到这个进程中去，我觉得我们的代价将是很大的。那么当前争论的问题是什么？当前争论的问题主要是针对着美国所提出的建议，围绕这个建议大家进行修改，提出不同的意见。

美国的建议有什么样的特征？第一个要制定标准，根据制定的标准，如果你超出了这个标准，那就要一揽子放弃特殊与差别待遇，那么根据美国这个方案，WTO 的结构就会发生变化。原来 WTO 分成三类，发达国家、发展中国家和最不发达国家。根据美国的这个分类，最后就变成发达国家 +，就是加上一些毕业的发展中国家和一些不能加进去的，剩下的一些发展中国家加入最不发达国家 + 这一类，那么整个的结构将会发生变化。

这样的变化的根据是来自于霍克曼，大概在二○○几年提出了一个建议，美国实际上对 SDT 问题非常重视，提出了很多建议，说明他对这个问题还是

---

* 作者简介：林桂军，对外经贸大学原副校长、学术委员会主任、教授。

9

认真的，但是我不知道拜登是不是如此，到目前为止还没有太表态。那么根据这个，实际上就是围绕着一个是不是应该制定一个"毕业"的标准？这个"毕业"有两个含义，第一个，你从发展中国家中"毕业"，就是你不再是发展中国家了，因为你达到了标准。

第二个，"毕业"就是你从特殊与差别待遇条款中"毕业"，你还是发展中国家，但是你从这些条款里毕业。那么最初美国坚持的是从发展中国家地位中"毕业"，但是他发现这条路走不通，后来就变了，也没宣称就变了，变了以后就变成你从条款中"毕业"。那么从条款中"毕业"，我觉得我们是可以接受的。对于这个美国条款怎么"毕业"，过去是主动自我决定，我觉得我行就行，我觉得我不是就不是。

那么美国强调要制定标准，对于美国制定标准，大部分 WTO 成员都反对，认为你不可能制定出大家都能接受的标准。那么中国、印度、南非等 10 国对 WTO 的沟通函里边说，自我认定还是过去那个自我认定是最优的方式。挪威、新西兰他们认为制定标准得不偿失，欧盟开始没有支持制定标准，后来也转向支持制定标准，它这个标准跟美国有一个差别就是没有 G20 指标。那么如果没有 G20 指标，印度就仍然可以当发展中国家，欧盟有这么大的一个期望，私下跟印度可能有这么一个。

也有人认为，如果你坚持不制定标准，代价也是很大的，第一，如果不制定标准，发达国家将继续对发展中国家做出不具体的承诺。第二，仅对占世界贸易份额比较小的不发达的国家做出具体的承诺。第三，如果你不制定标准，发达国家可能会自己制定标准，向欠发达国家提供优惠待遇，而如此制定的标准往往可能是不透明的，而且具有较强的政治动机。实际上美国已经走到这儿了，他制定了一套标准，学者们对这个预计还是比较准确的。

那么我们国家担心的是什么？我们最早是担心丧失发展中国家这个帽子，现在美国说我不让你丧失发展中国家的帽子，甚至就是发展中国家的待遇问题。那么围绕这个问题，我们担心的第一个，以后如果在对等的基础上和美国进行谈判，和发达国家进行谈判，我们心里没底，所以认为这是个套，如果我们继续往前钻，就钻进了美国的套路。但是美国也强调，他说符合标准的成员应该承诺一揽子放弃特殊与差别待遇，但是如果你有特殊的需要，可以另外谈判，我觉得我们有这一条也就基本上够了。

第二个我们的担心就是脱离发展中国家阵营，最后自己成为一个另类。这个实际上跟我们同时丧失享受特殊与差别待遇的国家很多，有印度、巴西、印尼、南非、土耳其、墨西哥、乌拉圭，等等，也不太孤立，也挺强大的。另外还有一点就是我们如果继续把自己作为发展中国家，可能代价也是很大的。其中有一个是玻利维亚、古巴、印度等那些挺穷的发展中国家给 WTO 的沟通函，里面没有中国。

我不知道为什么没有中国，第一个是我听说我们没参与，因为这个东西跟上面我们那个差不多。第二个就是人家故意没让中国进来。所以我也不太清楚为什么没有中国，这两个都是发展中国家给 WTO 的沟通函。对于现状我们怎么分析？做一个简单的，稍微带一点理论的分析，特殊与差别待遇争论的一个问题是这些东西到底有效没效？现在其实大部分都认为特殊与差别待遇对发展中国家的发展没有起到太积极的作用。那么我用这个纵轴表示特殊与差别待遇的有效性，比如用出口的增长速度来表示，那么横轴表示特殊与差别待遇的供给量，供给的数量。

先看第一条线，AA 这条线是水平的，AA 线，这个线表示什么？如果我要往右移，我不断增加特殊与差别待遇的供给数量，但是无效，对于发展中国家参与全球经济促进出口经济发展产生到任何效益，所以是水平的。这个现象我们可以把它称为就是特殊与差别待遇 SDT 悲观陷阱，那么再继续增加特殊与差别待遇对发展中国家根本没有什么作用，因此必须改革。因此，2001 年多哈回合就是要提高特殊与差别待遇的有效性、可操作性，等等，要改革。

那么再看第二条线，通常的情况下我们认为特殊与差别待遇供给越多，给得越多，发展中国家发展得越快，所以我们可能在这条线上，LY 这条线上。那么在 LY 这条线上，由于大家对现状不满意，如果进行改革，可能使我们升到 LY′ 这条线上。就是如果对特殊与差别待遇进行改革，我们可以进一步提高它的有效性，在现有的基础上提升，同样如果说在悲观陷阱的情况下进行改革，我可以实现这条线。

现在假设发展中国家同意跟美国等发达国家一道提增加更多的特殊与差别待遇的供给，SDT 的供给，那么这个时候我们就开始从 C 这一点上挪到 D 这一点上，由于供给的增大。如果说我们处在陷阱的情况下增大完了以后没用，对发展中国家的经济增长没有太大的影响。但是也许我们在这条线上，那就可以达到 E 这一点，可以使发展中国家获利，如果我们再进行改革，我们可以达到 F，那么现在的现状是什么呢？

美国的这条改革制度使得高收入的大的发展中国家成为净受损者，一点利都没获得，这让人接受不了，咱们谈判嘛，我主要得点利，你这个方案出来，我一点利都没得到，我是赔的，所以这些国家一般不可能会接受美国这个主张。那么这个时候我们可能就在 C 这一点上等着，因为不增加 SDT 的供给，那么这个情况下应该怎么办？如果我们单纯进行改革，不增加任何供给，我们可以达到 I 这个水平。现在一个妥协的方案就是我们可以部分增加特殊与差别待遇的供给，使它能够达到 L 这条线上，就是 SDT 这条线上。

达到这儿以后，如果说我们在陷阱的情况下可以进行改革，可以达到 H，如果不在陷阱的情况下，我们再进一步改革，可以达到 G 这个水平。这个方案要比美国的这个方案，就是让发展中国家全力参与增加特殊与差别待遇的情况要更优，所以现实的方案应该是折中的方案可能是比较现实的。根据这个我们怎么改？有什么样的办法？第一个改革，第一个条件我们要注意改革有一些约束的条件，我们必须绕过去，有些问题不能碰，碰了你就走不过去。

什么不能碰呢？就是发展中国家自我认定，我能不能享受特殊与差别待遇，这个事你不要碰，就让发展中国家可以享受，你要是不让他享受了，那就跟你翻天了。第二个，发展中国家一贯都要反对第三方决定他是否能够享受，就是我能不能享受你美国定，或者其他的国家定，或者由某个法来定，他不愿意。第三个，是渐进的"毕业"，我能不能享受，这个过程应该是慢慢来的，这是按照表彰条款，基本上也是这么规定的。随着发展中国家不断发展，能力的不断提升，所以这个描述是一个渐进的过程，这个是符合 WTO 条款的。

第四个，别制定标准，制定标准你也过不去，那么在这个约束的条件下，我们可以根据不同的 SDT 条款的类型采取灵活的做法。那么 SDT 条款，也就是特殊与差别对待条款根据WTO的分类包括6类，这6类里边，最多的是2类，等一个是保护发展中国家的利益，第二个是在政策和措施上采取灵活的做法，比如你可以随意地补贴，你可以进行独立的国内的规制，像我们服务业入世的时候是采取了这一条的，那么必须使用最少的条款以增加发展中国家贸易的机会，基本上是呈现出这样一个格局。

根据这个格局，我们的改革里面要遵循的基本思想，第一个是要维护多边贸易体系的稳定，我们不是为了美国的利益，也不是怕美国给我们什么样的压力，但是我们认为这是一个正义的事业，就是维护多边贸易体系的稳定，所以我们中国应该站出来。第二个呢，我们可以考虑接受发达国家提出的取消一揽子免除义务的这个立场，就是以后的享受不是因为我是发展中国家，我一揽子全免责了，欧盟提出这样的建议，我觉得是可以接受的。

那么指导思想的另外一个就是自主决定，聚焦发展中国家真正的需求，好多 SDT 条款根本不是发展中国家需要的，未来怎么能够提供发展中国家所需要的 SDT 条款？这是一个难题，那么从而激发发展中国家参与多边贸易谈判的积极性。在进行推进的过程中要倡导公平的原则，我们中国也要有一个公平的原则，这个公平原则具体来讲，前面专家也讲了不歧视、对等是多边贸易体制的一个重要原则、基本原则，实际上不对等也是多边贸易体系的一个重要的原则，就是 nonreciprocity，我们现实中往往忽视了，而是跟着美国跑了。

其实 nonreciprocity，不对等也是 WTO 的一个重要的原则，所谓不对等就是不同的国家发展水平不同、发展的需求不同，对谈判的贡献能力也不同，因此 one-size-does-not-fit-all，这是一个重要的标准，一个标准不能适合所有的人。我觉得这样的一个区别于美国的对等原则可能对中国更有利，坚持这个与美国的对等原则相对峙，那么现实来看，发展中国家一直也是沿着这条思路来做的，就是一个尺寸不能适合所有人。

那么具体的改革内容和思路就是借鉴 WTO 贸易便利化协定中成员自主选择的模式，以成员的需求为中心，设计一系列工具，包括能力建设，包括技术援助，包括门槛标准，包括有限的免责，等等，然后同条款的履行挂钩，灵活的设计 SDT 条款，这个是基本的模式。当我们最初提使用贸易便利化模式的时候，一个反对的声音就是贸易便利化用的是履行协议的期限，其他的很多市场准入跟这个不一样，那怎么办？

我们可以根据 WTO 现有的经验，WTO 现有的经验实际上在很多条款的执行上已经表现出了差异性，不是每一个成员都按照同一个标准执行的。比如说在市场准入上，出口份额超出某一个门槛的时候，有些国家就可以放弃 SDT，或者双免的优惠，比如一些国家可以通过加快，一些国家可以正常的速度来履行协议，也是一种差异的表现，所以在增加贸易机会上，不同国家的承诺是不一样的，我们国家入世谈判时间表跟其他成员是不一样的，很多做法我们是可以借鉴的。

那么保护发展中国家利益，我们有些也是可以借鉴，能力建设，贸易便利化如果履行不了，我给你提供援助，帮助你达到，然后指导你履行，不同的国家实际上是量身定制的，政策的灵活性，比如说发达国家必须提供英语、法语、西班牙语的翻译，实际上我们国家完全可以不享受发展中国家特殊的待遇，也就是说我们也可以提供我们相关文件在 SPS 条款里边。

我们就这一条还被美国指责了，说你们从来也没有提供过，也没有翻译过。同时我们也可以不要求发展中国家给我们提供，这是我们可以做到的。那么这也可以使用灵活的做法，过渡期等都可以采用灵活的做法。所以我们要借鉴现有的 WTO 已经实践的灵活的做法，然后针对不同的协议设计不同的模式，履约模式，比如以规制为导向的，我们可以把贸易便利化的模式做法直接应用。那么类似的协议比如说投资便利化、电子商务，这种以规制为导向的。

对于市场准入型的协议，我们减税也可以把它区分成不同的时间表，然后让发展中国家自主来选择，那么现在信息从哪儿来？自主选择不选怎么办？实际上贸易便利化由于发展中国家自主选择是非常成功的，巴西这方面做得也非常好。比如 2015 年的 ITA 的扩围条款是选择了不同的实现减税模式，不是大家统一一块儿达成。服务业的准入，比如可以设定条件，如果建立了某项法律制度，那么我就给你提供援助，真心帮助发展中国家实现这个进步，然后也可以区别不同的税目和竞争力进行承诺。

比如巴西的大豆非常强，但是巴西非常穷，大豆就不能享受特殊与差别待遇，巴西可以比较广泛地享受很多其他方面的特殊与差别待遇。比如我们国家制造业比较强，那么我们农业可能要多享受一些，实行这种部门性的差异，然后通过设计门槛标准的方式。同时也可以参照 TBT、SPS 谈判的模式，在制定条款中允许成员提出自己关注的问题，然后设定解决问题的程序。

大家在谈的时候，对自己的问题，特殊的问题可以提出来，然后设定。实际上在 TBT 和 SPS 中都已经有了，那么将具有创造性的条款引入周边的模式，未来周边可能是谈判的一个重要的模式，将这些灵活的条款 SDT 条款注入周边，可以吸引更多的 WTO 成员来参与谈判，同时周边的未来也能够修改成多边的协议的形式。

最后一个，允许发达国家提出 SDT 需求特殊与差别待遇，一个尺寸不能适合所有人的原则同样适合发达国家，每一个国家都有自己敏感的产业，这从许多发达国家保持的税负中就可以看出，很多发达国家保持的税负很高，而且有差异，说明他有不同的需求。那么允许发达国家提出自己特殊的 SDT 需求，设立适当的解决问题的机制，也可以调动发达国家的积极性。

我们对这个建议大致的核心就是拓展贸易便利化，发展中国家自主选择这个模式，根据不同的协议的方式给发展中国家包括发达国家更多选择的空间。*F*

贸易强省建设

——"入世"后广东外经贸发展的成绩及展望

何传添[*]

我要讲的内容有四个部分。第一部分就是谈一谈"入世"以后广东做了哪些事情，来推动形成全面开放新格局。这个全面开放新格局是总书记给广东的定位。第二部分是"入世"后，广东发展取得的成绩。第三部分就是 2021 年 5 月 8 日，广东省委省政府召开了一个贸易高质量发展，也就是贸易强省建设的会议，谈一谈会议的主要内容和小结。

一、加入 WTO 后广东形成全面开放新格局的主要路径

加入世贸组织以后，广东省委省政府也跟国家一样，跟全国的各兄弟省市一样，全面清理地方政策性的法规。

（一）全面清理地方政策性法规

为适应中国加入 WTO 需要，广东开始全面清理 2001 年以前的地方政策性法规文件，推动法制化进程。2001 年 12 月 27 日、2002 年 4 月 4 日、2002 年 5 月 28 日广东省人民政府先后三次发布《广东省人民政府关于废止 2001 年底以前发布的部分政府规章和规范性文件的决定》（粤府令第 69 号、粤府令第 71 号、粤府令第 74 号）。废止文件包括：《广东省进口木材验收及监督管理试行办法》《广东省计划外工业生产资料市场价格管理办法》《广东省进出口商品检验

---

* 作者简介：何传添，广东外语外贸大学副校长。

行政处罚办法》《广东省利用外资基建项目实施管理规定》《广东省外商投资企业劳动管理规定》《关于技术开发和提高产品质量的暂行规定》等 65 件。

（二）先行先试参与 CEPA 协议

先行先试，参与《CEPA 协议》，这个《CEPA 协议》是 2003 年内地港澳更优惠的贸易安排，也是为了进一步推进广东改革开放。2008 年 11 月，省政府已经下达了广东先行先试工作联席会议的通知，也就是深度参与《CEPA 协议》的先行先试。

2003 年，为应对非典疫情，内地与香港、澳门特区政府分别签署了内地与香港、澳门《关于建立更紧密经贸关系的安排》（以下简称 CEPA），于 2004 年 1 月 1 日起全面实施，之后又陆续签订多份《补充协议》，在历次补充协议签订中，广东都是先行先试最主要的参与者。从 2004 年至 2013 年，签订补充协议共计十份，服务业对香港开放的广东先行先试政策累计已达 79 项。2008 年 11 月，省政府下发《关于建立推进服务业对港澳扩大开放政策在广东先行先试工作联席会议的通知》，明确了广州、深圳、珠海、佛山、东莞五个服务业基础较好的市为落实 CEPA 先行先试重点市。另外，佛山、珠海市被商务部认定为落实 CEPA 示范城市。

（三）推动加工贸易转型升级

从 2008 年开始，2009 年国际金融危机以后，广东加工贸易的比重是很大的，占到 40% 左右，现在逐渐在降低，也就是加工贸易的转型升级起到的作用非常明显。2008 年 9 月 9 日，发布《关于促进加工贸易转型升级的若干意见》，旨在提升加工贸易产业竞争力。

2009 年至 2011 年，为应对国际金融危机时外需不足，东莞市举办广东外商投资企业产品(内销)博览会（"外博会"）。2012 年，"外博会"正式升格为中国加工贸易产品博览会（"加博会"），由商务部、海关总署等 6 部委与广东省人民政府共同主办。

（四）谋划珠三角改革发展方向

谋划珠江三角洲的改革与发展。像《珠三角改革发展规划纲要（2008）》，还有《珠三角改革发展规划纲要（2010）》，等等，2012 年，建立了南沙新区。2008 年 12 月 31 日，通过《珠三角改革发展规划纲要》，为珠三角地区下一个时期发展指明方向。

为进一步落实《珠三角改革发展规划纲要》关于区域合作的建设要求，国务院分别于 2010 年 3 月、2012 年 3 月批复同意增城经济技术开发区、珠海经济技术开发区升格为国家级经济技术开发区，于 2012 年 9 月设立南沙新区。

（五）探索内外贸一体化、服务贸易创新发展

探讨内外贸易一体化、服务贸易创新发展。在这里，内外贸易一体化最主要的广东省商务厅的正式成立，把内贸跟外贸统一起来。2015 年，广东自由贸易实验区正式成立，特别是在服务业以及服务贸易领域开放，进行先行先试。

2014 年广东省商务厅正式成立，原广东省外经贸厅在保持原有职责的基础上，增加原属于广东省经信委的商贸流通管理、经济协作职能，内需、外贸优势合二为一，广东进入了内外贸一体化新时代。2015 年 4 月 20 日，中国（广东）自由贸易试验区正式成立，重点对服务业及服务贸易领域的开放进行探索，对广东及珠三角地区产业转型起到示范推动作用。

（六）参与"一带一路"建设与国际产能合作

广东在"一带一路"的建设过程当中，2015 年 5 月率先与国家"一带一路"建设衔接并发布了省里的方案，也取得了很大成效。从 2015 年到 2017 年，广东的东莞与深圳都开通了中欧班列，在 2021 年的疫情当中，对广东的外贸发展起到很好的推动作用。2015 年 5 月，广东省政府公布《广东省参与建设"一带一路"的实施方案》，成为率先与国家"一带一路"建设衔接并发布方案的省份；2016 年 1 月，广东省政府通过《广东丝路基金设立方案》，广东丝路基金由省财政出资，吸引金融机构及社会资本参与；2015 年至 2017 年间，广东省东莞、广州、深圳 3 个城市始发中欧班列，为构筑广东全方位的开放新格

局发挥重要作用；2016 年 12 月，中国—越南（深圳—海防）经济贸易合作区全面开工建设，探索国外推进国际产能合作的新路径。

（七）形成全面开放新格局走在全国前列

2017 年 4 月 4 日，习近平总书记对广东工作提出"四个坚持、三个支撑（为全国推进供给侧结构性改革、实施创新驱动发展战略、构建开放型经济新体制提供支撑）、两个走在前列"；2018 年 3 月 7 日，习近平总书记对广东工作提出"四个走在全国前列（构建推动经济高质量发展体制机制、建设现代化经济体系、形成全面开放新格局、营造共建共治共享社会治理格局）"。为落实上述"走在前列"的重要指示，广东省委省政府积极作出全面部署。

（八）深化"放管服"、优化营商环境

全国各省市都在做。广东有很多东西要对接港澳，可能是做的深度跟面会更广。2018 年 6 月 28 日，国务院召开全国深化"放管服"改革转变政府职能电视电话会议，广东积极推进"互联网＋政务服务"，"一门、一网、一次"改革成效显著。2018 年 9 月 20 日、2019 年 11 月 14 日，广东省政府陆续发布《广东省人民政府办公厅转发国务院办公厅关于印发全国深化"放管服"改革转变政府职能电视电话会议重点任务分工方案的通知》《广东省人民政府关于印发广东省深化"放管服"改革近期重点任务分工方案的通知》，把"放管服"改革作为全面深化改革的重要内容。

（九）推进"大湾区""示范区"建设

推动两区建设。一个是大湾区，一个是示范区。一个是 2019 年 2 月份，一个是 2019 年 10 月份，这个大家都知道，还有深圳是社会主义现行示范区的那个建设，都是在这一年。2019 年 2 月，中共中央、国务院印发《粤港澳大湾区发展规划纲要》。打造大湾区，既是新时代推动形成全面开放新格局的新尝试，也是进一步提升其在国家经济发展和对外开放中的支撑引领作用。2019 年 10 月，中共中央办公厅、国务院办公厅印发《深圳建设中国特色社会主义先行

示范区综合改革试点实施方案（2020—2025 年）》，是新时代推动深圳改革开放再出发的又一重大举措，也是创新改革方式方法的全新探索。

（十）部署"两个合作区"建设

两个合作区一个是横琴，一个是前海。虽然面积都不是很大，只有 100 多平方公里，但它都是中共中央国务院印发的两个红头文件。广东省也在积极地部署、推进两个合作区的建设。这两个合作区的建设是有侧重的。在横琴合作区，是构建以澳门一体化高水平开放的一个新体系，前海合作区是要推动现代服务业的发展，深化与港澳服务贸易自由化，也就是在这一方面先行先试。总的来讲，20 年是有十个比较大的战略。

2021 年 9 月 5 日，中共中央国务院印发《横琴粤澳深度合作区建设总体方案》：构建与澳门一体化高水平开放的新体系；2021 年 9 月 14 日，中共中央国务院印发《全面深化前海深港现代服务业合作区改革开放方案》，旨在深化与港澳服务贸易自由化；到 2025 年，建立健全更高层次的开放型经济新体制，初步形成具有全球竞争力的营商环境，高端要素集聚、辐射作用突出的现代服务业蓬勃发展，多轮驱动的创新体系成效突出，对粤港澳大湾区发展的引擎作用日益彰显；深化与港澳服务贸易自由化，扩大金融业对外开放，提升法律事务对外开放水平，高水平参与国际合作。

二、"入世"后广东外经贸发展取得的成绩

"入世"以后，广东外经贸发展取得了很大的成就。这个成就，跟全国其他各省市都是大同小异。贸易总额方面，广东增长了 6 倍，这是一个很大的成绩。特别是跟亚洲四小龙相比，现在比香港还差一点点，跟韩国相比，有时它比较多一点，有时我们比较多一点，像新加坡还有台湾，增长速度虽然很快，但是远远比不上广东的贸易总额。服务贸易这一块，广东的发展比全国的平均值都快得多。到 2018 年，广东的服务贸易总额已经达到了 2000 多亿元，占广东贸易总量的 19%，现在广东的服务贸易进出口总额在全国各省市里面排在第二，排第一的是上海，广东的贸易程度远远高于全国，达到 63%。

贸易结构的优化，机电产品与高新技术产品，已经超过 50%，进口商品的结构，还有服务贸易出口的结构，都在不断地优化。广东的服务贸易理念和履行服务不管是出去还是进来，所占的比重都相当大。

服务贸易的竞争优势，广东的服务贸易竞争优势最明显的就是加工贸易。它的指数非常高，接近 1%。服务贸易的指数从 2000 年的 0.08% 上升到 2020 年的 0.23%，也是上升得非常明显。

贸易方式，刚才已经提到，加工贸易逐渐在降低，一般贸易的比重一直在增加。在区域贸易里面，东盟在广东的贸易总额当中占的比重持续在增长。利用外资，平均增长是在 5% 左右，这一点也是非常重要的，也很好推动了广东 20 年来的社会与经济发展。利用外资，现在逐渐是转向第三产业，原来主要是在制造业。实际利用外资主要的来源地基本上跟全国各地都一样，都是来源于这些地区。对外直接投资，现在广东走出去的资金，量越来越大，2016 年的时候是最高值，这几年有所下降。

三、服务贸易高质量发展

习近平总书记在庆祝改革开放 40 周年大会上，回顾改革开放 40 年的光辉历程，总结改革开放的伟大成就和宝贵经验，动员全党全国各族人民在新时代继续把改革开放推向前进，为实现"两个一百年"奋斗目标、实现中华民族伟大复兴的中国梦而不懈奋斗。

——40 年的实践充分证明，改革开放是党和人民大踏步赶上时代的重要法宝，是坚持和发展中国特色社会主义的必由之路，是决定当代中国命运的关键一招，也是实现"两个一百年"奋斗目标、实现中华民族伟大复兴的关键一招。

——全党全国各族人民要更加紧密地团结在党中央周围，高举中国特色社会主义伟大旗帜，不忘初心，牢记使命，将改革开放进行到底，不断实现人民对美好生活的向往，在新时代创造中华民族新的更大奇迹！创造让世界刮目相看的新的更大奇迹！

2021 年，广东省委省政府召开了一个贸易高质量发展的会议，主要就是根据总书记对全国的贸易发展，特别是对于广东的贸易发展提出的新要求，还有重要论述作为一个指导事项，来构建广东改革开放的一个新优势。

贸易强国建设是在十九大报告里提出来的，贸易强省建设是 2021 年 5 月 8 日广东提出来的，当时省委书记李希，商务部王部长都出席并讲话，好像全国各省市召开这个贸易高质量发展的会议，在 2021 年并不多，广东开了一整天。持续塑造广东改革开放的新优势，它有很重要的意义。贸易强省建设主要是行稳致远，内外贸发展一定要一体化，统筹贸易发展和贸易安全。思路、目标、路径都很清楚。

（一）持续塑造广东改革开放新优势

2021 年 5 月 8 日，广东全省贸易高质量发展大会召开，部署推动贸易高质量发展、推进贸易强省建设。省委书记李希、商务部部长王文涛出席并讲话。持续塑造广东改革开放新优势，对建设社会主义现代化国家；应对世界百年未有之大变局；构建新发展格局；保障和改善民生；全面深化改革开放；构建人类命运共同体等有重要意义。推动贸易强省建设行稳致远，内外贸一体化发展；贸易与产业互利双强；促进贸易平衡发展；发展数字贸易新业态新模式；加快推进两个合作区建设；统筹贸易发展和安全。

（二）突出挖掘服务贸易发展潜力

服务贸易成为国际贸易中最具活力的部分，对世界经济影响深远；赋能外贸高质量发展，推动高水平开放。以提升服务贸易发展质量和国际竞争力为目标，使服务贸易成为引领对外贸易高质量发展的主要动力。以两个合作区为新引擎，把大湾区打造成以发展服务贸易为重点的制度开放新高地（高水平对外开放新格局），强化改革开放；强化贸易布局；强化创新发展；强化商贸流通体系建设；强化贸易安全保障。

总书记在 2020 年的服务贸易发展峰会上，对于服务贸易有一个重要的论述，2021 年的服务贸易峰会上，对于服务贸易的发展也有重要的论述，未来广东的发展要怎么走？最后一句话就是小结，这个小结不是我讲的，是王部长在广东贸易高质量发展会议上强调的，广东一定要坚持以习近平新时代中国特色社会主义思想为指导，就是要以总书记的思想为指导，坚决贯彻党中央、国务院的要求，深刻认识到贸易在经济发展全局当中的重要地位和作用，落实贸易高质量发展的方案，着力推进贸易创新发展结构的升级，更好地服务于构建新发展格局。𝓕

第二部分　推动对外贸易高质量发展

高水平对外开放与中国竞争中性原则探讨

王聪 *

摘要： 高水平对外开放是中国在十四五时期要实现的主要目标，竞争中性原则在中国的贯彻实施是实现上述目标的关键环节。本文明确了竞争中性原则与我国市场经济体制的关系，分析竞争中性原则在多双边框架下的基本内涵，阐明国有企业规则是竞争中性原则涉及的重要领域。在此基础上，对竞争中性原则在我国实施的现实需求和潜在风险进行分析，并提出竞争中性原则融入中国对外开放的改革思路。

关键词： 高水平对外开放；竞争中性；国有企业；开放型经济新体制

一、引言

2020 年 10 月中共十九届五中全会通过的《中共中央关于制定国民经济和社会发展第十四个五年规划和二〇三五年远景目标的建议》提出，我国要实行高水平对外开放，建设更高水平开放型经济新体制。实现高水平对外开放需要推进中国经济制度与国际高标准经贸规则的联通，需要认真研究当前国际高标准经贸规则的演变规律，其中受到西方发达经济体重视的竞争中性原则正在成为阻碍中国高水平对外开放的重要因素。据不完全统计，全球已有超过 40 个国家（地区）在其签订的自由贸易协定（FTA）中明确适用了竞争中性原则，同时美国、澳大利亚与以色列、韩国、智利等 18 个国家签订的双边 FTA 暗含或强调了竞争中性原则，说明竞争中性原则正快速成为国际经贸规则中的重要组成部分①。本文立足实行高水平对外开放，明确了当前竞争中性规则是国际规

---

* 作者简介：王聪，广东外语外贸大学讲师。

① 巴曙松、谌鹏，《竞争中性原则的形成及其在中国的实施》，厦门：厦门大学出版社，2021。

则演变的重要特征，是我国实行高水平对外开放必须面对的重要原则，在此基础上本文指出我国实行竞争中性原则的改革思路。

二、竞争中性原则与我国市场经济体制

市场竞争机制是我国市场经济体制不可或缺的部分。党的十四大确立了"建设社会主义市场经济体制"[①] 目标，1993 年我国将"市场经济"写入宪法，标志着我国开启经济基本模式的变革，这也意味着竞争应该成为市场经济资源配置机制的核心。党的十八届三中全会明确"让市场在资源配置中起决定性作用，同时要更好发挥政府作用"[②]，上述关于经济发展基本模式的论断沿用至今，市场在资源配置中起决定性作用决定了市场竞争机制在其中应发挥核心作用，同时更好发挥政府作用又不回避政府在资源配置中应有的作用，政府与市场应相互结合，互相配合共同发挥作用。

竞争中性原则关系我国基本经济制度，为我国完善市场经济体制提供了一定的动力，尽管在当下仍无法完全实现某些发达经济体所要求达到的标准，但竞争中性原则完全可与我国市场竞争机制相互融合。从 20 世纪末开始，西方国家逐渐提出"竞争中性"概念，旨在规范政府干预市场的问题，竞争中性原则逐渐在部分发达国家和重要国际组织中受到关注甚至得到应用，作为转型经济体，中国尽管在市场经济建设中取得了举世瞩目的成就，但当竞争中性与我国特定的政策和制度相联系时，竞争中性原则成为政府和社会关注的重大问题，部分政府官员担心西方国家利用竞争中性原则对中国实施贸易保护，部分国内外学界和社会人士关注中国国内与竞争中性原则不相匹配的诸多现象和制度。随着近年来中国"一带一路"倡议的深入实施，中国积极推进自由贸易区战略[③]，中国参与全球经贸规则制定的意愿逐渐提高，竞争中性原则也成了中国

---

① 党的十四大报告，《加快改革开放和现代化建设步伐，夺取中国特色社会主义事业的更大胜利》，1992。

② 党的十八届三中全会，《中共中央关于全面深化改革若干重大问题的决定》，2013。

③ 党的十七大把自由贸易区建设上升为国家战略，党的十八大提出要加快实施自由贸易区战略。党的十八届三中全会提出要以周边为基础加快实施自由贸易区战略，形成面向全球的高标准自由贸易区网络。（来源：习近平，《加快实施自由贸易区战略 加快构建开放型经济新体制》，2014，中国自由贸易区服务网。）

参与全球经济治理时无法回避的问题。

三、竞争中性原则与国有企业问题

（一）"澳版""OECD 版"和"美版"竞争中性原则

竞争中性原则从本质上来讲，从属于竞争政策。竞争中性原则较早发源于 20 世纪 90 年代中期的澳大利亚国内政策文件中[①]，1996 年澳大利亚政府正式在其政府文件中明确了"竞争中性"这一概念[②]。竞争中性原则设计初衷是为了防止国有企业在市场经营过程中造成的资源配置扭曲，为提高市场公平竞争程度而提出的。在澳大利亚正式提出竞争中性概念时，其竞争中性概念被界定为，政府的商业活动不得因其公共部门所有权而享受到优于私有部门竞争者的额外的竞争优势。竞争中性原则包含税收、债务、回报率、监管四大中立领域和全部成本原则。

国际上流行的竞争中性原则目前主要有"澳版""OECD 版"和"美版"三种版本（各版具体涵盖的内容大致情况如表 1 所示）。其中：OECD 在多份工作报告基础上逐渐建立起自己的竞争中性核心内容[③]，包括简化国有企业运营方式、厘清公共服务义务、债务及补贴中立、政府采购中立等八大核心事项；而美版竞争中性原则由于美国本土国有企业数量有限，美国国内在竞争法体系中并未专门针对竞争中性发布相应的法律，美国推行的竞争中性原则多见于其参与主导的各大区域自由贸易协定中，诸如 TPP（Trans-Pacific Partnership Agreement，跨太平洋伙伴关系协定）、CPTPP（Comprehensive Progressive Trans-Pacific Partnership，全面与进步跨太平洋伙伴关系协定）、USMCA（United States-Mexico-Canada Agreement，美墨加协定）等，在美国主导的各类区域自

---

① 1996 年澳大利亚政府发布 "Commonwealth Competitive Neutrality Policy Statement"，明确提出"竞争中性"概念。

② 张久琴，竞争政策与竞争中立规则的演变及中国对策，《国际贸易》，2019 (10)，第 27-34 页。

③ 如《竞争中性和国有企业——挑战与政策选择》《关于国有企业公司治理的指引》《竞争中性：经合组织建议、指引与最佳实践纲要》《竞争中性——维持国有企业和私营企业间的公平竞争环境》《竞争中性：各国实践》等多份专项工作报告。

由贸易协定中美版竞争中性围绕国有企业问题逐渐建立起涵盖贸易、投资、竞争和公司治理等领域的核心议题。2021 年 6 月美国国会参议院通过《2021 年美国创新与竞争法》法案,该法案旨在削弱中国在科技领域对美国造成的挑战,同时也意味着美国国内政策将更多地体现竞争中性原则。

表 1 "澳版""OECD 版"和"美版"竞争中性原则主要涵盖的内容

澳版	OECD 版	美版
全部成本原则	简化国有企业运营方式	贸易政策
回报率要求	核算特定职能成本	投资政策
税收中立	给予商业化回报	竞争政策
监管中立	厘清公共服务义务	公司治理
债务中立	税收中立	国有企业
	监管中立	
	债务及补贴中立	
	政府采购中立	

实际上,目前影响较广的竞争中性原则不仅在上述国家或国际组织存在(OECD、澳大利亚、美国等国),在其他国家也同样存在。如日本自 20 世纪 90 年代以来国内政策开始从选择性产业政策向竞争性产业政策转型[1]。时至今日,日本不仅在其国内重视竞争中性原则,在其参与的诸多多边经贸框架下,也充分注入日本的国内政策目标,其中 CPTPP 是日本参与并大力支持的重要区域自由贸易协定,日本在 CPTPP 协定框架下就国有企业领域规则花费了大量精力,充分体现了源于日本国内的竞争中性原则[2]。

(二)主要多双边框架下的竞争中性原则

在关贸总协定(GATT)和之后的世界贸易组织(WTO)中目前还未涵盖

---

[1] 李雯轩,新中国成立 70 年产业政策的研究综述,《产业经济评论》,2021 (2),第 25–35 页。

[2] 余淼杰,《中国对外开放的关键、重点和顺序》,网易研究局,2021 年 6 月 9 日,网址:https://mp.weixin.qq.com/s/LR3sZ8aBUq337–sR4C7c3g。

专门的竞争政策协定，WTO 在其专门针对服务贸易、知识产权、与贸易有关的投资、政府采购相关协定中包含了与竞争政策相关的章节。

2020 年 11 月中国与东盟十国及日本、韩国、澳大利亚和新西兰共同签署《区域全面经济伙伴关系协定》（Regional Comprehensive Economic Partnership Agreement，RCEP），RCEP 是中国目前签署的体量最大的自由贸易区，在一定程度上也是中国对外开放最高标准的反映。RCEP 自由贸易协定涉及竞争中性的规则条款主要集中于第 13 章竞争章节，共包含目标、基本原则、针对反竞争行为的适当措施、合作、信息保密技术合作和能力建设、消费者保护不适用争端解决九大条款，其中未涵盖美澳版本竞争中性原则关注的国有企业规则。相比之下，目前全球主要大型自由贸易协定涵盖的竞争中性原则范围要更加广泛和深入，以 CPTPP 和 USMCA 两大多边框架为代表，两者均包含竞争政策章节和专门的国有企业章节，且相比竞争政策章节，国有企业章节涉及的政策条款更加详细深入，且均包含多条正文条款未能充分解释的附加条款。

CPTPP 在竞争政策相关议题上较 USMCA 更加详细，除两者都具有的竞争法和主管机关、竞争政策中的程序公正、合作、消费者保护、透明度、磋商和争端解决的不适用条款外，CPTPP 还额外规定了与竞争政策有关的私人诉讼、技术合作条款。在与竞争中性有关的国有企业相关议题中，CPTPP 和 USMCA 构成高度相似，均包括 15 项正文条款，且正文条款结构基本保持一致。此外两者均有 6 条相关附件条款。不同的是，CPTPP 专门针对新加坡和马来西亚国有企业专门追加了两条附件条款，而 USMCA 则对国有企业章节进行深入解释，进一步增加国有生产企业专用车辆、对某些国营生产企业的非商业性援助两条附件条款。从 CPTPP 和 USMCA 协定内容来看，两者的竞争政策和国有企业规则均充分体现了规则主导国的理念和利益关注，在国有企业问题上 CPTPP 和 USMCA 均强调公平、公开和竞争性国际市场共同理念，两者就国有企业商业活动、商业考虑、指定、垄断、被授予特殊权利或特权、国有企业概念给出几乎完全一致的界定，上述两大协议均超出了 WTO 和此前的自由贸易协定相关规则标准。

CPTPP 和 USMCA 协定中与竞争中性相关的国有企业条款，在国有企业适用规则的门槛金额、国有企业定义和争端解决方式三个方面存在差异[①]。首先，两者对国有企业的具体认定门槛标准存在一定差异。CPTPP 规定若某一国有企业在前三个连续财年中的任一年度，从商业活动中获得的年收入低于 2 亿特别提款权（Special Drawing Right，SDR），则不适用国有企业条款，而 USMCA 协定这一标准为 1.75 亿特别提款权。其次，两者对国有企业的定义存在一定差别。USMCA 对国有企业的认定范围更加广泛，除按照 CPTPP 中分别依据股份、任命权内容、所有者权益对国有企业进行界定外，还增加了另一种国有企业类型，即政府通过间接或少数股权中的任何一种所有者权益，获得控制企业的权利时该企业也被认定为国有企业。最后，CPTPP 和 USMCA 中国有企业章节中争端解决方式存在差异。CPTPP 在国有企业章节中规定该章下产生的争端存在两种解决方式，分别是磋商和提交争端解决机制。通过 CPTPP 首创的国有企业和指定垄断委员会，对该章框架下产生的争议通过磋商予以解决，或者在采用"非商业性援助"和"非歧视待遇和商业考虑"过程中发生纠纷，采取协议约定的纠纷解决机制予以解决。而 USMCA 则明确规定在国有企业章节框架下发生的纠纷不适用协定规定的争端解决机制。

（三）竞争中性原则与国有企业条款

国有企业规则是竞争中性原则涉及的重要领域。国有企业在全球市场上正起到越来越重要的作用，作为全球价值链推动者和主导者的大型跨国公司有约四分之一的企业是属于国有企业（OECD，2020[②]），国有企业在国际市场上如何保持高效运行、行为透明度并与私营企业公平竞争成为竞争中性关注的重要议题（OECD，2021[③]）。回顾竞争中性产生的背景可以发现，竞争中性缘起于对国有企业具备的不合理竞争优势的关注，其终极目的是促进市场各类主体之

[①] 张久琴，竞争政策与竞争中立规则的演变及中国对策，《国际贸易》，2019 (10)，第 27–34 页。

[②] OECD，"OECD Business and Finance Outlook 2020: Sustainable and Resilient Finance"，2020. 网页来源：https://www.oecd–ilibrary.org/content/publication/eb61fd29-en.

[③] OECD，"Maintaining Competitive Neutrality: Voluntary Transparency and Disclosure Standard for Internationally Active State-Owned Enterprises and their Owners"，2021. 网 页 来 源：https://www.oecd.org/corporate/Maintaining-Competitive-Neutrality.pdf.

间的公平竞争①，此后受到美国和OECD等国家和国际组织的重视②，被应用到多个重要自由贸易协定（FTA）中，这些 FTA 规则将竞争中性原则应用于国有企业相关规则条款中，受到国际社会尤其是国有部门占据重要比重国家的广泛关注，上述 FTA 国有企业条款在某种程度上对中国等国家的经济体制和产业政策带来冲击。

FTA 国有企业条款发源于竞争中性原则，并在跨太平洋伙伴关系协定（Trans-Pacific Partnership Agreement，TPP）中首次以单独成章的形式得到集中体现，国有企业条款单独成章是判断国有企业规则的狭义标准，其还存在与国有企业规则密切相关且无法回避的更加广泛的含义。回顾已有 FTA 条款，涉及国有企业的国际规则虽未单独成章予以体现，但已有 FTA 中的国民待遇、非歧视、透明度、垄断和竞争政策、国有贸易企业、政府行为、补贴规则、非市场导向政策和做法、强制技术转让和知识产权、争端解决等规则条款与国有企业行为有着广泛联系，构成了实质上的国有企业规则条款，是更为广义上的 FTA 国有企业条款。

国有企业条款最初只适用于国内国有企业经济行为，目的是确保由政府行使所有权的国有企业或者公共部门在从事商业行为时，不会享受到有别于私营部门竞争者的额外优势，本质上是一种平衡政府和市场界限的规则条款，有效的国有企业条款可以起到提高企业生产率、激活市场活力的作用。国内版国有企业规则诞生后，得到国际社会的认可和广泛采用或推广，逐渐具备全球影响力，并被应用于国际市场中，发展出 FTA 国有企业条款，用于规范国际贸易和投资中的不公平竞争行为。2004 年生效的美新 FTA（United States - Singapore Free Trade Agreement）在其第 12 章"反竞争商业行为、指定垄断企业和政府企业"章节中，针对国有企业制定了高标准的国有企业条款，该协定也是就国有企业制定系统规范条款的雏形，具备一定里程碑意义，在该协定第 12 章中，

---

① 丁茂中（2018）指出竞争中性政策实际上是旨在促进所有企业间的竞争，是发挥市场竞争机制的重要内涵，因此竞争中性并非只针对国有企业与私营企业之间的竞争。（丁茂中，《竞争中立政策研究》，北京：法律出版社，2018。）

② OECD 专门针对国有企业和竞争政策发布了系列研究报告。

就国有企业透明度、政府不适当影响、政企合谋及其他违反竞争的行为做出明确规定，并且在该章节中还包含要求新加坡逐渐消减其本国的国有企业数量等规定①。2015 年签署的多边自由贸易协定 TPP②就国有企业相关问题单独成章，在其第 17 章"国有企业和指定垄断"章节中对国有企业相关规则给出了系统规定，主要约定了 6 大内容，分别是国有企业条款适用范围、非歧视性待遇、管辖权、透明度、商业考虑原则和非商业援助等，上述内容可进一步被概括为国有企业条款适用范围、国有企业义务和国有企业责任与相关制度三大主题内容框架，为国有企业条款走向规范化、系统化奠定了基础，这也预示着国有企业在整个国际贸易体系中将会扮演重要角色，同时也意味着国有企业必将会受到国际规则的系统规范。

以 TPP 为开端，CPTPP 和 USMCA 等重要 FTA 中分别设立专门章节明确国有企业条款，FTA 中出现专门章节的国有企业规则条款的频率开始增高，国有企业条款内容更趋规范化和系统化，体现出新一代国际贸易投资规则的新发展方向。与 TPP、CPTPP 和 USMCA 相比，中国参与签署的各自由贸易协定在国有企业规则条款上的进展相对滞后，中国签署的 FTA 主要以广义 FTA 国有企业条款为主，如在 FTA 中约定竞争、透明度等相关内容等。发起于 2013 年，2020 年 12 月完成谈判，2021 年 5 月遭到欧洲议会冻结的中欧全面投资协定（EU-China Comprehensive Agreement on Investment，CAI），是截至 2021 年 6 月中国对外发起的涉及竞争中性原则标准最高的一项协定，CAI 围绕国有企业、补贴透明度、强制技术转让和标准制定、授权和透明度等议题，从商业考虑、补贴问题、技术转让、许可和商业信息披露、监管和行政措施等方面的透明度制定了该协定涉及的关键竞争中性标准③，CAI 中改善公平竞争环境的核心内容表达了中国主动向高标准竞争中性原则转型的意愿和努力。可以看到 FTA 国有

①协定原文：https://ustr.gov/trade-agreements/free-trade-agreements/singapore-fta/final-text。

②协定原文：https://ustr.gov/trade-agreements/free-trade-agreements/trans-pacific-partnership/tpp-full-text。

③ European Commission，"Key elements of the EU-China Comprehensive Agreement on Investment"，2020-12-30. 网页链接：https://ec.europa.eu/commission/presscorner/detail/en/IP_20_2542。（访问时间：2021-6-23）

企业条款正在呈现出以国有企业条款作为贸易竞争政策重要工具、内容逐渐完善且系统化规范化、标准不断提高、对发展中国家参与国际竞争约束性日益增强的特征 [1]。

四、竞争中性原则的现实需求和潜在风险

当前加强竞争中性原则与中国国有企业政策融合显得十分必要。从全球市场环境来看，国有企业在国际贸易和国际投资中的作用逐渐增大，四分之一的主导全球价值链布局的大型跨国公司属于国有企业（OECD，2020[2]），国有企业政策与竞争中性原则逐渐受到国际社会重视，全球各主要经济区域正不断加强对国有企业政策和竞争中性原则的研究（OECD 和 OECD-GVH，2020[3]），竞争中性原则被发达国家视为遏制国家资本主义的重要手段，在欧美发达国家的推动下，竞争中性原则被纳入越来越多的自由贸易协定中，成为中国国有企业参与国际贸易和跨国投资的主要障碍。从中国本国内部环境看，中国基本经济制度决定了国有企业在中国经济发展中起主导作用。尽管自 20 世纪 90 年代中期国有企业"抓大放小"政策实施以来，国有经济在多数经济领域的控制程度有所下降，但是以公有制为主体、多种所有制经济共同发展的基本经济制度是中国的基础经济体制，并不能以表象的经济表现否定国有企业在中国经济各领域中的重要性，中国国有企业要想参与国际竞争必须适应竞争中性原则，才能在国际贸易和国际投资领域发挥应有的作用。除此之外，竞争中性原则包含的众多改革举措，如对产业补贴增加透明度等要求，同样是中国认同并努力的方

---

① 杨秋波，国企条款透视：特征、挑战与中国应对，《国际商务（对外经济贸易大学学报）》，2018 (2)，第 123-131 页。

② OECD, "OECD Business and Finance Outlook 2020: Sustainable and Resilient Finance", 2020. 网页来源：https://www.oecd-ilibrary.org/content/publication/eb61fd29-en.

③ OECD, OECD-GVH, "Competition Policy in Eastern Europe and Central Asia: Focus on Competitive Neutrality", newsletter, 2020. 网页链接：http://www.oecdgvh.org/pfile/file?path=/contents/about/newsletters/issue-no.-15-july-2020&inline=true. 除东欧、中亚外，其他国际组织、国际或国家联盟还发起了多项旨在关注竞争中性原则促进竞争的计划，如 OECD、英国和东盟在还共同发起了关注物流行业竞争中性原则的培育东盟竞争性的特定项目。

向，某些竞争中性原则包含的措施同样符合中国国有企业改革方向。综合来看，追求竞争中性原则与中国国有企业政策相兼容，推动国际竞争中性原则与中国国有企业政策协同发展，符合中国经济高质量发展、积极参与全球经济治理的发展要求。

竞争中性原则与中国本国国有企业政策存在许多不相兼容的地方，短期内彻底实现竞争中性的要求难以实现，实行竞争中性原则也会对中国经济发展造成一定的风险。国有企业成为竞争中性原则关注的重点，是因为国有企业在从事市场竞争时会获得有别于其他所有制企业的竞争优势，2011年OECD指出国有企业获得不正当竞争优势的五个主要来源，包括政府补贴、信贷优惠和信贷担保、执行和披露豁免、垄断优势、破产例外和信息优势等（OECD，2011[1]、2012[2]）。国有企业获得上述非正当竞争优势的原因包括四个主要原因[3]：第一，政府为了推行更好的公共服务，为国有企业提供优惠措施；第二，政府将国有企业作为产业政策执行的工具，通过扶持国有企业向相应产业传递政策信号；第三，政府为维持甚至提高财政收入，对国有企业提供支持和帮助；第四，国有企业与政府部门存在密切的政企关联，国有企业通过政治联系获得经济利益。尽管国有企业在国内市场获得了优于其他企业的竞争优势，但国有企业也承担了其他企业不需承担的经济、政治战略意图和大量社会责任，国有企业对稳定和维持中国经济发展做出了其应有的贡献，不顾及国有企业承担的社会责任和重大经济发展战略负担强行推进国有企业贯彻竞争中性原则，将会使得中国面临竞争导致的市场结构过度集中和高端产业被国外资本垄断的风险，因此中国国有企业政策贯彻竞争中性原则过程中需遵循一定的路径。

---

① Capobianco A., Christiansen H., "Competitive Neutrality and State-Owned Enterprises：Challenges and Policy Options", OECD Corporate Governance Working Papers，2011.

② OECD, "Competitive Neutrality: Maintaining a Level Playing Field between Public and Private Business", 2012. 网页链接：https://www.oecd-ilibrary.org/content/publication/9789264178953-en.

③ 李晓玉，"竞争中立"规则的新发展及对中国的影响，《国际问题研究》，2014 (2)，第129–137页。

五、竞争中性原则融入中国对外开放的改革思路

（一）建立融合竞争中性原则的竞争政策

借鉴欧盟将竞争中性原则以竞争法的形式予以体现的做法，中国政府可进一步将竞争中性原则纳入国内《反垄断法》《企业国有资产法》以及国务院和各级地方政府出台的经济政策和法规中。目前中国国内涉及竞争政策执法监管的制度文件中，2021 年 6 月 29 日由商务部、国家市场监督管理总局、司法部、财政部、国家发展和改革委员会联合印发的《公平竞争审查制度实施细则》，全面反映了我国竞争政策的最新进展。我国《公平竞争审查制度实施细则》主要目的在于维护市场公平竞争，防止由具有管理公共事务职能的机构制定的规章、规范性文件、其他政策性文件和"一事一议"形式的具体政策措施造成排除、限制市场竞争的影响，《公平竞争审查制度实施细则》主要涵盖的政策措施领域包括市场准入和退出、产业发展、招商引资、招标投标、政府采购、经营行为规范、资质标准等涉及市场主体经济活动的事项。尽管我国最新的公平竞争审查制度在一定程度上考虑了竞争中性原则，但多以制定政策措施的具备管理公共事务职能的机构自查为主，由于缺乏有效外部监管和权力制衡，这将导致审查制度难以有效防止限制和排除市场竞争的政策措施的生效，因此我国目前竞争政策离全面体现和落实竞争中性原则尚有差距。今后我国竞争政策应重点关注和减少行政性垄断对市场造成的冲击和不利影响，尽快确立融合竞争中性原则的竞争政策体系。上述竞争政策体系需重点协调好部门间利益，平衡好竞争执法机构和行业监管机构间的权力和责任划分，避免竞争执法多头管理，降低竞争执法成本。此外还需明确竞争监管和执法的具体执行内容，使得监管机构有法可依，保障市场的公平竞争环境。

（二）建立和完善国有企业竞争中性政策

从当前国际主要 FTA 内容和国际经贸规则演变趋势来看，竞争中性原则主要强调禁止包括任何经济实体获得不适当的竞争优（劣）势、限制和规范国有企业参与市场竞争过程中的政府行为，最终目的是促进市场公平竞争。因此国

有企业成为适用竞争中性原则的争议焦点。具体到中国实际情况来说，中国国有企业是否获得不适当竞争优势受到广泛关注和讨论，目前国际重要 FTA 中对国有企业的认定标准涉及企业范围广泛，USMCA 和 CPTPP 均分别依据股份、任命权内容、所有者权益对国有企业进行界定，此外 USMCA 还将政府通过间接或少数股权中的任何一种所有者权益，获得控制权利的企业认定为国有企业，这就意味着除受关注较广的工业部门国有企业外，服务业和农业部门中的企业或机构也将成为适用竞争中性原则的国有企业。从限制国有企业参与市场过程中的政府行为角度来看，被认定为向国有企业实施政府行为的主体的范围也在扩大，如美日欧等国际将传统意义上的政府看做向国有企业实施政府行为的主体外，还坚持将国有企业、产业基金、国有商业银行和有党委的民营企业等纳入公共机构（广义政府）之列，当上述机构对国有企业提供货物、服务、贷款或参股时即视为发生政府行为。为更好地兼容竞争中性原则应对国有企业政策进行系统改革，从国有企业分类、竞争中性执法体系、市场准入、要素获取（包括补贴、税收和贷款）、商业行为、透明度六大方面确保国有企业不会获得不适当竞争优势，并规范和限制涉及国有企业的政府行为。

（三）推动补贴制度适应竞争中性原则

确立补贴中性的基本原则。当前我国出台的《公平竞争审查制度实施细则》已明确在公平竞争审查环节中，若没有合法依据不得给予特定经营者补贴等优惠政策，可以说旗帜鲜明地表明了我国在对待补贴政策上的态度。但问题是需要确保针对补贴政策的公平竞争审查机制的有效执行，以及保证实现存在涉及补贴范围、补贴标准等详细细节的法律、法规和国务院等部门的规定为补贴审查提供依据。为此，首先明确中国补贴政策基本导向是合规性和合理性并存原则，补贴既要合规又要合理，不能违反规定补贴，也不能不违反规定但是不合理地补贴。其次，加快研发、农业补贴改革，引入竞争机制，推动补贴向非专项性补贴、公共服务领域补贴倾斜，规范地方政府补贴行为，增加补贴透明度，严格履行补贴通报义务。再次，加大公共服务类补贴，增加向基础技术、基础设施、共性技术领域的补贴。同时，坚持国有企业正常商业行为属于合规行为，不应被纳入补贴认定范围。最后，借鉴欧盟国家援助制度体系，在保障实现社会福利和公共利益前提下，对政府补贴行为予以规范，达到维护公平竞争的目的。

（四）推动中国自由贸易区战略与竞争中性原则融合

中国自由贸易区战略中应更多融入竞争中性原则。为适应竞争中性原则正快速成为多双边 FTA 重要组成部分的大趋势，中国在积极参与全球化，推进中国自由贸易区战略过程中，应主动适用竞争中性原则，便于国际化进程中更好适应上述规则体系。首先，在已签订的 FTA（如 RCEP 等）的后续升级谈判中，主动将竞争中性原则加入 FTA 升级谈判议题。其次，在正在谈判和拟推动建立的 FTA 中积极考虑加入竞争中性原则或相关章节。再次，依靠"一带一路"倡议主动开展涉及竞争中性原则的 FTA 谈判。最后，中国自由贸易区战略融入竞争中性原则，不是以否定甚至放弃中国基本经济制度下的国有企业存在为前提，自由贸易区战略推进应当在明确国有企业存在合理性基础上开展竞争中性原则条款谈判。

贸易网络内部结构与行业增加值

——基于核心行业的视角

章韬　杨佳妮　冷玉婷 [*]

摘要：全球贸易网络复杂化主要体现为网络结构、内部关系和行业异质性的相互影响。对中国贸易网络的内部结构及关联方式进行估计，迭代出网络中的核心行业，研究行业间的相互作用关系至关重要。研究发现：中国贸易网络存在子群落，核心行业具有较强黏性，随年份变动较小；中国核心行业与关联行业存在互补替代效应；中国核心行业策略与美国有所不同，基础设施行业能够有效协调和促进各个子网络间的配置效率和价值创造，原材料等要素密集型行业则有低端锁定效应。系列稳健性检验和反事实分析验证了本文的结论，为中国贸易政策中关于垂直一体化与抓大放小的政策权衡提供相关分析思路和经验证据。

关键词：贸易网络；内部结构；核心行业

一、引言

中国贸易网络日益结构化、复杂化，行业关联疏密有致，存在结构差异。核心行业发挥了重要的作用，如何正确对待核心行业的作用及其发挥的效应是当前深化体制改革面临的重要议题。中共中央在"十四五"规划中提出了"两个强调"，即强调行业间的深度融合，强调核心部门的支撑引领作用，从而实

---

* 作者简介：章韬，上海对外经贸大学副教授；杨佳妮，上海对外经贸大学硕士研究生；冷玉婷，上海对外经贸大学硕士研究生。

现协同发展目标。落实"两个强调"亟须关注以下问题：哪些行业是国民经济生产中的核心行业，核心行业如何与关联行业相互影响？这一战略更加强调核心部门与各个部门之间的虚实相盈，实现有效互补而非竞争性替代。基于中国特色、发挥中国比较优势的协同生产关系，意味着充分调动核心部门的市场优势、推动各部门的深化合作，激发内需潜力，从而实现双循环经济的可持续发展目标。

已有研究表明，贸易网络关联程度越高，则节点的关联方式配置效率越高，网络内部门获得网络外部性的可能性越高（吕越和尉亚宁，2020）。另外一些文献则更加强调生产网络中的核心角色问题（Zenou，2016；Mele，2017）。关键节点的存在和关联方式有别于普通节点，当关键节点被移除出网络，整个贸易网络的全局关联程度会迅速下降。换句话说，核心角色反映网络中节点对网络整体的作用，其关联起各个子群落"角色边际"的作用不容忽视。因此，找到行业在网络中扮演的角色尤为重要（An 和 Liu，2016）。本文通过对行业贸易网络测度，进行行业刻画，迭代出网络中的核心行业，测算分析网络贸易结构，构建分析框架，着重分析贸易网络中的核心角色以及关联方式对贸易创造的贡献。

在加快发展现代产业体系下，保护核心产业，围绕核心展开关联发展，还是将核心角色与关联行业契合，是产业政策"落在"核心部门还是普通部门的选择，也是关于绝对优势和比较优势的权衡，更是关于抓大放小和协同共赢的权衡。

以中国具有代表性的核心行业"建筑业"[①]为例，"铁公基"涉及各个行业的方方面面。在新四大发明"高铁、共享单车、网络支付、网络购物"中，中国建筑业不仅将原材料和基础部门联系起来，极大地推动了要素流动性，也与服务业联系起来，有效地确保和推动了服务业的蓬勃发展。可以说，在"铁公基"的大力推动下，全国各部门的要素、产品流动性和配置效率获得巨大提升，部门间的协同发展得到有效保障。此外，不同于传统意义上砖石水泥建筑

---

① 国民经济行业分类中"建筑业"包括"房屋建筑业"和"土木工程建筑业"两大类。后者进一步包括铁路、道路、隧道、水利、海洋、工矿、能源等工程项目。

业，新时期下中国建筑业的科技含量、技术要求、人力资本、物质资本在投入总量、关联辐射上的贡献也远远超过单一生产部门所涵盖的资源和上下游关系。小到区县层面的"要想富先修路"，大到"天宫项目"的系统性实现，中国发展战略所特有的强调长期大规模投入、辐射带动目标下的"集中力量做大事"极大地推动了中国经济长期稳定发展和经济活力，其制度优势反映在对特定行业的比较优势强化和选择上。建筑业在中国过去几十年经济增长过程中起到了举足轻重的作用，其示范作用与核心推动作用是中国模式乃至北京共识的体现，也是"一带一路"倡议中各个国家积极参与的重要原因。

一些国家经济增长缓慢的一个重要原因是对核心行业重视不足，对核心所扮演的角色分析较少。不同于行业水平比较优势、垂直生产位置对价值创造的研究，生产网络内是否存在核心行业、核心是如何在各个子网络群体间影响水平和垂直生产联系是目前政策分析面临的一大挑战。与中国"新四大发明"作为比较，美国的核心部门则仍然相对传统[①]。我们发现，国家间核心部门的差异对经济增长路径、生产网络关联乃至产业政策制定均存在结构性影响。事实上，中国已经有了切合自身发展路径的核心部门和增长方式，并非传统意义上的比较优势等理论可以简单概括。对美国的反事实分析发现，即便中美两国各自采用对方的核心部门作为增长驱动因素，其结果均不相同。目前，拜登政府提出五万亿美元基建计划，除了希望能够赶超中国在该领域的发展外，也提出该计划有利于促进美国各个部门的产业发展和就业增长。这种制度和路径上向中国学习的可能结果，也是本文尝试提供的一个反事实分析证据。

伴随经济贸易的结构化与复杂化，众多学者采用社会网络方法对其进行研究（Greif，1989；Rauch，2001；Fagiolo 等，2009）。一些学者认为国际贸易的本质是网络（周文韬等，2020），任何贸易依赖关系均受到网络中其他依赖关系的间接影响，贸易网络可以更好地呈现国家间相互连接和依赖的关系特征（姚星等，2019）。Chaney（2014）利用法国企业的出口数据从企业层面考察了贸易网络问题，从目的国和出口企业数两个维度建立网络搜寻模型，通过理论和实证估计解释了贸易网络对企业出口的搜寻成本和贸易利得的影响。吴群峰

---

① 对美国生产网络中的核心行业进行估计，得到石油、房地产业等核心部门。

和杨汝岱（2019）利用国内数据和引力模型，借鉴 Chaney（2014）构建出口网络的方法，研究企业的出口行为，对贸易网络的演化与内生机制进行研究。一些学者对贸易网络的演化格局和结构特征进行分析（马述忠等，2016），吕越等（2020）在测度企业层面贸易网络基础上，考察了企业贸易网络如何影响全球价值链分工下的企业出口国内附加值问题。这些研究从贸易网络特征和外部性角度上解释了贸易流和增加值的影响，但是并未对网络自身内部结构和特殊部门的差异化贡献进行深入讨论。

Mele（2017）将核心角色纳入网络博弈分析策略，考虑网络中某一特殊节点对网络各子群落乃至整个网络是否产生影响。Lee 等（2020）在网络分析中进一步考虑网络节点间的识别策略和核心部门算法改进，从实证层面上讨论了核心角色在网络中的作用。核心角色的分析有利于观察网络各个节点的异质性和潜在的子群落关联。观察核心角色是否存在意味着网络各节点间的总活动水平是否是最优的节点关系。Zenou 等（2006）将网络中的核心角色描述为一种特殊的代理人，研究当核心角色离开网络，均衡将如何发生变化。An 和 Liu（2016）认为网络中单个节点的中心度高并不一定是最重要的，因而对网络中的关键角色进行识别，并对网络中的群体中心性进行考察。因此，本文从群体中心性角度，对行业贸易网络中的核心行业进行研究。

二、贸易网络结构及核心行业指标构建

本文主要采用世界投入产出数据库的世界投入产出表（WIOT, World Input-Output Table）。其中包含 2000—2014 年 44 个国家（43 个相对发达的经济体及世界其他地区）及 56 个行业（基于国际标准行业分类 ISIC）的年度全球投入产出信息，包括初级部门、制造业、服务部门以及金融中介等，涵盖约 85% 的世界生产总值。本文从中提取出中国部门的投入产出矩阵，进而分析中国的核心部门与关联的关系。

（一）贸易网络结构构建

对加权网络进行定义，网络中的节点表示行业，如果一个行业与另一个行

业之间存在贸易关系，则节点间存在连边，行业之间的联系用节点间的连边表示，行业之间的贸易额作为节点间连边的权重，用来表示行业节点之间的连接强度。这些节点和连线便构成了行业贸易关联网络。因此，本文构建的有向加权行业贸易网络 G 可表示为：

$$G = (V, E, w) \tag{1}$$

其中，$V = \{v_1, v_2, ..., v_n\}$ 为节点集合，$v_i \in V$ 表示生产网络中的行业 $(i = 1, 2, ..., n)$；$E = \{e_1, e_2, ..., e_m\} \subseteq V \times V$ 为边集合，$(v_i, v_j) \in E$ 表示行业 v_i 向行业 v_j 的有向贸易流动关系，$w(v_i, v_j)$ 表示有向边 (v_i, v_j) 的权重，即行业 v_i 向行业 v_j 的贸易额。

（二）网络关联指标计算

本文构建点度中心性指标，并在网络 G 基础上，进一步区分贸易网络入度和出度指标。由于为有向网络，根据边的方向可以划分为入度中心性和出度中心性。其中入度中心性表示指向该节点的有向贸易关系，出度中心性表示该节点指出的有向贸易关系。因此在行业贸易网络中，行业的出度中心性表示该行业出口到其他行业的贸易关系，入度中心性表示从其他行业进口的贸易关系。即入度中心性表示了该行业在需求侧的网络地位，出度中心性则表示供给侧网络地位。借鉴 Freeman（1978）点度中心性方法，计算公式如下：

$$D_i = \sum_j w_{ij} + \sum_j w_{ji} \tag{2}$$

其中 w_{ij} 表示节点 i 到节点 j 的连接状态。即

$$\overrightarrow{w_{ij}} = \begin{cases} 1, & \text{如果 } i \text{ 到 } j \text{ 有联系} \\ 0, & \text{否则} \end{cases} \tag{3}$$

$\sum_j w_{ij}$ 表示从节点 i 到其他所有节点 j 的输出连接（$i \neq j$，排除网络矩阵中与自身的联系），即出度中心性；$\sum_j w_{ji}$ 表示从其他所有节点 j 到节点 i 的输入连接，即入度中心性。点度中心性从三个维度衡量了一个部门与网络中其他部门的直接连通性与关联性。

在此基础上加入贸易强度，即节点行业之间的贸易额，从贸易深度角度反映一个行业与其他行业之间发生的贸易额大小，衡量行业在贸易网络中的中心

程度。构建网络时，$w(v_i, v_j)$ 表示有向边 (v_i, v_j) 的权重，因而 w_{ij} 表示行业 v_i 向所有其他行业 v_j 出口的贸易额，从而将贸易强度纳入考虑。纳入贸易强度是对点度中心性的扩展，不仅考虑行业贸易间存在联系的数量，同时考虑贸易额大小，更广泛且深刻地描绘节点间的链接状态。

（三）贸易网络中的核心行业

若部门间的生产关系是关联有致的话，核心部门与各个部门之间关系则更加强调疏密有致与虚实相盈。贸易网络中关键节点的存在和关联方式有别于普通节点，关键节点表示的核心部门在网络中具有强话语权，当关键节点被移除出网络，整个贸易网络的全局关联程度会迅速下降。核心部门并非通过网络指标排序直接得到，节点间的高度关联可能是复杂网络节点间的冗余联系，因此需对核心部门进行迭代剥离。

核心行业侧重反映网络节点子群落的组间差异，即是否存在几个部门在子群落中显著区别于其他子群落，且该部门是在该群落中关联及影响最大的部门。本文在计算部门间关联基础上，设定初始条件作为备择假设，即是否存在子群落，且子群落中是否存在某一核心行业影响该子群落且关联其他子群落——该部门在子群落中局部关联水平最高，且也与其他子群落存在高度关联。进一步，核心行业在迭代过程中是否稳定不变，基于这一"最大最小化"思想，即最大化关联，最小化结构扰动，从而找到相应核心行业。

使用 greedy search 算法（Borgatti，2006）来搜索得到核心行业的最佳集合，并进行多种方式修改，提高其可用性和效率。搜寻最佳核心行业集合的基本思想是选择一组行业节点作为种子，然后将选择的种子行业节点与未选择的行业节点进行交换，增加集合的群体中心性。

以 2014 年中国行业贸易网络为代表，对其网络特征进行描绘，描绘以入度中心性迭代得到的核心行业——食品、饮料及烟草业，炼焦及石油业，建筑业（行业 5，10，27）形成的子网络，结果如图 1 所示。图 1 中一个节点表示一个行业，连边及连边的箭头表示行业间是否存在贸易关系以及贸易关系的方向，节点大小表示该行业的中心性。由图得，单从中心性来看，食品、饮料及烟草业，炼焦及石油业，建筑业并非中心性最高，但其在整个网络中起到了将网络子群落连接在一起的重要作用，即为核心行业。尤其看到，建筑业在网络中联系起了各行业，印证中国"铁公基"在中国起到的重要作用。

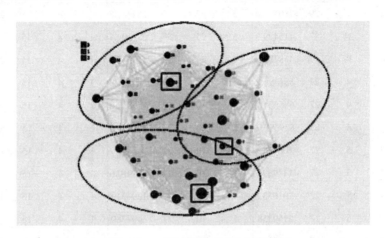

图1　2014年中国行业贸易网络图

同时，表1展示核心行业随年份的变动，列为分别用三个维度的度中心性迭代得到的核心行业，KP1、KP2、KP3表示该年份下的三个核心行业，中心性为由核心行业组的综合中心性。可以看到，随着年份变动，中心性指标上升，同时，在贸易网络内部结构中，核心行业随年份变动较小，存在较强黏性。当用点度中心性度量时，最近一次变动为2005年到2006年，核心行业从农作物和畜牧生产、狩猎及相关服务活动，采矿与采石业，建筑业（行业1，4，27）变动为采矿与采石业，食品、饮料及烟草业，建筑业（行业4，5，27），2006年后不再变动。用入度中心性度量时，最近一次变动为2002年到2003年，核心行业从食品、饮料及烟草业，电力、燃气、蒸汽和空调供应，建筑业（行业5，24，27）变动为食品、饮料及烟草业，炼焦及石油业，建筑业（行业5，10，27）。而用出度中心性进行度量时，核心部门始终为农作物和畜牧生产、狩猎及相关服务活动，采矿与采石业，食品、饮料及烟草业（行业1，4，15），未发生过变动。从而反映历年核心行业相对稳定，几乎不变。

表 1　2000—2014 年贸易网络内部结构核心角色行业

年份	度中心性				入度中心性				出度中心性			
	KP1	KP2	KP3	中心性	KP1	KP2	KP3	中心性	KP1	KP2	KP3	中心性
2000	1	27	29	380772.4	5	27	29	254331.8	1	4	15	248636.2
2001	1	24	27	415429.3	5	24	27	281102.1	1	4	15	269417.1
2002	1	24	27	468758.8	5	24	27	323517.3	1	4	15	294901.4
2003	1	4	27	551396.2	5	10	27	379551.3	1	4	15	368465.1
2004	1	4	27	686824.7	5	10	27	459887.2	1	4	15	481021.77
2005	1	4	27	859593.7	5	10	27	542239.2	1	4	15	633765.6
2006	4	5	27	1089372	5	10	27	701493.7	1	4	15	781533.7
2007	4	5	27	1449595	5	10	27	973910.6	1	4	15	1024342
2008	4	5	27	2010532	5	10	27	1294519	1	4	15	1400160
2009	4	5	27	2160558	5	10	27	1497780	1	4	15	1404091
2010	4	5	27	2647249	5	10	27	1846436	1	4	15	1729492
2011	4	5	27	3429314	5	10	27	2379543	1	4	15	2250804
2012	4	5	27	3830325	5	10	27	2689787	1	4	15	2463486
2013	4	5	27	4332784	5	10	27	3021835	1	4	15	2761271
2014	4	5	27	4713633	5	10	27	3278391	1	4	15	2915421

说明：根据计算整理得到。

结合图 1 和表 1，本文提出以下研究假说：

假说 1：部门网络节点外部性之间存在互补效应。

若互补效应存在，那么其节点之间的路径优势可以增加部门间正外部性。以基础设施投资行业为例，其他行业可以通过强化与该部门的联系，提升自身比较优势。即网络节点之间正外部性可以通过基础设施投资相互正向传递。在这样的行业间相互融合下，核心部门带动关联部门产生了"众人拾柴火焰高"的互补效应。

假说 2：部门网络节点外部性之间存在替代效应。

生产网络节点间关系存在另一种可能，即不再分散化、多样化，而是在子群落网络内部逐步集中化。如一些部门集中在相对上游行业时，其与下游关联逐步降低，或关联成本逐步上升。这时子群落间的部门交互影响则会抵消掉一部分外部性，即存在替代效应。

三、实证分析

（一）计量模型

本文研究贸易网络及核心行业对增加值份额的影响，构建如下计量模型：

$$VAshare_{jt} = \alpha_0 + \alpha_1 \ln centrality_{jt} + \alpha_2 keyplayer_{jt} \times \ln centrality_{jt} \\ + \gamma X_{jt} + \mu_j + \delta_t + \varepsilon_{jt} \tag{4}$$

其中下标 j 表示行业，t 表示时间。被解释变量 $VAshare_{jt}$ 表示以 2010 年为基期计算的 t 年 j 行业增加值占该年全行业增加值的份额[①]，行业的 $VAshare_{jt}$ 越高，说明该行业创造附加值的能力越强。核心解释变量 $\ln centrality_{jt}$ 表示 t 年 j 行业相关的行业贸易网络特征，出于稳健性考虑，本文分别用度中心性、入度中心性、出度中心性进行度量。$keyplayer_{jt}$ 为生产网络中迭代得到的子群落核心行业虚拟变量，若 t 年 j 行业为核心部门，则定义为 1，否则为 0。X 表示影响行业增加值份额 $VAshare$ 的控制变量，包括：1. 行业就业人数；2. 行业雇用成本。μ_j 和 δ_t 分别表示行业和年份固定效应，ε_{jt} 为随机误差项。模型中重点关注 α_2，即研究核心行业虚拟变量与关联部门的相互作用[②]。

（二）基准回归结果

表 2 报告行业贸易网络对增加值份额的影响。（1）—（6）列均加入了行业和年份固定效应，（4）列开始加入控制变量。

表 2 中，（1）列和（4）列为度中心性，（2）列和（5）列为入度中心性，（3）列和（6）列为出度中心性，中心性指标的估计系数均显著为正，表明行业中

[①] 为了消除零值，进行加一处理，即 $VAshare_{jt} = VA_{jt}\big/\sum_j VA_{jt} + 1$。

[②] 由于核心行业是迭代得到的子群落中特定不变的值，所以通过与各个部门之间的交乘关系反应互补替代关系。并且由于核心行业随年份虽有变动，但变动较小，在计量模型中未加入是否为核心行业的虚拟变量，且不加的结果与本文结果相同。

心性越高增加值份额就越高，意味着部门间关联强度对部门的增加值份额增长具有正外部性。

表 2 基准回归结果 –a

	(1) 度中心性	(2) 入度中心性	(3) 出度中心性	(4) 度中心性	(5) 入度中心性	(6) 出度中心性
中心性指标	0.0029***	0.0023***	0.0020***	0.0013***	0.0006	0.0006*
	(0.000)	(0.000)	(0.000)	(0.000)	(0.001)	(0.000)
行业就业人数				0.0051***	0.0053***	0.0051***
				(0.001)	(0.001)	(0.001)
行业雇用成本				–0.0009*	–0.0008	–0.0004
				(0.000)	(0.001)	(0.000)
常数项	0.9907***	0.9989***	1.0001***	0.9779***	0.9828***	0.9810***
	(0.003)	(0.003)	(0.003)	(0.003)	(0.003)	(0.003)
观测值	840	840	840	840	840	840
R2	0.0852	0.0699	0.0581	0.2110	0.2022	0.2048
行业固定效应	是	是	是	是	是	是
年份固定效应	是	是	是	是	是	是

说明：括号内是标准误；* $p < 0.10$，** $p < 0.05$，*** $p < 0.01$；解释变量分别为度中心性、入度中心性和出度中心性三个维度指标；并对行业年份固定效应进行固定。

表 3 为交乘核心行业后的结果，可以看到核心行业与网络程度的相互作用，加入交乘项后的入度中心性单项不显著，但核心关注的交乘项均显著，（1）列与（2）列的度中心性与入度中心性与核心行业的交乘项系数显著为正，（3）列出度中心性与核心行业的交乘项系数为负，表明部门网络节点外部性之间存在互补替代效应。当为入度中心性考虑需求侧时，部门网络节点外部性间，即核心行业与关联行业间存在互补效应，假说 1 得到验证。值得注意的是，当方程右侧为出度中心性时，部门节点外部性之间存在替代效应，供给侧的相关核心部门，如原材料等要素密集型行业，存在路径依赖与低端锁定效应，因而部门网络节点外部性之间存在替代效应。假说 2 得到验证。通过表 2 和表 3 得到一个经验性规律，从入度中心性角度来看，当行业间联系频繁，行业间相互投入，比较优势通过联系得到提升与强化，产生互补效应。结合迭代得到的入度

中心性核心部门"建筑业"为例，建筑业包含了铁路、公路与基建，这一行业将各部门联系起来，增加子群网络的联系性，提高网络内部门配置效率与部门间协同发展，从而促进贸易创造。从出度中心性角度看，当联系行业集中在上游行业，即偏向于原材料与要素密集型行业，会出现替代效应。以出度中心性核心部门"采矿与采石业"看，若与其关联大且集中，与下游关联将逐步降低，从而无法在子群落间增强合作与联系，其交互作用抵消掉一部分部门本身的正外部性。总的来说，当中心性为不同维度时，迭代得到的核心行业不同，部门网络节点外部性之间的效应也不同。

表3　基准回归结果 –b

	(1) 度中心性	(2) 入度中心性	(3) 出度中心性
中心性指标	0.0010**	0.0003	0.0008**
	(0.000)	(0.001)	(0.000)
交乘项	0.0006***	0.0003***	–0.0030***
	(0.000)	(0.000)	(0.001)
常数项	0.9800***	0.9828***	0.9829***
	(0.003)	(0.003)	(0.003)
观测值	840	840	840
R2	0.2940	0.2101	0.2363
控制变量	是	是	是
行业固定效应	是	是	是
年份固定效应	是	是	是

说明：括号内是标准误；* p < 0.10，** p < 0.05，*** p < 0.01；其他指标与控制变量同上表；另外，核心行业指标为迭代所得，并将核心行业定义为虚拟变量，其中由度中心性与入度中心性得到的核心行业虚拟变量随年份可变。

（三）稳健性检验

考虑到可能有其他因素影响本文检验的假设和估计结果，本文对实证模型进行稳健性检验。首先，针对逆向因果问题，将核心解释变量中心性滞后1—2期，排除网络联系中核心解释变量的滞后效应；其次，对于测量性偏差问题，更换解释变量为网络指标测量方式得到中介中心性与接近中心性，将被解释变量更换为行业产出进行检验；最后，从样本中剔除核心行业，将其与全样本结果比较。结果均保持稳健，限于篇幅，具体结果未列出，备索。

四、进一步分析：基于美国进行比较分析

为验证中国核心行业及其扮演的角色是否适应于其他国家，在中美贸易战大背景下，对美国核心行业进行迭代计算，并对中美核心行业的策略进行对比。观察部门网络节点外部性之间的互补效应与替代效应是否仍然存在，发现两国与核心行业有关的网络效应有所不同，应针对不同效应制定相应国家策略。

（一）中美贸易关联中心性与核心行业

对美国行业中心度计算与迭代得到美国核心部门，与中国进行比较分析，得到中美核心行业与关联行业的 2000—2014 年度中心性时间趋势（如图 2 所示）。图 2a 为中国趋势图，图 2b 为美国趋势图，菱形标注的线为核心行业的时间变化趋势，空心圆表示全行业时间变化趋势，正方形为剔除核心行业的时间变化趋势。从纵轴看，2000 年起始中心性中国比美国低，而增长速度中国比美国快，表现为 2014 年中国度中心性对数值已超美国。同时，中美两国的核心行业中心性均值高于全行业中心性均值。

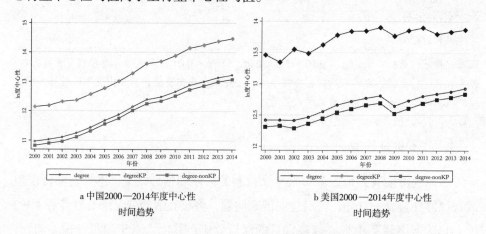

a 中国2000—2014年度中心性
时间趋势

b 美国2000—2014年度中心性
时间趋势

图 2　中美 2000—2014 年度中心性时间趋势

将 2014 年美国核心行业与中国核心行业联合比较分析，结果如表 4，纵坐标 KP 表示该维度中心性下的三个核心行业，2—4 列为美国核心行业，5—7 列为中国核心行业。可以看到，美国 2014 年的度中心性核心行业为食品、饮料及烟草业，炼焦及石油业，房地产业（行业 5，10，44），与中国的采矿与采石业，食品、饮料及烟草业，建筑业（行业 4，5，27）非常不同，出度中心性和入度中心性角度来看也存在差异。

表 4　2014 年中美核心部门比较

2014	美国			中国		
	度中心性	入度中心性	出度中心性	度中心性	入度中心性	出度中心性
KP1	5	5	1	4	5	1
KP2	10	10	4	5	10	4
KP3	44	51	50	27	27	15

说明：根据计算整理得到。

（二）美国核心行业的作用

为与中国进行比较，对美国关联与核心行业进行回归分析，结果如表 5，（1）—（3）列表示部门间关联强度对增加值份额有正显著影响，与中国相同。（4）—（6）列为交乘核心行业后的结果，发现美国核心行业与网络关联强度的相互作用与中国不同，在美国核心行业交乘下，只有（5）列交乘系数显著为正，表明美国在入度中心性上，核心与关联间存在互补效应，其余维度则不存在效应，如（4）和（6）所示，即不存在替代效应。这表明核心在不同网络群体中效果不同，核心仅在其所在特定子群落发挥作用，因而不同国家的发展策略不同。一方面，美国核心行业对关联有交互作用，入度中心性上存在部门间相互投入，相互作用的互补效应，另一方面，入度中心性和出度中心性上不显著。这一现象的可能解释是，与中国核心关联间联系紧密的情况不同，这两个维度美国不存在国家层面的具有主导型的行业，走全行业共同发展路线，从而相应子群落间差异较小，没有持续的核心行业。美国更依赖关联行业与全行业的相互影响，倾向于外向依赖，从而核心起到的作用不明显。因此，不同的国家应发展不同战略。

表5　美国关联与核心回归结果

	(1) 度中心性	(2) 入度中心性	(3) 出度中心性	(4) 度中心性	(5) 入度中心性	(6) 出度中心性
中心性指标	0.0037***	0.0014***	0.0037***	0.0037***	0.0009**	0.0038***
	(0.001)	(0.000)	(0.000)	(0.001)	(0.000)	(0.000)
交乘项				0.0000	0.0002***	−0.0001
				(0.000)	(0.000)	(0.000)
常数项	0.9223***	0.9335***	0.9268***	0.9224***	0.9388***	0.9263***
	(0.006)	(0.006)	(0.006)	(0.006)	(0.006)	(0.006)
观测值	840	840	840	840	840	840
R2	0.2695	0.2332	0.2741	0.2695	0.2606	0.2759
控制变量	是	是	是	是	是	是
行业固定效应	是	是	是	是	是	是
年份固定效应	是	是	是	是	是	是

说明：括号内是标准误；* $p < 0.10$，** $p < 0.05$，*** $p < 0.01$；控制变量同前表。

（三）中美核心部门交乘

进一步观察是否核心部门只在其所在的特定子群落发挥作用，将美国核心部门与中国匹配，用美国不同年份下的核心行业交乘中国行业中心性，结果如表6（1）—（3）列，交乘结果有所变化，度中心性显著性下降，入度中心性不显著，表明美国核心行业对中国关联行业的正外部性减弱或不存在互补效应。

表6　中美核心行业交乘对方国家中心性回归结果

	(1) 度中心性	(2) 入度中心性	(3) 出度中心性	(4) 度中心性	(5) 入度中心性	(6) 出度中心性
	美国 KP 交乘中国			中国 KP 交乘美国		
中心性指标	0.0012*	0.0006	0.0005	0.0036***	0.0012	0.0027*
	(0.001)	(0.001)	(0.001)	(0.001)	(0.001)	(0.001)
交乘项	0.0001*	−0.0001	−0.0006***	0.0001	0.0001*	0.0071**

	(1) 度中心性	(2) 入度中心性	(3) 出度中心性	(4) 度中心性	(5) 入度中心性	(6) 出度中心性
	美国 KP 交乘中国			中国 KP 交乘美国		
	(0.000)	(0.000)	(0.000)	(0.000)	(0.000)	(0.003)
常数项	0.9781***	0.9828***	0.9802***	0.9230***	0.9356***	0.9353***
	(0.010)	(0.009)	(0.007)	(0.021)	(0.020)	(0.016)
观测值	840	840	840	840	840	840
R2	0.2142	0.2032	0.2598	0.2764	0.2376	0.3446
控制变量	是	是	是	是	是	是
行业固定效应	是	是	是	是	是	是
年份固定效应	是	是	是	是	是	是

说明：括号内是标准误；* p＜0.10，** p＜0.05，*** p＜0.01；控制变量同前表。

同样，将中国核心行业与美国匹配，用中国核心部门交乘美国中心性，结果如（4）—（6）列，结果与美国自身不同，入度中心性交乘项显著性减弱，说明中国入度中心性的核心行业对美国作用不大，出度中心性交乘结果呈现互补，验证基准回归中美国部门倾向于外向型，关联行业间相互作用更明显。因此，表6的结果证明核心部门确实只在特定子群落中发挥其作用，不同国家应采取适合本国情况的产业策略。

进一步，将美国核心行业与中国核心和中国行业中心性的交乘项进行三交乘，进一步观察核心部门是否只在特定子群落中发挥作用，控制掉所有单独项与两两之间的交乘项后，加入美国核心部门的三交乘项均不显著，这一结果再次证明核心的作用发挥只在其所在特定子群落中。通过对比分析可得，不同国家在不同维度的核心行业所起的作用不同，各国应针对本国情况，制定合适的产业政策，走正确的道路。

五、结论与启示

通过对中国贸易网络的内部结构及关联方式进行估计，迭代出网络中的核心行业，构建分析框架，研究分析贸易网络中行业间核心角色以及关联方式之间的相互影响。

本文的研究发现具有重要政策意义：1. 关于贸易网络应多关注核心角色的发展，关注真正的核心部门。核心部门占据的重要地位来之不易，应该珍惜。2. 在加快发展现代产业体系下，保护对贸易关联产生互补效应的核心产业，同时围绕该核心产业展开关联产业发展，将核心角色与关联行业相契合，从而达到两者共赢的局面。核心行业作为统一贸易网络中的领导者，正确处理行业之间的关系尤为重要。3. 继续坚持响应"十四五"发展规划，坚定中国特色发展，发挥核心角色对关联行业的带动作用，利用中心外围之间的影响机制，推动一体化协同发展。𝓕

参考文献

[1] 马述忠，任婉婉，吴国杰. 一国农产品贸易网络特征及其对全球价值链分工的影响——基于社会网络分析视角 [J]. 管理世界，2016(3):60–72.

[2] 吕越，尉亚宁. 全球价值链下的企业贸易网络和出口国内附加值 [J]. 世界经济，2020，43(12):50–75.

[3] 吴群锋，杨汝岱. 网络与贸易：一个扩展引力模型研究框架 [J]. 经济研究，2019，54(02):84–101.

[4] 姚星，梅鹤轩，蒲岳. 国际服务贸易网络的结构特征及演化研究——基于全球价值链视角 [J]. 国际贸易问题，2019(04):109–124.

[5] 周文韬，杨汝岱，侯新烁. 世界服务贸易网络分析——基于二元 / 加权视角和 QAP 方法 [J]. 国际贸易问题，2020(11):125–142.

[6] An, W., and Y.H. Liu. keyplayer: Locating Key Players in Social Networks[J]. *The R Journal*, 2016, 8(1):257–268.

[7] Ballester, C., C. Antoni, and Y. Zenou. Who's Who in Networks. Wanted: The Key Player[J]. *Econometrica*, 2006, 74(5):1403–1417.

[8] Borgatti, S.P. Identifying sets of key players in a network. Computational[J]. *Mathematical and Organizational Theory*, 2006, 12:21–34.

[9] Butts, T. Social network analysis with sna[J]. *Journal of Statistical Software*, 2008, 24(6):1–51.

[10] Chaney, T. The Network Structure of International Trade[J].*The American Economic Review*, 2014, 11: 3600–3634.

[11] Fagiolo, G., J. Reyes, and S. Schiavo. Worldtrade Web: Topological Properties, Dynamics and Evolution [J]. *Physical Review*, 2009, 79:1–19.

[12] Freeman, C. Centrality in social networks: Conceptual clarification[J].*Social Networks*, 1978, 1:215–239.

[13] Gil, J., and S. Schmidt. The origin of the Mexican network of power[C]. *International Social Network Conference*, 1996:22–25.

[14] Greif, A. Reputation and Coalitions in Medieval Trade: Evidence on the Maghribi Traders [J]. *The Journal of Economic History*, 1989, 49:857–882.

[15] Lee, L.F., X.D. Liu, E. Patacchini, and Y. Zenou. Who is the Key Player? A Network Analysis of Juvenile Delinquency[J].*Working Paper*, 2020.

[16] Mele, A. A Structural Model of Dense Network Formation[J].*Econometrica*, 2017, 85:825–850.

[17] Rauch J E. Business and Social Networks in International Trade [J]. *Journal of Economic Literature*, 2001, 39:1177–1203.

[18] Zenou, Y. Key Players[M]. *Oxford: University Press*, 2016:1–33.

知识产权保护对中国计算机与信息服务贸易进口有促进效应吗?

——基于34个国家和地区面板数据的实证研究

杨慧瀛　庞世坤[*]

摘要: "十四五"规划明确指出,要在健全知识产权保护运用体制的基础上完善科技创新体制机制。文章构建了中国知识产权保护指标体系,并基于2007年至2019年34个国家和地区的面板数据,采用扩展贸易引力模型实证研究中国知识产权保护对计算机与信息服务贸易进口的影响。结果显示:中国知识产权保护水平的提升有效抑制了国内成员方消费者的模仿行为,并对计算机与信息服务贸易进口的增长有显著的促进效应,且知识产权保护市场扩张效应大于市场势力效应。

关键词: 知识产权保护;计算机与信息服务贸易;扩展贸易引力模型

一、引言

"十四五"规划里明确指出,要健全知识产权保护运用体制,更好保护和激励高价值专利,培育专利密集型产业。在"十四五"规划的背景下,知识产权保护在中国的重要性不言而喻,"TRIPS"协议涉及的知识产权就包括工业品外观设计、专利和集成电路布图设计,这三种权利都是高新技术产品需要自

---

　* 作者简介:杨慧瀛,哈尔滨商业大学经济学院副院长、副教授;庞世坤,哈尔滨商业大学经济学院硕士研究生。

　基金项目:本文系国家社会科学基金项目"'丝绸之路经济带'视域下中国—欧亚经济联盟FTA创建研究"(项目编号:18JL094)阶段性研究成果。

我申请、授予并被保护的权利，而且随着高新技术产品和服务在国际贸易中的占有率不断提高，识别知识产权保护与这些非传统贸易的关系就变得越来越重要。计算机与信息服务贸易被《EBOPS（扩大的国际收支服务分类）》认定为服务贸易的一种，随着居民工资水平的不断提升和中等收入群体的不断扩大，人们对这种高质量、差异化的高科学技术服务的需求也越来越大。2007年至2019年中国计算机与信息服务贸易进口额从22.08亿美元逐年增长至268.6亿美元，同时，中国计算机与信息服务贸易进口额占服务贸易进口总额的比重更是由1.7%逐年提高到5.36%，虽然在新冠肺炎疫情的冲击下，2020年中国服务贸易逆差减少，这其中也包括计算机与信息服务贸易进口的减少。但此前国内对这种现代高技术服务的需求之大，更符合世界服务贸易结构的发展趋势。

中国知识产权保护体系逐年加强和完善，而且计算机与信息服务贸易由于其具有技术密集型产品贸易的特征，注定了其与知识产权保护有着密不可分的关系，在2020年中国计算机与信息服务贸易进口减少导致该项供给服务产生更大的缺口的背景下，能否通过继续加强中国知识产权保护来促进计算机与信息服务贸易的进口，从而弥补新冠肺炎疫情对进口的影响？这是值得深入研究的内容。

然而二者相近的增长趋势还不能说明知识产权保护对计算机与信息服务贸易进口就有显著的促进作用。首先，中国作为模仿大国，服务提供者通过跨境提供软件处理、系统集成、维修维护的服务，这个过程很容易被模仿，进而导致专利甚至集成电路布图设计侵权行为的发生，虽然知识产权保护制度在逐步完善，但知识产权保护水平能否打消出口国要面临模仿威胁的疑虑，还是一个未知数。其次，知识产权保护达到一定水平后，是提高市场扩张效应扩大进口规模还是出口国通过抬高服务价格抑制进口形成市场势力效应，还有待进一步验证。基于以上考虑，本文旨在通过对中国知识产权保护对计算机与信息服务贸易进口影响的研究，为完善中国知识产权保护制度和优化服务贸易进口结构献计献策。

二、文献综述

国外学者在知识产权保护对总体贸易进口和技术密集型行业贸易进口影响的领域做了深入的研究，一些学者应用市场扩张效应和市场势力效应的作用机理，研究了知识产权保护影响贸易的程度（Maskus 和 Penubarti，1995；Puttitanu，2004）[1]，另有一些学者研究了知识产权保护对技术、研发类密集型产品以及非技术、非研发类产品贸易的影响，普遍也得到了相似的结论，加强知识产权保护对非研发类密集型产品的出口影响是负面的（Co，2004）[2]，知识产权保护对进口国进口发达国家技术密集型行业的市场扩张效应大于市场势力效应（Delgado，2013）[3]，与知识产权相关的国际公约与贸易协定促进了中等收入国家的技术密集型产品贸易（Maskus 和 Williiam，2016）[4]。

近年来国内学者则探究了知识产权保护与多个领域进出口贸易之间的关系。沈国兵和梁思碧（2021）[5]采用行业专利密度衡量了行业知识产权保护强度，并运用中介效应模型检验了综合效应下加强知识产权保护会显著提升中国服务行业出口竞争力；将知识产权保护扩展到农业贸易领域的研究发现知识产权保护有利于中国植物类农产品出口贸易广度扩张，不利于出口深度扩张（张琳琛，董银果，2020）[6]；关于知识产权保护对高新技术产品贸易的影响研究，学者们证实了发展中国家知识产权保护会通过广度边际和进口数量促进高技术复杂度产品进口，且市场扩张效应较为明显，从而优化发展中国家商品进口结构（施炳展，方杰炜，2020）[7]，而知识产权保护对来自新兴经济体技术密集型产品进口的促进作用最强（孙玉红，于美月，王媛，2020）[8]；在服务贸易领域的研究中，学者们认为服务贸易进口会促进全要素增长率的增长，再根据全要素生产率的增长可以计算出服务贸易进口所需要的最适知识产权保护强度（唐宝庆，仲崇高，王绮，2014）[9]，知识产权保护对总体服务贸易进口影响的回归系数在 5% 的置信水平上显著（马凌远，2014）[10]；关于知识产权保护与自由贸易协定的研究，学者们认为含有知识产权保护条款的自由贸易协定会通过数量途径显著增加专利和版权型产品贸易额（韩剑，冯帆，李妍，2018）[11]，且因为两种产品知识产权的特性，协议生效后会促成发达国家进口发展中国家专利型产品但抑制进口版权型产品的格局（钱馨蕾，孙铭壕，2020）[12]。

国内外学者将知识产权保护作用于不同研究对象时发现:知识产权保护对不同国别、产品和行业贸易进口的影响有着微小的差别,但得出的结论都更倾向于知识产权保护对贸易进口影响的市场扩张效应占主导地位。当今社会,计算机与信息服务贸易属于新兴技术密集型服务贸易,且国内对其需求也日益增加,但关于知识产权保护结合计算机与信息服务贸易的研究少之又少,知识产权保护会对这种技术密集型无形贸易产生多少的影响有待进一步探究。所以本文立足构建中国知识产权保护指标体系,着重从实证角度分析关于知识产权保护对计算机与信息服务贸易进口的影响,并给出相应的对策建议。

三、中国知识产权保护指标体系构建

本文以 Ginarte 和 Park(1997)[13] 研究得到的 GP 指数为基础,对中国知识产权保护水平进行测度。由于 GP 指数本身是一个衡量立法强度的指标,并没有考虑知识产权保护执法层面的因素,所以我们对 GP 指数进行相应调整,参考韩玉雄、李怀祖(2005)[14] 在 GP 指数基础上引入"执法力度"的研究方法,考虑执法力度的影响因素,构建中国知识产权保护执法力度指标体系,再测算知识产权保护执法力度水平,最后结合 GP 指数计算中国实际知识产权保护水平(如表 1 所示)。

表 1　执法力度指标体系构建说明

指标	说明
法律影响因素	这一指标是按立法时间与律师比率的几何平均值衡量的。立法时间指标的衡量标准为:实际立法时间大于或等于 100 年,立法时间指标取 1;实际立法时间不足 100 年,则立法时间指标取值按实际立法年数除以 100。律师比率的衡量标准是当一个国家律师人数达到总人口数的千分之一时,律师比率指标取 1;不足千分之一,律师比率指标取实际计算出的国家律师比率除以千分之一。(律师比例来源历年《中国统计年鉴》)
经济发展水平	该指标以人均国内生产总值来衡量,当人均国内生产总值大于或等于 1000 美元时,这一指标取值即为 1;当人均国内生产总值低于 1000 美元时,这一指标的取值为人均国内生产总值除以 1000。(人均国内生产总值数据来源于世界银行数据库)

续　表

指标	说明
社会公众意识	该指标选取人均专利申请量作为衡量标准。如果每万人拥有 10 件专利申请时，该指标取值为 1；如果每万人不能拥有 10 件专利申请时，该指标取值为实际人均专利申请量除以 10。（人均专利申请量数据来源于 WIPO 数据库）
国际社会的影响因素	衡量该指标的标准是一个国家是不是 WIPO 组织下三大协定的缔约国，如果一个国家签署这三大协定都已有 20 年，这一指标则取 1，如果未加入，则取 0。由于在签署世界知识产权组织下三大协定后无法立即提高国家的知识产权保护水平，所以在加入后的 20 年中，取值各自从 0 均匀变化到 1，然后测量三个取值的算术平均数，即为国际社会影响指标的取值。（三个主要协定的国家成员以 WIPO 数据库为基础）

执法力度体系包括四个指标，韩玉雄、李怀祖（2005）认为不同指标对执法力度的影响权重是相同的，所以对这四个指标采用平均的赋权方法计算，四个指标的算术平均数即为历年知识产权保护执法力度水平，用 $F(t)$ 表示；历年知识产权保护立法强度用 $G(t)$ 表示，并通过 Ginarte 和 Park（1997）研究得到的 GP 指数扩展计算；用 $IPR(t)$ 表示历年实际知识产权保护水平，则实际知识产权保护水平 $IPR(t)$ 可表示为：

$$IPR(t) = G(t) \times F(t) \tag{1}$$

根据上述公式计算出 2007 年到 2019 年中国实际知识产权保护水平，各水平指数如图 1 所示。

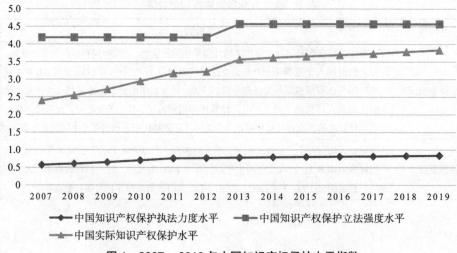

图 1　2007—2019 年中国知识产权保护水平指数

观察图 1 测算的中国知识产权保护水平可以得出结论：2013 年前中国实际知识产权保护水平呈快速增长趋势，且水平指数在 2011 年首次突破了 3，2013 年之后依然呈现增长趋势，但近年来增长幅度放缓。

四、实证研究

2019 年，OECD 国家和 APEC 国家和地区（不包括与 OECD 组织有重复的国家）在该行业对中国的出口额占全世界在该行业对中国的出口额的 88.19%，且在 2015 年以后一直稳定在这个数据左右，由此可见，这些发达国家对中国在计算机与信息服务行业的出口额比重之大，所以本文选取更具有代表性的 2007 年至 2019 年 31 个 OECD 国家和额外 3 个 APEC 国家和地区共计 34 个国家[①]的面板数据，建立扩展贸易引力模型对本文研究内容进行实证研究。

（一）模型构建

鉴于本文的研究，对 Tinbergen（1962）的传统贸易引力模型进行调整，加入本文需要着重考察的核心解释变量知识产权保护（*IPR*），以及对中国计算机与信息服务贸易进口有预期影响的中国利用外商直接投资（*FDI*）和出口国技术创新水平（*TI*），并考虑时间 *t* 的因素，再对所选变量取自然对数消除异方差，即模型方程设定变为：

$$lnIM_{ijt} = \beta_0 + \beta_1 lnGDP_{it}GDP_{jt} + \beta_2 lnDistance_{ij}$$
$$+ \beta_4 lnIPR_{it} + \beta_5 lnFDI_{ijt} + \beta_3 lnTI_{jt} + \varepsilon_{ijt} \qquad (2)$$

（二）变量的选取与数据来源

1. 变量的选取

IM_{ijt} 表示第 *t* 年 *i* 国从 *j* 国在计算机与信息服务行业的进口贸易额；$GDP_{it}GDP_{jt}$

---

① 这 34 个国家包括 31 个 OECD 国家和 3 个 APEC 国家或地区，OECD 国家包括澳大利亚、奥地利、比利时、加拿大、捷克、丹麦、爱沙尼亚、芬兰、法国、德国、希腊、匈牙利、意大利、爱尔兰、以色列、日本、韩国、卢森堡、荷兰、挪威、新西兰、波兰、葡萄牙、斯洛文尼亚、斯洛伐克、西班牙、瑞典、瑞士、土耳其、美国和英国。APEC 国家和地区包括中国香港、俄罗斯和新加坡。

表示第 t 年 i 国与 j 国经济发展水平和市场规模容量大小，用两国内生产总值乘积衡量；$Distance_{ij}$ 表示中国与出口国首都之间的距离；IPR_{it} 表示 t 年中国知识产权保护水平；FDI_{ijt} 表示 t 年中国利用外商直接投资；TI_{jt} 表示 t 年出口国的技术创新能力，虽然专利申请量能通过剔除政府专利机构等人为因素的影响来衡量技术创新能力（陈丽静，顾国达，2011）[15]，但专利授权量更能反映技术创新质量，代明、陈霄和姜寒（2017）也认为中国的技术水平应该用中国的国外专利授权量来衡量[16]，故本文根据选取的研究对象以各出口国按计算机技术开列的专利授权量来衡量出口国技术创新能力。

2. 数据来源

计算机与服务贸易进口数据来源于 OECD Statistics；各国的 GDP 乘积数据均来源于世界银行统计数据库，GDP 数据采用 2010 年不变价美元计算；中国与贸易伙伴国的首都距离数据来源于 CEPII–Database；中国历年知识产权保护水平由上文测度可得；中国利用外商直接投资（FDI）数据来源于国家统计局；各国按计算机技术开列的专利授权量数据来源于 WIPO 数据库。

（三）实证结果分析

基于上文构建的实证模型，利用 2007 年至 2019 年中国与 34 个贸易伙伴国（地区）的面板数据，应用 stata16 软件进行逐步回归估计。

首先，对各变量进行描述性统计，结果如表 2 所示。

表 2　变量的描述性统计

变量	观察值	均值	标准差	最小值	最大值
$lnIM_{ijt}$	442	3.667	2.075	−2.877	7.814
$lnGDP_{it}GDP_{jt}$	442	12.60	0.621	11.02	14.32
$lnDistance_{ij}$	442	8.803	0.489	6.862	9.320
$lnIPR_{it}$	442	1.182	0.155	0.876	1.343
$lnFDI_{ijt}$	442	9.261	2.875	1.099	16.08
$lnTI_{jt}$	442	5.038	2.356	0.111	10.69
样本数	34	34	34	34	34

其次，由于本文采用的是样本国家的面板数据，因此在对模型估计参数前必须经过豪斯曼检验和 LM 检验，比较固定效应、随机效应和混合回归哪个更优。但两国首都之间的距离不随时间的变化而改变，所以变量距离在固定效应模型中无法识别，故本文进行 LM 检验来判断随机效应模型和混合回归哪个更优，经过 LM 检验，结果显示 Prob>chibar2=0.0000，即我们要拒绝模型采用混合回归的原假设，说明使用随机效应会比混合回归更优，下表是基于随机效应模型的逐步回归估计结果，具体情况如表 3 所示。

表 3　回归估计结果

变量	lnIMijt	lnIMijt	lnIMijt
$lnGDP_{it}GDP_{jt}$	2.588*** (9.07)	1.979*** (6.72)	1.367*** （3.59）
$lnDistance_{ij}$	−0.565 (−0.99)	−0.391 (−0.90)	−0.144 （−0.31）
$lnIPR_{it}$	2.956*** (6.03)	3.526*** (8.18)	3.597*** （8.87）
$lnFDI_{ijt}$		0.095** (2.03)	0.111** （2.44）
$lnTI_{jt}$			0.194** （2.22）
常数项	−27.464*** (−4.51)	−22.870*** (−4.87)	−18.547*** （−3.61）
R2	0.4908	0.5809	0.6635

注：*、**、*** 分别表示估计的系数在 10%、5%、1% 的水平上显著，即 * $p<0.1$，** $p<0.05$，*** $p<0.01$，（）代表 Z 统计量。

最后，对上文的回归估计结果进行分析。

第一，变量两国的市场规模和经济发展水平的回归系数 β1 在 1% 的置信水平上显著，符号为正，说明中国与发达国家贸易伙伴国（地区）市场规模、经济发展水平越大，其产业链完整度也越高，中国从伙伴国（地区）在计算机与信息服务行业进口的需求也越大。

第二，两国之间的距离回归系数 β2 不显著，符号为负，说明伙伴国（地区）之间的距离对中国计算机与信息服务贸易进口仍有负面影响，但效果不显著，这是由于本文选取的样本大多数是发达国家，发达国家在全球海运网络中整合度较高、航空运输路线的可及度较高，且中国进口的计算机与信息服务可以通过电信、邮政和计算机网络等手段实现对境内消费者的服务，所以距离成本在发达国家双边新兴贸易往来中已经逐渐构不成阻碍。

第三，核心解释变量中国知识产权保护水平的回归系数 β_3 在 1% 的置信水平上显著，符号为正，说明计算机与信息服务提供者利用现代化的科学技术向国内成员方的消费者提供开发、设计、生产、收集、处理、加工、存储、传输、检索、利用的服务时，知识产权保护水平的提高有效抑制了国内消费者的模仿行为，且中国加强知识产权保护对计算机与信息服务贸易进口的市场扩张效应大于市场势力效应，促进了计算机与信息服务贸易的进口规模。

第四，中国利用外商直接投资的回归系数 β_4 在 5% 的置信水平上显著，符号为正，说明 FDI 对于进口贸易的影响作用也越来越明显。外商企业带入了大量的先进技术、机械设备、与生产销售和消费直接相关的信息和管理经验对中国进行直接投资，其也会带动国内对计算机与信息服务的需求，使得中国的实际购买力提高，促进该服务行业进口贸易的增长。

第五，出口国技术创新能力的回归系数 β_5 在 5% 的置信水平上显著，且符号为正。一方面，如果两国技术差距较大，作为模仿大国的中国会进一步强化企业自身的模仿能力，长此以往会抑制先进的技术向国内转移，构成贸易障碍，使得中国的进口减少。另一方面，在政府和其他外在因素的干预下，中国企业会选择与本国技术差距较大国家进口远高于本国技术水平的产品和服务，使得企业有条件地应用和推广这些国家的技术。所以对此可能的解释为应用和推广这些技术创新带动进口的效应要大于国内模仿能力增强导致抑制进口的效应，同时进口高技术密集水平的产品也带动了相应高技术服务的进口，也就是说出口国技术创新能力的提高不是中国计算机与信息服务进口的障碍，而是促进因素。

五、结论及政策建议

本文采用中国、OECD 国家和 APEC 国家和地区（不包括与 OECD 组织有重复的国家）2007 年至 2019 年的数据，在对中国知识产权保护指标体系构建的基础上，测度了中国实际知识产权保护水平，并运用扩展贸易引力模型从定量和定性角度分析了知识产权保护对计算机与信息服务贸易进口的影响，主要得出以下结论：首先，国内在进口计算机与信息服务的同时，中国知识产权保护水平的提升有效抑制了国内成员方消费者的模仿行为，并对计算机与信息服务贸易进口的增长有显著的促进效应，且知识产权保护的市场扩张效应大于市场势力效应；其次，中国知识产权保护水平还有很大的提升空间，在出口方形成知识产权保护的市场势力效应占主导地位从而抑制中国进口之前，知识产权保护的增强都能更进一步地促进计算机与信息服务贸易进口。

基于上述结论以及近年来知识产权保护水平有限的提升，提出如下政策建议：第一，进一步完善中国知识产权保护相关立法。中国在知识产权保护立法上还存在着滞后性，需要及时修订相关的法律法规，加快新领域新业态知识产权立法，并提高立法质量，对需要保护的知识产权权利进行严格细分和规定。第二，加大知识产权保护执法力度。中国执法保护实施力度还有很大程度上的欠缺，首先，行政管理部门要注重培养执法人员的执法意识。其次，要进一步完善知识产权侵权的判定体系，加大对侵权行为的惩罚及赔偿力度。最后，公安部门、市场监督管理局、知识产权局和海关等执法部门要严厉打击侵犯知识产权的违法犯罪活动。第三，加强知识产权司法保护机制体制的创新。以提高法官的知识产权专业水平为基础，精准确定知识产权案件大的管辖范围，建立专门的知识产权上诉法院，通过不断创新案件繁简分流、纠纷多元解决、互联网审判等审判方式深入推进庭审改革，打击侵权假冒工作，积极探索可复制的知识产权司法保护经验。第四，积极参与国际知识产权保护规则。中国虽然已加入了大部分知识产权的国际多边条约，但作为发展中国家，中国应该积极思考在参与国际知识产权保护体系修订、完善的过程中，如何逐步成为影响者、制定者，而不仅仅是被动的接受者。第五，增强我国服务业知识产权人才培育。而且要注重应用型人才的培养，如在高等院校中设置知识产权实践课程，可以使得学生学习的理论知识在实务中迅速转化。大中型企业均应该配备知识产权专业管理人才，企业法务部应有知识产权专业律师，并定期对非律师的法务人员进行知识产权法律培训，再鼓励这些职工参加国家统一法律职业资格考试，更好地为企业进口服务。第六，大力发展技术密集型服务贸易来优化服务贸易进口结构，更好地满足居民的潜在消费需求，避免带来民生和福利的损失。🅕

参考文献

[1] Maskus K and Penubarti M，How Trade~Related are Intellectual Property Rights? [J]. *Journal of International economics*，1995（39）:227-248.

[2] Co，C.Y.，2004. "Do patent rights regimes matter?." Review of International Economics，12（3），359-373.

[3] Delgado M，Kyle M，McGahan AM.Intellectual property protection and the geography of trade[J].*The Journal of Industrial Economics*.2013，61（3）:733-62.

[4] Maskus，K.E.，Ridley，W.，2016. "Intellectual property-related preferential trade agreements and the composition of trade." Social Science Electronic Publishing.

[5] 沈国兵，梁思碧.知识产权保护能提升中国服务行业出口竞争力吗?[J].浙江学刊，2021（02）:103-110.

[6] 张琳琛，董银果."跳板"抑或"屏障"？——进口国知识产权保护对中国植物类农产品出口贸易的影响 [J].中国农村经济，2020（08）:124-144.

[7] 施炳展，方杰炜.知识产权保护如何影响发展中国家进口结构 [J].世界经济，2020，43（06）:123-145.

[8] 孙玉红，于美月，王嫒.知识产权保护对中国技术密集型产品进口二元边际的影响分析 [J].国际商务（对外经济贸易大学学报），2020（03）:35-52.

[9] 唐保庆，仲崇高，王绮.服务贸易进口下的知识产权保护最适强度研究 [J].统计研究，2014，31（10）:43-48.

[10] 马凌远.知识产权保护与中国服务贸易进口增长 [J].科学学研究，2014，32（03）:366-373.

[11] 韩剑，冯帆，李妍.FTA 知识产权保护与国际贸易:来自中国进出口贸易的证据 [J].世界经济，2018，41（09）:51-74.

[12] 钱馨蕾，孙铭壕.知识产权条款对全球贸易格局的影响 [J].社会科学，2020（02）：60–73.

[13] Ginarte J C, Park W G. Determinants of patent rights:A cross~national study[J]. *Research Policy*，1997，26(3)：283–301.

[14] 韩玉雄，李怀祖.关于中国知识产权保护水平的定量分析 [J].科学学研究，2005（03）：377–382.

[15] 陈丽静，顾国达.技术创新、知识产权保护对中国进口商品结构的影响——基于1986—2007年时间序列数据的实证分析 [J].国际贸易问题，2011(05):14–21.

[16] 代明，陈霄，姜寒.出口国技术水平与进口国知识产权保护的互动效应对出口国出口贸易的影响——基于中国出口贸易的实证 [J].技术经济，2017，36(05):103–109.

[17] 张奕芳.东道国知识产权保护、外商技术投入与贸易福利的门槛效应——来自中国的经验证据 [J].国际贸易问题，2020(03):102–115.

[18] 杨丽君.技术引进与自主研发对经济增长的影响——基于知识产权保护视角 [J].科研管理，2020，41(06):9–16.

[19] 魏浩，巫俊.知识产权保护、进口贸易与创新型领军企业创新[J].金融研究，2018（09）：91–106.

[20] 唐保庆，高凯.知识产权保护"最适强度"下的服务业 TFP 增长及地区平衡 [J].南京财经大学学报，2021(02):46–57.

[21] 刘钧霆，曲丽娜，佟继英.进口国知识产权保护对中国高技术产品出口贸易的影响——基于三元边际的分析 [J].经济经纬，2018，35(04):65–71.

[22] 魏浩，李晓庆.知识产权保护与中国企业进口产品质量 [J].世界经济，2019，42（06）：143–168.

[23] 王峰，周文帅.中国与东盟国家计算机和信息服务贸易国际竞争力的比较研究 [J].亚太经济，2012(06):112–117.

新冠肺炎疫情与中国对外贸易高质量创新发展

高运胜　刘慧慧　王云飞 *

摘要： 2020 年，我国外贸企业在供给端和需求端相继受到新冠肺炎疫情全球蔓延与中美贸易摩擦持续深化的双重挤压，尤其是产业链、供应链安全稳定性造成进出口贸易压力陡增，需要深入剖析新冠肺炎疫情对我国进出口贸易带来的危与机，从而采取针对性的对策来推动我国外贸高质量创新发展。研究表明：疫情进一步滋生贸易保护主义的倾向，并重构全球产业链供应链，以新能源汽车为代表的战略性新兴产业及劳动密集型产品出口受疫情影响显著。但疫情也激发民营企业的内生动力，RCEP 自贸区协定推动了贸易多元化的进程。同时，机电、高新技术产品及跨境电商等新业态的发展为外贸高质量创新发展培育了新增长点。

关键词： 新冠肺炎疫情；冲击；机遇；高质量创新发展

引　言

2020 年暴发新冠肺炎疫情，全球经济下行压力增大，供应链产业链遭受重创陷入停滞状态，导致进出口贸易压力陡增，但我国货物进出口总值高达32.1 万亿元人民币，同比增长 1.9%，成为 2020 年全球唯一实现经济正增长的主要经济体，贸易规模刷新历史新高，出口市场份额进一步提升至 13.2%，货物贸易大国地位得以巩固。但新冠肺炎疫情对中国经济的冲击是必然的。以新

---

* 作者简介：高运胜，上海对外经贸大学国际经贸学院副院长、教授；刘慧慧，上海对外经贸大学国际经贸学院研究生；王云飞，上海对外经贸大学国际经贸学院国际贸易系主任、副教授。

能源汽车、液晶等新材料为主的战略性新兴产业进出口受阻，传统制造业中服装鞋靴等劳动密集型产业出口大幅下滑。为加快对外贸易由高速发展转向高质量发展的步伐，国务院办公厅 2021 年 7 月印发《关于加快发展外贸新业态新模式的意见》，明确指出新业态新模式是我国外贸发展的有生力量与未来发展的重要趋势，要求加快发展外贸新业态新模式，推动贸易高质量发展实现从贸易大国向贸易强国转变，培育参与国际经济合作和竞争新优势，同时扩大内需市场，提升国内消费水平，降低对外贸易依存度，实现双循环内外贸的相互促进，为构建新发展格局起到重大的推动作用。

全球新冠肺炎疫情的持续暴发不仅造成了巨大的经济危机，而且也引发了灾难性的公共卫生安全问题。据世界公共卫生组织（WHO）统计，截至 2021 年 6 月 9 日，全球新冠肺炎疫情确诊人数高达 1.7 亿人，其中死亡人数占比 21.5%，意味着每 5 个确诊人数中至少有一人因疫情而死亡。虽然目前已经出现了疫情的拐点，国内也进入了疫情防控常态化阶段，但是疫情对全球经济的破坏还没有完全恢复，外贸环境仍然严峻，全球价值链依旧面临着巨大的断链风险，多国疫情反复进一步放缓了经济复苏的步伐。为实现全球疫情困境下的对外贸易高质量创新发展，需要根据《意见》指示大力推动跨境电子商务的发展，加大数字智能技术的应用，推动传统外贸转型升级来提升外贸数字化水平，打造服务专业化、综合化、系统化的高水平外贸，新业态新模式为外贸转型升级和高质量发展赋予新动能。基于此，需要深入剖析新冠肺炎疫情对我国进出口贸易整体及代表性行业高质量创新所带来的冲击及机遇，并针对性地提出发展对策。

一、疫情全球蔓延影响我国进出口贸易

新冠肺炎疫情全球蔓延虽然导致外需下滑，物流与人员移动受阻，但 2020 年中国对外贸易总体逆势增长，对外贸易、出口规模与国际市场份额均创新高，贸易结构得以优化，新业态快速发展，贸易高质量发展持续推进。

（一）东盟首次超越欧盟跃升为中国最大贸易伙伴

在我国主要的外贸合作伙伴中，美国、日本、欧盟、东盟等地区均属于疫情严重暴发地区，根据世界公共卫生组织（WHO）统计，美国与欧盟新冠肺炎确诊人数分别达到 0.33 亿人和 0.32 亿人，感染人数在全球中所占的比例分别是 19.2% 和 18.6%，各国疫情的相继暴发引发的停工停产、贸易限制及航运禁运等措施进一步对我国外贸造成二次冲击。据国家统计局数据显示，2020 年，我国货物贸易进口与出口总值分别是 14.2 亿元、17.9 亿元，东盟、欧盟、美国、日本和韩国作为中国主要的外贸伙伴，出口总值占比 57.1%，进口同比增速和出口增速分别是 14.9%、-20.5%、35.2%、2.2%、1.1% 和 6.6%、-9.2%、7.7%、0.1%、1.8%。其中东盟对中国实现货物进出口贸易总额高达 4.2 万亿元，较 2019 年增长 11.4 个百分点，而欧盟由于境内疫情的大范围蔓延从而减少了货物贸易的进出口，贸易总额也同比下降 12%，进口和出口增速均下降明显，受中美贸易摩擦第一阶段协议影响，从美国进口同比增幅高达 35.2%，出口也增长 7.7%（见图 1）。2020 年中国对外贸易国别结构表明整体上新冠肺炎疫情一定程度上影响了中国对外贸易发展，但《区域全面经济伙伴关系协定》（RCEP）的成功签署不仅使双边贸易突破 10 万亿元，而且进一步提升了中国与东盟经贸领域的深度合作，欧盟被东盟取代成为我国第一大贸易伙伴。同时对"一带一路"沿线国家货物贸易额从 2016 年 6.25 万亿元增至 2020 年新高 9.37 万亿元，贸易伙伴多元化得以显著改善。

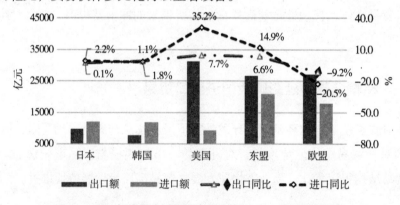

图 1　2020 年我国主要贸易伙伴的进口出口贸易值及同比

数据来源：国家统计局。

（二）外贸依存度再攀新高

2020 年，我国货物贸易再创记录，服务贸易逆差缩小，贸易结构在一定程度上得到优化。出口中初级产品占比不断降低，工业制成品出口份额进一步扩大至 95.5%。国内产业链条长、增值部分高的一般贸易占比从 2015 年 52.4% 升至 2020 年的接近 60%，同期加工贸易则从 34.8% 降至 23.8%。私营企业贸易占比从 2015 年 35% 增至 2020 年 45%。我国贸易结构、贸易方式与贸易主体不断得到优化，内生发展动力得到进一步增强。

但根据国家统计局数据计算得来的外贸依存度（TI）来看，我国从 2015 年的 TI 指数 2.75 逐年增加到 2020 年的 3.16，一方面增加了我国在国际市场上的经济地位与影响力，参与国际竞争与国际分工的能力日益增强；但是另一方面也反映了我国对外国的依赖过强，尤其是在对高新技术核心产业的进口方面，从而使得我国在工业现代化及技术创新领域存在较强的对外依赖性，受限于发达国家对我国实行的技术封锁。但出口以基础制成品为主，高端制造设备、高技术产品以及粮食及猪肉等副食品进口仍然维持快速增长，仍然存在结构失衡问题。

（三）贸易新业态快速发展

新冠肺炎疫情的大流行加上复杂严峻的外部环境对全球经济造成了毁灭性的破坏，我国外贸形势也不容乐观，尤其是服务贸易方面受阻严重。根据世贸组织公布的《全球贸易统计回顾 2021》可知，2020 年，全球服务贸易总额同步下降 21%，而我国服务贸易进出口 4.56 万亿元，比去年下降 15.7%，形势略好于全球整体状态，其中服务出口 1.93 万亿元，下降 1.1%；服务进口 2.63 万亿元，下降 24%。服务贸易出口降幅低于进口，进出口逆差 0.69 万亿元，同比减少 0.81 万亿元。图 2 报告了 2014—2020 年我国服务贸易竞争优势（TC）指数的分布情况[1]，TC 指数越接近于 1 竞争力越强，竞争力越接近于 –1 竞争力越弱。2018 年正处于中美贸易爆发的时期，贸易摩擦随之带来的经济封锁、科技

---

[1] TC 指数 =（出口 – 进口）/（出口 + 进口），通过测算某国或者某一行业贸易差额来分析其竞争力。

封锁延缓了我国数字经济等新兴产业的发展，服务贸易竞争优势指数也处于近几年的低值区间。但自 2018 年以来，我国大力支持高新技术产业的创新发展，鼓励各种战略性新兴产业高质量发展，TC 指数虽然仍然处于负值但近三年呈现持续上升的态势，这表明我国服务贸易发展环境逐步改善。疫情在为全球经济带来灾难的同时也为我国服务贸易发展增加了新的机遇，2020 年，跨境电子商务增长迅猛，进出口总额高达 1.7 万亿元，同比增长 31.1%，出口 1.1 万亿元，比 2019 年增加 40 个百分点，自贸试验区及自贸港为实行高水平的对外开放提供了一个新的平台，为服务贸易的发展注入了强大的动力，同时也为外贸的高质量创新发展提供了新动能。但是总体而言，我国服务贸易竞争力指数依然处于负值状态，当前我国正处于从高速发展转向高质量发展的关键时期，只有提升外贸竞争优势，大力发展跨境电商、数字经济等新兴产业，加快知识密集型服务进口才能实现我国外贸高质量创新发展的目标。

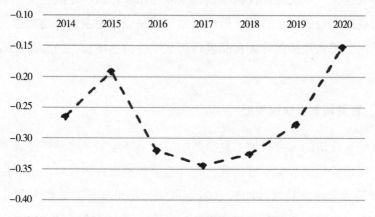

图 2　2014—2020 年服务贸易 TC 指数

数据来源：国家统计局。

二、疫情对我国对外贸易发展的冲击

贸易摩擦及疫情的全球暴发滋生了部分国家贸易保护主义倾向，国际环境日益严峻复杂，进一步加剧了全球产业链、供应链的断链风险，倒逼重新构建全球产业链和供应链，加速了全球价值链重新布局的步伐。以新能源汽车为代表的战略性新兴产业出口负增长降幅明显，延缓了新兴产业结构优化的进程，服装等劳动密集型产业外贸优势逐渐消失，为防止传统产业萎缩消失，亟须推动传统外贸产业升级，提高我国传统优势产业的国际竞争力。

（一）进一步滋生贸易保护主义倾向

新冠肺炎疫情的突发，国际环境日趋复杂及单边主义、贸易保护主义盛行，致使经济全球化面临重大挑战。特别是特朗普上台后，单方面推行单边主义和贸易保护主义政策，不仅于 2018 年 12 月底退出《全面与进步跨太平洋伙伴关系协定》（TPP 协定），并且在 2020 年 1 月份签署了《美墨加协定》（USMCA），折射出了特朗普政府意欲重构国际贸易规则的战略意图。USMCA 协定进一步反映了美国想要构建"孤立中国"的多边贸易秩序，这个协定只是一个先行试点，通过利用美国金融、军事、科技霸权等综合优势，在全世界建立一个以美国为中心、美国利益最大化、最大限度打压中国的国际贸易体系，实现让美国再次重返苏联解体时世界霸主地位的目的。拜登政府上台后，虽然明面上开始纠正特朗普推行的单边主义政策，但背地里却试图联合英国打算模仿中国"一带一路"的倡议来推出一项大型基础设施的计划，意图对中国实行经济封锁来孤立中国，民粹主义贸易保护主义色彩浓厚。在中美贸易摩擦日益加剧的背景下，中欧协定遭遇冻结，背后也有美国的影子。拜登政府上台后打着"民主自由"的牌坊，恶意在国际上抹黑构陷中国，并以此为借口来修复"对华小圈子"的西方盟友关系，借机推行"伪多边主义"来割裂世界。美国想借新冠病毒溯源胁迫中国，但是随着全球对新冠肺炎疫情研究的不断深入，新冠病毒于 2019 年 3 月份在西班牙的废水中就已经被检测出来，比西班牙本土报告首例确诊病例提前整整一年，美国在 2019 年 11 月就已发现新冠确诊病例，比美国报告首例确诊病例早了两个多月。美国仗着自己的经济实力和科技地位，在经济领域联合盟友打压中国，对中国不仅实行经济封锁而且采取科技垄断措施，"卡脖子"事件频繁发生，从而使中国陷入全球价值链"高端封锁"的困境。

（二）催生全球供应链、产业链重构

疫情严重冲击世界经济格局，产业链、供应链部分断裂，全球价值链面临趋势性重组。一方面，突发的疫情打乱了原材料、劳动力等生产要素流通的正常节奏，生产、销售、物流等环节受阻严重，国内物流运输几乎停滞，企业停工停产，国内产业链、供应链出现了暂时中断。另一方面，全球价值链网络已经形成了以中国、美国和德国为中心的亚洲、欧洲和北美洲三大区域价值链。中国是加工贸易中间品进出口大国，无论是从前向关联的角度还是后向关联的角度出发，我国疫情的严重暴发为亚洲供应链体系的稳定性增加了更大的风险。2020 年我国加工贸易总出口额为 4.9 万亿元，与去年相比减少 4.14 个百分点，进口额为 2.8 亿元，同比下降 3.3%，而一般贸易受疫情影响较小，出口同比增速为 6.9%，进口与去年保持一致（见表 1）。当前全球产业格局深度调整，我国经济发展迈入了新常态阶段，劳动力及资本等要素的成本上升，加工贸易传统竞争优势逐渐削弱，生产的低附加值产品使得我国长时间处于全球价值链的低端位置。为适应新阶段的发展要求，实现贸易的高质量发展，要加快推动加工贸易创新发展，提升产品的质量及延长价值链的长度，增加产品的附加值，减少"加工—组装"环节，进一步向全球价值链高端跃升跳出"低端锁定"的困境，使"中国组装"加速转型为"中国制造"。

表 1　2020 年我国贸易方式进出口变化情况

单位：万亿元人民币

贸易方式	出口	进口	出口同比	进口同比
一般贸易	10.6	8.6	6.9%	−0.6%
加工贸易	4.9	2.8	−4.1%	−3.3%
其他	2.4	2.8	10.0%	2.0%

数据来源：中国海关统计数据。

（三）制约我国新能源汽车产业进出口

国内疫情与国外疫情相继影响我国新能源汽车产业的进出口贸易。在新冠肺炎疫情全球肆虐横行和中美贸易摩擦不断深化的影响下，我国汽车产业遭受

巨大冲击，尤其是新能源汽车进出口贸易收缩严重。2020年我国汽车进出口数量共201万辆，同比减少12.4%，其中新能源汽车占比17.6%，进出口数量为35.4万辆，较2019年下降14个百分点，新能源汽车出口数量和进口数量分别是22.3万辆和13.1万辆，同比分别下降12.4%和17.6%。图3报告了2020年1—12月新能源汽车进出口数量及同比增长的情况，数据显示，新能源汽车在2—8月，出口销量都呈负增长态势，在5、6月出口数量同比增速达到最低在−65%左右，新冠肺炎疫情加剧了新能源汽车消费下行的压力，出口海外市场阻力加大，但随着国内逐渐进入了疫情防控的常态化阶段，出口增速在9月开始回暖逐渐归正。新能源汽车的进口在7月达到一次峰值，进口数量同比增加69.9%，除此之外，进口持续处于低迷状态。在国内疫情与海外疫情交替影响之下，供应链的中断与消费需求的延缓为新能源汽车产业的复苏带来极大的不确定性。而新能源汽车产业作为我国战略性新兴产业的重要组成部分，其对外贸易的发展反映了我国外贸高质量发展的高度与深度，同时也是新业态新模式产业发展的重要体现。要尽早跳出新冠肺炎疫情恶性循环的"魔咒"，需加大新能源汽车的创新研发，以新兴产业与新兴科技深度融合来强化战略性新兴产业的竞争力，实现外贸的高质量创新发展。

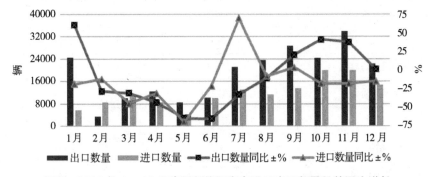

图3 2020年1—12月我国新能源汽车进口出口数量及其同比增长

数据来源：中国海关统计数据。

（四）服装、鞋靴箱包等传统竞争优势产品出口受阻

我国是劳动丰裕型国家，服装鞋靴等劳动密集型传统产品较其他产品具有更大的竞争优势，但在新冠肺炎疫情影响下均遭受了不同程度的损失。2020 年新冠肺炎疫情增加了外贸经济下行的压力，服装、箱包、鞋靴三大行业整体出口规模大幅度收缩，出口额较去年同期分别下降 6.4%、24.2% 与 21.2%，分别降至 1373.8 亿美元、206.4 亿美元与 354.4 亿美元（见表 2）。服装、箱包、鞋靴作为我国货物贸易中主要的出口产品，遭到疫情的沉重打击，疫情防控等措施促使行业外贸收入断崖式下跌，迫使许多合作方通过取消和延迟订单及推迟付款来维持其资金周转的能力。尽管目前疫情带来的影响已逐渐得到缓解，生产和经营活动逐步恢复常态，但是疫情带来的根本性问题尚未得到解决，传统型产业存在长期的结构性矛盾迫使竞争性优势日益消失，倒逼产业链优化升级。面对日益复杂的国际环境和新冠肺炎疫情的突袭反弹，后疫情时代要加快传统产业的转型升级来提升传统产业外贸数字化水平，促进传统产业与战略性新兴服务业的融合，提高传统密集型产业应对风险的能力。

表 2　2020 年我国主要劳动密集型产品出口额及同比增长

商品名称	出口额（亿美元）	出口同比增长（%）
农产品	760.3	−3.2
皮革、毛皮及其制品	74.1	−24.2
箱包及类似容器	206.4	−24.2
服装及衣着附件	1373.8	−6.4
鞋靴	354.4	−21.2
帽类	39.2	−13.6

数据来源：中国海关统计数据。

三、疫情给我国外贸发展带来的机遇

新冠肺炎疫情的全球蔓延加速全球价值链在世界范围内重新布局，国际环

境日趋复杂倒逼国际贸易投资规则重构，战略性新兴产业及劳动密集型产业进出口受阻严重，但随着国家防疫防控工作的稳步推进，加之结合我国外贸自身具有的结构优势，进一步激发了民营企业的发展潜力、自贸区加快贸易多元化的进程、机电及高新技术产品稳住外贸的整体大盘，跨境电商等新业态的发展持续为外贸的高质量创新发展注入新动能，数字经济成为经济增长的新引擎。

（一）民营企业外贸发展内生动力不断增强

.2020 年，民营企业进出口额为 15 万亿元，同比增长 11.1%，占我国外贸总值的 46.6%，增速较同期外贸整体提高了 9 个百分点，成为我国外贸进出口增长的重要拉动力量。贸易摩擦与新冠肺炎疫情全球蔓延进一步延缓了经济复苏，而民营企业作为我国第一大外贸主体，进出口占比不降反升，带来国际营商环境的不断优化，是我国外贸内生动力和发展活力的重要体现。相较于国有企业、中外合资、外商独资企业等，民营企业进口与出口方面同比增速明显，充分发挥生产经营灵活多变的优势，积极开拓国际市场，展现了民营企业强大的外贸发展韧性。同时，民营企业积极转变生产经营的方式，海外市场开拓力度不断增强，2020 年，民营企业对欧盟、美国、日本、韩国等传统市场出口分别增长 14.9%、23.4%、12.9% 和 18.6%，同时对东盟出口增长 15.1%，均为两位数的正速增长。全球经济复苏和疫情防控仍存在不稳定不确定因素，经济持续恢复基础仍需巩固，要激发民营企业的自身创新活力，加快企业释放内需潜力，着力打通经济良性循环的壁垒，推动我国外贸经济的高质量创新发展。

（二）RCEP 加快贸易多元化进程

2020 年 11 月 15 日，中国、日本、韩国、澳大利亚、新西兰以及东盟 10 国正式签署 RCEP 文本协议，标志着迄今为止全球贸易规模最大、发展最具活力的自贸区正式形成。作为全球最大的货物贸易出口国，RCEP 的成功签署给中国带来了更多的机遇，击破了以美国为首的部分国家妄图让国际孤立中国的阴谋，进一步加快了贸易多元化的进程。2020 年，中国与 RCEP 成员国货物贸易进出口额高达 10 万亿元人民币，占中国货物贸易总进出口额的 31.2%，特别是出口方面，RCEP 成员国出口总额 4.8 万亿美元，占比高达 27%，并且在全球经济整体下滑的大环境下出口方面增速全部为正，实现逆势增长（见图 4）。RCEP 的正式生效为中国货物的进出口提供了巨大的消费市场，比如东盟的农产品、日本的电子产品、韩国的化妆品等因协定生效后的零关税，这些产品进入中国市场的门槛更低，成本更低为国内消费者提供了更加多样化的选择，同时也增加了社会福利。对进口企业而言，国内广阔的市场为他们提供了坚强的后盾，协定生效后将获得更大的发展机会和潜力。在双循环新发展的格局下，RCEP 的顺利签署通过构建区域内高水平的经贸规则，进一步加强中国与成员国紧密的经贸合作关系，稳定中国对各区域的进出口为成员国带来更多的发展新契机，加快双边贸易种类及布局多元化进程，有助于中国重新布局区域价值链，缓解疫情以及中美贸易摩擦带来的负面冲击，为我国外贸高质量创新发展注入新动力。

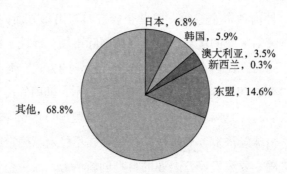

图 4　2020 年 RCEP 成员货物贸易进出口额主要占比

数据来源：中国海关统计数据。

（三）机电及高新技术产品出口增速明显

自从我国实行科技兴贸战略以来，高新技术产品及机电产品出口增速强劲，成为拉动我国出口贸易增长的新生力量。在海外新冠肺炎疫情与中美贸易摩擦不断升级的背景下，2020 年，我国高新技术产品及机电产品分别出口 7766.6 万亿美元和 15411.1 万亿美元，同比增速为 6.3% 与 5.7%，是拉动我国外贸出口增长的主导力量。表 3 是 2020 年我国机电产品和高新技术产品进出

口额及同比增长概况，机电产品进口额为 9491.5 万亿美元，同比增长 4.5%，
高新技术产品进口额为 6822.2 万亿美元，同比增速为 7%。具体来看，高新技
术产品主要可分为九大类，分别是：生物技术、生命科学技术、光电技术、计
算机与通信技术、电子技术、计算机集成制造技术、材料技术、航空航天技术
和其他技术，高新技术产品中航空航天技术产品受疫情冲击较为严重，出口低
至 64.6 万亿美元，比上年减少了 27 个百分点，进口增速减少 36.8%，是高新
技术产品中进出口下降最多的产品。机电产品和高新技术产品作为我国主要的
进出口贸易产品，虽然出现部分下滑，但是整体来看进口和出口都是呈现正增
长，助力经济高质量发展。高新技术产品贸易是中国货物贸易的重要组成部
分，是带动高新技术发展的重要前提，通过推进高新技术产品出口供应链的柔
性升级，来构建高新技术产品与服务出口正向循环的促进体系，进而为我国外
贸高质量创新发展赋予新动能。

表 3　2020 年我国机电产品和高新技术产品进出口额及同比增长

产品	出口额（万亿美元）	出口同比（±%）	进口额（万亿美元）	进口同比（±%）
机电产品	15411.1	5.7	9491.5	4.5
高新技术产品	7766.6	6.3	6822.2	7.0
生物技术	12.0	22.6	43.3	44.0
生命科学技术	410.8	23.0	425.1	-0.6
光电技术	268.4	-2.3	331.4	-3.2
计算机与通信技术	4892.7	4.6	1221.1	4.9
电子技术	1838.4	10.7	3979.3	12.9
计算机集成制造技术	198.2	7.1	566.8	8.3
材料技术	71.1	2.8	51.6	3.3
航空航天技术	64.6	-26.9	194.4	-36.8
其他技术	10	28.9	9.20	-2.9

数据来源：中国海关统计数据。

（四）新经济为外贸高质量发展赋予新动能

2020 年，在突发的新冠肺炎疫情的巨大冲击和严峻复杂的国际形势下，催

生了一系列以新产业、新业态、新模式为主要内容的经济发展新动能实现逆势增长，经济展现出强劲的韧性活力，成为推动经济高质量发展的重要支撑。跨境电商作为当前发展速度最快、潜力最大、带动作用最强的外贸新业态，2020年，我国跨境电商进出口总额为 1.69 万亿元，同比增速为 31.1%，其中，出口 1.12 万亿元，同比增长 40.1%，进口 0.57 万亿元，同比增长 16.5%，远高于我国外贸整体增速水平，5 年内跨境电商规模增长近 10 倍。在国内疫情与海外疫情交替影响下，跨境电子商务作为新业态，疫情期间进出口贸易额出现了不降反升的迹象，成为稳外贸的一个重要力量。随着云计算、大数据、物联网、人工智能、5G 为代表的新一代数字技术广泛应用于跨境贸易服务、生产、物流及支付环节，将大幅提升跨境电子商务行业效率，进一步优化跨境电商的营销环境，我国跨境电商有望迎来新的发展契机。2020 年第一季度，国内新冠肺炎疫情正处于全面暴发阶段，几乎所有的产业进出口都呈负增长态势，但跨境电子商务进出口高达 4195 亿元，同比增长 46.5%，成为稳外贸的重要力量。疫情危机之下跨境电商继续保持强劲增长，得益于跨境电商依托第三方平台逐步开发出众多营销渠道、以数字经济为媒介实现贸易型企业与生产性企业深度融合发展、以海外仓为主要支撑点来提升物流效率并降低综合运营成本。数字经济作为经济增长的新引擎，是推动经济发展质量变革、效率变革、动力变革的"加速器"，通过替代传统的生产方式和管理模式来激发众多以技术创新和模式创新为内核的新兴经济业态，成为稳外贸的重要动力。新形势下，贸易新业态新模式的发展是促进我国外贸转型升级的重要途径，将数字经济与跨境电商等新业态结合起来提升外贸的数字化水平，破除发展不平衡的短板，为外贸的高质量创新发展注入新动力。

四、疫情常态化防控下我国对外贸易发展举措

在双循环新发展格局下实现我国外贸的高质量创新发展，需要以我国目前所处的现状及冲击机遇为出发点，抓住疫情下全球价值链重构的战略契机，完善海外市场布局、大力发展数字经济，培育外贸新业态、深化服务贸易改革，全面提升国际竞争力、持续加强企业创新能力，优化商品结构来积极应对进出

口风险，探索我国贸易高质量创新发展的有效路径。

（一）抓住全球价值链重构战略契机

进一步开放市场，通过贸易与投资双向互动来有机融入全球价值链，提升全球资源要素的配置效率是推动我国贸易高质量创新发展的重要途径。在全面开放中，我国应该立足于强化和周边国家以及"一带一路"国家在全球价值链中的合作，增强应对风险能力。东亚和东南亚同时拥有规模最大的产能和增长最快的市场，未来有望成为全球价值链及供应链的核心地带，依托 RCEP 我国和区域内其他成员应加强在供应链和价值链方面的合作，力争实现互利共赢，实现经济包容性增长。要实现外贸的高质量创新发展，需要在双循环新发展格局下，推动"一带一路"构建区域价值链与自贸试验区（港）的良性循环互动，实现经济循环流转和产业关联畅通，进一步完善营商环境和扩大对外开放，构建高标准的开放型经济体系。一方面，积极发挥"一带一路"沿线国家的比较优势与所处发展阶段的显著差异，以"一带一路"为契机来重构区域价值链分工体系，拓展中国与沿线国家合作的贸易范围，进一步影响全球价值链的重构。另一方面，以自贸试验区（港）的对外贸易高质量发展为着重点，深化国内自贸区与国际自贸区的协同发展，通过国际自贸区来优化国际市场环境，进一步完善海外市场布局，而国内自贸区通过发展现代服务业、高新技术产业、高新制造业、战略性新兴产业等高附加值产业来加快产业结构升级，培育跨境电商等新业态新模式的创新发展。

（二）大力发展数字经济

加大数字经济的应用，为我国外贸发展赋能，通过使用新技术新工具来促进跨境电商的发展，推动传统外贸产业转型升级。贸易数字化有助于重构产业链及企业价值链，优化传统外贸产业的链条，推动外贸产业数字化发展，提高贸易效率，降低流通成本，进一步加快发展新业态新模式。要从数字经济与跨境电商、传统外贸升级以及外贸服务专业化三个维度来打造高水平的外贸新业态平台，促进其健康持续创新发展。第一，要进一步优化跨境电商的发展环境，完善跨境电商的发展支持政策，扩大跨境电商综合试验区试点范围，借助大数据数字经济提高海外仓数字化、智能化水平，进一步开拓国际市场。响应国家"一带一路"倡议，加快发展跨境电子商务，最大化地消除贸易壁垒，在优化通关服务和推进跨境物流业发展的同时促进我国跨境电商企业的发展。第二，要持续推动传统外贸产业转型升级，提升传统外贸数字化水平，进一步鼓励企业自主创业创新。第三，要外贸服务专业化、综合化。运用平台技术及大数据工具，逐步构建自贸区跨境供应链管理平台，为国内外跨境电商企业提供服务，打造高水平的外贸服务平台，支持外贸细分服务平台发展更加专业化、系统化。

（三）深化服务贸易改革

我国服务贸易近年来已呈现高质量发展的趋势，知识密集型服务领域具有较强的竞争优势，是我国对外贸易发展的新引擎。在新冠肺炎疫情的全球暴发与复杂的国内外环境之下，2020 年，我国服务贸易进出口 4.56 万亿元，同比下降 15.7%，其中出口 1.93 万亿元，下降 1.1%；进口 2.63 万亿元，下降 24%。疫情催生了服务贸易发展的"新常态"，知识密集型服务贸易逆势增长，全球各地抗击疫情增加了国际市场对知识密集型服务的需求，特别是以数字经济和电子商务为代表的数字化产品，为我国知识密集型服务进出口带来更大的发展机遇，部分知识密集型服务产业已进入了全球产业链、价值链中高端环节，加快服务贸易结构优化进程。疫情下带来的在线教育、在线医疗、远程办公等数字产业的广泛应用，激发了巨大的发展潜力及经济活力，通过进一步拓展国际数字服务市场，打造我国服务贸易产业高质量发展的优势点。"十四五"时期，要加快以服务贸易为重点的高水平对外开放，是我国加快建立高水平开放型经济新体制的一个重要目标，也是构建新发展格局的重大任务，为实现服务贸易高质量创新发展，要从经济转型升级、市场开放以及对标国际最高水平的经贸规则入手，来打造以服务贸易为重点的制度型开放型新高地，进一步推进以服务贸易为重点的区域性自由贸易进程。

（四）加强企业创新能力

民营经济是推动经济快速发展的重要主体，发展民营经济是推动外贸高质量发展的必然选择，作为中国对外贸易中最具市场活力的主体，其高质量发展将助力我国经济目标的顺利实现。在对外贸易从高速发展转向高质量发展的过程中，民营企业结合创新驱动与产业布局两方面来满足当前外贸高质量发展的新要求，强化企业的科技创新、制度创新、模式和业态创新，推动物联网、大数据等数字经济与贸易有机融合，培育新模式、新业态、新产业。一方面，民营企业需从自身出发，加强自身创新的能力，增强创新的意识，充分认识到创新对于自身当前出口以及未来可持续发展的重要性。通过企业生产技术创新升级，来促进我国外贸产业迈向全球价值链中高端，增加产品的附加值，不断优化进出口商品结构。要利用作为后发企业"搭便车"福利所具有的技术优势和市场活力，来提升企业创新的效率与收益。虽然民营企业在进出口贸易方面取得了优异的成绩，但是要清醒地认识到，在这份漂亮的成绩单背后，有一大部分原因要归于我国企业依托劳动力资源禀赋、资本的有效供给以及国家相关政策倾斜的有利条件，从而民营企业在疫情冲击下取得了逆势增长的结果。基于这个方面，民营企业必须要具备危机意识，充分认识到自身的局限性，需不断加大研发的力度，创造出具有高附加值的新产品，找到立足国际市场的新发力点，提高应对不同贸易摩擦及各种突发风险的能力。另一方面，民营企业要实现贸易高质量创新发展，通过不断调整产业布局，优化外贸主要商品结构以摆脱我国低端锁定、"卡脖子"事件频繁发生的窘境。此外，政府相关部门还需建立针对民营企业的激励机制，增加民营企业继续经营的信心，提高企业承受风险的能力，以确保企业能够及时把握住时代的机遇，更好更快地追上当今全球贸易发展的步伐，不断向高质量创新发展之路迈进。𝓕

参考文献

[1] 高运胜，孙露，张玉连.新冠疫情全球蔓延对我国汽车产业链的冲击与机遇[J].国际贸易，2020（11）：36-44.

[2] 高运胜，朱佳纯，康雯雯. 高质量视角下我国对外贸易发展的动能塑造与路径选择 [J]. 经济学家，2021（6）：100–110.

[3] 贺少军，夏杰长. 促进数字贸易高质量发展的着力点 [J]. 开放导报，2020(02)：79–83.

[4] 李方生，赵世佳，张建杰，胡友波. 新冠肺炎疫情对汽车产业的影响及应对举措 [J]. 科学管理研究，2021，39(01)：51–57.

[5] 李桂芳. 疫情下的中国供应链：思考与对策 [J]. 商业经济研究，2020(08)：28–30.

[6] 林静. 外贸高质量发展：内涵、路径及对策 [J]. 现代经济探讨，2020(07)：84–91.

[7] 刘花. 新冠肺炎疫情对外贸影响的研究 [J]. 价格月刊，2020(05)：90–94.

[8] 刘瑶，陈姗姗. 新冠疫情对全球供应链的影响及中国应对——基于供给侧中断与需求侧疲软双重叠加的视角 [J]. 国际贸易，2020(06):53–62.

[9] 曲维玺，等. 我国外贸高质量发展的评价与对策 [J]. 国际贸易，2019(12)：4–11.

[10] 沈国兵. "新冠肺炎"疫情对我国外贸和就业的冲击及纾困举措 [J]. 上海对外经贸大学学报，2020，27(02)：16–25.

[11] 田玲玲，等. 中国民营经济高质量发展水平时空格局及驱动机制 [J]. 经济地理，2021，41(01)：131–139.

[12] 田素华，李筱妍. 新冠疫情全球扩散对中国开放经济和世界经济的影响 [J]. 上海经济研究，2020(04)：109–117.

[13] 王丽，黄德海. 新冠肺炎疫情对中国外贸出口的影响及应对建议 [J]. 价格月刊，2021（03）：52–58.

[14] 王艳. 新冠肺炎疫情对民营经济高质量发展的影响及对策研究 [J]. 管理评论，2020，32(10)：11–21.

[15] 徐玉德，刘迪. 疫情冲击下我国出口企业面临的挑战及应对 [J]. 财会月刊，2021(06)：141–147.

[16] 赵瑾. COVID-19 大流行对我国外贸的影响与对策 [J]. 国际贸易，2020(07)：9–15.

[17] 周强. 新冠肺炎疫情全球蔓延对中国贸易发展的影响与对策 [J]. 商业经济研究，2020(15)：141–144.

[18] 朱京安，王海龙. 新冠肺炎疫情对我国进出口贸易的影响及政策应对 [J]. 国际贸易，2020（3）：29–36.

[19] Fechner I.，Luman R.，Spakman T.，et al. Covid-19's Longterm Effects on the Industry［R/OL］（2020–05–18）. [2020–09–15] https://think.ing.com/reports/Covid-19s-long-term-effects-on-the-automotive-industry/.

营商环境距离是否有助于撬动
海外子公司的逆向技术溢出?

——基于国内国际双向研发视角

衣长军　　占云　　赵晓阳[*]

摘要：新兴经济市场跨国企业的对外投资面临着投资合法性的现实挑战，造成海外子公司逆向技术溢出效应程度偏低。这一现象启发了这样的思考：什么样的营商环境会更利于撬动海外子公司的逆向技术溢出？本文结合跳板理论和制度理论，以2005—2018年沪深A股上市公司为研究对象，由母公司国内国际双向研发视角研究营商环境距离对母公司创新绩效的影响机制，并进一步讨论移民网络及其异质性特征对营商环境距离和母公司双向研发二者关系的调节效应。研究结果表明：营商环境距离正向影响企业的创新绩效，即差异化的营商环境更利于撬动海外子公司的逆向技术溢出；母公司吸收能力与研发国际化能力在营商环境距离对母公司创新绩效的影响中起到部分中介作用；移民网络能够增强营商环境距离和企业双向研发的关系，且高技能移民网络的强化效应更显著。

关键词：营商环境距离；吸收能力；研发国际化；母公司创新绩效；移民网络

---

*作者简介：衣长军，华侨大学院长、教授；占云，华侨大学博士生；赵晓阳，华侨大学博士生。

一、引言

随着"一带一路"倡议的不断推进，中国对外直接投资（OFDI）发展迅猛。越来越多的中国企业在海外设立子公司，以期嵌入全球产业价值链的中高端，进而增强国际市场竞争力。据《2019 年度中国对外直接投资统计公报》数据显示，目前中国企业在全球 188 个国家（地区）设立了 4.4 万家海外子公司，其中对"一带一路"沿线国家投资稳步增长，中国在开放型经济新体制建设中取得了历史性突破。在此背景下，如何协调国际创新与中国企业对外直接投资的关系，形成知识转移与 OFDI 相互促进的国际创新网络，成为构建"国内国际双循环"新发展格局的关键。党的十九大报告明确指出，打造高质量的国际化营商环境是推进高水平开放的重要举措。这一指导思想为我国跨国企业利用高质量国际营商环境来构建协同全球创新网络提出了更高的要求，也为我国对外直接投资提供了新方向。全球化是当今世界发展的大势所趋，数字化和自动化的新浪潮正在迅速改变世界各地的经济发展模式。近年来，中国企业利用数字化发展优势成功实现了由"后发"到"赶超"的跨越式发展，讲述着具有中国特色的"中国故事"，然而，传统的基于发达国家的对外投资理论很难充分解释这些"中国故事"（蒋为，2019）。那么，来自新兴市场经济体 OFDI 的"中国故事"具有何种特征呢？中国跨国企业通过 OFDI 获取东道国技术以实现母国创新能力跃迁的过程中会受到哪些内外部环境因素的影响呢？如何通过提升创新绩效以缩小中国跨国企业和发达国家的差距并维持国际竞争优势地位呢？这些问题的探讨对完善新兴市场跨国投资理论具有重要的理论与实践价值。

一方面，从企业外部环境来看，企业进行 OFDI 涉及跨国情境，不可避免要嵌入东道国的制度、经济、文化等环境中（W Peng et al., 2008；Li et al., 2018），而营商环境直接与企业的生命周期紧密联系在一起，是对一个国家制度、经济、文化的微观体现，对企业海外投资决策产生直接影响。同时，跨国企业的创新绩效涉及子公司向母公司的知识转移过程，那么国际间的营商环境距离对母子公司之间的知识转移过程也会产生直接影响。另一方面，从企业内部环境因素来看，OFDI 技术创新路径是海外子公司向母公司实现逆向创新的过程，创新绩效最终能否实现还取决于母公司的双向研发能力即国内研发投入

（吸收能力）和国际研发投入（研发国际化能力）。此外，中国是一个典型的关系型社会（Hitt et al.，2002），遍布全球各地且规模不断增加的海外移民无疑是搭建中国与海外市场交流合作平台的重要社会网络资源（Hernandez，2014；衣长军等，2017），移民网络也是影响企业国际化进程的一个重要因素（Yi et al.，2021）。以往文献虽围绕中国跨国企业创新绩效的影响因素及驱动机制进行了深入探讨，但均忽视了国际间营商环境距离对知识转移的影响及作用机制，且并未对移民网络的教育背景在企业国际化进程中发挥的作用做进一步研究。因此，本文基于企业双向研发即国内研发投入（吸收能力）和国际研发投入（研发国际化能力）双重作用机制视角，对营商环境距离与中国跨国企业创新绩效的关系展开深入剖析。同时，进一步考察移民网络教育背景的异质性特征在企业国际化进程中的调节效应。这不仅有助于更好地理解营商环境在构建"国内国际双循环"新发展格局中的重要作用，也能为深层次理解移民政治和经济意义提供参考。

本文结合跳板理论和制度理论，以 2005—2018 年中国进行 OFDI 的沪深 A 股上市公司为研究对象，考察营商环境距离对跨国企业创新绩效的影响及作用机制，并进一步讨论了移民网络在营商环境距离和双向研发二者关系中的调节效应。研究结果表明：第一，营商环境距离正向影响企业的创新绩效；第二，营商环境距离可以通过企业内外双向研发两条影响机制来提升母公司创新绩效；第三，移民网络能够增强营商环境距离和企业双向研发的关系，且高技能移民起到的强化效应更大。进一步地，本文研究发现营商环境距离对跨国企业创新绩效的影响存在时间动态性特征和地区差异性特征，东部地区的中国跨国企业在对外投资过程中产生技术溢出效应更高。

本文的边际贡献如下：第一，本文是对现有制度、文化等距离和跨国企业创新绩效相关文献的补充与拓展。营商环境对国际投资的影响程度日益增加，是跨国企业战略选择和企业绩效提升不可忽略的重要外部支撑。近年来，国内外学者逐渐开始基于东道国或母国单一营商环境视角对跨国企业绩效问题进行研究，但综合考虑东道国和母国的营商环境距离视角研究跨国企业创新绩效的研究较为匮乏。第二，本文由企业双向研发的双重机制视角出发，对营商环境距离与跨国企业创新绩效的影响机制进行分析，为新兴经济市场跨国企业的逆向创新提供了新的研究视角。获取基于技术的战略资产是中国跨国公司进行 OFDI 的主要动机之一，跨国企业创新绩效的提升往往以作为知识和技术接受方的母公司的研发投入为前提，然而鲜有文献对海外子公司技术逆向溢出机制进行深入研究，且并未论证企业国内国外双向研发在企业技术创新中的作用。第三，进一步分析移民网络特征的异质性在海外子公司逆向创新过程中的调节作用，拓展了关于移民网络在国际商务领域内的研究边界，对深层次理解移民的政治和经济意义具有重要实践价值。

二、研究设计

（一）样本、数据与变量

鉴于本文研究对象为创新绩效以及移民教育背景数据的可得性，首先，本文以 2005 年至 2018 年对经济合作与发展组织（OECD）发达国家进行 OFDI 的中国沪深上市 A 股企业为实证对象以考察营商环境距离的跨国企业创新绩效的影响及其内部机制。数据来源于国泰安海外直接投资数据库。其次，本文参照已有研究的做法，删除所属行业为金融业的企业样本以及投资东道国为"避税天堂"地区的研究样本（Hu 和 Cui，2014）。最后，本文对主要连续变量进行上下缩尾处理（1%，99%）以解决极端值存在的问题，得到 2005 年至 2018 年中国企业 OFDI 数据，其中涉及 1147 个上市公司以及对应的 2547 个海外子公司，东道国 32 个，最终样本量为 5481 个。

相关变量及其定义如表 1 所示：

表 1　主要变量定义

变量类型	变量名称	测量指标	变量符号
因变量	创新绩效	每年申请专利数（取对数）	Innovation
自变量	营商环境距离	东道国和母国的营商环境便利度得分之差	Dbdistance
中介变量	吸收能力	年度研发人员数（取对数）	Absorptive
	研发国际化	年度海外研发子公司个数（取对数）	R&Dintel

续　表

变量类型	变量名称	测量指标	变量符号
调节变量	移民网络	东道国移民占东道国人口比例	Migrant
控制变量	企业年龄	观测年与成立年份之差（取对数）	Age
	企业所有制	国有企业赋值为 1，否则为 0	State
	人均管理成本	年度管理费用与员工数量之比（取对数）	Percost
	融资能力	有形资产总额与总资产的比值	Finance
	盈利能力	净利润与营业收入的比值	Profit
	经营能力	营业收入和资产总额期末余额比值	Operation
	股权集中度	前五大股东的赫芬达尔指数	Concent
	东道国经济规模	东道国国民生产总值（对数形式）	Economic
	东道国经济稳定性	东道国消费者价格指数	Stability
	东道国贸易开放度	东道国进出口贸易之和与 GDP 的比值	Open

（二）模型设计

为了检验营商环境距离对跨国企业创新绩效的影响及双重作用机制，建立如下模型：

$$Innovation_{it} = \alpha_0 + \beta_1 Dbdistance_{it} + \varphi(\xi) + \theta_i + \mu_t + \varepsilon_{it} \tag{1}$$

$$Absorptive_{it} = \alpha_0 + \gamma_1 Dbdistance_{it} + \varphi(\xi) + \theta_i + \mu_t + \varepsilon_{it} \tag{2}$$

$$Innovation_{it} = \alpha_0 + \beta_1 Dbdistance_{it} + \beta_2 Absorptive_{it} + \varphi(\xi) + \theta_i + \mu_t + \varepsilon_{it} \tag{3}$$

$$R\&Dintel_{it} = \alpha_0 + \gamma_2 Dbdistance_{it} + \varphi(\xi) + \theta_i + \mu_t + \varepsilon_{it} \tag{4}$$

$$Innovation_{it} = \alpha_0 + \beta_1 Dbdistance_{it} + \beta_3 R\&Dintel_{it} + \varphi(\xi) + \theta_i + \mu_t + \varepsilon_{it} \tag{5}$$

上述模型中，i 表示企业，t 表示年份，$Innovation_{it}$ 即为企业 i 于年份 t 的专利申请项目数的对数。α_0 为常数项，$\varphi(\xi)$ 表示控制变量与因变量的函数关系，θ_i 为企业个体固定效应，μ_t 为年份固定效应，ε_{it} 则为随机扰动项。

此外，为了考察移民网络在营商环境距离和母公司双向研发二者关系中的调节作用，我们在模型（2）和模型（4）的基础上加入移民网络以及移民网络和营商环境距离的交互项建立了模型（6）和模型（7）。

119

$$Absorptive_{it} = \alpha_0 + \gamma_1 Dbdistance_{it} + \beta_4 Migrant_{it} + \beta_5 Dbdistance_{it} * Migrant_{it} + \varphi(\xi) + \theta_i + \mu_t + \varepsilon_{it} \tag{6}$$

$$R\&Dintel_{it} = \alpha_0 + \gamma_2 Dbdistance_{it} + \beta_{10} Migrant_{it} + \beta_{11} Dbdistance_{it} * Migrant_{it} + \varphi(\xi) + \theta_i + \mu_t + \varepsilon_{it} \tag{7}$$

三、实证分析

（一）描述性统计

主要变量的描述性统计结果，*Innovation* 的均值为 2.312，最小值和最大值之间差异较大，说明不同企业在技术创新方面存在显著差异。营商环境距离的最小值为 1.843，最大值为 3.723，这表明 OECD 国家的经济发展程度和制度的不同导致营商环境也存在较大差异，这为我们研究营商环境差异对企业创新绩效的影响提供了数据基础。

（二）相关性分析

本文针对共线性问题对所选取的变量进行方差膨胀因子和相关性分析检验，结果显示：首先，各变量的方差膨胀因子最大 VIF 值为 1.460，远小于临界值 10；其次，变量间的相关系数远小于临界值 0.8。这均表明模型不存在多重共线性问题。最后，为避免序列中存在伪回归问题，本文对所有变量进行单位根检验，结果显示 P 值均为 0.000，拒绝"该面板数据存在单位根"原假设，表明该面板数据不存在单位根。

（三）基准模型回归

表 2 是营商环境距离对跨国企业创新绩效影响的固定效应模型估计结果。从表中的第（2）列估计结果可以看出，解释变量营商环境距离（Dbdistance）的系数为 0.125，且在 1% 水平上显著，这说明营商环境距离越大，跨国企业创新绩效越好。此外，由于所选取的投资东道国均为 OECD 中的发达国家，那么回归结果也从侧面说明高质量的营商环境为我国跨国企业技术创新提供了学习平台与知识转移机会，跨国企业可以利用差异化的营商环境为海外子公司的逆

向知识转移创造机会，进而提高母公司的创新绩效。

表 2　基准模型回归结果

变量	模型（1） Innovation	模型（2） Innovation
Dbdistance		0.125***
		(2.95)
Age	0.341***	0.474***
	(2.85)	(2.71)
State	0.159	−0.042
	(1.35)	(−0.31)
Percost	−0.152***	−0.149***
	(−4.12)	(−3.51)
Finance	0.270	0.393
	(1.20)	(1.48)
Operation	0.102	0.211***
	(1.50)	(2.59)
Profit	0.404***	0.457***
	(4.43)	(4.53)
Concent	−0.677**	−0.587
	(−2.08)	(−1.51)
Economic	−0.006	−0.018
	(−0.54)	(−1.36)
Stability	−0.023	−0.035
	(−1.07)	(−1.46)
Open	−0.003	−0.053
	(−0.06)	(−0.79)
常数项	2.403***	2.276***
	(4.39)	(2.93)
时间效应	控制	控制
个体效应	控制	控制
R^2	0.054	0.055
N	5481	4244

注：***、**、*分别表示在 1%、5%、10% 水平下显著，括号内为 T 值。（下同）

（四）吸收能力与研发国际化的双重机制分析

为了检验吸收能力在营商环境距离与跨国企业创新绩效二者关系中的中介作用，本文采用了中介效应检验模型。首先，检验模型（1）中营商环境距离（$Dbdistance$）的系数 β_1，若系数 β_1 显著，则进行下一步；其次，以吸收能力为被解释变量，检验模型（2）中营商环境距离（$Dbdistance$）系数 γ_1，即检验营商环境距离对吸收能力的影响；最后，以创新绩效为被解释变量，同时加入营商环境距离与吸收能力后，检验模型（3）中营商环境距离系数 β_1 和吸收能力系数 β_2。若系数 γ_1 和系数 β_2 同时显著，则表示吸收能力在营商环境距离与创新绩效之间具有中介作用，若系数 γ_1 和系数 β_2 只有一个显著，则需要进一步做 Sobel 检验分析。

表 3 结果显示，模型（1）中营商环境距离（$Dbdistance$）的系数 β_1 为 0.125，且在 1% 水平上显著。表明营商环境距离正向影响中国跨国企业的创新绩效；模型（2）中营商环境距离（$Dbdistance$）的系数 γ_1 为 0.270，且在 1% 水平上显著，表明了差异化的营商环境有助于提升企业的吸收能力；模型（3）中以创新绩效（$Innovation$）为被解释变量，同时加入吸收能力（$Absorptive$）后，吸收能力（$Absorptive$）的系数 β_2 为 0.065，且在 1% 水平上显著。这表明母公司吸收能力在营商环境距离与跨国企业创新绩效的关系中起到了部分中介作用，即营商环境距离有利于企业提高吸收能力，进而促进创新绩效。最终结果显示，中介效应为 $0.270 \times 0.065 = 0.018$，总效应为 0.125，可得中介效应在总效应的占比为 $0.018/0.125 \times 100\% = 14.4\%$。

表 3   中介机制检验—吸收能力

变量	模型（1） *Innovation*	模型（2） *Absorptive*	模型（3） *Innovation*
Dbdistance	0.125***	0.270***	0.108**
	(2.95)	(4.33)	(2.54)
Absorptive			0.065***
			(5.43)
Age	0.474***	0.657**	0.432**
	(2.71)	(2.56)	(2.48)

变量	模型（1） *Innovation*	模型（2） *Absorptive*	模型（3） *Innovation*
State	−0.042	−0.581***	−0.004
	(−0.31)	(−2.94)	(−0.03)
Percost	−0.149***	0.178***	−0.161***
	(−3.51)	(2.85)	(−3.80)
Finance	0.393	−0.856**	0.448*
	(1.48)	(−2.19)	(1.69)
Operation	0.211***	−0.126	0.219***
	(2.59)	(−1.05)	(2.71)
Profit	0.457***	0.402***	0.431***
	(4.53)	(2.71)	(4.29)
Concent	−0.587	−1.459**	−0.493
	(−1.51)	(−2.56)	(−1.28)
Economic	−0.018	0.039*	−0.021
	(−1.36)	(1.96)	(−1.55)
Stability	−0.035	0.034	−0.037
	(−1.46)	(0.96)	(−1.56)
Open	−0.053	0.024	−0.055
	(−0.79)	(0.24)	(−0.81)
常数项	2.276***	2.276***	2.291**
	(2.93)	(2.93)	(2.01)
时间效应	控制	控制	控制
个体效应	控制	控制	控制
R^2	0.055	0.841	0.063
N	4244	4244	4244

表 4 为研发国际化的中介效应回归结果，模型（1）中营商环境距离（Dbdistance）的系数 β_1 为 0.125，且在 1% 水平上显著，表明营商环境距离越大，跨国企业的创新绩效就越好；模型（4）中营商环境距离（Dbdistance）的系数 γ_2 为 0.132，且在 1% 水平上显著，表明了差异化的营商环境有助于提升企业的研发国际化能力；模型（5）中以创新绩效（Innovation）为被解释变量，同时加入研发国际化（R&Dintel）后，研发国际化（R&Dintel）的系数 β_3 为 −0.025，却不显著。现有研究表明，在逐步回归检验可能存在系数乘积实际

上显著而未被检验出的情况，即逐步回归对中介效应的检验力低于系数乘积检验（MacKinnon et al., 2002；温忠麟等，2004）。因此，当采用逐步回归未能够检验出中介效应时一般采用 Sobel（1982）法进行检验。表4中 Sobel 检验结果显示，研发国际化（R&Dintel）的系数 β_3 为 0.624 且在 1% 水平上显著，表明研发国际化水平越高，企业以创新绩效就越好，从而验证了研发国际化在营商环境距离与跨国企业创新绩效二者关系中的中介作用。根据 Sobel 检验直接汇报的结果可得，中介效应（Indirect effect）为 0.111，直接效应（Direct effect）为 0.345，总效应（Total effect）为 0.456，可得中介效应在总效应的占比为 0.111/0.456 × 100%=24.34%。

表 4　中介机制检验—研发国际化

变量	模型（1） *Innovation*	模型（4） *R&Dintel*	模型（5） *Innovation*	Sobel 检验 *Innovation*
Dbdistance	0.125***	0.132***	0.129***	0.345***
	(2.95)	(9.21)	(2.99)	(6.86)
R&Dintel			−0.025	0.624***
			(−0.47)	(10.16)
Age	0.474***	0.061	0.476***	−0.227***
	(2.71)	(1.03)	(2.72)	(−2.91)
State	−0.042	−0.056	−0.043	0.066
	(−0.31)	(−1.24)	(−0.32)	(0.99)
Percost	−0.149***	0.024*	−0.148***	−0.244***
	(−3.51)	(1.68)	(−3.50)	(−6.01)
Finance	0.393	−0.140	0.389	1.939***
	(1.48)	(−1.57)	(1.46)	(6.38)
Operation	0.211***	−0.059**	0.209**	0.402***
	(2.59)	(−2.18)	(2.57)	(5.50)
Profit	0.457***	−0.015	0.457***	0.664***
	(4.53)	(−0.44)	(4.52)	(3.92)
Concent	−0.587	0.330**	−0.579	0.705***
	(−1.51)	(2.53)	(−1.49)	(2.82)
Economic	−0.018	−0.005	−0.019	−0.031
	(−1.36)	(−1.10)	(−1.37)	(−1.22)
Stability	−0.035	−0.011	−0.035	−0.030
	(−1.46)	(−1.33)	(−1.47)	(−0.70)

续　表

变量	模型（1） *Innovation*	模型（4） *R&Dintel*	模型（5） *Innovation*	Sobel 检验 *Innovation*
Open	−0.053	0.078***	−0.051	0.434***
	(−0.79)	(3.42)	(−0.76)	(4.77)
常数项	2.276***	−0.341	2.267***	1.350**
	(2.93)	(−1.30)	(2.92)	(2.10)
时间效应	控制	控制	控制	控制
个体效应	控制	控制	控制	控制
直接效应				0.111
间接效应				0.345
总效应				0.456
R^2	0.055	0.052	0.055	0.091
N	4244	4244	4244	4244

（五）移民网络的调节作用分析

1. 移民网络对营商环境距离和吸收能力二者关系的调节作用分析

为了检验移民网络在营商环境距离和吸收能力二者关系中的调节作用，我们对模型（6）进行固定效应回归分析，实证结果如表5所示。表5第（2）列中营商环境距离和移民网络的交互项（Migrant*Dbdistance）系数为0.172，且在1%水平上显著，说明东道国移民网络能够增强营商环境距离与母公司吸收能力的关系。进一步地，我们考察移民网络教育背景特征的调节效应，首先我们对移民群体按照本科教育程度划分为高技能移民群体（Skillmigrant）和非高技能群体（Nonskillmigrant），然后我们将两组变量分别以交乘项的形式加入模型（2）重新进行回归，实证结果如表5的第（3）和第（4）列所示。结果显示列（3）中营商环境距离和高技能移民网络交互项的系数（Skillmigrant*Dbdistance）为0.620，且在1%水平上显著，列（4）中营商环境距离和非高技能移民网络交互项（Nonskillmigrant*Dbdistance）的系数为0.231，且在5%水平上显著。这说明相对于非高技能移民网络，高技能移民网络对营商环境距离和吸收能力关系的强化效应更大 5。

表 5　移民网络调节效应——营商环境距离与吸收能力

变量	（1）Absorptive	（2）Absorptive	（3）Absorptive	（4）Absorptive
Dbdistance	0.270***	0.202***	0.192***	0.220***
	(4.33)	(2.92)	(2.88)	(3.17)
Migrant		−0.473**		
		(−2.47)		
Migrant*Dbdistance		0.172***		
		(2.99)		
Skillmigrant			−1.242***	
			(−3.01)	
Skillmigrant*Dbdistance			0.620***	
			(3.26)	
Nonskillmigrant				−0.678**
				(−2.15)
Nonskillmigrant*Dbdistance				0.231**
				(2.57)
Age	0.657**	0.661**	0.634**	0.672***
	(2.56)	(2.58)	(2.47)	(2.62)
State	−0.581***	−0.594***	−0.577***	−0.596***
	(−2.94)	(−3.01)	(−2.92)	(−3.01)
Percost	0.178***	0.177***	0.177***	0.177***
	(2.85)	(2.84)	(2.85)	(2.85)
Finance	−0.856**	−0.774**	−0.793**	−0.785**
	(−2.19)	(−1.98)	(−2.03)	(−2.00)
Operation	−0.126	−0.126	−0.130	−0.128
	(−1.05)	(−1.05)	(−1.08)	(−1.07)
Profit	0.402***	0.414***	0.406***	0.416***
	(2.71)	(2.79)	(2.74)	(2.80)
Concent	−1.459**	−1.499***	−1.480***	−1.487***

续　表

变量	（1）Absorptive	（2）Absorptive	（3）Absorptive	（4）Absorptive
	（−2.56）	（−2.63）	（−2.60）	（−2.61）
Economic	0.039*	0.039*	0.043**	0.037*
	(1.96)	(1.96)	(2.16)	(1.85)
Stability	0.034	0.035	0.032	0.035
	(0.96)	(1.01)	(0.92)	(0.98)
Open	0.024	−0.012	0.001	−0.006
	(0.24)	(−0.12)	(0.01)	(−0.06)
常数项	2.291**	2.524**	2.560**	2.456**
	(2.01)	(2.21)	(2.24)	(2.15)
时间效应	控制	控制	控制	控制
个体效应	控制	控制	控制	控制
R^2	0.841	0.841	0.841	0.841
N	4244	4244	4244	4244

2. 移民网络对营商环境距离和研发国际化二者关系的调节作用分析

与前文一致，为了检验移民网络在营商环境距离和研发国际化二者关系中的调节作用，对模型（7）进行固定效应回归分析，实证结果如表6所示。表6第（2）列中营商环境距离和移民网络的交互项（Migrant*Dbdistance）系数为0.062，且在1%水平上显著，说明东道国移民网络能够增强营商环境距离与母公司研发国际化的关系，假说H4得到完全验证。进一步地，我们考察移民网络教育背景特征的调节效应，首先对移民群体按照本科教育程度划分为高技能移民群体（Skillmigrant）和非高技能群体（Nonskillmigrant），然后将两组变量分别以交乘项的形式加入模型（4）重新进行回归，实证结果如表6的第（3）和第（4）列所示。结果显示列（3）中营商环境距离和高技能移民网络交互项的系数（Skillmigrant*Dbdistance）为0.203，且在1%水平上显著，列（4）中营商环境距离和非高技能移民网络交互项（Nonskillmigrant*Dbdistance）的系数为0.056，且在1%水平上显著。这说明相对于非高技能移民网络，高技能移民网络对营商环境距离和研发国际化关系的强化效应更大。

表6　移民网络调节效应——营商环境距离与研发国际化

变量	（1） R&Dintel	（2） R&Dintel	（3） R&Dintel	（4） R&Dintel
Dbdistance	0.132***	0.093***	0.107***	0.092***
	(9.21)	(5.90)	(6.98)	(5.83)
Migrant		−0.130***		
		(−2.99)		
Migrant*Dbdistance		0.062***		
		(4.74)		
Skillmigrant			−0.468***	
			(−4.97)	
Skillmigrant*Dbdistance			0.203***	
			(4.67)	
Nonskillmigrant				−0.083
				(−1.16)
Nonskillmigrant*Dbdistance				0.056***
				(2.72)
Age	0.061	0.060	0.054	0.061
	(1.03)	(1.03)	(0.92)	(1.04)
State	−0.056	−0.064	−0.055	−0.066
	(−1.24)	(−1.42)	(−1.22)	(−1.47)
Percost	0.024*	0.025*	0.023	0.026*
	(1.68)	(1.75)	(1.63)	(1.80)
Finance	−0.140	−0.098	−0.119	−0.096
	(−1.57)	(−1.09)	(−1.33)	(−1.08)
Operation	−0.059**	−0.066**	−0.058**	−0.069**
	(−2.18)	(−2.42)	(−2.11)	(−2.54)
Profit	−0.015	−0.010	−0.013	−0.011
	(−0.44)	(−0.31)	(−0.39)	(−0.33)
Concent	(−1.57)	(−1.09)	(−1.33)	(−1.08)
	−0.059**	−0.066**	−0.058**	−0.069**
Economic	(−2.18)	(−2.42)	(−2.11)	(−2.54)
	(−2.18)	(−2.42)	(−2.11)	(−2.54)
Stability	−0.015	−0.010	−0.013	−0.011

续 表

变量	（1）R&Dintel	（2）R&Dintel	（3）R&Dintel	（4）R&Dintel
	(−0.44)	(−0.31)	(−0.39)	(−0.33)
Open	0.330**	0.316**	0.318**	0.317**
	(2.53)	(2.43)	(2.44)	(2.44)
常数项	−0.341	−0.276	−0.233	−0.315
	(−1.30)	(−1.06)	(−0.89)	(−1.21)
时间效应	控制	控制	控制	控制
个体效应	控制	控制	控制	控制
R^2	0.052	0.063	0.060	0.063
N	4244	4244	4244	4244

四、稳健性检验

（一）内生性讨论

在最初的模型设定中，本文已经从两方面一定程度上缓解内生性问题：（1）对创新绩效采用对数形式以控制企业创新绩效本身的潜在趋势；（2）对营商环境距离滞后一期以解决可能存在的反向因果问题。为了进一步解释可能存在的内生性问题，参照 Chen 等（2012）和 Bellemare 等（2017）的做法，本文主要采用 2000 年东道国企业所得税率（taxrate2000）和营商环境距离滞后项这两个变量作为营商环境距离的工具变量进行两阶段最小二乘法回归。

首先工具变量需要满足两个要求：第一，满足相关性要求，即内生解释变量与工具变量相关。纳税指标是衡量营商环境的 10 个维度之一，从某种意义上来说 2000 年的企业所得税率在一定程度上反映了 2000 年的营商环境，而早期营商环境必然与现在的营商环境相关，满足相关性要求。营商环境距离当期及其滞后项都是可观测的数值，使用计量模型检验二者之间的相关性，检验结果如表 10 所示，当以营商环境距离当期作为被解释变量时，滞后一期的营商环境距离（T1dbdistance）的系数为 0.865，且在 1% 水平显著，因此能够满足相关性要求。第二，满足外生性要求，即工具变量与被解释变量的扰动项不相关。中国企业跨国投资 2000 年后开始进入加速阶段，作为一种历史因素，

2000 年的东道国税率不会影响当前跨国企业创新绩效。而营商环境距离当期的扰动项不可能影响到前一期（滞后一期）的观测值，因此这两个变量均符合外生性要求。综上所述，2000 年的东道国企业所得税率和营商环境距离滞后项是较为理想的工具变量。

本文首先进行 Hausman 检验营商环境距离变量的外生性，其原假设 H0 是"所有解释变量都是外生的"。检验结果如表 7 的 FE-IV 所示，检验结果中 Hausman χ2=−25.32，不能拒绝"变量外生"的原假设，因此可以认为营商环境距离是外生变量，可以继续使用原来的 FE 模型结果。

表 7　工具变量回归结果

变量	Dbdistance	FE	FE-IV
Dbdistance		0.101***	0.222***
		(2.77)	(2.94)
T1dbdistance	0.865***		
	(96.30)		
Age	−0.007	0.324***	0.461***
	(−0.48)	(2.70)	(2.63)
State	−0.022*	0.162	−0.041
	(−1.74)	(1.38)	(−0.30)
Percost	0.010	−0.155***	−0.152***
	(1.37)	(−4.19)	(−3.56)
Finance	−0.231***	0.349	0.507*
	(−4.31)	(1.55)	(1.86)
Operation	0.006	0.103	0.217***
	(0.42)	(1.50)	(2.67)
Profit	0.027	0.407***	0.456***
	(0.96)	(4.46)	(4.51)
Concent	0.099**	−0.647**	−0.597
	(2.07)	(−1.99)	(−1.54)
Economic	0.002	−0.007	−0.019
	(0.43)	(−0.58)	(−1.38)
Stability	−0.011	−0.021	−0.032
	(−1.53)	(−0.99)	(−1.31)
Open	0.098***	−0.009	−0.072
	(6.06)	(−0.14)	(−1.05)
常数项	−0.308***	2.144***	2.174***

续　表

变量	*Dbdistance*	FE	FE–IV
	(−2.67)	(3.87)	(2.78)
时间效应	控制	控制	控制
个体效应	控制	控制	控制
R^2	0.558	0.056	0.050
N	4244	5481	4244

（二）替换变量测量方式

本文借鉴 Lahiri（2010）的做法，替换研发国际化的代理变量为企业年度海外研发子公司所涉及的东道国总数取对数（R&Dintel2）进行稳健性检验，这一变量衡量了研发国际化项目的分布广度，与前文实证结果并无显著性差异，验证了本文研究结论的稳健性，限于篇幅不做赘述。

五、结论与政策建议

（一）研究结论

随着全球化进程的快速发展，学者们对中国跨国企业海外直接投资的关注日渐增多。然而，现有研究大多数停留在企业对外直接投资决策及区位选择等方面，而较少关注企业对外直接投资经济后果问题。"走出去"固然重要，但"走得好"才是对外直接投资的重要价值体现。现阶段，中国跨国企业通过 OFDI 实现技术创新跃迁的仍存在很大的提升空间，技术创新水平与发达国家仍存在较大差距，跨国企业利用海外子公司进行知识转移与积累的影响机制解释并不充分。因此，如何提升跨国企业 OFDI 的创新绩效成为本研究重点关注的问题。基于此，本文结合制度理论和跳板理论探讨营商环境距离对中国跨国企业创新绩效的影响，并由母公司双向研发的双重机制视角来探讨吸收能力和研发国际化在营商环境距离与跨国企业创新绩效关系中的中介作用。进一步地，将东道国移民网络引入此研究框架以考察移民网络及其特征在营商环境距离与母公司双向研发关系中的调节作用。

本文得出如下结论：（1）营商环境距离正向影响中国跨国企业的创新绩效。

即营商环境差异性越大，中国跨国企业的创新绩效表现越好。差异化的营商环境恰好为企业实现创新能力跃迁提供了潜在机会，作为"全球后来者"的中国跨国企业，其利用不同的营商环境差距作为"跳板"以获取海外战略资产和核心技术资源的动机更为明显。（2）母公司吸收能力在营商环境距离对跨国企业创新绩效影响过程中起到部分中介作用。营商环境距离通过提高母公司的吸收能力进而促进了跨国企业创新绩效的提升。新兴经济体的跨国企业一般缺乏发达经济体所拥有的企业特定优势。为了充分利用母国与东道国的营商环境距离的潜在机会，母公司更愿意增加人力资本以强化自身吸收能力，以使企业有能力最大化地消化、吸收国外的先进技术经验。（3）母公司研发国际化能力在营商环境距离对跨国企业创新绩效影响过程中起到部分中介作用。营商环境距离通过提高母公司的研发国际化能力进而促进了跨国企业创新绩效的提升。营商环境距离较大的发达国家中的先进技术的复杂性越高，那么只有通过加大海外研发投入才能使母公司充分地吸收这些复杂精密的先进技术，由此母公司在营商环境距离较大的发达国家中布局全球研发网络，以此来提升母公司的创新绩效。（4）移民网络能够增强营商环境距离对母公司双向研发的促进作用，并且相对于非高技能移民而言，高技能移民对二者关系的强化效应越大。东道国高技能移民网络越丰富，母国企业对营商环境距离的优势和风险感知与判断能力更强，同时移民网络间的知识流动使企业接触到前沿技术和产品的可能性越高，这就有助于企业利用差异化的环境来实现技术赶超，因此会加大国内与国际两方面的研发投入。（5）营商环境距离对中国跨国企业创新绩效的影响存在时间动态性，企业的创新绩效在第 4 期时表现最佳。制度的变化是一个缓慢的过程，存在很强的时间滞后效应，进行时间动态性分析有助于我们理解营商环境距离对企业创新绩效影响的动态变化过程。（6）营商环境距离对中国跨国企业创新绩效的影响存在显著的地区差异性。我国各地区的经济发展水平各异，东部地区的跨国企业利用营商环境差距向发达国家进行投资以此来提升自身技术创新水平的动机更强，由此所带来的经济收益也更高。

（二）政策建议

基于以上研究结论，本文提出如下政策建议：

（1）投资者应正确识别海外投资环境与母国间的差异，提高识别潜在机会的能力，利用差异化的营商环境实现跨越式发展。同时，企业不仅要关注国内创新质量的提升，更要注意到海外研发网络布局的重要性。通过创建企业内部研发培训学院、设立员工海外留学基金、成立海外研发网络控制中心等方式，为企业研发人员提供海外学习、交流的机会，完善海外研发网络的布局和结构，从而为企业整体创新能力的提升奠定发展基础。

（2）企业应完善海外高层次人才招聘制度，有效利用海外移民网络资源。海外移民网络是中国与各国间交流与合作的重要桥梁，跨国企业应努力增强获取外部优质资源的能力，充分利用海外移民网络尤其是高技能移民网络的优势资源。企业可与海外华人社团成立投资基金委员会，定期举办交流合作会议，尽可能地将外部网络变为内部交流平台。利用国际关系网络促进人才、技术、资本等优质资源在国内国际循环中的互动，从而推动企业更高质量地"走出去"。

（3）中国政府应重视国际间的交流和合作，深化供给侧结构性改革，为构建"国内国际双循环相互促进的新发展格局"提供优质的营商环境。政府应重视、鼓励和支持对研发投入以及研发人员的学习和交流。此外，政府应根据行业特征来制定产业政策，如设立政府补贴、成立银行专用贷款、创办国际合作平台等方式鼓励中小型创投企业的发展。政府不仅需要为研发人才对外学习搭建一个优质平台，也需要为企业的海外研发网络布局提供一个高质量的营商环境。

（4）政府应整合分散在全球的移民网络资源，引导海外移民的文化认同的正确性。一方面，政府应充分利用现代信息技术及相关媒体力量打造一个集咨询、服务、互动等于一体的海外移民综合信息服务平台，打通企业和海外移民群体的交流渠道，促进知识转移价值的最大化。另一方面，政府应加强对海外移民群体的保护，积极引导海外移民群体对母国文化的认同感，重视海外移民群体的重要性，使海外移民群体成为构建"国内国际双循环相互促进的新发展格局"的重要组成部分。

参考文献

[1] 白洁.对外直接投资的逆向技术溢出效应——对中国全要素生产率影响的经验检验,《世界经济研究》,2009（8）.

[2] 陈衍泰,李欠强,王丽,吴哲.中国企业海外研发投资区位选择的影响因素——基于东道国制度质量的调节作用,科研管理,2016（3）.

[3] 方慧,赵甜.中国企业对"一带一路"国家国际化经营方式研究——基于国家距离视角的考察,管理世界,2017（7）.

[4] 蒋为,李行云,宋易珂.中国企业对外直接投资快速扩张的新解释——基于路径、社群与邻伴的视角,中国工业经济,2019（3）.

[5] 李梅.人力资本、研发投入与对外直接投资的逆向技术溢出,世界经济研究,2020（10）.

[6] 李梅,余天骄.研发国际化是否促进了企业创新——基于中国信息技术企业的经验研究,管理世界,2016（11）.

[7] 李新春,肖宵.制度逃离还是创新驱动?——制度约束与民营企业的对外直接投资,管理世界,2017（10）.

[8] 温忠麟,张雷,侯杰泰,刘红云.中介效应检验程序及其应用,心理学报,2004（5）.

[9] 吴群锋,蒋为.全球华人网络如何促进中国对外直接投资?财经研究,2015（12）.

[10] 吴先明,张雨.海外并购提升了产业技术创新绩效吗——制度距离的双重调节作用,南开管理评论,2019（1）.

[11] 王晓颖.东道国自然资源禀赋、制度禀赋与中国对 ASEAN 直接投资,世界经济研究,2018（8）.

[12] 王永贵,王娜.逆向创新有助于提升子公司权力和跨国公司的当地公民行为吗?——基于大型跨国公司在华子公司的实证研究,管理世界,2019（4）.

[13] 汪涛,贾煜,崔朋朋,吕佳豫.外交关系如何影响跨国企业海外市场绩效,中国工业经济,2020（7）.

[14] 衣长军,李赛,陈初昇.海外华人网络是否有助于 OFDI 逆向技术溢出?世界经济研究,2017（7）.

[15] 衣长军,李赛,张吉鹏.制度环境、吸收能力与新兴经济体 OFDI 逆向技术溢出效应——基于中国省际面板数据的门槛检验,财经研究,2015（11）.

[16] 于文超,梁平汉.不确定性、营商环境与民营企业经营活力,中国工业经济,2019（11）.

[17] 赵云辉,陶克涛,李亚慧,李曦辉.中国企业对外直接投资区位选择——基于 QCA 方

法的联动效应研究，中国工业经济，2020（11）.

[18] Aguilera-Caracuel J, Hurtado-Torres N E, Aragón-Correa J A, et al. Differentiated effects of formal and informal institutional distance between countries on the environmental performance of multinational enterprises [J]. *Journal of Business Research*, 2013, 66(12): 2657–2665.

[19] Brouthers K D, Bamossy G J. The Role of Key Stakeholders in the International Joint Venture Negotiations: Case Studies from Eastern Europe [J]. *Journal of International Business Studies*, 1997, 28(2): 285–308.

[20] Barreto I, Baden-Fuller C. To Conform or To Perform? Mimetic Behaviour, Legitimacy-Based Groups and Performance Consequences* [J]. *Journal of Management Studies*, 2006, 43(7): 1559–1581.

[21] Borensztein E, De Gregorio J, Lee J-W. How does foreign direct investment affect economic growth? [J]. *Journal of international Economics*, 1998, 45(1): 115–135.

[22] Balasubramanian N, Lee J. Firm age and innovation [J]. *Industrial and Corporate Change*, 2008, 17(5): 1019–1047.

[23] Baron R M, Kenny D A. The moderator–mediator variable distinction in social psychological research: Conceptual, strategic, and statistical considerations [J]. *Journal of personality and social psychology*, 1986, 51(6): 1173.

[24] Bellemare M F, Masaki T, Pepinsky T B. Lagged Explanatory Variables and the Estimation of Causal Effect [J]. *The Journal of Politics*, 2017, 79(3): 949–963.

[25] Cohen W M, Levinthal D A. Absorptive Capacity: A New Perspective on Learning and Innovation [J]. *Administrative Science Quarterly*, 1990, 35(1): 128–152.

[26] Child J, Rodrigues S B. The Internationalization of Chinese Firms: A Case for Theoretical Extension? [J]. *Management and Organization Review*, 2005, 1(3): 381–410.

[27] Chen C, Zhan Y, Yi C, et al. Psychic distance and outward foreign direct investment: the moderating effect of firm heterogeneity [J]. *Management Decision*, 2020, 58(7): 1497–1515.

[28] Chen V Z, Li J, Shapiro D M. International reverse spillover effects on parent firms: Evidences from emerging-market MNEs in developed markets [J]. *European Management Journal*, 2012, 30(3): 204–218.

[29] Chen C-J, Huang Y-F, Lin B-W. How firms innovate through R&D internationalization? An S-curve hypothesis [J]. *Research Policy*, 2012, 41(9): 1544–1554.

[30] Cui L, Jiang F. FDI entry mode choice of Chinese firms: A strategic behavior perspective [J]. *Journal of World Business*, 2009, 44(4): 434–444.

中国对外贸易高质量发展评价指标体系的构建与完善

张宁 [*]

摘要： 本论文主要研究如何构建和完善测度中国对外贸易高质量发展的统计评价指标体系。首先，从六个方面分析对外贸易高质量发展的主要内涵。其次，对标美、日等发达国家以及国际组织的指标体系，发现我国对外贸易统计评价指标的不足主要有：缺少能综合反映贸易利益的指标；对外贸企业类型的划分标准过于陈旧，不符合时代需求和应对国际贸易摩擦的需要；缺少能比较精确地反映各行业国际化水平的指标；跨境电商等外贸新业态的统计指标还很不齐备。再次，提出构建中国外贸高质量发展评价指标体系的四个原则以及三个构建方法。最后，提出一些具有可操作性的政策建议，包括：增加衡量中国外贸进出口产业竞争力的有关指标；增加监测虚假国际贸易和洗钱的贸易统计指标；调整对内资进出口企业类型的划分方式；增补反映贸易条件变化和进出口企业效益的指标以及未来进出口趋势的指标；增补关于跨境电子商务类的统计指标等。

关键词： 高质量发展；评价指标；统计；对外贸易

---

* 作者简介：张宁，中国社会科学院财经战略研究院执行研究员、博士。

当前在以美国为引领的国际贸易保护主义的重新抬头的严峻国际宏观环境下，中国对外贸易总量增长乏力，面临着向高质量发展转型，向高技术含量、高附加值升级的瓶颈。党的十九大报告、近两年的中央经济工作会、国务院政府工作报告对经济工作的部署，都围绕着经济由高速增长向高质量发展转型的问题，中国对外贸易更是面临着向高质量发展转型的巨大内外部压力。但是，在对外贸易的统计评价指标体系方面，我国现有的指标体系跟发达国家相比，还有很多不足，还远不能满足测度和反映中国对外贸易高质量发展的需要，因此亟须重新构建和完善。

一、对外贸易高质量发展的主要内涵

"高质量发展"是在中共第十九次全国代表大会上首次提出的新表述。十九大报告依据我国社会主要矛盾的变化，做出一个重要判断，即"中国特色社会主义进入了新时代。新时代中国经济的基本特征是由高速增长阶段转向高质量发展阶段"。为全面推进中国经济高质量发展，中央经济工作会议进一步提出："必须加快形成推动高质量发展的指标体系、政策体系、标准体系、统计体系、绩效评价、政绩考核，创建和完善制度环境，推动我国经济在实现高质量发展上不断取得新进展。"

具体到对外贸易领域，本文作者认为，高质量发展的内涵至少应包括以下六个方面：

第一，在国际分工协作体系中，向国际产业链和价值链的高端不断延伸和演进，出口产品的附加值不断提高。在国际产业分工中，不再以中低端制造为主，而是向高技术研发、精密制造、占领市场渠道优势等"微笑曲线"的两侧转移，贸易条件不断改善。

第二，出口产品具有较强的品牌影响力，在产品品牌国际影响力方面具有较强优势。

第三，进出口产品具有精良的质量，以质取胜，主要以高端的产品质量和优良的服务赢得国际市场，而不是主要以低廉的价格赢得市场。

第四，进出口的市场结构更加多元化，以市场多元化促进对外贸易均衡发展，能够避免进出口市场过于集中和单一造成的贸易争端风险。

第五，贸易条件不断改善，进出口企业的利润水平不断提升。

第六，进出口产品结构不断优化，出口产品的技术和科技含量不断提升，进口产品能够充分保障国内供应，满足国内产业转型升级和广大人民日益增长的对美好生活的需要，在进口某些特殊产品和技术方面，具有较强的国际协调和保障能力，不受制于其他国家（如高新技术进口，芯片、石油天然气等产品的进口）。

二、中国对外贸易统计评价指标体系的主要不足

本文作者对现有的中国对外贸易统计评价指标体系做了认真总结梳理，与美、日发达国家以及主要国际组织（联合国统计局、经济社会理事会、世界海关组织）的相关指标评价体系做了详尽的国际对标比较，结果发现，我国对外贸易相关指标的不足主要表现在：

（一）缺少能综合反映贸易利益的指标

我国外贸进出口的统计还缺少能综合反映贸易利益的指标，即在一定时期内一个国家出口相对于进口的盈利能力的指标。日本在进出口统计指标的设计上，用产品的价值指数、数量指数和单位价值指数这三项来反映贸易利益的变化，而我国还缺少这样的类似指标。

（二）对进出口企业类型的划分标准过于陈旧

美国对进出口企业类型的划分，会按照企业规模的大小，如大中小型企业进行划分，或者按照企业的组织形态进行划分，如"股份公司""有限责任公司""合伙企业"等。而我国当前对进出口企业的类型划分，是按照外资企业、民营企业、国有企业这三大类的划分方式。以中外合资经营企业、中外合作经营企业、外商独资企业这样的类型划分来统计外资企业的进出口情况没有问题。但对内资进出口企业类型的划分，以民营企业和国有企业进行类型划分，在国际和国内两个层面都会面临不少问题。

首先，在国际层面，近年来，美国、欧盟、澳大利亚等国家和地区，针对中国国有企业竞争力的问题不断提出挑战，提出了"竞争中性"的概念。其指责中国国有企业的独特竞争力来自于政策性银行提供的优惠贷款、政府在产业用地方面给予国有企业的特殊优惠等，其指责中国国有企业是中国政府国家意志的战略执行者，因此提出了"竞争中性"的概念，提出应限制中国国有企业的竞争力。

其次，在国内层面，近年来"国进民退"的社会舆论不断涌现，围绕国有企业是否享受了来自于政府的特殊照顾和保护，从而使其竞争力增长普遍快于民营企业的讨论一直没有停息，甚至愈演愈烈。面对上述两种困境，如果我们继续对内资进出口企业类型沿用民营企业和国有企业的划分方式，这就是主动在国际、国内两个层面留下口实，给国际贸易争端的对手留下把柄。因此，这种划分方式亟须改变，以更好地应对国际贸易摩擦和国内社会舆论。

（三）缺少较精确的反映各行业国际化水平的指标

我国的外经贸统计还缺少能比较精确地反映各行业国际化水平的指标。与日本相对比，日本国际协力银行每年统计和发布的分行业海外生产比率和海外销售比率指标，能够较好地反映特定行业的国际化水平，而我国目前尚未设置类似统计指标。

（四）跨境电商等外贸新业态统计指标很不齐备

在跨境电商等外贸进出口的新型业态的业务统计方面，与美国相比，中国在指标设计的科学性和覆盖的全面性方面还有差距，统计中仍明显存在一些空白点。

表1　中国与部分发达国家的进出口统计指标对比

指标	中国	美国	日本
进出口总金额	√	√	√
出口金额	√	√	√
进口金额	√	√	√

续　表

指标	中国	美国	日本
贸易差额	√	√	√
海外生产比率			√
海外销售比率			√
出口贸易信用风险指标	⊙	√	⊙
进出口商品统计：HS 分类指标	√	√	√
进出口商品统计：SITC 分类指标	√	√	√
进出口金额：一般贸易	√	√	√
进出口金额：国家间、国际组织无偿援助和赠送的物资	√	√	√
进出口金额：其他捐赠物资	√	√	√
进出口金额：边境小额贸易	√	√	√
进出口价值指数		⊙	√
进出口单位价值指数		⊙	√
进出口金额：免税品	√	√	√
关税配额商品进出口统计	√	√	√
进出口贸易额：按国家和地区统计	√	√	√
进出口贸易额：按国内的省区市（州、地区）统计	√	⊙	√
与自由贸易协定的国家的贸易统计	√	⊙	⊙
跨境电子商务进口额、出口额	⊙	√	⊙
跨境电商进出口按国家和地区统计		⊙	√
跨境电子商务进出口商品结构统计		⊙	√
进出口金额：大型企业		√	⊙
进出口金额：中型企业		√	⊙
进出口金额：小微企业		√	⊙
进出口金额：外商投资企业	√	√	√
进出口金额：中外合作企业	√		
进出口金额：中外合资企业	√	⊙	⊙
进出口金额：民营企业	√		
进出口金额：国有企业	√		
进出口货运量	√	√	√
进口货运量	√	√	√
出口货运量	√	√	√

指标	中国	美国	日本
进出口运输工具进出境总数	√	√	√
进出境汽车	√	√	
进出境火车	√	√	
进出境船舶	√	√	√
进出境飞机	√	√	√

注：√代表存在该指标统计，⊙表示该指标统计内容相似，但在内涵和统计内容上存在差异。

数据来源：本文作者根据对现有的中国对外贸易统计评价指标体系的归纳，与美、日发达国家的相关指标评价体系的国际对标比较，梳理总结所得。

三、中国外贸高质量发展评价指标体系的构建原则与方法

（一）构建原则

1. 切实体现高质量发展的内在含义

从对外贸易高质量发展要求的内涵出发，结合国内现有的统计数据情况，在借鉴发达国家统计评价指标的基础上，选取或构建合适的指标来衡量中国外贸领域的高质量发展，是构建指标体系的基本要求。在这一过程中，既需要考虑指标设置的目的和用途，也需要考虑国内外统计规则的差异和原因。因此，需要以立足国情、问题导向为原则，对高质量发展的"创新、协调、绿色、开放、共享"五大维度加以深入分析，准确把握其内涵。

2. 国际对标原则

在指标的选取上，参考美国、日本、欧盟等国家和地区的国际化指标，以及有关国际组织（联合国统计局、经济社会理事会、世界海关组织）的对外经贸统计指标，并保证这些指标能够长期稳定地获得可靠数据，采用统一的统计口径和计算方法，增强中国外贸进出口统计指标进行纵向时间序列上和横向国家地区之间比较的可行性。

3. 具有较强的可操作性和实用性

在统计指标体系的设计中，充分考虑海关在实际进行数据采集和统计工作

的操作性和实用性，保证数据的获得、实施和复核的可行性，并力求在充分利用原数据基础上，突出重点进行指标的创新。

4. 清晰明确性原则

在进出口统计指标的设计过程中遵循含义确切、计算范围清晰，概念严谨的清晰明确性原则，把握进出口贸易中一些新型业态的交易特点，在指标设计中充分全面地反映新型业态的交易状况。

（二）构建方法

1. 补齐统计短板和空白点

在指标的构建上，尽量全面反映中国对外贸易状况，补齐统计短板和盲点，补充跨境电商等外贸进出口新型业态的统计指标，客观反映近年来中国跨境电商的快速发展。

2. 对进出口状况的未来趋势进行预期、预警

以出口企业外来三个月新增订单数量，未来六个月新增订单数量，出口企业做外汇套期保值情况等未来趋势性指标，预测未来一段时间进出口形势的发展变化趋势。

3. 在宏观层面，反映和刻画中国进出口企业在国际产业分工和价值链中地位的变化，出口产品的附加值的变化，进出口贸易条件的变化。在微观层面，以进出口企业税前利润率等指标反映进出口企业效益状况的变化。

四、构建和完善中国外贸高质量发展评价指标体系的具体建议

（一）增加衡量中国外贸进出口产业竞争力的有关指标

运用进出口数据从定量角度分析国际贸易的特定产业竞争力的指标包括：贸易竞争力指数（*TC*）以及显性比较优势指数（*RCA*），这两个指标可以从不同角度反映我国出口产品在国际市场的竞争地位和产业竞争力的强弱。

1. 贸易竞争力指数 *TC*（Index of Trade Competitiveness）

$$TC = \frac{Ej - Ij}{Ej + Ij}$$

上述公式中，Ej、Ij 分别代表一个国家或地区 j 产业的出口额和进口额。TC 在 1 和 –1 之间变动，$TC > 0$ 表示产业处于竞争优势，$TC < 0$ 表示产生处于竞争劣势，TC 的值越大，表示该国在该产业的国际贸易竞争力越强。

2. **显性比较优势指数 RCA**（Index of Revealed Comparative Advantage）

$$RCA = \frac{Ej/Et}{Wj/Wt}$$

显性比较优势指数 RCA 反映的是一国总出口中某类产品所占份额相对于该产品在世界贸易总额中所占比例的大小。上述公式中 Ej、Et、Wj 和 Wt 分别表示一个国家 j 商品的出口值、一国商品出口总值、世界 j 商品的出口值和世界商品出口总值。一般认为，若 $RCA \geqslant 2.5$，则具有强的竞争力；若 $1.25 \leqslant RCA < 2.5$ 则具有较强的竞争力；若 $0.8 \leqslant RCA < 1.25$，则具有一般的竞争力；若 $RCA < 0.8$，则具有较弱的竞争力。

（二）增加监测虚假国际贸易和洗钱的贸易统计指标

近年来，夹在进出口贸易数据中的虚假国际贸易和洗钱行为愈加严重，为更好地监测虚假国际贸易和洗钱行为，应该设置相关的贸易统计监测指标。建议设置以下几个指标：

1. **单类商品出口额异常变动系数**

$$GEA = \frac{GEr - GEt}{GEt}$$

上述公式中，GEA 表示单类商品出口额异常变动系数，GEr 表示该类出口商品出口额实际值，GEt 表示该类出口商品出口额的理论值（以近年来该类商品出口额计算出的回归值）。

2. **单类商品进口额异常变动系数**

$$GIA = \frac{GIr - GIt}{GIt}$$

上述公式中，GIA 表示单类商品进口额异常变动系数，GIr 表示该类进口商品进口额实际值，GIt 表示该类进口商品进口额的理论值（以近年来该类商品进口额计算出的回归值）。

3. 对一国／地区的出口总额异常变动系数

$$CEA = \frac{CEr - CEt}{CEt}$$

上述公式中，*GEA* 表示对一国／地区出口总额异常变动系数，*GEr* 表示对该国／地区出口总额实际值，*CEt* 表示对该国／地区出口总额的理论值（以近年来对该国／地区出口总额计算出的回归值）。

4. 自一国／地区进口总额异常变动系数

$$CIA = \frac{CIr - CIt}{CIt}$$

上述公式中，*CIA* 表示自一国／地区进口总额异常变动系数，*CIr* 表示自该国／地区进口总额实际值，*CIt* 表示表示自该国／地区进口总额的理论值（以近年来自该国／地区进口总额计算出的回归值）。

（三）调整对内资进出口企业类型的划分方式

上文已经论述了目前我国进出口统计中对内资进出口企业以所有制性质划分为"国有企业"和"民营企业"两种类型，在国际、国内两个层面都面临突出矛盾。因此，应立即调整此种企业类型划分方式，回避以所有制来划分企业类型。可以以企业规模来对进出口企业进行分类，如"大型企业""中型企业""小微企业"；或者以企业组织形态的角度划分为："股份公司""有限责任公司""合伙企业"等；或者从"上市公司""非上市公司"的角度进行企业类型的划分。

（四）增补反映贸易条件变化和进出口企业效益的指标以及未来进出口趋势的指标

1. 在宏观层面，增加关于进出口贸易条件的指数。包括：（1）按照商品大类计算和公布出口产品价格指数；（2）按照商品大类计算和公布进口产品价格指数；（3）计算和公布贸易条件指数。

2. 在微观层面，可以用设置分行业、分地区的出口企业税前利润率、进口企业税前利润率等指标，对进出口企业的效益情况进行评价。

3. 增加反映进出口形势未来变化趋势的指标，如出口企业未来三个月新增订单数量变化的指标，出口企业未来六个月新增订单数量变化的指标等。

（五）增补关于跨境电子商务类的统计指标

目前我国关于跨境电子商务的统计指标还不够完善和系统，还没有形成适应这种新型业态特点的统计指标体系，应进一步调整完善相关统计指标，并定期发布相关统计数据。目前可以考虑增补的此类指标包括：

1. 测度跨境电子商务内部细分交易形态的统计指标。如每月跨境电子商务 B2B 形态成交金额和行业占比；每月跨境电子商务 B2C 形态成交金额和行业占比；自国内跨境电商平台实现的进出口额；自国外电商平台实现的我国进出口额等。

2. 增补衡量跨境电子商务的行业集中度方面的指标。与传统进出口业务相比，跨境电商平台的行业集中度较高，头部效应明显，应该设置衡量跨境电子商务的行业集中度方面的指标，如第一大电商平台跨境交易成交金额与占行业比重；前三大电商平台跨境交易成交金额与占行业比重；前五大电商平台跨境交易成交金额与占行业比重等。

3. 跨境电商的 B2C 交易形态中，可以设置统计平均单笔成交额的指标。单笔成交额的变化，可以反映消费者消费水平的变化和对产品质量和档次要求的变化。可以按产品类别细分来统计单笔成交金额，按进出口国家和地区划分统计单笔成交金额。✑

参考文献

[1] 孙强.中国对外贸易发展方式转变评价指标构建与实证研究,价格月刊,2017（3）: 12-16.

[2] 吴朝平.国际贸易中反洗钱统计监测指标的设计与实证分析,金融纵横,2013（1）: 41-49.

[3] 王东浩.全球价值链下贸易增加值统计方法探究,合作经济与科技,2016（6）: 148-149.

[4] 纪慰华.上海浦东陆家嘴金融贸易区统计指标体系架构初探,统计科学与实践,2013（8）: 55-58.

[5] 刘培青.要素含量视角下贸易统计的再考察,统计与决策,2016（2）: 4-7.

[6] 田秀杰.贸易流通领域新型业态统计方法改革研究,中国统计,2016（9）: 7-9.

第三部分　多双边贸易

RCEP 框架下的区域价值链构建及可能路径

吕越　王梦圆 *

摘要： 全球价值链向区域化演进是新一轮贸易保护主义背景下国际生产分工的重要特征，RCEP 的签订为推进区域内贸易与投资自由化和区域价值链分工格局的优化创造了新的机遇。通过测算全球价值链参与的相关指标，刻画 RCEP 框架下各国的增加值贸易现状并重点考察中国在区域价值链中的地位演变；同时，深入剖析 RCEP 协定中原产地区域累积制度、投资促进规则和电子商务、知识产权保护相关条款对于促进区域产业链深度融合的积极意义。在 RCEP 框架下，中国应进一步优化区域内产业链布局、推进 RCEP 与"一带一路"倡议互动发展、依托自贸试验区优势对接高水平国际经贸规则并持续推动区域内数据的安全跨境流动，逐步实现区域价值链的构建与优化。

关键词： RCEP；区域价值链；增加值贸易

一、引言

历经 8 年的多轮谈判，2021 年 11 月 15 日，中国、日本、韩国、澳大利亚、新西兰与东盟十国正式签订《区域全面经济伙伴关系协定》（*Regional Comprehensive Economic Partnership*，简称 RCEP），协定涵盖货物、服务、投资等多领域的市场准入承诺，是一份现代、全面、高质量、互惠的大型区域自贸协定。在新冠肺炎疫情冲击与中美贸易摩擦交织影响，世界经济深陷持续衰退的背景下，RCEP 的签订不仅彰显了各成员国共同应对国际环境不确定性，坚

---

* 作者简介：吕越，对外经济贸易大学国际经济贸易学院教授；王梦圆，对外经济贸易大学中国 WTO 研究院。

定维护贸易自由化的决心，同时为消除区域贸易壁垒，推动资源、技术、资本、人力等要素的自由流动，构建更高效、更包容、更安全的区域生产分工体系创造了有利条件。更为重要的是，疫情对全球产业链的冲击影响深远，已有全球价值链分工格局的脆弱性凸显，各国纷纷加强产业链韧性、安全性考量，基于区域价值链的生产合作将成为全球价值链演进的重要方向。因此，深入研究 RCEP 框架下的区域价值链构建以及可能路径，对于进一步推动区域内自由贸易、促进各国产业链供应链深度融合以及提升我国全球价值链分工地位具有重要意义。

自 2012 年东盟发起 RCEP 谈判后，作为有望建成的经济体量与人口总数最大的自由贸易区，其签署对成员国及周边国家产生的经济影响一直是学界关注的热点。Fukunaga 和 Isono(2013) 指出 RCEP 谈判有利于解决现有"东盟 +1"自贸协定在关税和服务贸易自由化程度较低的问题，打破不同原产地规则共存造成的潜在"意大利面条碗"局面，促进自贸协定的有效使用。实证层面，已有文献多运用可计算一般均衡（Cmputable General Equilibrium，CGE）模型对 RCEP 的宏观经济效应展开模拟分析，如 Itakura(2015) 探讨了 RCEP 框架下商品和服务贸易自由化、物流改善和投资促进承诺能够提升东盟国家的实际国内生产总值 (Gross Domestic Product，GDP)，并促进贸易和投资总额的增长。刘冰和陈淑梅（2014）模拟研究发现，RCEP 对成员国经济的正向促进效应将随技术性贸易壁垒的下降进一步扩大。Cororaton 和 Caesar（2016）、Qiaomin Li et al.（2017）及 Li 和 Moon(2018) 分别以菲律宾、中国、中韩作为研究对象评估了 RCEP 签署对具体国家的经济影响并得到了积极的结论。同为亚太地区的大型区域自贸协定，另有研究将 RCEP 与跨太平洋伙伴关系协定 (Trans-Pacific Partnership Agreement，TPP) 展开对比，考察两者在经济影响上的差异。如孟猛和郑昭阳（2014）指出 RCEP 能够带给东亚国家更高的福利水平。Cheong 和 Tongzon(2013) 认为，相比 TPP，RCEP 更有利于激活东亚生产网络（East Asian production network，EAPN)，并促进形成区域内的供应链机制，为成员国带来更为可观的经济效益。吕越和李启航（2018）模拟了中韩同时加入 TPP 的情况，发现相比之下，RCEP 的经济促进效应整体要优于 TPP，但两者并不冲突，同时加入 TPP 和 RCEP 能够给中国带来最大的经济收益。

在国际分工深度演进的背景下，基于全球价值链 (Global Value Chain，GVC) 的生产合作成为世界各国发展自身经济与贸易往来的重要内容。新近的研究开始关注到贸易协定对于全球价值链生产的影响。Orefice 和 Rocha (2014)、Laget et al.（2018）研究发现签署更深层次的贸易协定能够显著增加成员国间基于区域生产网络的贸易水平。具体到 RCEP，Itakura 和 Lee（2019）将全球价值链结构纳入动态 GTAP 模型考察了 RCEP 协定的福利和部门产出效应，发现考虑 GVC 结构后，多数部门产出的变化幅度加大。杜运苏和刘艳平 (2020) 将 GTAP 的模拟结果进行增加值分解，结果显示，RCEP 签订后由于贸易壁垒的下降促进了区域内生产分工的深化和中间品贸易，大部分成员国的出口国内增加值率有轻微的下降。然而遗憾的是，现有研究针对 RCEP 签订的经济影响多聚焦于个别成员国在传统贸易或增加值贸易总额维度的变化，对于国际贸易新范式下的区域生产分工合作体系的演进以及 RCEP 签订对区域价值链构建的影响尚未进行全面深入的探讨，这为本文研究提供了可以突破的空间。

在已有研究的基础上，本文将利用 Eora 数据库、OECD 投入产出数据库和 UIBE-GVC Index 数据库的相关数据，区分不同指标对 RCEP 成员国参与增加值贸易的表现进行测度、考察区域内增加值贸易网络各项特征及成员国对中国投入依赖程度，再进一步对 RCEP 协定中有利于区域价值链发展的条款展开剖析，以提出 RCEP 框架下中国构建区域价值链的路径建议。本文的边际贡献主要体现在以下三个方面：一是在研究主题上，本文从全球价值链的视角出发，探析了 RCEP 协定的签署对区域价值链发展的影响，弥补了现有研究在考察 RCEP 的经济效应时多关注传统贸易或增加值贸易总量而对于区域整体价值链分工演变的分析较为缺乏的缺陷。二是在研究数据上，本文根据联合国贸发会议 Eora 数据库、OECD 投入产出数据库和 UIBE-GVC Index 数据库的相关数据，以 RCEP 成员国为研究对象，测算了区域内各国参与全球价值链的主要指标和区域整体的价值链网络发展特征，并进一步计算得到了各成员国对中国的投入依赖度，从而较为全面地刻画出 RCEP 框架下区域增加值贸易的发展现状。三是在研究内容上，本文在深入分析区域内各国增加值贸易现状的基础上，详细梳理了 RCEP 正式协定中有利于区域价值链构建的条款，对其内在的政策意涵进行解读研析，以期为中国在 RCEP 背景下更好地引领区域价值链的发展，提供切实可行的对策建议。

本文的后续安排如下，第二部分是通过测度增加值贸易相关指标，对 RCEP 框架下各国增加值贸易现状的分析；第三部分是对 RCEP 协定中促进区域价值链构建的条款解读；第四部分是针对中国在 RCEP 框架下构建区域价值链的政策建议。

二、RCEP 框架下各国增加值贸易现状分析

已有研究多从具体国家传统贸易和增加值贸易总量维度考察 RCEP 协定的经济效益，然而总量指标难以对各国在全球生产网络中的参与程度、地位及角色提供充足的判断依据，更无法全面反映全球价值链分工体系下各国家间合作与竞争的新态势。基于此，本文参考 Koopman et al.(2014) 以及 Wang et al.(2013) 等学者对国家以及行业层面增加值贸易分解框架，利用联合国贸发会议 Eora 数据库、OECD 投入产出数据库和 UIBE-GVC Index 数据库的相关数据，针对 RCEP 框架下不同的研究对象进行了三项测算与分析工作：一是测算不同时期区域内各国参与全球价值链生产的相关指标，包括增加值贸易总量、参与程度、地位指数和生产长度等，以全面刻画各成员国在全球价值链合作中的成长轨迹和发展状态；二是聚焦 RCEP 区域增加值贸易网络，从平均度、互惠性、全局聚类系数等方面考察区域贸易网络的演变进程和主要特征；三是通过测算各国家间投入依赖度以考察世界主要区域内国家的生产依赖关系，特别是中国在 RCEP 生产网络中的角色转变。

（一）区域内各国全球价值链相关指标的测度与分析

1. 成员国参与全球价值链活动增加值

根据联合国贸发会议提供的 Eora 数据库，一国的全球价值链生产活动增加值（GVC）包括被他国用作出口投入的国内增加值（即间接增加值 DVX）和本国出口的国外增加值（FVA）。图 1 显示，从 2000 年到 2018 年，各成员国的

GVC 活动增加值均呈上升趋势。具体来看，中国、日本、韩国、新加坡、马来西亚、澳大利亚、印度尼西亚、泰国相比其他国家有更快的增长，均已超过 1000 亿美元，而缅甸、文莱、柬埔寨、老挝等国的 GVC 活动增加值始终低于 100 亿美元。值得指出的是，2000 年，日本的 GVC 活动增加值高于中国，在 RCEP 成员国中排名第一，而到 2018 年，中国 GVC 活动增加值远超日本，达到 9606.34 亿美元。这与中国适时加入世界贸易组织，深度拥抱全球化，并在较短时间内实现了自身经济与国际贸易的飞速发展有着密切的关系。

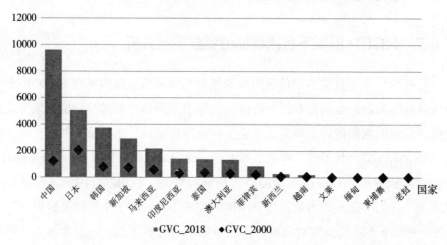

图 1　RCEP 成员国全球价值链活动增加值（2000、2018 年）[1]

注：全球价值链活动增加值单位为亿美元。

资料来源：根据联合国贸发会议 Eora 数据库数据计算得出。

2. 成员国全球价值链参与度

根据 Koopman et al.(2014)[2]，本文测算了 RCEP 成员国 GVC 参与度指数（图 2）。一方面，各成员国 GVC 参与度指数的变化趋势具有明显差异。中国、文

---

① 联合国贸发会议 Eora 数据库包含 189 个国家和地区的投入产出数据，覆盖全部 RCEP 成员国，分别是：中国、日本、韩国、新加坡、马来西亚、澳大利亚、印度尼西亚、泰国、菲律宾、新西兰、越南、缅甸、文莱、柬埔寨、老挝共计十五个国家。

② 全球价值链参与度的计算公式为：$GVC_{Participation} = \dfrac{FVA + DVX}{Gross\ Export}$，其中，$FVA$ 表示一国出口中来自他国的附加值，DVX 表示一国出口中蕴含的被他国用于继续生产的国内附加值，两者相加为一国参与 GVC 活动的附加值总和，占到一国总出口的比例越大，说明一国的全球价值链参与度越高。

莱、印度尼西亚表现为较为稳定的上升态势，老挝、缅甸和越南的 GVC 参与度在金融危机前后经历了较大幅度的波动。另一方面，从各国 GVC 参与度的大小来看，马来西亚、新加坡以及菲律宾三国的 GVC 参与度最高，基本上维持在 0.6 以上，其中新加坡的 GVC 参与度在 1990—2018 年一直处于 0.7 以上，说明其在全球价值链生产体系当中的参与程度较高。而中国的 GVC 参与度从 1990 年的 0.3 快速增长到 2010 年的 0.47，说明在此期间中国积极融入全球价值链生产体系，稳步嵌入跨国公司的全球生产网络。

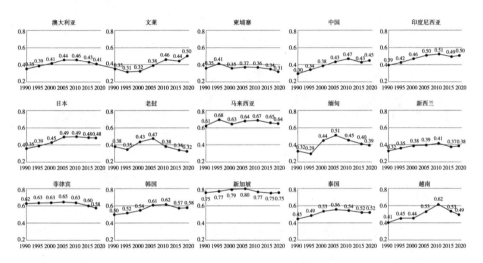

图 2   RCEP 成员国 GVC 参与度指数变化趋势（1990—2018 年）

资料来源：根据联合国贸发会议 Eora 数据库数据计算得出。

3. 成员国全球价值链地位测算

借鉴 Koopman et al.(2014)，本文测算了 RCEP 区域内成员国的全球价值链地位指标[①]，该指标越大，说明一国出口中被他国用作生产投入的国内附加值越大，则该国在全球价值链中的地位越高。图 3 为测算结果，从数值上看，澳大利亚、文莱、印度尼西亚、日本、中国、缅甸、老挝的价值链地位指数较高，

---

① 一国全球价值链的地位指标计算公式为：$GVC_{Position} = ln\left(1 + \dfrac{DVX}{Gross\ Export}\right) - ln\left(1 + \dfrac{FVA}{Gross\ Export}\right)$，相关变量含义与前文相同，该指标能够更直观地反映一国在参与全球价值链分工时是主要为他国提供中间品国内增加值还是主要依靠他国的原材料和中间品投入。

而马来西亚、菲律宾、韩国、新加坡、泰国、越南的价值链地位指数较低，这与各国参与全球价值链生产节点的差异相关。一般来说，处于全球价值链的更上游生产环节对应更高的分工地位指数。从中国的 GVC 地位指数来看，2000年的 GVC 地位指数仅为 0.06，但是随后中国的 GVC 地位指数又呈现出稳步上升的态势，这与入世后中国逐步融入全球价值链并由低端生产环节向价值链高端迈进的发展轨迹一致。

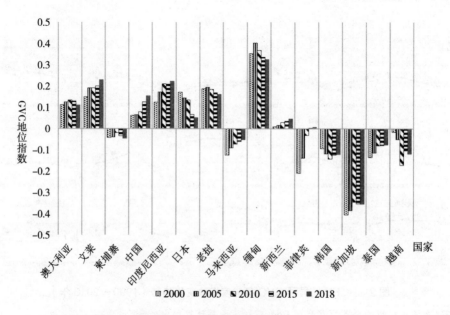

图 3 RCEP 成员国 GVC 地位指数变化趋势（2000—2018 年）

资料来源：根据联合国贸发会议 Eora 数据库数据计算得出。

4. RCEP 成员国价值链生产长度

参考 Wang et al.（2017）的研究，本文进一步对 RCEP 区域各国全球价值链生产长度进行了测算与分析[①]。生产链长度指某一行业从原始投入到生产完成整个过程的平均生产阶段数量，即增加值被计算为总产出的次数。价值链生产

---

① 全球价值链生产长度的计算公式：$PL = \dfrac{x}{v} = \dfrac{\hat{V}BBY}{\hat{V}BY}$，其中，$PL$ 即生产链长度，x 表示全球价值链上由各国各行业部门增加值推动的总产出，v 表示各国各行业部门的增加值，二者比值表示各国每个行业增加值被计算为总产出的次数。

长度能够表征行业生产结构复杂度与高度，该指标越大，说明生产链条越长，生产结构更趋复杂 (倪红福等，2016)。图 4 显示，2000—2017 年 RCEP 区域内各国全球价值链总生产长度变动并不明显，文莱、马来西亚、中国和新加坡四国的全球价值链总生产长度高于区域内其他国家，说明其生产结构要更为复杂，到 2017 年中国的全球价值链总生产长度已达到 2.89，在 RCEP 成员国中排名第一，这在很大程度上要得益于中国的对外开放政策，通过大规模承接产业转移和外商投资，逐步形成高度完备的国内工业生产配套体系，成为世界的制造中心。

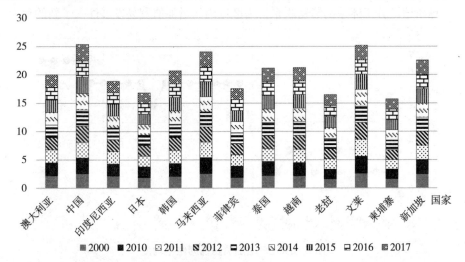

图 4　RCEP 成员国全球价值链总生产长度变化趋势[①]（2000 年，2010—2017 年）
资料来源：对外经济贸易大学全球价值链研究院 UIBE–GVC Index 数据库。

（二）区域内各国增加值贸易网络结构特征分析

本部分将研究视角聚焦于 RCEP 整个区域的增加值贸易网络，参考 Amador 和 Cabral（2017）的方法，利用联合国贸发会议 Eora 数据库的投入产出数据，测算了区域增加值贸易网络的平均度、互惠性、全局聚类系数并进行贸易网络

---

① UIBE–GVC Index 数据库根据 ADB 的投入产出数据计算了 61 个国家 2000 年、2010—2017 年的全球价值链长度指数，覆盖 13 个 RCEP 成员国，其中，缅甸、新西兰两国的数据缺失。

的可视化分析[①]，以刻画 RCEP 区域增加值贸易网络结构的动态演进。

1. 网络平均度

网络平均度能够反映整个网络平均的连通性与密集程度[②]，增加值网络的平均度越高，则意味着平均每个国家具有更多的贸易伙伴，区域内贸易联系更为紧密。图 5 显示，从 20 世纪 90 年代开始 RCEP 区域内各国的增加值贸易开始逐渐频繁，网络平均度小幅增加。直至 2001 年，在中国加入世界贸易组织后，区域内的网络平均度有了大幅提升，说明中国的开放促进了中国与区域内各国建立基于全球价值链分工体系的紧密联系，为区域内的增加值贸易发展注入了新的动力。

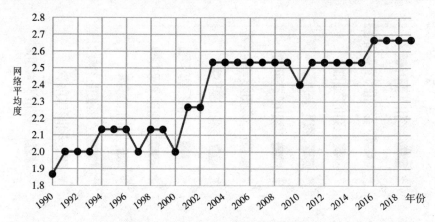

图 5　RCEP 增加值贸易网络平均度

资料来源：根据联合国贸发会议 Eora 数据库数据计算得出。

2. 网络互惠性

根据 Garlaschelli（2005）的方法[③]，本文测算了网络互惠性用以考察 RCEP

---

① 此处采用联合国贸发会议 Eora 数据库 1990—2019 年的国家层面分解数据，具体处理方法为：先导入 Eora 数据库 190 个国家和地区的双边增加值矩阵，从中提取出 15 个 RCEP 成员国间的双边增加值贸易矩阵；在此基础上将矩阵转化为 0—1 矩阵，阈值为矩阵所有元素的平均值，小于平均值的元素记为 0，大于等于平均值的元素记为 1，从而依据公式对网络的相关特征指标进行测度。

② 网络平均度的计算公式如下：$average\_degree = \frac{1}{N} \sum_{i,j} a_{ij}$，其中，$a_{ij}$ 表示由 i 国到 j 国的连接，由于包含了 RCEP 框架下的 15 个成员国，故 N 为 15。

③ 在增加值贸易网络中，节点间的关系可分为三种，一是相互之间没有增加值贸易（无连接），二是只有单个国家的增加值出口到另一个国家（非互惠性连接），三是双方都有面向对方的增加值贸易（互惠性连接）。而一个网络整体的互惠性等于该网络中互惠性关系的连接数与无连接和非互惠性关系的连接数之和的比值，网络互惠性指标的计算公式为：$reciprocity = \frac{\sum_{i \neq j}(a_{ij} - \bar{a})(a_{ji} - \bar{a})}{\sum_{i \neq j}(a_{ij} - \bar{a})^2}$，$\bar{a} = \sum a_{ij}/N(N-1)$。

区域增加值贸易网络中节点的相互间双向联系。该指标越大，说明网络的互惠程度越高，各国之间越倾向于互相进行增加值出口贸易，整个网络中各国的地位更趋平等。图 6 显示，1990—2000 年网络互惠性一直处于较低的水平，而自 2001 年开始，区域增加值贸易网络的互惠性指数直线上升，由 0.1 快速上升至 0.5 以上，提高了 5 倍。这得益于中国适时加入 WTO，向世界敞开了中国的广大市场和丰富资源，积极主动融入全球价值链分工体系，带动区域内相互间增加值贸易不断深化。此外，金融危机带来了一定的负面影响，增加值贸易网络的互惠性有所下降，但仍维持在较高的水平。

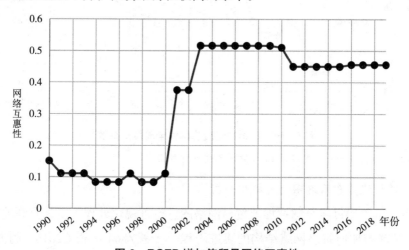

图 6　RCEP 增加值贸易网络互惠性

资料来源：根据联合国贸发会议 Eora 数据库数据计算得出。

3. 全局聚类系数

进一步地，本文将对增加值贸易网络节点间的联系由双边拓展到多边，采用全局聚类系数来衡量增加值贸易网络中各节点多边联系的紧密程度[①]。图 7 显示，在 20 世纪 90 年代初期，贸易网络的全局聚类系数有一个显著的下滑，这可能与个别国家的经济环境变化有关，三元组节点的两两相互联系条件更为严格，受到个别国家的影响较大，如日本在 19 世纪 80 年代中后期经历了泡沫经

---

① 全局聚类系数的计算公式为：$clustering\_coefficient = \dfrac{网络中三角形的数目}{网络中连通三元组的数目/3}$，其中三角形指三个节点两两互连组成的结构，连通三元组指一个节点分别与其他两个节点相连组成的结构。

济的破灭，经济发展受到严重打击。同时，与前述指标相似的是中国 2001 年加
入 WTO，对外开放广度和深度都有了进一步提升，也有效带动了 RCEP 区域内
增加值贸易网络越发紧密，由单边联系向双边互惠、多边联结的进程快速演进。

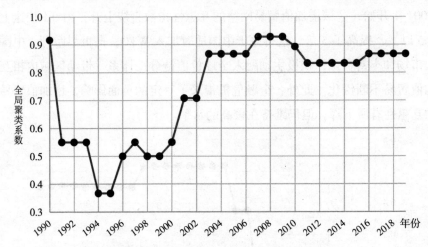

图 7　RCEP 增加值贸易网络全局聚类系数

资料来源：根据联合国贸发会议 Eora 数据库数据计算得出。

4. 增加值贸易网络图的可视化分析

本文试图通过将全球增加值贸易网络图进行可视化处理，更为直观地展现
RCEP 区域增加值贸易网络结构的演进历程。参考 Zhou et al.（2016）的方法，
本文生成了仅包含最大贸易伙伴的 GVC 网络矩阵，并分别绘制出 1990 年和
2019 年的世界全球价值链贸易网络图（图 8）

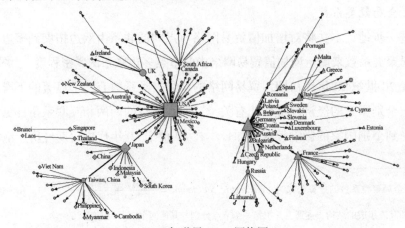

1990 年世界 GVC 网络图

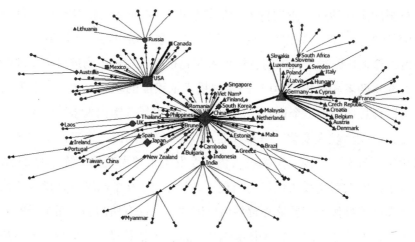

2019 年世界 GVC 网络图

图 8　世界 GVC 网络图①

资料来源：根据联合国贸发会议 Eora 数据库数据计算得出。

30 年间，全球价值链分工格局发生了重大变化：首先，中国取代日本亚洲地区中心国的地位，成为区域最大增加值输出国，从 GVC 网络版图的边缘走向了"舞台中央"，与美国、德国形成"三足鼎立"态势。其次，聚焦 RCEP 区域的演变，1990 年各国的增加值贸易还较为分散，而到 2019 年，区域内各国围绕中国基本形成了价值链"闭环"，说明区域内的国家间基于价值链的合作关系更为密切和深化。最后，从世界 GVC 网络整体版图来看，RCEP 区域逐渐从发达国家主导的全球价值链贸易网络中崛起，形成了高强度的增加值贸易闭环，并且辐射到区域外的众多国家，在全球价值链分工体系中的重要性和地位大大提升。

（三）RCEP 成员国对中国的投入依赖度分析

为进一步认清中国在 RCEP 框架下的区域价值链网络中的地位与作用，明

---

① 注：（1）箭头方向表示增加值流向，节点大小反映每个国家输出强度的大小，即总的增加值出口额，单条连线的粗细反映了出口国对进口国增加值贸易的大小；（2）不同形状的节点代表不同区域的国家，三角形为欧洲国家，方形为北美国家，菱形为 RCEP 国家，圆形为其他国家和地区；（3）为使图像更加清晰，圆形代表的部分其他国家和地区的国家名已隐去。

确成员国的生产活动对中国投入的依赖程度，本部分利用 OECD–ICIO2005 年和 2015 年的投入产出数据，分别测算了这两个年份世界主要区域国家的投入依赖度，即出口国对进口国的直接投入与间接投入之和占到进口国全部产出的比重，并将两者相减得到 10 年间各国投入依赖度的动态变化。表 1 为测算结果，可以直观地得到三个重要的信息：第一，世界范围内大多数国家间的投入依赖度没有发生较大变化，基本控制在 0.5% 的范围内。第二，相比之下，各国对中国、日本、美国三国的投入依赖度发生了较大变化。统计的 23 个国家中有 6 个国家的对美投入依赖度出现了大幅下降，9 个国家对日投入依赖度降低。这表明美日作为世界核心贸易出口国的重要性有所削弱。而中国的表现则与美国、日本截然不同，23 个国家对中国的投入依赖度全部呈现上升趋势，尤其在 RCEP 区域，成员国对中国的投入依赖度均实现了较大提升，从 2.47% 到 20.22% 不等。结合前文的讨论，这再次印证中国在取代日本成为区域价值链核心国家的过程中，与 RCEP 成员国建立了紧密的贸易联系，各国对中国的投入依赖程度也得到不断加深。第三，对比北美、欧盟、RCEP 三个区域来看，10 年间投入依赖度发生较大变化的是 RCEP 区域，除了区域贸易网络中心的易位，各国间的投入依赖度也在浮动变化，这说明，RCEP 区域内的价值链分工体系尚未达到北美、欧盟相对稳定的程度，还处于不断深化和调整的过程，这也为中国更好地发挥引领作用提供了机会和空间。

三、RCEP 框架下促进区域价值链构建的重要举措

（一）原产地区域累积制度促进区域价值链深化融合

原产地规则是自由贸易协定谈判的核心内容。RCEP 不仅对域内原有自贸协定项下的原产地规则进行了整合升级，相比 CPTPP、USMCA 更凸显了包容、灵活、务实的特性，将有力推动区域价值链的深度融合。具体而言，一方面，统一原有 5 个"东盟 +1"自贸协定的原产地规则，规定域内原有货物的区域价值成分（简称 RVC）不少于 40% 即可视为区域原产货物[①]。这意味着在

[①] 资料来自中国自由贸易服务区网，http://fta.mofcom.gov.cn/rcep/rcep_new.shtml。

表 1　2005 年和 2015 年各国投入依赖度变化①

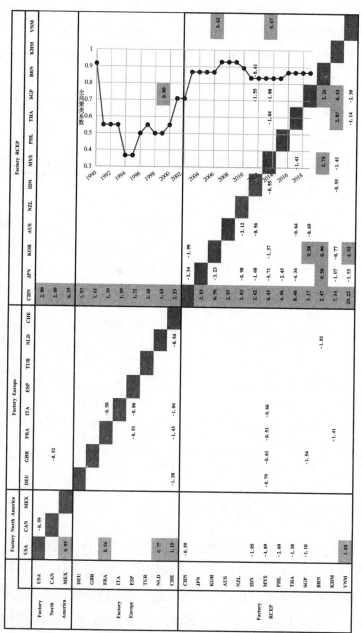

	Factory North America			Factory Europe								CHN	Factory RCEP											
	USA	CAN	MEX	DEU	GBR	FRA	ITA	ESP	TUR	NLD	CHE	CHN	JPN	KOR	AUS	NZL	IDN	MYS	PHL	THA	SGP	BRN	KHM	VNM
USA		-0.59										2.00												
CAN												2.69												
MEX	0.95											6.25												
DEU					-0.52							1.97												
GBR												1.61												
FRA	0.56						-0.50	-0.86				1.39												
ITA								-0.51				1.59												
ESP												1.71												
TUR							-1.04					2.48												
NLD	0.75					-1.43					-0.54	1.63												
CHE	1.19			-1.30								2.33												
CHN	-0.59												-3.34	-1.99										
JPN	-1.05											2.53			-2.12									
KOR	-6.89											6.50	-3.23											
AUS	-2.60											2.93	-0.90	-0.56										
NZL	-1.38											2.83	-1.60		-0.69									
IDN				-0.79	-0.61	-0.51						2.62	-5.71	-0.55				0.80						
MYS						-0.66						6.43	-2.45	-1.37							2.74	1.41		
PHL												4.96	-1.04											
THA												8.40	-4.34	-0.64							2.07			
SGP	-1.10				-1.54					-1.01		3.17	0.50	0.58	0.90					0.61		2.26		0.63
BRN												2.47	-1.67	-0.77										
KHM												7.14												
VNM	1.00					-1.41						20.22	-1.53	4.02						1.14				-2.30

资料来源：根据 OECD-ICIO 数据库数据计算得出。

① 注：由于 OECD-ICIO 数据库中没有老挝和缅甸，因此图中 RCEP 也不包含这两个国家。其中列为进口国，行为出口国，单元格中的数值测算方式为：2005 年和 2015 年出口国对进口国的直接投入和间接投入占进口国全部产出的比重的差距（百分数），灰色块表示投入依赖度在 10 年间出现了上升。方便起见，处于（-0.5，0.5）区间范围内的数值属于发生了较小变化，不再汇报。

保证货物区域价值成分达标的基础上，产品各环节生产地选择的自主性得到极大的提高，将有利于跨国企业在整个区域内进一步调整优化产业链布局。另一方面，过于严格的原产地规则将引发区域产业链与全球产业链的割裂，横向对比 CPTPP、USMCA（见表 2），RCEP 项下的原产地规则限制性较低，包容性更强。40% 的域内成分累积标准在增强区域内部产业链黏性的同时，给域外厂商的融入提供了较大空间，长期来看，有利于实现区域产业链与全球产业链的联动发展。

表 2　CPTPP、USMCA 与 RCEP 原产地规则比较

	原产地认定标准	特点
CPTPP	●设有税则改变标准 (CTC) 与区域价值成分标准（RVC）； ●CTC 标准以 4/6 位税目改变为主，RVC 标准在 40%—55%（如汽车及零部件要求 RVC 在（45%—55%）	限制性较高，主要体现在 CTC 标准，而 RVC 标准要求水平适中
USMCA	●税则改变标准 (CTC) 为主要依据，且规定较为严格； ●以 "HS 2012" 为基础，仅 40% 章节的部分品目可适用区域价值成分累积，且标准平均在 50%—60% 之上[①]	限制性最高，个别品目（如钢铁制品）会按协定生效时间分段设置更趋严格的 CTC，且要求 RVC 达到 75%（交易价值法）或 65%（净成本法）
RCEP	●设有税则改变标准 (CTC) 与区域价值成分标准（RVC40）； ●以 "HS 2012" 为基础，超过 70% 的章节完全或绝大部分品目适用于 RVC40	限制性较低，设置较为简洁、灵活，绝大部分品目均可以通过 RVC40 标准或税则改变标准确定货物原产资格

资料来源：根据 CPTPP、USMCA、RCEP 协定文本整理得到。

（二）投资规则整合推动更高水平双向服务和投资

跨国公司的投资是全球价值链深化的主要推动力，也是 RCEP 区域价值链构建的重要纽带。RCEP 协定从投资自由化、投资促进、投资保护、投资便利化四个方面对区域内五个"东盟'10+1'自由贸易协定"投资规则进行了整合和升级。具体而言，15 个成员国均采用负面清单方式对制造业、农业、林业、

---

① "HS 2012" 共包含 97 个章节，经梳理 USMCA 中可以适用区域价值成分标准的章节共计 29 个，RCEP 中完全适用或绝大部分适用区域价值成分标准的章节共计 68 个。

渔业、采矿业五个非服务领域作出了市场准入承诺并适用棘轮机制，即未来自由化水平不可倒退。同时，提供了准许从事货物贸易、提供服务或进行投资的自然人临时入境和临时停留的具体承诺，提高了人员流动政策的透明度。这些都有助于在疫情后期加快营造稳定、开放、便利的国际投资环境。从服务领域来看，各缔约方采取"正面清单 + 负面清单"的方式针对服务贸易市场作出高于各自"10+1"自贸协定开放水平的承诺①，提高了建筑、医疗、房地产、金融、运输等部门的承诺水平。服务业尤其是与贸易链相关的生产性服务业的开放，将进一步带动货物贸易的发展，从而促进区域产业链的高效循环和融通。

表3　RCEP 成员国服务开放承诺部门数量

成员国	RCEP 协定	中国—韩国 FTA	中国—澳大利亚 FTA	中国—新西兰 FTA	中国—东盟 FTA
中国	122	114	120	106	112
日本	148	—	—	—	—
韩国	111	106	—	—	—
澳大利亚	137	—	137	—	—
新西兰	110	—	—	110	—
东盟	100	—	—	—	<100

资料来源：数据由中国自由贸易区服务网相关协定文本的服务贸易具体承诺减让表整理得出。

（三）电子商务、知识产权保护规则为数字经济发展带来机遇

数字经济在近年来呈现出战略性竞争的态势，作为变更技术—经济范式的根本性技术，将全面赋能传统制造业，成为驱动全球产业链分工转型与升级的重要引擎。RCEP 协定电子商务章节、知识产权章节的相关规则均呈现出对数字经济发展的前瞻性关注。一方面，电子商务章节鼓励成员使用无纸化贸易和可交互操作的电子认证，加强针对线上消费者的信息保护，同时减少成员国对

---

① 根据 RCEP 协定附件二《服务具体承诺表》和附件三《服务和投资保留及不符措施承诺表》，针对服务类投资，7 个成员国采用负面清单承诺，包括澳大利亚、日本、韩国、文莱、印度尼西亚、马来西亚、新加坡；8 个成员采用正面清单承诺，包括中国、新西兰、柬埔寨、老挝、缅甸、菲律宾、泰国、越南。

计算设施位置、电子方式传输信息施加各种限制；知识产权章节新增数字环境下的执法条款，强调了电子化知识产权获权及保护流程。另一方面，对于欠发达国家设置了例外条款给予其必要的过渡空间。置身数字时代，RCEP 为成员国在重视数据安全的"欧式模板"与强调数据自由流动的"美式模板"的竞相主导中，构筑起具有更大自主裁量权，鼓励本土数字技术发展的第三空间。将更好地发挥成员间数字贸易互补性，加速区域内数字贸易全产业链发展。

四、RCEP 框架下中国构建区域价值链的路径分析

RCEP 的签订为全球经济的复苏和区域经济的长期可持续增长注入了强劲动力，并且为中国更好地在区域价值链的构建中发挥引领作用，优化区域产业链布局和自身经济的高质量发展提供了新的机遇。针对 RCEP 框架下中国构建区域价值链的路径，本文提出以下政策建议：

（一）有效利用区域大市场推动中国价值链地位跃升

新时期如何破解要素市场流动桎梏，以加速构建国内国际双循环，是实现"主场全球化"构建的重要路径。畅通国内国际双循环的关键在于主动完善产业链并提升中国在全球价值链中的地位。RCEP 作为全球体量最大的自由贸易安排，促成各缔约国在货物、服务、投资领域市场准入等方面作出了较高水平的承诺。中国应有效利用东亚区域一体化大市场，加强面向 RCEP 国家经贸合作，更大力度地吸引和利用外资，从而高效利用区域资源要素和市场空间，提升企业在国际国内两个市场配置资源的能力，调整和优化区域内生产网络布局。

（二）推进与"一带一路"倡议互动发展

"一带一路"倡议是中国携手沿线国家共同参与的旨在维护贸易自由化、促进更大范围协同发展的重要探索，与 RCEP 协定的目标与愿景内在契合。因此，应积极推进 RCEP 区域发展进程与"一带一路"倡议有效对接。以我国与东盟国家为重要纽带主动吸引更多"一带一路"沿线国家融入区域生产供应网

络，充分发挥各国在要素禀赋与技术发展的比较优势，促进倡议沿线国家市场与 RCEP 区域市场的联动发展，实现更大范围产业链供应链分工格局的优化，提升我国在区域价值链供需两端的掌控能力。

（三）依托自贸试验区优势对接高水平国际经贸规则

RCEP 协定不仅在货物贸易、服务贸易自由化领域作出了较高水平的承诺，还纳入了知识产权、电子商务、中小企业和政府采购等现代化议题，为下一步中国积极加入 CPTPP 奠定了良好的制度基础。中国应充分发挥自贸试验区的优势，不断试航高水平国际经贸规则，开展风险评估和压力测试，在能源资源、电信与互联网、医疗卫生、金融服务等敏感领域加强探索，缩小与 CPTPP 在高标准经贸规则上的差距，打造开放层次更高、营商环境更优、辐射作用更强的开放新高地，从制度层面赋能我国的价值链转型升级。

（四）推动数据安全跨境流动

数字贸易规则是国际贸易竞争的焦点之一。中国应依托 RCEP 区域一体化效应，积极与其他国家在数字确权认证、数据安全评级、个人信息保护等关键问题上增加共识，推动数字贸易规则体系的构建，打破当前欧美主导的被动格局。同时，加大对云计算、大数据、人工智能、物联网等重点产业核心技术的研发突破和迭代应用，积极推动数字产品嵌入生产过程，加快数字经济赋能全产业链转型升级。最后，扩大与成员国数字贸易合作，鼓励相关企业积极开拓 RCEP 区域数字贸易市场，推动区域数字贸易的全产业链发展。𝓕

参考文献

[1] 杜运苏，刘艳平 .RCEP 对世界制造业分工格局的影响——基于总值和增加值贸易的视角 [J]. 国际商务研究，2020，41(04):62-74.

[2] 刘冰，陈淑梅 .RCEP 框架下降低技术性贸易壁垒的经济效应研究——基于 GTAP 模型的实证分析 [J]. 国际贸易问题，2014(06):91-98.

[3] 吕越，李启航 . 区域一体化协议达成对中国经济的影响效应——以 RCEP 与 TPP 为例

[J]. 国际商务 (对外经济贸易大学学报)，2018(05):37–48.

[4] 孟猛，郑昭阳 .TPP 与 RCEP 贸易自由化经济效果的可计算一般均衡分析 [J]. 国际经贸探索，2015，31(04):67–75.

[5] 倪红福，龚六堂，夏杰长 . 生产分割的演进路径及其影响因素——基于生产阶段数的考察 [J]. 管理世界，2016(04):10–23+187.

[6] Amador J, Cabral S. Networks of Value - added Trade[J]. *The World Economy*, 2017, 40(7): 1291–1313.

[7] Cheong I and Tongzon J. Comparing the economic impact of the trans-Pacific partnership and the regional comprehensive economic partnership[J].*Asian Economic Papers*, 2013, 12(2): 144–164.

[8] Cororaton C B. Potential effects of the Regional Comprehensive Economic Partnership on the Philippine economy[R]. *PIDS Discussion Paper Series*, 2016.

[9] Fukunaga Y and Isono I. Taking ASEAN+ 1 FTAs towards the RCEP: A mapping study[J]. *ERIA Discussion Paper Series*, 2013, 2: 1–37.

[10] Garlaschelli D , Loffredo M I . Structure and Evolution of the World Trade Network[J]. *Physica A Statal Mechanics & Its Applications*, 2005, 355(1):138–144.

[11] Itakura K, Lee H. Estimating the Effects of the CPTPP and RCEP in a General Equilibrium Framework with Global Value Chains[J]. 2019.

[12] Itakura K. Assessing the Economic Effects of the Regional Comprehensive Economic Partnership on ASEAN Member States[J]. *East Asian Integration. Jakarta: Economic Research Institute for ASEAN and East Asia*, 2015: 1–24.

[13] Koopman, R., Z. Wang, and S. J. Wei. Tracing Value-Added and Double Counting in Gross Exports[J]. *American Economic Review*, 2014, 104(2): 459–94.

[14] Laget E, Osnago A, Rocha N, et al. Deep trade agreements and global value chains[M]. *The World Bank*, 2018.

[15] Li Q and Moon H C. The trade and income effects of RCEP: implications for China and Korea[J]. *Journal of Korea Trade*, 2018.

[16] Li Q, Scollay R and Gilbert J. Analyzing the effects of the Regional Comprehensive Economic Partnership on FDI in a CGE framework with firm heterogeneity[J]. *Economic Modelling*, 2017, 67: 409–420.

[17] Orefice G, Rocha N. Deep integration and production networks: an empirical analysis[J]. *The World Economy*, 2014, 37(1): 106–136.

[18] Wang Z, Wei S J, Yu X, et al. Characterizing global value chains: Production length and

upstreamness[R]. National Bureau of Economic Research, 2017.

[19] Wang, Z., S. J. Wei, and K. Zhu. Quantifying international production sharing at the bilateral and sector levels[R]. National Bureau of Economic Research, 2013.

[20] Zhou M, Wu G, Xu H. Structure and formation of top networks in international trade, 2001–2010[J]. *Social Networks*, 2016, 44: 9–21.

WTO 争端的复杂网络构建及演变研究

刘瑞喜　徐德顺[*]

摘要：本文全面收集 1995—2020 年全部 WTO 争端案件的多维度数据，构建 WTO 争端大样本案例库，将复杂网络理论用于 WTO 争端案件分析，以 WTO 成员为节点，以各成员间的案件争端关系为边，整理并构建基于案件总数、案件影响力、联合起诉情况三种边权赋予方式下的有向加权 WTO 争端网络模型。从动态和系统观的视角出发，将全部争端案件按时间划分为四个阶段，构建 35×35 的 1- 模多值矩阵，从网络图、中心性、对称性、核心—边缘结构等方面对 WTO 争端网络的结构和演变特征进行定量和定性探讨。结果表明，WTO 争端解决机制复杂性特征明显，不同阶段的网络结构存在较为明显的差异和变动。WTO 争端网络存在向少数成员集中的倾向，更多的成员有向网络外围转移的趋势。以欧美为代表的发达国家表现出明显的小团体特征，美国控制其他成员之间争端关系的能力较大，有较大概率带动其他成员对美国申诉行为进行模仿。WTO 争端解决机制"门槛"高且效率低，争端案件内容呈现多元化发展态势，同时中国涉案争端也越发受到国际广泛关注。中国应充分认识应对贸易摩擦的长期性和复杂性，提升多主体联合应对争端能力，加强国际争端风险防范，积极参与推进 WTO 改革和多双边经贸合作，强化系统观和整体观，坚持以争端复杂系统管理思维化解国际冲突。

关键词：WTO 争端解决机制；复杂网络；WTO 改革；国际争端防范；WTO 争端案件

---

　*作者简介：刘瑞喜，南京大学、商务部国际贸易经济合作研究院博士；徐德顺，商务部国际贸易经济合作研究院研究员。

一、引言

世界贸易组织（WTO）的争端解决机制被誉为"皇冠上的明珠"。自1995年1月1日正式运行以来，截至2021年8月，WTO争端解决机制共受理了605起案件争端，在解决WTO成员间的贸易纠纷方面做出了重要贡献，但也受到多国质疑，对其进行必要的改革成为主要成员的共识。同时当前贸易保护主义和霸凌主义抬头，加之新冠肺炎疫情冲击导致全球经济下行和不确定性增强，贸易投资风险增加，中国所面临的国际经济贸易摩擦进一步加剧，呈现长期化、常态化、多样化和复杂化发展态势。目前处于巨大压力之下的WTO争端解决机制是一个复杂开放系统，WTO各成员之间相互作用相互影响，表现出明显的复杂性。恰逢中国入世20年之际，系统性分析其实践情况，对于防范化解国家经贸争端和探讨WTO改革方向具有重要意义。

作为研究复杂性科学和复杂系统的有力工具，复杂网络这一新的学科交叉领域为研究经济社会系统复杂性提供了全新的视角。在已有文献中鲜有学者将复杂网络与WTO争端解决机制结合起来进行分析，而争端网络是由WTO成员之间的案件争端关系组成的复杂系统，复杂网络分析能够从全局和动态视角对WTO争端网络进行识别，并考察经济个体是否会受到网络结构的反制。本文尝试将复杂网络理论和方法用于WTO争端案件分析，全面收集了1995—2020年全部WTO争端案件的多维度数据，构建WTO争端大样本案例库。以WTO成员为节点，以各成员间的案件争端关系为边，整理并构建了基于案件总数、案件影响力、联合起诉情况三种边权赋予方式下的有向加权WTO争端网络模型。从动态和系统观的视角出发，以2001年中国入世、2008年金融危机和2018年中美贸易摩擦三个标志性事件为分界点，将全部争端案件按时间划分为四个阶段，构建了 35×35 的 1-模多值矩阵。借助复杂网络相关理论和方法对WTO争端网络进行研究，从网络图、中心性、对称性、核心—边缘结构等方面对WTO争端网络结构和演变特征进行定量和定性探讨。研究对中国参与和推动WTO改革、防范各类国际争端风险以及提升争端解决应对能力具有一定的借鉴意义。

二、WTO 争端解决机制实践情况

（一）WTO 争端案件总体实践情况

1995—2020 年，WTO 争端解决机制共受理了 598 起争端案件，总体来看，通过 WTO 争端解决机制处理的案件呈现出以下特点：

1. 发达国家是争端案件的主要参与方

从案件参与情况看，发达国家既是主要的机制使用者，也是比较突出的规则违反者。表 1 是 WTO 争端案件主要参与方排名，从起诉方面来看，美国和欧盟对该机制的使用最为频繁，两大经济体作为起诉方的案件数分别占案件总数的 20.74% 和 17.39%，起诉案件数量远远高于其他成员，超过排名第三位的加拿大占比的两倍。从被诉方面来看，美国和欧盟也是被诉最多的成员，两大经济体作为被诉方的案件数分别占案件总数的 26.09% 和 14.55%，美国的被诉案件数约为中国的 3.5 倍。在发达经济体中，仅美国、欧盟、加拿大和日本四大经济体作为起诉方的案件数在 WTO 争端案件总数中的占比就将近一半，达49.34%，而且这四大经济体的被诉案件数占案件总数的比例也高达 47.17%。同时，发展中成员也越发注重利用这一平台处理贸易争端，其中巴西是主动发起申诉最多的发展中国家，排名起诉方第四位，起诉案件占总案件数的 5.52%。

表 1　WTO 争端案件主要参与方

前十位起诉方	案件数	占比（%）	前十位被诉方	案件数	占比（%）
美国	124	20.74	美国	156	26.09
欧盟	104	17.39	欧盟	87	14.55
加拿大	40	6.69	中国	45	7.53
巴西	33	5.52	印度	32	5.35
日本	27	4.52	加拿大	23	3.85
墨西哥	25	4.18	阿根廷	22	3.68
印度	24	4.01	韩国	19	3.18
阿根廷	21	3.51	巴西	17	2.84

前十位起诉方	案件数	占比（%）	前十位被诉方	案件数	占比（%）
韩国	21	3.51	日本	16	2.68
中国	21	3.51	澳大利亚	16	2.68
前十位加总	440	73.58	前十位加总	433	72.41

尽管发展中国家越发注重利用争端解决机制处理贸易争端，但不论是参与成员数还是案件数均不能与其庞大的成员数量相匹配，许多发展中国家在很多方面仍然处于相对劣势地位，主要面临的问题包括：第一，经济实力。WTO诉讼成本高且收益的不确定性降低了某些发展中成员参与的动机，特别是中东和非洲的许多低收入国家主动参与的情形比较罕见，仅前十位起诉方争端机制使用加总占总案件数比例已高达73.58%。第二，诉讼能力。许多发展中国家在人才、资源、策略等方面所体现出的国际综合诉讼能力与发达国家相比仍存在一定差距。第三，权力不平衡而造成的法外限制。出于对来自强国的贸易报复等政治和经济威胁的考虑，发展中国家可能会放弃合理的法律主张。而且发展中国家发起的申诉，特别是针对发达成员国的申诉是否能够得到妥善裁决也仍然值得关注。

2. 争端案件主要涉及货物贸易

从争端案件涉及贸易类型来看，争端案件主要涉及货物贸易（见表2），特别是初级产品贸易案件居多。截至2020年底，WTO审理的争端案件共598起，其中涉及货物贸易的案件所占比重最高，占总案件数的93.14%，而涉及知识产权贸易和服务贸易的案件分别占6.52%和4.85%，远远低于货物贸易争端。从时间维度来看，WTO贸易争端也呈现出从初级产品向工业制成品、高技术产品转移，从商品贸易向服务贸易转移的趋势。

表 2 WTO 争端案件贸易类型

贸易类型	案件数	占总案件数比例（%）
货物贸易	557	93.14
知识产权贸易	39	6.52
服务贸易	29	4.85

3.反倾销反补贴案件纠纷占多数

从争端发生的原因来看,反倾销反补贴问题仍然是争论的焦点。表3汇总了到2020年底的598起争端案件涉及的协议情况,从申诉的总量上来看,关贸总协定(GATT)是申诉次数最多的协议,这是因为在与货物贸易有关的案件中会经常援引这一协定。除此之外,依据《反倾销协议》和《补贴与反补贴措施协议》提出的申诉数量超过100,分别占案件总数的22.58%和21.91%。排在其后的为涉及《农业协议》的案件,占案件总数的14.05%,同时涉及服务贸易、知识产权等一些新的规则领域的案件较早年来看也有所增多。

表3 WTO争端案件涉及的协议

协议名称	案件数	占总案件数比例(%)
关贸总协定(GATT)	494	82.61
反倾销协议	135	22.58
补贴与反补贴措施协定(SCM)	131	21.91
农业协定	84	14.05
建立世界贸易组织协定	69	11.54
保障措施协定	62	10.37
技术性贸易壁垒协定(TBT)	56	9.36
卫生与植物检疫措施协定(SPS)	49	8.19
进口许可程序协定	48	8.03
与贸易有关的投资措施协定(TRIM)	45	7.53
知识产权协定(TRIPS)	42	7.02
加入议定书	36	6.02
服务贸易总协定(GATS)	30	5.02
争端解决谅解(DSU)	20	3.34
海关估价守则	18	3.01
纺织品与服装协定	16	2.68
原产地协定	8	1.34
装运前检验协议	5	0.84
政府采购协定(GPA)	4	0.67
贸易便利化协议(TFA)	3	0.50

4. 争端案件持续时间过长

WTO 争端解决机制对案件处理的各环节规定了时间限制，从提出申诉到专家组确定最终裁决一般控制在 15 个月内。但这些期限只是建议性的，实际争端处理中持续时间可能会远远超出表 4 中显示的时间。Hoekman（2021）对 1995—2020 年案件的平均用时情况进行了测算，发现案件的实际用时往往超过规定的截止时间，磋商阶段的平均用时为 5.4 个月，专家组阶段平均用时为 17.1 个月，上诉阶段平均用时为 4.3 个月。Reich（2017）对争端案件的用时情况进行了分阶段测算，发现该机制成立之初就存在未能在规定时限内解决的案件，1995—1999 年发生的争端平均持续 23.21 个月，2007—2011 年发生的争端平均持续 28 个月。尽管该机制后期处理的案件少于早期，但是争端解决的延迟情况不仅未得到解决，反而愈加严重。在早期，大多数案件在两年内得到解决，约 31% 的案件在 2—3 年内得到解决，在 3—4 年解决的案件约占 9%；在后期，仅有不超过 32% 的案件在两年内得到解决，约 50% 的案件需要 2—3 年得到解决，约 13% 的案件需要 3—4 年解决，超过 5% 的案件需要 4—5 年解决。而且案件争议方对争端裁决情况也可能存在异议。从 2019 年 12 月 11 日起，随着上诉机构的瘫痪，不再能够审理和决定新的上诉，也造成了争端案件进一步积压。

表 4　WTO 争端解决机制时间表

程序	时间
磋商、调停等	60 天
建立专家组，任命专家组成员	45 天
专家组向争端各方散发报告	6 个月
专家组向 WTO 成员散发报告	21 天
DSB 采纳报告（如未上诉）	60 天
总计（无上诉）	1 年
上诉机构报告	60—90 天
DSB 采纳上诉机构报告	30 天
总计（有上诉）	15—16 个月

（二）中国参与 WTO 争端解决机制情况

自 2001 年入世，20 年来，中国积极参与世贸组织各项工作，对世界经济贸易发展做出了积极贡献。图 1 为中国自入世以来参与争端案件情况，能够看出中国参与 WTO 争端案件经历了一个过渡期，在入世前五年涉诉案件很少，申诉和被诉案件均只有 1 起。2006 年之后涉华争端案件增加，特别是在 2012 年，中国被指控案件数达到顶峰。这表明随着中国对外贸易繁荣发展，面临他国起诉的风险增加，也对中国的应诉能力提出了更高要求。

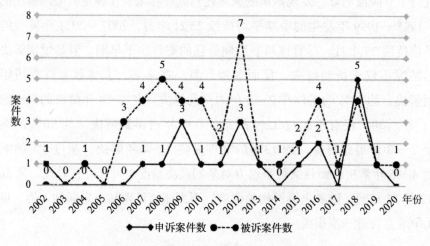

图 1　中国自入世以来参与争端案件情况

从争端原因来看，中国所涉申诉案件和被诉案件呈现出不同特点。申诉案件的类型相对集中，主要涉及反倾销反补贴措施领域，共有 10 起案件涉及《反倾销协议》，7 起案件涉及《补贴和反补贴措施协议》。相比于申诉案件，中国被诉的案件纠纷事由更为多样（见图 2），中国国内经济贸易管理措施受到了全面发难。其中有 17 起涉及《补贴和反补贴措施协议》，9 起涉及《反倾销协议》，6 起分别涉及《农业协定》和《服务贸易总协定》，5 起涉及《与贸易有关的投资措施协定》，除此之外也涉及了知识产权、进口许可、保障措施、原产地规则、卫生与植物检疫措施、贸易便利化等方面。

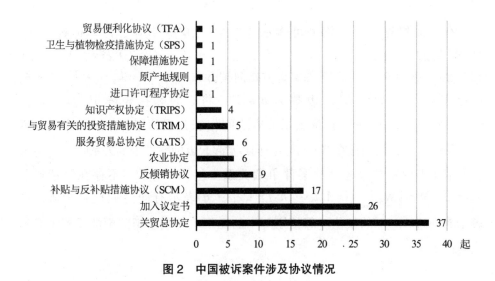

图 2　中国被诉案件涉及协议情况

三、WTO 争端网络模型的构建

（一）模型构建与分析过程

WTO 争端案件网络是由 WTO 成员之间的案件争端关系组成的复杂网络，能够从全局视角对 WTO 争端案件进行识别。根据模型方向和权重的有无，复杂网络可分为无向无权、无向有权、有向无权和有向加权四种网络形式（见图3），其中，有向加权的复杂网络包含的系统性信息最为广泛。结合 WTO 争端案件网络特征，本研究选择构建有向加权的复杂网络模型，将 WTO 成员视为节点，各成员间的争端关系视为边，方向由争端案件申诉方指向被诉方，并通过对边赋予不同的权重系统研究 WTO 争端解决机制运行状况以及各成员参与争端解决的差异性特征。

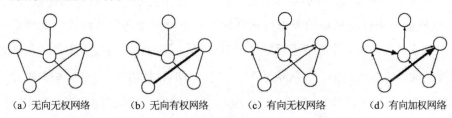

（a）无向无权网络　　（b）无向有权网络　　（c）有向无权网络　　（d）有向加权网络

图 3　不同类型网络示例图

有向加权复杂网络模型可表示为 G=(V,E,W)。其中，$V=\{v_1,v_2,\cdots,v_n\}$ 是节点的集合，$E=\{e_1,e_2,\cdots,e_m\}$ 是边的集合，(v_i,v_j) 表示从节点 v_i 到 v_j 的一条有向边，由案件申诉方指向被诉方，$(v_i,v_j)\in E$，$v_i\in V$，$v_j\in V$，网络节点数目为 $n=|V|$，边数为 $m=|E|$。将 G 的邻接矩阵记为 $A=\left[a_{ij}\right]_{n\times n}$ $(i=1,2,\cdots,n;j=1,2,\cdots,n)$，它是表示节点之间相邻关系的矩阵，矩阵中的元素 a_{ij} = 1或0。当且仅当存在 WTO 成员 v_i 向 v_j 发起起诉的案件争端关系时，$a_{ij}=1$，若不存在 v_i 向 v_j 发起起诉的案件争端关系（包括 $i=j$ 的"不存在"情形），$a_{ij}=0$。$W=\left[w_{ij}\right]_{n\times n}$ $(i=1,2,\cdots,n;j=1,2,\cdots,n)$ 表示有向边的权重矩阵，w_{ij} 表示有向边 (v_i,v_j) 的权值。邻接矩阵中的元素 a_{ij} 和权重矩阵中的元素 w_{ij} 表达式为：

$$a_{ij}=\begin{cases}1 & (v_i,v_j)\in E\\0 & (v_i,v_j)\notin E\end{cases}\tag{1}$$

$$w_{ij}=\begin{cases}m_{ij} & i\neq j\\0 & i=j\end{cases}\tag{2}$$

其中，m_{ij} 为对有向边 (v_i,v_j) 赋予的权重值，为了对 WTO 争端的结构和演变进行更加系统的刻画，本研究整理并构建了多种不同边权下的 WTO 争端网络，研究中所涉及的边权构建方式包括以下三项：

第一，基于案件总数的权重网络模型。以相应阶段内 WTO 成员间的争端案件总数为权重，探讨各经济体参与争端案件总体情况的差异性。

第二，基于案件影响力的权重网络模型。按照影响力大小对每起争端案件分别进行赋权，采用五级分权，权值分别为 1，2，3，4，5，并以影响力赋权后的争端案件情况作为权重构造基于案件影响力的权重网络模型。

本文选用每起案件的第三方成员参与情况作为案件影响力的衡量方式。WTO 成员出于自身利益的考虑可选择以第三方身份参与争端解决。案件第三方参与成员的多少一定程度上反映了 WTO 成员对案件的关注度及案件的影响力情况。假设争端案件第三方成员数为 x，当 $x=0$ 时，权值为 1；当 $x\in[5,10)$ 时，权值为 2；当 $x\in[1,5)$ 时，权值为 3；当 $x\in[10,15)$ 时，权值为 4；当 $x\geq 15$ 时，权值为 5。以案件影响力为权重的争端网络模型不仅反映了 WTO 成员的案件影响力特征，也反映了争端案件的第三方成员参与情况。

第三，基于联合起诉案件的权重网络模型。在 WTO 争端案件中存在着多个成员针对单个成员的联合起诉情况，通过将联合起诉案件数作为权重构建争端网络模型，能够反映 WTO 成员间的小团体特征和联合起诉情况。

本文使用 UCINET 软件为辅助进行研究。为了将 WTO 争端案件状况给予直观展现，本文首先基于构建的权重矩阵对 WTO 争端网络进行可视化呈现，绘制了分阶段的 WTO 争端网络图，然后借助复杂网络理论和方法对 WTO 争端网络结果和演变特征进行研究。主要涉及多种边权下的复杂网络指标分析和核心—边缘结构分析。

在复杂网络分析中，度中心性和节点对称性是评价节点重要性、地位优越性和结构位置的指标。度中心性分为点入度和点出度，分别反映了 WTO 成员的被诉和申诉信息，在不同边权赋予方式下的 WTO 争端网络中，度中心性表达的含义有所差别。点入度和点出度的表达式为：

$$s_i^{in} = \sum_{j=1}^{n} a_{ji} w_{ji} \tag{3}$$

$$s_i^{out} = \sum_{j=1}^{n} a_{ij} w_{ij} \tag{4}$$

其中，s_i^{in} 表示节点 v_i 的点入度，s_i^{out} 表示节点 v_i 的点出度，$n=35$，a_{ij} 和 a_{ji} 为邻接矩阵 A 中的元素，w_{ij} 和 w_{ji} 表示权重矩阵 W 中的元素。

本文对得到的指标值进行了标准化处理得到标准化数值，从而便于对不同时间阶段的指标值进行纵向比较分析。

此外，节点对称性衡量了入度和出度的差异程度，本文借助节点对称性研究争端网络中 WTO 成员作为申诉方和被诉方的差异性特征，其表达式为：

$$NS_i = \frac{s_i^{in} - s_i^{out}}{s_i^{in} + s_i^{out}} \tag{5}$$

其中，NS_i 表示 WTO 成员 v_i 的节点对称性，s_i^{in} 表示点入度，s_i^{out} 表示点出度，$NS_i \in [-1,1]$。

复杂网络分析方法可对 WTO 争端网络的核心—边缘结构进行把握，本文基于案件总数加权的 WTO 争端网络模型，研究 WTO 争端网络是否存在核心一边缘结构。借助 UCINET 软件的 CORR 算法，得到四个时间阶段各个成员的核心度（Coreness）。参考周灏（2015）使用的分类方法，当核心度 > 0.1 时，WTO 成员位于核心地带；当 0.01 ≤ 核心度 ≤ 0.1 时，WTO 成员位于半核心地带；当核心度 < 0.01 时，WTO 成员位于边缘地带，从而得到 WTO 争端网络的核心一边缘结构，探讨 WTO 成员角色地位的变化特征。

（二）数据来源与案件阶段划分

本文所用到的数据来自 WTO 官网，并以官网数据为依托，构建了 1995—2020 年全部 WTO 争端的大样本案例库，并将 WTO 成员作为研究对象。在选取研究样本时，要求所有成员均作为申诉方或被诉方参与过 WTO 争端案件，且每个成员参与的案件总数不低于 5 起，最终确定了表 5 中的 35 个经济体。同时，与中国存在案件争端的经济体也全部包括在这 35 个成员内，正好也满足了本文对中国参与 WTO 争端情况研究的数据需求。

表 5　被选为研究样本的 WTO 成员

序号	成员	序号	成员	序号	成员	序号	成员
1	美国	11	印度尼西亚	21	秘鲁	31	南非
2	欧盟	12	澳大利亚	22	新西兰	32	越南
3	中国	13	智利	23	巴基斯坦	33	挪威
4	加拿大	14	泰国	24	巴拿马	34	瑞士
5	印度	15	土耳其	25	多米尼加	35	委内瑞拉
6	巴西	16	俄罗斯	26	洪都拉斯		
7	日本	17	乌克兰	27	匈牙利		
8	阿根廷	18	危地马拉	28	中国台湾		
9	韩国	19	哥伦比亚	29	哥斯达黎加		
10	墨西哥	20	菲律宾	30	厄瓜多尔		

为了分析 WTO 争端的演变情况，需要将不同阶段的 WTO 争端网络数据进行对比，因此将 1995—2020 年分为四个阶段。本文结合世界经济发展变化，以 2001 年中国入世、2008 年金融危机全面爆发和 2018 年中美贸易摩擦三个

标志性事件为分界点，将 WTO 1995—2020 年的全部争端案件按时间划分为四个阶段（如表 6 所示）。通过整理上述 35 个成员分阶段的 WTO 争端案件数据，分别构建了四个阶段的 35×35 的 1- 模多值矩阵，纵向研究 WTO 争端案件网络随时间的动态演变特征。

表 6　WTO 争端案件的阶段划分

阶段划分	起止时间	划分依据	包含案件范围
第一阶段	1995 年 1 月 1 日—2001 年 12 月 10 日	1995 年 1 月 1 日，世界贸易组织正式成立，中国在该阶段尚未加入世贸组织	DS001—DS242
第二阶段	2001 年 12 月 11 日—2008 年 9 月 14 日	2001 年 12 月 11 日，中国正式加入世界贸易组织	DS243—DS378
第三阶段	2008 年 9 月 15 日—2018 年 3 月 21 日	2008 年 9 月 15 日，雷曼兄弟破产标志着金融危机的全面爆发	DS379—DS541
第四阶段	2018 年 3 月 22 日—2020 年 12 月 31 日	2018 年 3 月 22 日，美国总统特朗普在白宫签署对中国输美产品加征关税的总统备忘录，中美贸易战大幕由此揭开	DS542—DS598

在以案件总数和案件影响力作为边权时，均分四个阶段进行考虑，从而探讨 WTO 争端案件和 WTO 成员影响力的演变特征；而在以联合起诉案件作为边权的权重网络模型中，不再分四个阶段单独考虑，而是将 1995—2020 年全部争端案件进行总体考虑，从而系统研究 WTO 争端解决机制总体运行状况。

四、WTO 争端网络实证分析

（一）基于案件总数的权重网络模型分析

为了将 WTO 争端案件状况给予直观展现，本文基于构建的权重矩阵，使用 UCINET 软件绘制了四个阶段的 WTO 争端网络图。图 4 分别是基于案件总数加权的四个阶段的 WTO 争端网络可视化效果图，图中节点代表所研究的 35 个 WTO 成员，节点形状衡量是否对中国发起过申诉，用圆形表示的节点是对中国发起过申诉的 WTO 成员，边的粗细代表 WTO 成员间的争端案件数差异，连线方向由争端案件的申诉方指向被诉方。

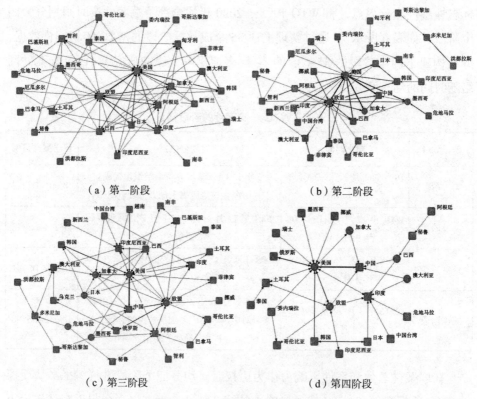

（a）第一阶段　　　　　　　　（b）第二阶段

（c）第三阶段　　　　　　　　（d）第四阶段

图 4　基于案件总数加权四阶段争端网络图

从图 4 可以看出，包括美国、欧盟、加拿大、墨西哥、日本、危地马拉、巴西、澳大利亚在内的多个国家对中国发起了申诉，但中国主动起诉的对象国比较集中，仅向美国和欧盟国家发起过申诉，还未出现中国主动起诉发展中国家的情况。中国迄今为止所参与案件的争端对象主要集中在发达国家，从连边的粗细可以看出美国是中国的主要争端对象。表 7 整理了中国自 2001 年入世以来所涉案件的争端对象分布情况，在中国被诉案件中，美国发起 23 次申诉，高达中国被诉总数的一半以上，占比 51.11%；欧盟发起 9 次申诉，占被诉总数的 20%。

表7　中国所涉案件的争端对象分布

争端对象	中国作为被诉方案件		中国作为申诉方案件	
	数量	案件号	数量	案件号
美国	23	DS309，DS340，DS358，DS362，DS363，DS373，DS387，DS394，DS413，DS414，DS419，DS427，DS431，DS440，DS450，DS489，DS501，DS508，DS511，DS517，DS519，DS542，DS558	16	DS252，DS368，DS379，DS392，DS399，DS422，DS437，DS449，DS471，DS515，DS543，DS544，DS562，DS563，DS565，DS587
欧盟	9	DS339，DS372，DS395，DS407，DS425，DS432，DS460，DS509，DS549	5	DS397，DS405，DS452，DS492，DS516
加拿大	4	DS342，DS378，DS483，DS589		
墨西哥	4	DS359，DS388，DS398，DS451		
日本	2	DS433，DS454		
危地马拉	1	DS390		
巴西	1	DS568		
澳大利亚	1	DS598		

　　在基于案件总数加权的WTO争端网络中，度中心性能够直观反映网络节点间发生关系的数量情况。点入度表示WTO成员遭遇投诉的次数，点出度表示成员对外发起起诉的案件次数。表8和表9是以案件总数为权重的争端网络排名前列的指标分析结果。

　　从点出度来看，四个阶段中，美国和欧盟发起了最多的申诉，二者之间排序虽有变化，但一直位于前两名。中国在第二阶段的点出度值为0.735，排名比较靠后，与美欧等发达国家以及印度、巴西等新兴经济体的点出度值存在较大差距。在第三和第四阶段，中国的点出度均位列第三位，分别为2.549和2.941，较第二阶段有了大幅度的上升。意味着自金融危机以来中国以更加积极主动的姿态参与WTO争端解决，通过主动申诉保护自身利益的意愿和偏好在加强。其他金砖国家中，巴西利用WTO争端解决机制最为主动，其次为印度，而相较其他大国，俄罗斯对于 WTO 争端解决机制的参与度较低，南非的参与度在金砖五国中最低，仅参与了 5 起争端案件，且并未主动发起过申诉。

表 8　基于案件总数加权的标准化点出度值

第一阶段		第二阶段		第三阶段		第四阶段	
成员排序	数值	成员排序	数值	成员排序	数值	成员排序	数值
欧盟	7.161	欧盟	8.088	美国	5.098	美国	3.922
美国	6.777	美国	7.353	欧盟	3.725	欧盟	3.431
加拿大	2.430	加拿大	4.044	中国	2.549	中国	2.941
巴西	2.174	阿根廷	3.676	日本	1.961	日本	1.961
印度	1.535	韩国	2.574	加拿大	1.569	韩国	1.471
墨西哥	1.279	墨西哥	2.574	巴西	1.569	加拿大	0.980
日本	1.151	巴西	2.206	印度尼西亚	1.373	巴西	0.980
泰国	0.895	日本	1.471	墨西哥	1.373	俄罗斯	0.980
韩国	0.767	印度	1.471	印度	1.176	土耳其	0.980
智利	0.767	泰国	1.471	阿根廷	1.176	委内瑞拉	0.980
澳大利亚	0.639	菲律宾	1.103	俄罗斯	1.176	澳大利亚	0.980
新西兰	0.639	中国台湾	1.103	韩国	0.980	印度	0.490
阿根廷	0.512	智利	1.103	越南	0.980	秘鲁	0.490
危地马拉	0.512	挪威	1.103	乌克兰	0.784	泰国	0.490
哥伦比亚	0.384	巴拿马	1.103	危地马拉	0.588	印度尼西亚	0.490
洪都拉斯	0.384	危地马拉	0.735	中国台湾	0.588	阿根廷	0.490
菲律宾	0.256	澳大利亚	0.735	巴基斯坦	0.392	瑞士	0.490
巴基斯坦	0.256	新西兰	0.735	新西兰	0.392	墨西哥	0.490
瑞士	0.256	中国	0.735	巴拿马	0.392	危地马拉	0.490
印度尼西亚	0.256	印度尼西亚	0.735	洪都拉斯	0.392	中国台湾	0.490

从点入度来看，美国的点入度始终保持第一位，欧盟也位居前列，二者既是主要的机制使用方，也是突出的规则违反方。中国在自入世以来的三个阶段中点入度始终位于前三名，均大幅高于后面的成员，说明中国被诉的案件总数居于前列，这在一定程度上与中国的贸易大国地位相匹配，但同时也提醒中国要处理好国家间经贸关系，做好国际争端防范工作。

表 9 基于案件总数加权的标准化点入度值

第一阶段		第二阶段		第三阶段		第四阶段	
成员排序	数值	成员排序	数值	成员排序	数值	成员排序	数值
美国	8.568	美国	15.441	美国	7.255	美国	9.314
欧盟	5.499	欧盟	10.662	中国	5.490	印度	3.431
阿根廷	1.918	中国	4.044	欧盟	4.118	中国	2.941
印度	1.662	墨西哥	2.206	印度尼西亚	1.961	欧盟	1.471
日本	1.535	印度	1.838	俄罗斯	1.569	韩国	1.471
加拿大	1.407	加拿大	1.471	加拿大	1.373	土耳其	1.471
巴西	1.407	澳大利亚	1.471	印度	1.176	哥伦比亚	0.980
韩国	1.407	巴西	1.103	阿根廷	1.176	加拿大	0.490
智利	1.151	日本	1.103	澳大利亚	0.980	巴西	0.490
墨西哥	0.895	智利	1.103	韩国	0.588	日本	0.490

从节点对称性来看（见表 10），在第二阶段和第三阶段，中国的节点对称性指标值分别为 0.692 和 0.366，虽有明显的下降，但节点对称性值仍明显高于欧美日等发达经济体以及印巴等新兴经济体，这意味着中国的申诉情况与被诉情况不均衡，中国主动发起申诉的案件数明显少于被诉案件数。从表 7 可以看出，截至 2020 年底，中国共参与了 66 起争端案件，其中有 21 起为申诉方，45 起为被诉方，被诉案件数量超过主动起诉的两倍。第二、第三阶段中，日本和巴西的节点对称性均为负值，意味着起诉案件数要明显多于被诉案件数；欧盟和印度的节点对称性均接近零值，申诉和被诉案件数大致相当。比较来看，中国在运用 WTO 争端解决机制的主动性方面仍具有提升空间。在第四阶段，

中国的节点对称性值为 0，美国的节点对称性达到 0.407，这主要是因为特朗普政府加征关税，挑起贸易争端，包括中国在内的受侵害国主动诉诸 WTO 争端解决维护自身合法权益。

表 10　主要成员的节点对称性指标值

WTO 成员	第一阶段	第二阶段	第三阶段	第四阶段
中国	—	0.692	0.366	0.000
美国	0.117	0.355	0.175	0.407
欧盟	−0.131	0.137	0.050	−0.400
日本	0.143	−0.143	−1.000	−0.600
印度	0.040	0.111	0.000	0.750
巴西	−0.214	−0.333	−0.600	−0.333

（二）基于案件影响力的权重网络模型分析

本文以案件影响力为权重得出了排名前列成员的点出度和点入度值，并使用二者之和作为节点影响力大小的衡量指标，四个阶段中影响力排名前十位的 WTO 成员如表 11 所示。中国在第二阶段、第三阶段和第四阶段的影响力指标值分别为 3.452、8.184、5.363，总体来看中国在 WTO 争端解决中的影响力居于前列，且在进入危机之后，中国的影响力较之前有了明显的提升。用赋权后的案件影响力之和除以中国参与的案件总数，得到中国参与案件的平均影响力为 2.818，说明中国参与的案件争端具有较高的影响力和关注度，中国所涉案件争端的第三方参与数平均来看超过 5 个。同时通过对案件第三方数据的梳理发现，中国一直以来也都积极地以第三方身份活跃在 WTO 争端解决机制这一平台。截至 2020 年底，中国作为第三方参与的争端案件有 188 起，位于第三位，仅次于日本的 218 起与欧盟的 209 起。以第三方身份参与争端解决，既可以监督机制运行状况，阐明涉案规则立场，也可以获取大量信息，有利于学习和积累经验，正确行使各项权利。

表 11　影响力排名前十位的 WTO 成员

第一阶段		第二阶段		第三阶段		第四阶段	
成员排序	数值	成员排序	数值	成员排序	数值	成员排序	数值
美国	14.518	美国	21.483	美国	12.404	美国	19.377
欧盟	11.076	欧盟	16.752	中国	8.184	印度	5.536
加拿大	3.067	加拿大	4.348	欧盟	7.864	中国	5.363
印度	2.691	墨西哥	3.708	印度尼西亚	3.261	欧盟	4.152
巴西	2.253	中国	3.452	加拿大	2.814	土耳其	2.768
阿根廷	2.127	巴西	3.325	俄罗斯	2.814	韩国	2.595
日本	2.002	日本	2.813	日本	2.302	加拿大	1.903
墨西哥	1.940	韩国	2.685	阿根廷	2.046	俄罗斯	1.903
韩国	1.815	阿根廷	2.558	印度	1.854	墨西哥	1.730
智利	1.627	印度	2.558	韩国	1.726	巴西	1.211

（三）基于联合起诉案件的权重网络模型分析

通过对联合起诉案件加权网络模型进行分析，可以研究 WTO 成员之间的合作情况。图 5 是以 1995—2020 年的联合起诉案件为权重构建的 WTO 争端网络可视化效果图，用圆形表示的节点是对中国发起过联合起诉的 WTO 成员，边的粗细代表 WTO 成员间的联合起诉案件数差异。

从图 5 可以看出，多个国家对中国发起了联合起诉，从边的粗细来看，美国和欧盟是对中国发起联合起诉最多的国家。表 12 汇总了中国遭受联合起诉的所有案件，截至 2020 年底，中国的被诉案件中有 21 起为多个 WTO 成员联合起诉，占被诉案件总数的 46.67%。这些案件的起诉方主要以美国、欧盟为核心，由它们率先发案，然后其他成员"跟随"发案。美国控制其他成员之间争端关系的能力较大，有很大概率带动其他成员对美国申诉行为进行模仿。

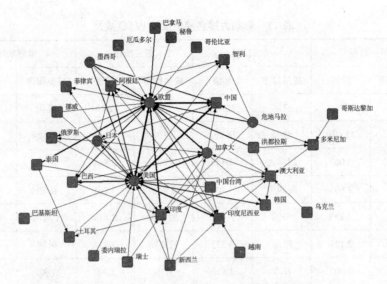

图 5 基于联合起诉案件加权的争端网络图

表 12 中国应诉案件多国联合起诉情况

案件名	起诉方（按时间顺序）	案件号
中国影响汽车零部件进口措施案	欧盟、美国、加拿大	DS339，DS340，DS342
中国对关税及其他支付款项的退款或减免措施案	美国、墨西哥	DS358，DS359
中国影响金融信息服务和外国金融信息供应商的措施案	欧盟、美国、加拿大	DS372，DS373，DS378
中国的补贴、贷款及其他鼓励措施案	美国、墨西哥、危地马拉	DS387，DS388，DS390
中国对原材料出口的限制措施案	美国、欧盟、墨西哥	DS394，DS395，DS398
中国关于稀土、钨和钼的出口限制措施案	美国、欧盟、日本	DS431，DS432，DS433
中国对高性能不锈钢无缝钢管征收反倾销税的措施	日本、欧盟	DS454，DS460
中国对某些原材料的出口关税及其他限制措施案	美国、欧盟	DS508，DS509

表 13 是以联合起诉案件为权重的网络模型指标分析结果。从点入度来看，中国排名第 3 位，对中国联合发起起诉的成员数与案件数都居于前列。从点出度指标来看，中国的点出度仅为 1.261，发起的联合起诉案件较少，截至 2020 年底，中国仅发起过三起联合起诉案件，且三起案件都是针对美国。从节点对称性来看，中国的节点对称性指标值为 0.750，排名第 1 位，意味着中国主动

发起的联合起诉案件远少于联合被诉案件。美国、欧盟、加拿大和日本点出度排名前 4，它们主动参与了多起联合起诉案件，具有很强的协作意识，而且它们也是经常协作的对象，特别是美国和欧盟表现出明显的小团体特征。相比来看，中国在 WTO 争端解决机制的合作方面存在提升空间。这种差异不仅表现在与其他成员国的合作，也表现在国内各主体间的协作。欧美将公共资源与私人资源结合起来，形成了完善的公私合作伙伴关系，并在 WTO 诉讼中进行部署；而中国在参与 WTO 争端案件谈判的过程中，主要是政府在发挥作用，民间和智库很少参与其中。

表 13　基于联合起诉案件加权的标准化指标值

点入度		点出度		节点对称性	
成员排序	数值	成员排序	数值	成员排序	数值
欧盟	19.748	美国	15.546	中国	0.750
美国	18.908	欧盟	12.185	多米尼加	0.500
中国	8.824	加拿大	5.882	阿根廷	0.500
印度	6.303	日本	5.462	印度	0.429
印度尼西亚	4.622	巴西	4.202	印度尼西亚	0.375
加拿大	3.782	墨西哥	4.202	土耳其	0.333
阿根廷	3.782	澳大利亚	2.941	俄罗斯	0.333
巴西	3.361	泰国	2.941	菲律宾	0.333
澳大利亚	2.521	危地马拉	2.941	智利	0.250
日本	2.101	印度	2.521	欧盟	0.237
智利	2.101	新西兰	2.521	韩国	0.143
韩国	1.681	印度尼西亚	2.101	美国	0.098
多米尼加	1.261	洪都拉斯	2.101	澳大利亚	−0.077
土耳其	0.840	挪威	1.681	巴西	−0.111
俄罗斯	0.840	中国台湾	1.681	加拿大	−0.217
菲律宾	0.840	中国	1.261	日本	−0.444

（四）核心—边缘结构分析

世界体系理论认为，整个世界是由核心地带、半边缘地带和边缘地带组成的。核心度数据显示，WTO 争端网络中存在核心—半边缘—边缘结构，四个时间阶段的核心地带、半边缘地带和边缘地带成员分布情况如表 14 所示。第三、第四阶段与第一、第二阶段比较来看，位于核心地带的成员有所减少，而边缘地带成员有增加趋势，说明随着时间的推移，WTO 争端网络存在向少数成员集中的倾向，更多的成员有向网络外围发展的趋势。

表 14　WTO 争端网络的核心—半边缘—边缘结构

	第一阶段	第二阶段	第三阶段	第四阶段
核心地带	（共7个）美国、欧盟、加拿大、巴西、印度、日本、韩国	（共7个）美国、欧盟、加拿大、中国、墨西哥、巴西、印度	（共4个）美国、中国、欧盟、加拿大	（共4个）美国、中国、欧盟、俄罗斯
半边缘地带	（共19个）阿根廷、墨西哥、澳大利亚、智利、菲律宾、泰国、巴基斯坦、印度尼西亚、洪都拉斯、危地马拉、新西兰、匈牙利、土耳其、秘鲁、巴拿马、哥斯达黎加、哥伦比亚、委内瑞拉、厄瓜多尔	（共15个）日本、韩国、阿根廷、泰国、挪威、澳大利亚、中国台湾、瑞士、土耳其、新西兰、厄瓜多尔、委内瑞拉、智利、哥伦比亚、巴拿马	（共12个）印度、印度尼西亚、韩国、墨西哥、阿根廷、越南、巴西、俄罗斯、日本、菲律宾、泰国、土耳其	（共13个）加拿大、土耳其、印度、墨西哥、韩国、瑞士、委内瑞拉、澳大利亚、挪威、巴西、印度尼西亚、日本、泰国
边缘地带	（共9个）多米尼加、南非、瑞士、中国、中国台湾、越南、挪威、乌克兰、俄罗斯	（共13个）秘鲁、印度尼西亚、菲律宾、巴基斯坦、危地马拉、乌克兰、越南、哥斯达黎加、南非、俄罗斯、多米尼加、洪都拉斯、匈牙利	（共19个）危地马拉、巴基斯坦、澳大利亚、智利、乌克兰、秘鲁、巴拿马、多米尼加、中国台湾、哥斯达黎加、厄瓜多尔、挪威、瑞士、委内瑞拉、哥伦比亚、新西兰、洪都拉斯、匈牙利、南非	（共18个）哥伦比亚、乌克兰、中国台湾、阿根廷、新西兰、秘鲁、匈牙利、危地马拉、巴基斯坦、巴拿马、多米尼加、洪都拉斯、南非、智利、菲律宾、哥斯达黎加、越南、厄瓜多尔

表 15 列出了四个阶段核心度排名前十位的 WTO 成员情况。美国和欧盟一直位于网络的核心地带，其中，美国的核心度排名一直位于第一位，但随着时间的推移，欧盟的核心度呈现下降趋势。中国自入世以来也一直维持在网络的核心地带，三个阶段的核心度分别为 0.183、0.609、0.342，第三、第四阶段中国的核心度较第二阶段有明显增强。第二阶段中国核心度指标更多的是反映了中国的被动应诉情况，而 2008 年金融危机以来，中国以更加积极主动的姿态参与到 WTO 争端解决机制中，核心度有了明显提升。除此之外，对于其他在前两个阶段核心度排名靠前的成员，金融危机以来的核心度较之前均有不同程度的下降。

表 15　WTO 争端网络核心度

第一阶段		第二阶段		第三阶段		第四阶段	
成员排序	数值	成员排序	数值	成员排序	数值	成员排序	数值
美国	0.766	美国	0.818	美国	0.730	美国	0.904
欧盟	0.537	欧盟	0.413	中国	0.609	中国	0.342
加拿大	0.163	加拿大	0.223	欧盟	0.210	欧盟	0.134
巴西	0.141	中国	0.183	加拿大	0.122	俄罗斯	0.117
印度	0.134	墨西哥	0.158	印度	0.098	加拿大	0.087
日本	0.134	巴西	0.110	印度尼西亚	0.083	土耳其	0.080
韩国	0.119	印度	0.104	韩国	0.071	印度	0.077
阿根廷	0.090	日本	0.086	墨西哥	0.063	墨西哥	0.072
墨西哥	0.081	韩国	0.078	阿根廷	0.059	韩国	0.068
澳大利亚	0.057	阿根廷	0.077	越南	0.056	瑞士	0.030

五、结论与政策建议

（一）主要结论

本文将复杂网络理论用于 WTO 争端案件分析，选取案件总数、案件影响力、联合起诉情况三种边权赋予方式构建有向加权的 WTO 争端网络模型。并将全部争端案件按时间划分为四个阶段，构建了 35×35 的 1-模多值矩阵。借助复杂网络理论和研究方法，从网络图、中心性、对称性、核心—边缘结构等几个方面对 WTO 争端网络结构和演变特征进行分析，力求系统研究 WTO 争端解决机制运行特征并对中国参与 WTO 争端解决情况进行定量和定性探讨。研究也存在不足之处，比如案件影响力权重衡量指标的设置略显主观。本文通过对 WTO 争端案件的统计分析和复杂网络研究，主要得出以下结论：

第一，WTO 争端解决机制复杂性特征明显。总体上，WTO 争端网络是一种非均衡的网络，虽然各个阶段的争端网络在部分结构上具有稳定性，但存在较为明显的差异和变动。美国阻碍上诉机构成员遴选的突变性，影响了 WTO 争端解决机制运行。美国、欧盟、中国长期维持在网络核心地带，WTO 争端网络存在向少数成员集中的倾向，更多的成员有向网络外围转移的趋势。

第二，以欧美为代表的发达国家表现出明显的小团体特征。美国控制其他成员之间争端关系的能力较大，有很大概率带动其他成员对美国申诉行为进行模仿。出于某些共同利益甚至政治利益的考虑，美国、欧盟经常联合起诉他国，尤其是针对中国的案件，频见欧美联合起诉现象。

第三，WTO 争端解决机制"门槛"高且效率低下。解决争端案件耗时长，成本高，也存在案件悬而未决。而且争端案件解决的效率并未随着后期纠纷数量的相对减少而提高，反而耗时情况越发严重。同时受资金和人才等因素制约，发达国家是争端案件的主要参与方，发展中国家主动发起的申诉要少于发达国家，低收入国家主动参与的情形则更为少见。

第四，争端案件内容呈现多元化发展态势。WTO 贸易争端以货物贸易案件为主，涉及服务贸易的案件逐渐增多，呈现出从初级产品向工业制成品、高技术产品转移，从商品贸易向服务贸易转移的趋势。反倾销反补贴案件纠纷占据多数，被诉案件涉及协议类型呈现多样性，涉及服务贸易、知识产权等一些新的规则领域的案件较早年有所增多。

第五，中国参与 WTO 争端解决经历了从被动向主动的转变，且中国涉案争端具有较大的国际关注度。中国入世 20 年来，对待 WTO 争端解决机制的态度愈趋理性。特别是金融危机以来，中国以更加积极主动的姿态参与 WTO 争端解决。同时，中国案件争端也越来越受到国际广泛关注。中国申诉或被诉的案件争端平均影响力数值较高，1995—2020 年，涉中国案件的第三方参与数平均超过 5 个。

（二）对策建议

1. 强化多主体联合应对争端能力

综合施策，沉稳应对，加快推进经贸摩擦应对能力建设。加强政府、企业、协商会和智库的协作配合和有效沟通，尤其需要发挥智库的前瞻性、战略性指导作用，完善"四体联动"机制，健全处理国际争端的公私合作机制，提高中国在 WTO 争端解决中的诉讼能力。加强与 WTO 其他成员国的合作，积极寻求共同利益点，增强联合应对贸易争端解决的对抗能力。在 WTO 争端解决机制中，强化先期通过谈判磋商化解贸易纠纷的能力，尽可能低成本地维护中国企业合法权益。加快培养复合型国际诉讼人才，并积极参与引领国际规则，提高国际诉讼水平，增强主动申诉维权的信心。

2. 提升国际争端风险防范水平

未雨绸缪，精准研判，妥善落实国际争端风险防控对策。提高企业的国别风险识别能力，除了加强监测东道国法律政策风险外，还得强化信用、市场风险的预测，提高货物贸易、服务贸易、投资等全领域管控风险的综合能力。政府支持行业协商会搭建信息交流平台，关注国际争端发展动态，提高贸易争端预警水平。增强中国企业诚信与契约精神，强化国内商务和市场主管部门事前教育与行政执法能力，促进涉外企业市场准入前就守牢国际法律和国际规则的底线。坚持市场经济和法治原则，进一步完善对外贸易投资金融等法律法规，以制度做保障与国际规则接轨。深入剖析已有争端案件，针对已经暴露的国际争端风险，完善中国在政府补贴、进口许可、知识产权、透明度等方面政策合规度，主动融入 WTO 规则体系。

3. 积极参与推进 WTO 改革和多双边经贸合作

开放包容，平等协商，积极推进 WTO 机制问题改革和多双边经贸合作行稳致远。支持协商一致的决策机制，寻求绝大多数成员国普遍关切问题的最大公约数，促使 WTO 去"政治化"，早日走出生存危机。同时深化多双边经贸合作，构建面向全球的高标准自由贸易区网络。WTO 改革进程中，应尊重发展中成员享受特殊与差别待遇的权利，坚持贸易和投资的公平竞争原则，对来自不同所有制企业的贸易和投资提供非歧视性待遇，增强多边贸易体制的包容性。维护 WTO 多边贸易体制，平衡成员在世贸组织协定保障下的权利与义务，秉承善意和克制原则援引安全例外条款，摈弃贸易霸凌主义和贸易保护主义。恢复不可诉补贴，改进日落复审规则，改进反倾销反补贴调查透明度和正当程序，完善贸易救济领域的相关规则，完成渔业补贴议题的谈判，推进电子商务、投资便利化措施等议题开放包容谈判。加强成员通报义务的履行，改进 WTO 各机构议事程序，进一步增强秘书处的代表性，提高 WTO 运行效率。

4. 坚持争端复杂系统管理思维

统筹兼顾，立足长远，以复杂系统管理思维化解国际争端。国际贸易投资争端属于复杂开放系统，WTO 各成员国及其所处的不同环境相互作用相互影响，呈现多样性、动态性和非线性、突变性等特征。新冠肺炎疫情导致全球经济下行和不确定性因素增强，贸易投资风险增加，对 WTO 争端解决机制带来新的影响与涌现。中国应充分认识应对贸易摩擦的长期性和复杂性，增强复杂系统管理能力，强化系统观和整体观，积极化解和应对来自 WTO 成员方的贸易投资争端，妥善处理与"一带一路"国家的贸易投资争端纠纷。针对某些发达国家滥用 WTO 规则，恶意对中国进口限制与高科技封锁，中国应加快补齐国内产业链短板，加快关键核心技术自主创新力度，同时深化与"一带一路"沿线国家经贸合作，改善对旧贸易循环结构的依赖，推动形成国内大循环为主体、国内国际双循环相互促进的经济发展新格局。🍃

参考文献

[1] PRAZERES T，林桂军，任靓. 美国对华遏制和贸易秩序再平衡：对 2019 年 WTO 的回顾 [J]. 国际贸易问题，2020(6)：1–18.

[2] 全毅. 区域贸易协定发展及其对 WTO 改革的影响 [J]. 国际贸易，2019(11)：52–58.

[3] 屠新泉. 我国应坚定支持多边贸易体制、积极推进全球贸易治理 [J]. 国际贸易问题，2018(2)：15–19.

[4] 薛荣久，张斌涛. WTO 与 "一带一路" 规则的构建 [J]. 国际贸易，2017(12)：40–43.

[5] 赵瑾. 国际贸易争端解决的中国方案：开放、协商、平等、合作、共赢 [J]. 国际贸易，2019(6)：41–47.

[6] 周灏. 中国在世界反倾销中角色地位变化的社会网络分析 [J]. 国际贸易问题，2015(1)：112–122.

[7] HOEKMAN B M，MAVROIDIS P C. Informing WTO Reform: Dispute Settlement Performance, 1995—2020[J]. *Journal of World Trade*, 2021，55(1): 1–50.

[8] GONZALEZ A，JUNG E. Developing countries can help restore the WTO's Dispute Settlement System[R]. Peterson Institute for International Economics，2020.

[9] REICH A. The effectiveness of the WTO Dispute Settlement System: a statistical analysis[R]. EUI Working Paper, 2017.

后疫情时代全球经贸秩序变迁与经济增长

李春顶　李董林 *

摘要: 贸易保护主义、中美贸易摩擦、多边贸易体制改革和区域贸易协定发展成为后疫情时代影响全球经贸秩序变迁和经济增长的核心因素。本文构建一个包含 26 个国家和地区的全球一般均衡模型，引入"内部货币"的内生性贸易不平衡结构和贸易成本，并分解贸易成本为关税壁垒和非关税壁垒，采用 2018 年全球数据建立基准数据集校准模型并模拟 4 类情景下全球经贸格局变迁的经济增长效应。模拟结果显示，贸易保护措施中贸易成本提升的负面影响最大，其次分别是关税壁垒和非关税壁垒；中美贸易摩擦升级将导致"双输"局面，中国受到的负面影响更突出，而美国单方面和联合欧盟、日本的对华贸易脱钩都无法消除对美国的负面冲击；中美任意一方退出 WTO 和发展中国家退出特殊和差别待遇都会产生负面效应，而多边贸易体制改革成功将使世界经济整体受益；区域贸易协定发展将促进成员国及世界经济的增长，其中，中美之间战略合作的经济促进效应明显优于其他几类潜在的区域贸易协定网络格局。

关键词: 后疫情时代；经贸秩序；中美博弈；多边贸易体制；区域贸易协定

---

* 作者简介：李春顶，中国农业大学经济管理学院系主任、教授；李董林，中国农业大学经济管理学院博士生。

一、引言

全球金融危机以来，世界经济格局东升西降已是大势所趋，世界面临百年未有之大变局，新冠肺炎疫情大流行进一步推动了世界经贸格局重新洗牌加速到来。一方面，新冠肺炎疫情导致全球价值链急剧收缩甚至断裂，而技术变革进一步推动价值链本地化、区域化、分散化发展，国际经济格局剧烈变动。另一方面，保护主义、单边主义、民族主义等逆全球化思潮抬头，全球政治与经济风险加剧。尽管全球经济出现复苏性增长，但疫情和贸易争端的负面冲击仍将导致大变革和大动荡延续。

后疫情时代，世界经济呈现出一系列新的发展特征和趋势，其一，新兴市场主体的崛起推动多极化深入发展，国际力量对比趋于平衡，但大国战略博弈明显加剧，贸易保护主义势力抬头；其二，新一轮科技革命和产业革命兴起，推动了全球多边贸易体制改革，全球经济的版图和结构面临重塑；其三，以数字贸易为代表的新发展思路和贸易方式促进经济规则的深刻调整，马太效应持续增强；其四，多边贸易体制改革缓慢推进，区域和跨区域的经贸合作受到青睐成为主要经济体试图重构国际经贸规则的重要渠道。毋庸置疑，后疫情时代全球经贸格局与秩序重构已成必然，贸易保护主义、贸易摩擦、区域合作、WTO 改革等都面临不确定性，新技术和新产业领域深刻变化，开展经贸秩序变迁的相关研究兼具理论和现实价值。

本文通过构建一个包含 26 个国家和地区的大型可计算一般均衡模型，模拟分析后疫情时代贸易保护主义、中美贸易博弈、多边贸易体制改革和区域贸易协定等四类因素对全球经贸格局变迁和经济增长的影响。本文的价值和可能的创新之处主要有以下两点：第一，在模型中引入了贸易成本和"内生性"贸易不平衡结构的全球价值链，并将贸易成本分解为关税和非关税壁垒，同时假设弹性系数线性分布，使模型的模拟结果更加稳定可靠和贴近现实；第二，系统而全面地量化分析了后疫情时代不同因素和渠道对世界经贸格局变迁和经济增长的影响，对中国处理国际关系、推动国际经济合作等具有重要的启示意义。

二、文献回顾

世界正经历百年未有之大变局，竞争优势重塑、经贸规则重建、力量格局重构的叠加态势已经十分明显（张燕生等，2021）。以科技水平、发展模式、经贸规则为争斗核心的大国博弈引发国际经贸规则的重构，主要活跃于对中国的贸易限制、WTO 改革及全球经济治理、区域和跨区域经济合作等主导全球经贸规则和秩序变迁的领域（姜跃春，2019）。

以关税和非关税手段来形成有利于本国产业发展，而限制他国经济的贸易壁垒成为金融危机后主要的贸易保护措施（Bems et al., 2011；董琴，2018；张景全，2019）。倪红福等（2020）就指出金融危机后发达国家的贸易保护程度呈上升趋势，逆全球化趋势尤为明显。后疫情时代，进一步以维护贸易公平和产业安全为借口的保护主义则成为常态，尤其以高新技术产业和数字智能等新兴产业领域最为普遍（唐宜红和张鹏杨，2020）。而中美贸易摩擦就是贸易保护主义思潮下最具代表性的案例，已经成为中国开放型经济发展面临的重要挑战（施建军等，2018）。中美关系有可能迎来"新冷战"的风险，但基于长远利益考虑，美方调整对华战略而重启战略合作也有其现实可能性（王帆，2021）。

在一系列动荡因素加剧全球经济分裂的背景下，多边贸易体制的权威性和有效性遭受到了前所未有的冲击，因此倡导以 WTO 改革推动多边贸易体系建设受到越来越多的关注（Ghibutiu A, 2015；Baldwin R, 2016；全毅，2019；等）。当前多边贸易体制变革困难重重，例如，发展中国家特殊和差别待遇、国有企业权益、争端解决机制、新兴产业规则等涉及成员利益主张的分歧就阻碍了 WTO 改革进程（黄鹏，2021；刘振宇等，2021；熊鸿儒等，2021）。值得注意的是，中国已由多边贸易规则的学习者成长为建设者，在 WTO 改革中的角色和地位发生了根本性变化，开始在多边贸易体制变革过程中发挥重要作用（裴长洪和倪江飞，2020）。

区域贸易协定网络建设是多边贸易体制变革受阻后全球经贸发展的新思路，现有的相关研究主要针对区域贸易协定的基础理论、影响因素、潜在经济效应和发展路径等问题展开分析，例如：Baier et al.(2014)，Francois et al. (2016)，Latorre 和 Yonezawa (2018)，铁瑛等（2021），杨继军和艾玮炜（2021）等。百年未有之变局和新冠肺炎疫情叠加冲击推动全球经贸格局加速进入一个瓦解、重构和新创的全新阶段（郝洁，2019），单边主义和贸易保护主义等逆全球化思潮抬头，中美贸易摩擦升级，多边贸易体制改革，区域贸易协定建设等因素共同作用导致全球经贸治理体系由欧美发达国家主导的金字塔式向扁平化发展（吴雪，2020）。

后疫情时代全球经贸格局变迁是多重系统因素共同作用的结果，既有的相关研究主要围绕影响全球经贸格局变迁的主要因素和经贸格局演化趋势进行定性研究，而针对后疫情时代全球经贸格局的变迁及其经济增长效应的量化分析还相当缺乏，因此本文通过构建大型可计算一般均衡模型，量化模拟分析贸易保护主义、中美贸易摩擦、多边贸易体制改革和区域贸易协定建设对全球经贸格局变迁的影响及其经济增长效应，并为中国应对后疫情时代全球经贸格局变迁可能产生的负面影响提供政策建议。

三、模型、数据及参数校准

（一）模型

论文按照 Li et al.（2016）的方法引入"内部货币（Inside Money）"的内生性贸易不平衡结构。内部货币的内生性贸易不平衡结构具体建模方法是假设允许产品贸易和以内部货币表示的债务贸易同时存在，效用函数中包含未来消费的索取权（持有货币）或未来消费的负债（发行货币），表示当期储蓄引致的未来消费的增量；同时，内部货币进入效用函数，并假设内部货币等于贸易不平衡水平。

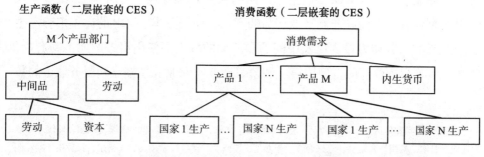

图 1　单个国家的生产和消费函数结构

资料来源：作者整理。

在模型生产结构上，设定一个嵌套的常替代弹性（CES）生产函数，并使用中间品和劳动两个要素生产 M 个产品，同时采用阿明顿假设各国生产的同类产品是异质的。在消费需求结构上，设定两层嵌套的常替代弹性（CES）效用函数，第一层是在不同的产品之间进行消费选择，第二层是在不同国家的产品之间进行消费选择。另外，假定未来消费或负债（内部货币）进入效用函数，每个国家可以使用当期收入来购买或储备未来消费（见图 1）。

在以上生产和消费结构基础上引入贸易成本，并分解为进口关税和非关税壁垒两个部分。非关税壁垒包含有运输成本、技术性贸易壁垒、语言壁垒和制度壁垒等。关税可以带来税收，增加政府收入。非关税壁垒与进口关税不同，不仅无法获得税收的收入，还需要使用实际资源来支付所涉及的成本。同时，假设抵偿非关税壁垒的成本由非制造业部门提供。在贸易自由化下，非关税壁垒（包括运输成本）将随着进口国代表性消费者非制造业产品消费的增加而减少。

模型的均衡条件包括要素市场出清、产品市场出清、全球贸易出清以及完全竞争市场条件下的零利润条件，所有市场同时出清的条件共同决定模型均衡。

（二）数据和参数校准

以最新的 2018 年数据建立基准数据集以校准和构建数值模型系统。数值模型包含 26 个国家和地区[①]。数值模型中的生产要素包括中间品和劳动，产品包括制造业产品和非制造业产品。各国的生产投入和产出数据来源于世界银行的世界发展指数（WDI）数据库，使用农业和服务业在 GDP 中的比重以及 GDP 数据计算制造业和非制造业产品的产出，使用资本 / GDP 的比重来确定生产中的资本和劳动力投入以及中间品和劳动的投入。使用第二产业（制造业）的数据代表制造业产品，使用第一和第三产业（农业、采掘业和服务业）的数

①26 个国家和地区为：澳大利亚，巴林，巴西，文莱，加拿大，智利，中国，欧盟，印度，印度尼西亚，日本，韩国，科威特，马来西亚，墨西哥，新西兰，秘鲁，菲律宾，卡塔尔，俄罗斯，沙特阿拉伯，新加坡，泰国，美国，越南和世界其他地区（ROW）

据代表非制造业产品。要素投入上使用劳动收入（工资）来表示劳动要素的投入。其他国家（ROW）的数据使用世界总值减去模型中所有单个国家或地区的总值获得。

各个国家之间的相互贸易数据来源于联合国 Comtrade 数据库。使用生产和贸易的数据，可以计算出单个国家的消费数据。使用 Novy（2013）的方法计算模型中各国相互之间的贸易成本，每个国家的进口关税数据来源于 WTO 统计数据库，使用最惠国平均关税率表示，非关税壁垒数据用贸易成本减去进口关税率。ROW 进口关税水平使用世界其他国家的平均关税税率来表示。由于国家较多，模型中消费和生产函数的产品消费替代弹性和生产要素替代弹性设定为线性分布，取值从 1.5 到 3.5，用在量化模型中就得到影响效应的分布函数。

使用 2018 年的实际数据，将模型中的参数设置为变量，进一步校准和估计参数，建立数值一般均衡模型系统。进一步使用数值模型系统模拟实际经济变量，并将模型模拟值与实际数据进行比较，以检查数值模型的可靠性。检验的结果表明，数值模型系统的拟合度较高并且可信可靠（见图 2）。

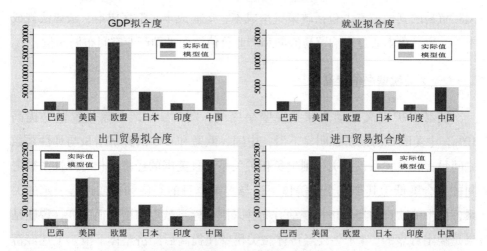

图 2 数值模型系统有效性检验

数据来源：根据 GAMS 模拟结果整理。

（三）情景设置

本文将模拟分析设定为四类主要情境，一是全球贸易保护主义抬头的经济增长效应，二是中美贸易博弈的经济增长效应，三是 WTO 多边贸易体制改革的经济增长效应，四是区域贸易协定发展的经济增长效应，限于篇幅，具体情景设置在第四至第七部分具体阐述。在模拟分析上，主要从三个层面展开，第一是对中国、美国、欧盟和日本四个主要发达和发展中经济体的影响，第二是对世界其他国家的影响，第三是对全球整体经济的影响。

四、全球贸易保护主义抬头的经济增长效应

全球贸易保护主义势力抬头已是制约世界经济发展的重要因素，其中最为普遍的是关税壁垒、非关税壁垒和贸易成本提升。关税壁垒指通过收取高额进口关税限制贸易往来，打压敌对国家经济；非关税壁垒 (Non-Tariff Barriers, NTB) 是指采取的除关税以外的所有贸易限制措施，包括知识产权限制、技术性壁垒、通关壁垒、检验检疫壁垒等；贸易成本指关税和非关税壁垒以外影响国际贸易的其他成本，包括政策壁垒成本、运输成本、汇率成本、法律法规成本等，贸易成本通过影响贸易流向和产业价值链而推动产业空间布局调整。

（一）关税壁垒的提高

贸易保护主义推动全球关税壁垒提高，图 3 显示，全球关税壁垒提高 10%，中美欧日的经济都明显下滑，中国、欧盟和日本的经济增长与弹性系数之间呈正相关关系，而美国则呈负相关关系，且美国的经济增长与弹性系数之间的拟合度低于其他三个经济体，这与美国本身的经济韧性或许有一定的关系，但中美欧日的经济增长变动方向并未因弹性系数取值变化而改变，说明结果是稳定可靠的。4 个主要经济体在关税壁垒提高后经济整体下滑。上述经济增长的变动趋势与线性弹性系数和经济增长之间的相互关系在关税水平提升 5% 的情况下依然成立。

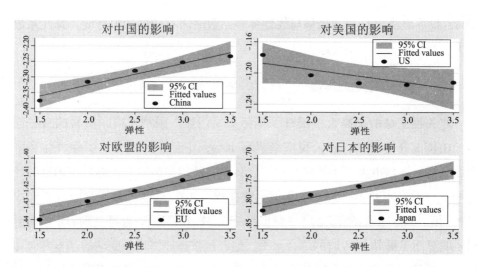

图 3　全球贸易保护关税提升 10% 对主要经济体的增长效应（单位：% 变化）

数据来源：根据模拟结果整理。

对于全球经济而言，关税水平提升将造成全球性的经济增长下滑，模拟结果显示（见图 4），在关税水平提升 5% 和 10% 时，全球经济增长分别在 –1.03% 至 –1.085% 区间和 –1.978% 至 –2.042% 区间变动，平均增长幅度为 –1.063% 和 –2.019%。全球经济随着贸易保护关税的提升而整体下滑，关税提升幅度越大则世界经济增长下滑程度越大。贸易保护关税无论是提升 5% 还是

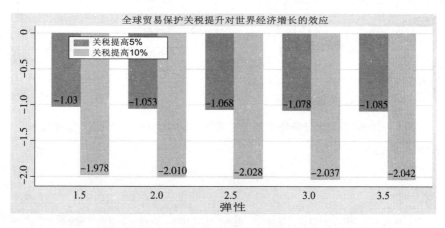

图 4　全球关税提升对世界经济增长的影响（单位：% 变化）

数据来源：根据模拟结果整理。

10%，世界经济增长变动趋势与线性弹性系数之间有较高的拟合度，弹性系数越大，经济增长下滑幅度越大。

（二）非关税壁垒的提高

非关税壁垒的提高直接提升了国际贸易门槛，限制了国际贸易的有序流通。由图 5 分析可知，非关税壁垒提高 10%，中美欧日四个主要经济体经济全面下滑，降幅由大到小依次为中国、日本、欧盟和美国。世界其他国家的经济增长变动方向并不一致，在非关税壁垒提升 10% 后印巴等国家经济正向增长[1]，俄、墨等国家经济下滑[2]。当非关税壁垒提升 5% 时，经济受到的正负向影响要明显小于提升 10% 时的综合水平，但各经济体经济增长变动的基本方向和总体趋势是一致的。在关税水平分别提升 5% 和 10% 时，弹性系数的变动并不影响模拟结果的解释能力。

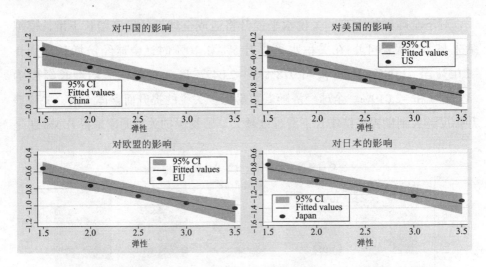

图 5　全球非关税壁垒提升 10% 对主要经济体的增长效应（单位：% 变化）

数据来源：根据模拟结果整理。

---

[1] 经济增长正向变化的经济体包括印度、巴西、澳大利亚、新西兰、泰国、马来西亚、越南、菲律宾、印度尼西亚、智利、秘鲁、沙特阿拉伯、巴林、科威特等国家。

[2] 经济增长下滑的经济体包括俄罗斯、墨西哥、加拿大、朝鲜、新加坡、文莱、卡塔尔等国家。

非关税壁垒提升 5% 和 10% 将导致世界经济平均降低 –0.639% 和 –1.233%，图 6 显示，弹性系数值与全球经济增长的降幅之间呈正相关关系，但总体趋势不受非关税壁垒变动影响。

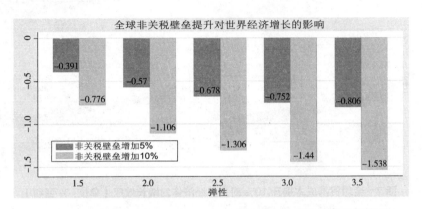

图 6　全球非关税壁垒提升对世界经济增长的影响（单位：% 变化）

数据来源：根据模拟结果整理。

（三）贸易成本的提高

金融危机余波未退，贸易保护主义势力横行和新冠肺炎疫情禁航禁运等一系列因素导致全球贸易成本明显上升。中美欧日四个主要经济体的经济增长幅度在贸易成本提升 5% 和 10% 时都将下降（见图 7）。贸易成本提升 10%，4 个主要经济体的经济降幅接近贸易成本提升 5% 时的两倍。总体来看，贸易成本提升对中国的影响最大，其次是日本、欧盟和美国，这与 4 个经济体的外贸依存度排名基本一致。世界其他经济体在贸易成本同比提高时经济增长变动方向不具有一致性，但贸易成本增幅并不影响各经济体的经济增长变动方向。

贸易成本上升严重冲击了世界经济，模拟显示（见图 8），贸易成本提高5%，世界经济平均下滑 –1.063%；贸易成本提高 10%，则经济降幅扩大至–2.019%。在同等贸易成本下，世界经济增长变动幅度与弹性系数取值成正比，模拟结果稳定可靠。贸易成本提升对世界经济增长变动的影响程度要明显大于关税壁垒和非关税壁垒水平提升产生的冲击，这与新冠肺炎疫情引致全球贸易成本提升，对世界经济造成前所未有之冲击的论调基本一致。

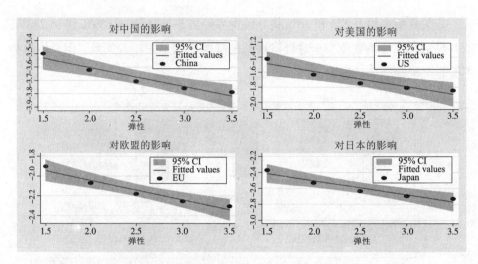

图 7　全球贸易成本提升 10% 对主要经济体的增长效应（单位：% 变动）

数据来源：根据模拟结果整理。

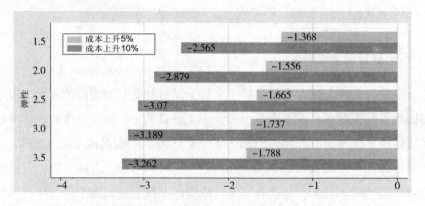

图 8　全球贸易成本上升对世界经济增长的影响（单位：% 变化）

数据来源：根据模拟结果整理。

五、中美贸易博弈的经济增长效应

中美贸易摩擦是美方挑起的违背国际贸易基本规律的逆全球化行为，是全球经济重心转移，西方经济掌控权下降后美方压制中国的主要手段。本文根据中美之间贸易摩擦的程度模拟分析了三类情况下的经济增长效应，分别为中美贸易摩擦升级、中美贸易脱钩和美欧日联合对中国的贸易脱钩。

（一）中美贸易摩擦升级

假定中美双边关税壁垒、非关税壁垒和贸易成本分别提升 25% 和 45%，以模拟中美贸易摩擦升级。如图 9 所示，关税水平提升 25%，中美欧日四个主要经济体经济增长变动分布呈不同态势，其中中国和欧盟呈明显左尾偏态分布，美国呈右尾偏态分布，说明经济增长变动落入峰值处的概率要大于尾部，而日本呈右倾双峰状，但并没有逆转经济增长下降的整体态势。图 9 说明中美贸易摩擦所产生的负面影响十分显著，且对主要经济体造成负面冲击是大概率事件。

关税提升对中美经济发展造成了强烈的负向冲击，其中中国遭受的冲击是美国的 5 倍左右，欧盟也出现了经济下滑，而日本则受益于中美之间的贸易争端，实现了 0.130%（关税提升 25%）和 0.149%（关税提升 45%）的正增长。而世界其他经济体普遍下滑，且关税水平越高，经济下滑越严重，仅少数国家和地区能够获利。

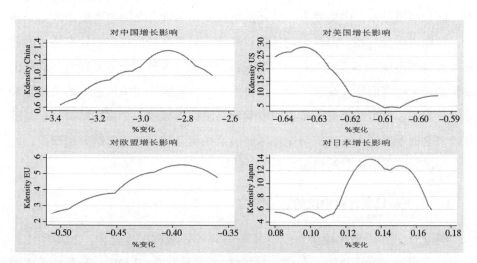

图 9 中美相互关税提升 25% 的贸易摩擦对主要国家增长影响的核密度分布

数据来源：根据模拟结果整理。

中美贸易摩擦升级并不局限于双边关税水平的提升，还包括非关税壁垒和贸易成本的提升，其中通过设置较高的非关税壁垒限制中美之间的正常贸易往来是当前常见的手段。模拟结果表明，日本是非关税壁垒提升的受益者，非关税壁垒提升 25% 和 45% 时日本经济平均增长 0.139% 和 0.149%，而中国、美国和欧盟都将受到负面冲击，中国下滑最严重，美国最小。世界其他经济体则以受益为主，仅墨西哥、加拿大、新西兰、智利和文莱等少数经济体下降。但全球经济以下滑为主，说明中美之间非关税壁垒的提升对世界的负面影响要明显强于正向促进效应。

贸易成本提高的影响与非关税壁垒提高类似，中国受损最严重，在贸易成本提高 45% 时中国经济下滑达到 −6.404%，美欧的经济下滑则仅为中国的六分之一左右，日本是受益者。模型选择的世界其他经济体普遍受益于中美贸易摩擦，但中美经贸合作规模和影响力大，加之模型选择的国家数量较少，世界经济则在贸易成本上升后整体下滑。

（二）中美贸易脱钩

诸多迹象表明中美贸易脱钩存在现实可能性，若处理不当可能会加速到来。模拟结果显示，中美欧三方的经济增长变动幅度分布的核密度曲线呈单峰状，且峰值明显右倾，而日本则呈现双峰状，但最高峰值也呈右倾态势，因此日本大概率出现 −1% 至 1% 的经济增长波动。除日本外三个主要经济体的经济增长都较大可能面临大幅度下降，很显然中美贸易脱钩对中国造成的负面影响是最突出的。模拟结果进一步表明中美贸易脱钩将导致一个多输结局，中美欧日经济全面下滑。东亚和东南亚地区的国家受贸易转移效应影响普遍获益，而全球经济则面临增长空间和动力不足，整体下行趋势十分显著。

（三）美欧日联合对中国的贸易脱钩

美欧日三方历来在政治、经济和军事等各领域有深度合作，2020 年 1 月 14 日三方发表《联合声明》[1]，重点强调限制贸易补贴，以 WTO 改革堵截中国

---

[1]2020 年 1 月 14 日，日本经济、贸易和工业大臣 KAJIYAMA Hiroshi 先生，美国贸易代表 Robert E.Lighthizer 大使和欧洲贸易专员 Phil Hogan 先生在华盛顿举行了会议，并发布《联合声明》，全称为《日本、美国和欧洲联盟贸易部长三边会议的联合声明》。

的贸易增长。此外，美欧日也以内政、专利技术等为借口进行经贸层面的打压，例如，稀土、棉花等产业压制。美欧日试图通过主导国际贸易体系治理的方向和内容来排挤中国，达到"规则围剿"的目的。显然，美欧日联合对华贸易脱钩存在现实可能性，且随着国际竞争加剧而愈演愈烈。

由美欧日联合与中国贸易脱钩对主要国家增长影响的核密度分布可知，除欧盟经济增长变动的核密度曲线峰值左倾外，中美日三方的经济增长变动峰值右倾趋势明显，美欧日对中国的贸易脱钩大概率将造成四个主要经济体的经济增长全面下滑，中美欧日四方的经济增长变动区间大概率为 –25% 至 –10%、–3% 至 –1.5%、0 至 2.5% 和 –1.2% 至 –0.2%。美欧日联合对中国的贸易脱钩对中美双方造成的负面影响要比单纯的贸易摩擦和双边脱钩更严峻，对中国的影响也将进一步扩大，而美国受到的负面影响整体幅度仅为中国的七分之一左右。世界其他经济体和全球经济也将分别面临 –1.927% 和 –2.546% 的下滑。但美欧日联合对中国的贸易脱钩并不能改善自身的经济状况，只会进一步对自身及全球经济造成更为强烈的负面冲击，因此美欧日的联合封锁是得不偿失的错误行为。

六、WTO 多边贸易体制改革的经济增长效应

"二战"以后，世界形成了以世界贸易组织、国际货币基金组织和世界银行三大组织机构为核心的全球治理框架体系。在全球化蓬勃发展阶段，世界贸易组织引领的多边贸易体制在世界经济的稳定、繁荣和持续发展过程中发挥了不可替代的作用。近年来，多边贸易体系和国际权力格局发生变化，WTO 的全球经济治理能力持续衰退，单边主义和贸易保护主义盛行，世界快速进入动荡变革的关键时期，以 WTO 改革为核心的多边贸易体制变革受到普遍重视。本文以 WTO 改革中主要经济体的参与程度及发展中国家享受特殊和差别待遇的情况为基础，模拟多边贸易体制改革的经济增长效应。

（一）美国退出 WTO 的多边贸易体系

长期以来，WTO 被发达国家把持操控，主要发达国家的一举一动都牵动

WTO 的走向和国际贸易规则体系，其中美国的影响尤为突出。美国贸易代表希尔斯和波特曼曾公开以退出 WTO 为由要挟中国在贸易规则方面做出让步，特朗普政权时期也曾表示若 WTO 改革不能解决美国关注的核心问题，美国将退出 WTO 而另谋出路。种种迹象表明，美国退出 WTO 存在现实可能性，因此本文模拟了美国退出 WTO 多边贸易体系的经济效应。

美国退出 WTO 对中美欧日产生了强烈的负面冲击（图 10），中国遭受的负面冲击最严重，其次是欧盟和美国。墨西哥（-6.292%）、加拿大（-5.024%）、新西兰（-0.023%）等在内的世界其他国家和全球经济整体下滑。总体来看，美国退出 WTO 弊大于利，是一项损人不利己的错误决策，因此 WTO 多边贸易体系变革需要持续关注美国的参与情况，并早做预案防范美国退出 WTO 的极端行为产生的负面影响。

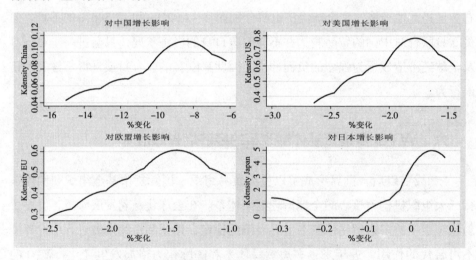

图 10　美国退出 WTO 对主要国家的增长影响

数据来源：根据模拟结果整理。

（二）中国退出 WTO 的多边贸易体系

中国是多边贸易体系的坚定拥护者，始终强调以 WTO 为核心推动多边贸易体系建设，将 WTO 多边贸易体系变革作为推动开放型经济发展和命运共同体建设的中流砥柱。但若面临以美欧发达国家排华阵营全面封锁和规则合围等多重挤压，中国有可能在极端情况下退出 WTO 并另起炉灶开辟新天地。模拟结果表明，中国退出 WTO 对自身及全球经济都将产生深刻的负面影响。弹性系数与经济增长变动之间线性拟合度较高，表明中国退出 WTO 的经济效应总体方向不受弹性系数取值影响，模拟结果可靠。全球经济在中国退出 WTO 后整体呈下行趋势，充分证实中国作为全球经济的发展贡献者和重要一极，是 WTO 重要的参与者和发展推动者，中国深度参与 WTO 是符合全球经济共同利益的（图 11）。

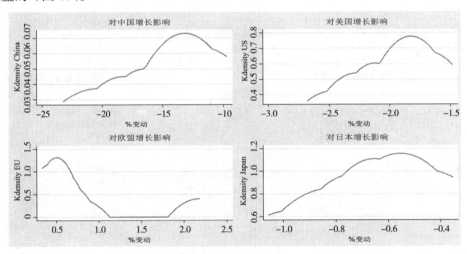

图 11　中国退出 WTO 对主要国家的增长影响

数据来源：根据模拟结果整理。

（三）WTO 改革后中国退出特殊和差别待遇

新一届 WTO 总干事就任拉开了 WTO 改革新的帷幕，目前中美欧等主要经济体纷纷提交了改革的设想方案和相关意见，焦点之一就是发展中国家的特殊和差别待遇 (Special and Differential Treatment，即 SDT)，其中发达国家普遍要求重新划分发展中国家名单，取消现有的部分或全部发展中国家退出发展中国家阵营，要求 WTO 成员方经贸政策一视同仁；而中国、印度、南非等发展中国家则坚定维护发展中国家正当利益，坚持发展中经济体在 WTO 中的特殊和差别待遇，推动世界经济的均衡发展。

模拟结果显示，中国退出 SDT 将产生显著而普遍的负面影响。中国退出 SDT 对中美欧日经济造成了强烈的负面冲击，4 个经济体的经济增长方向不受弹性系数取值变动影响，即模拟结果是稳定的（见图 12）。世界其他经济体中仅个别国家经济未受中国退出 SDT 的负面冲击，包括全球经济也难逃中国退出 SDT 的负面影响，这表明中国是全球经贸发展的贡献者而不是血吸虫，反华势力针对中国发展中国家地位的指责和强迫中国退出 SDT 的无端要求是违背客观事实的。

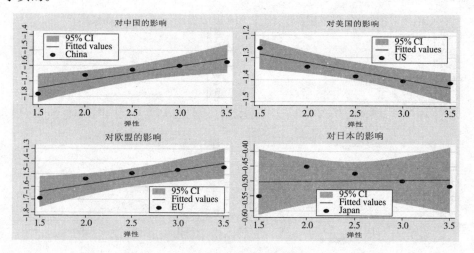

图 12　中国退出 SDT 对主要国家的增长影响（单位：% 变动）

数据来源：根据模拟结果整理。

（四）WTO 改革后中国、印度、巴西、南非退出特殊和差别待遇

2020 年 2 月 10 日，美国贸易代表办公室（USTR）在联邦纪事发布公告，宣布取消中国、印度、巴西和南非等 25 个经济体的发展中国家优惠待遇，这是美国要求取消发展中国家特殊和差别待遇暂时无果后单方面采取的具体措施。中印巴和南非历来是发达国家重点关注的发展中国家，在欧美等发达国家的强烈要求和持续施压下，四个国家在 WTO 改革后退出 SDT 存在现实可能性，本小节模拟了四个国家退出 SDT 的经济增长效应。

分析图 13，对中美欧日而言，中印巴和南非同时退出 SDT 对中国产生的负面影响最大（-1.003%），其次分别是日本（-0.197%）、美国（-0.148）和欧盟（–0.079%）。在 1.5 至 3.5 变换弹性系数取值对经济增长变动的方向并未产生影响，模拟结果可靠。世界其他国家经济和全球经济也出现了不同程度的下滑，仅俄罗斯、澳大利亚、新加坡、印度尼西亚等极少数国家能够从中获益，因此中印巴和南非退出 SDT 弊大于利。

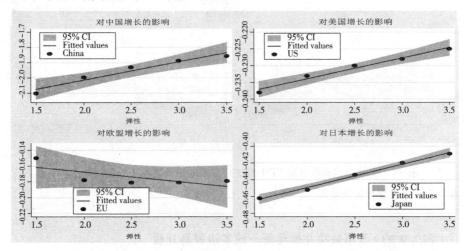

图 13　中国、印度、巴西、南非退出 SDT 对主要国家的增长影响（单位：% 变动）
数据来源：根据模拟结果整理。

（五）WTO 改革后发展中国家都退出特殊和差别待遇

当前发达国家阵营提出的 WTO 改革方案要求不再认可中国等发展中国家在国际贸易中的特殊和差别待遇。在发达国家阵营的持续强烈要求下，改革方案可能会忽视发展中国家的诉求而取缔其特殊和差别待遇。

如图 14 所示，全体发展中国家退出 SDT 造成了中美欧日经济整体下滑，在变化弹性系数取值后，经济增长变动方向没有发生根本性变化，说明模拟结果可靠。中国退出 SDT 后将遭受猛烈冲击（–1.109%），其他经济体也出现了不同程度下滑，但发展中国家的经济下滑更为严重。全球经济的普遍下滑充分说明坚持发展中国家的特殊和差别待遇是符合大多数国家发展利益的，因此坚持发展中国家特殊和差别待遇不仅是维护世界经济发展均衡性的客观需要，也是维护世界经济整体利益的现实需求。

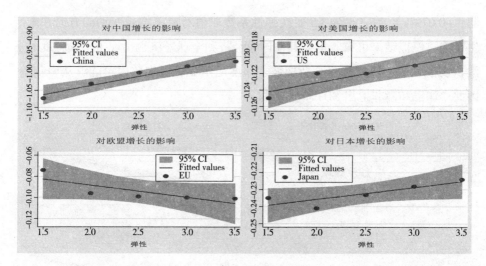

图 14　发展中国家都退出 SDT 对主要国家的增长影响（单位：% 变动）

数据来源：根据模拟结果整理。

（六）WTO 改革成功并推动新一轮多边贸易开放

新一届 WTO 总干事就任掀开了 WTO 改革的新篇章，新任总干事致力于任期内推动 WTO 改革取得实质性进展，这一理念也得到了大多数经济体的支持，尽管各经济体之间的改革诉求和改革方案不尽相同，但推动 WTO 改革进程和经济发展的愿景是一致的。目前世界范围内已经意识到了全球经济治理的紧迫性和重要性，多国提交了 WTO 改革方案，并积极参选 WTO 副总干事和核心部门负责人，因此 WTO 改革成功并推动新一轮多边贸易开放是具有现实可能性的。

模拟结果显示，WTO 改革成功的正向经济增长效应是十分显著的。WTO 改革成功对中美欧日产生了积极影响。世界其他经济体中除个别国家出现了经济负增长外，大多数国家都实现全面正增长。全球经济的平均增幅是世界其他经济体（ROW）平均增幅的两倍多，其中世界其他经济体（ROW）以中小国家为主，这充分说明 WTO 改革对大国经济体的影响要远大于一般中小规模经济体，因此 WTO 改革成功与否的关键就在于少数发达国家和实力较强的发展中国家。图 15 的模拟结果也进一步证明了弹性系数取值对模拟结果的稳定性不存在影响，结论可靠。

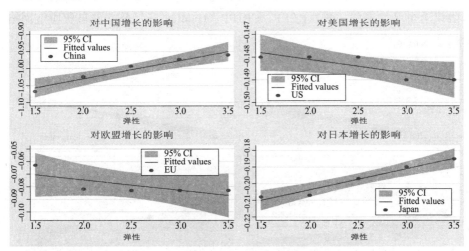

图 15 WTO 推动新一轮多边贸易自由化对主要国家的增长影响（单位：% 变动）

数据来源：根据模拟结果整理。

七、区域贸易协定发展的经济增长效应

全球金融危机、贸易保护主义、单边主义、民族主义、新冠肺炎疫情等一系列内外部复杂因素的冲击加速了 WTO 全球经济治理能力的衰退，全球多边贸易体制变革势在必行。因此，具有规则灵活、易于达成、执行简便等突出特点的区域贸易协定获得青睐，世界范围内掀起了一波区域贸易协定建设高潮，推动着全球经贸秩序的变迁和世界经济发展。目前以亚洲、欧洲和北美洲三大生产网络和价值链区块为核心的区域贸易协定网络格局基本形成，其中"区域全面经济伙伴关系协定"（RCEP）、"全面与进步跨太平洋伙伴关系协定"（CPTPP）和"美加墨三国协议"（USMCA）就是典型代表。此外，一面合作一面竞争是中美关系的常态，中美之间合作共建自贸区和各自重组朋友圈都存在现实可能性。

（一）RCEP+CPTPP+USMCA

当前中国和泰国率先完成了 RCEP 核准，其他成员国也将在 2021 年年内批准协定，CPTPP 则面临进一步扩容升级，USMCA 替代 NAFTA（北美自在交易协议）也已是临门一脚，RCEP、CPTPP、USMCA 三足鼎立的自贸协定网络格局基本形成。

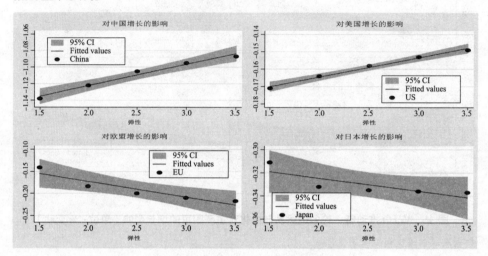

图 16　RCEP+CPTPP+USMCA 对主要国家的增长效应（单位：% 变动）

数据来源：根据模拟结果整理。

在三足鼎立的自贸协定网络格局下，中国的经济以弹性系数 2.5 为分界呈现正负两极差异；美欧日三方整体正增长，且变动方向不随弹性系数取值而变化，说明模拟结果是可靠的，能够较好地解释区域贸易协定三足鼎立的经济效应。印度、秘鲁等世界其他经济体出现较大幅度的下滑，其中非"三足"成员尤为突出。当三大区域贸易协定都生效时，世界经济整体处于上升通道，且正向促进效应明显盖过了负面冲击的影响，可见三大区域贸易协定对世界经济的促进作用十分显著，进一步融入和推动区域贸易协定建设符合发展大势和整体利益（图 16）。

（二）中国加入 CPTPP+RCEP+USMCA

中国已明确表态"考虑积极加入 CPTPP"，并已启动相关条款的研究工作，计划和 CPTPP 成员进行非正式接触。中国加入 CPTPP 是应对贸易保护主义和规则孤立势力，推动经济全球化和贸易自由化的重要举措，将有助于进一步拓展与亚太地区国家的经贸合作。同时也将显著提升 CPTPP 的规模和世界影响力，推动全球多边贸易体系治理。

图 17 显示，中国加入 CPTPP 后中美欧日经济普遍增长，其中日本受益最显著，而美国经济增长幅度随着弹性系数取值扩大而降低，弹性系数取值大于 3 时美国出现负增长。世界其他经济体凡是参与了 CPTPP、RCEP 或 USMCA 中任意一个，则中国加入 CPTPP 对其主要以积极影响为主，其他非成员国经济则面临强烈的负面冲击。中国加入 CPTPP 直接推动了全球多边贸易体制变革的进程，促进全球经济增长 0.261%。总体来看，中国加入 CPTPP 是多边受益的，尤其是对世界主要经济体及 CPTPP、RCEP 和 USMCA 的成员国产生的影响最突出。

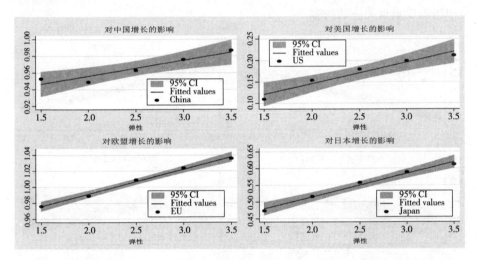

图 17　中国加入 CPTPP+RCEP+USMCA 对主要国家的增长效应（单位：% 变动）
数据来源：根据模拟结果整理。

（三）美国加入 CPTPP+USMCA+RCEP

CPTPP 是美国退出跨太平洋伙伴关系协定后日本、澳大利亚等成员国接棒建立的大型区域贸易协定，拜登作为奥巴马政权时期推动多边贸易体制的重要人物，其任期内美国有逐步重返 CPTPP 的可能性，其主要目的是通过重返 CPTPP 以联合其他成员国，重掌国际领导权，达到遏制中国的目的，同时通过参与并主导 CPTPP 发展，提振自身经济，形成对国际经贸规则的有效把控。

由图 18 分析可知，尽管美国加入 CPTPP 对部分国家的经济造成了一定冲击，但对大多数国家而言是有利的。对美欧日的经济促进效应十分突出，尤其是日本作为 CPTPP 的主要成员，在美国加入后获得了非常显著的正向收益。中国经济在弹性系数取值为 1.5 和 2 时略有下滑，当取值进一步扩大时则经济由降转升，因此中国经济大概率也将实现小幅增长或基本稳定。除少数国家外，全球经济整体都实现了正向增长，其中 CPTPP 成员国经济增幅明显高于其他国家。日本、澳大利亚等 CPTPP 成员国优于其他非成员国的经济表现从侧面说明了美国重返 CPTPP 会相对简单，相关成员国基于自身利益会积极吸纳美国加入，因此积极研究 CPTPP 的相关条款，有计划有步骤地探索尽早加入 CPTPP 是中国需要重点关注的内容。

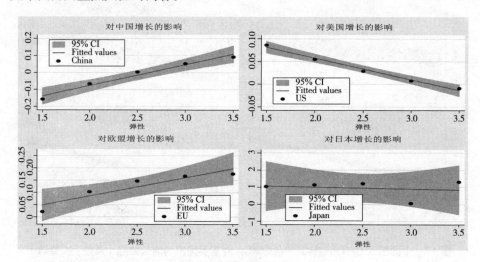

图 18 美国加入 CPTPP+RCEP+USMCA 对主要国家的增长效应（单位：% 变动）
数据来源：根据模拟结果整理。

（四）美欧日自贸区 +RCEP +CPTPP+USMCA

特朗普政权时期多次就促成美欧日超级自贸区表明积极态度，美国与欧盟共同发布了致力于建设零关税自由贸易区的联合声明，同时加快美日自贸协定建设进程，一个由美欧日主导的国际贸易体系有望形成。本文模拟了 RCEP、CPTPP 和 USMCA 全部生效情境下，美欧日自贸协定全面达成的经济增长效应。

　　美欧日区域贸易协定的达成对成员的影响十分抢眼，其中欧洲和日本的正向效应尤为突出，美国的经济增幅则略逊于欧洲和日本，中国也受到正向促进，且四个主要经济体的经济增长趋势并未受弹性系数取值变化影响（见图19）。尽管中国并未参与美欧日自贸区，但中国与欧盟之间已经达成中欧双边投资协定，同时与日本之间以 RCEP 为纽带形成了事实上的自贸协定关系，因此中国并未被完全排挤出美国试图主导的自贸区网络格局。

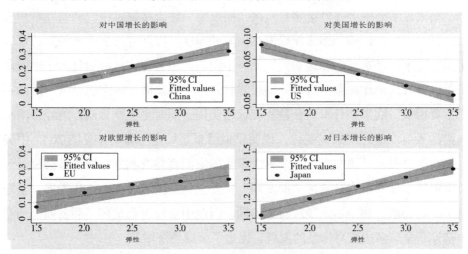

图19　美欧日自贸区 + RCEP+ CPTPP+USMCA 对主要国家的增长效应（单位：% 变动）
数据来源：根据模拟结果整理。

　　世界其他经济体中仅少数未加入全球自贸区网络核心（美欧日自贸区+RCEP+CPTPP+USMCA）的国家经济出现负增长，世界其他国家的经济整体保持正增长，同时全球经济也受自贸区建设的积极影响而整体向上。从表面来看，美欧日自贸区建设是针对中国的一项"围剿"计划，试图以规则孤立来限制中国对外经贸合作的发展，但错综复杂的自贸区网络关系将世界经济链接成一个整体，以搭建"规则孤岛"的方式限制中国经贸发展的计划已难以奏效，同时也表明中国的自贸区网络建设异常重要。

（五）中美各自组建自贸区"朋友圈"

　　随着中国经济规模不断扩大和改革开放深化发展，中国对外经贸合作进入快车道，截至 2021 年 7 月底，中国已经签订 21 个自贸协定和 1 项优惠贸易安排，在谈判和在研究的自贸区分别为 10 个和 8 个，涉及 50 多个国家和地区，中国的自贸区"朋友圈"扩容升级已是大势所趋，但各界普遍认为现阶段缺少发展水平较高的合作伙伴。美国方面突出强调以"亚太北约化"与"北约亚太化"双进程为核心的"印太战略"，其中进一步形成以美国为核心的多双边自贸区"朋友圈"或许是美方的重要举措，美方的合作伙伴以发达国家为主。

结果显示，中美各自组建自贸区"朋友圈"将直接损害中国利益而有利于美欧日。美国拉拢的合作伙伴以发达国家和印度、巴西等发展水平较高的发展中国家为主，经贸规模和影响力以及与中国的经贸合作体量都明显大于中国现阶段的自贸区合作对象，这是分别组建自贸区"朋友圈"后中国经济下滑的一个重要因素。欧盟和日本的获益程度远超美国，同时中美欧日四方的经济增长与弹性系数取值之间同向变化，说明模拟结果是稳定可靠的（见图 20）。中美分别组建自贸区"朋友圈"对世界大多数国家而言是有利的，仅少数国家受到负面影响。分别组建自贸区"朋友圈"本质上仍是区域经济一体化发展，差别在于"轮轴国"和"辐条国"对象不同，因此中美双方自贸区"朋友圈"的竞争推动了全球多边贸易体系的发展，促进了全球经济增长。

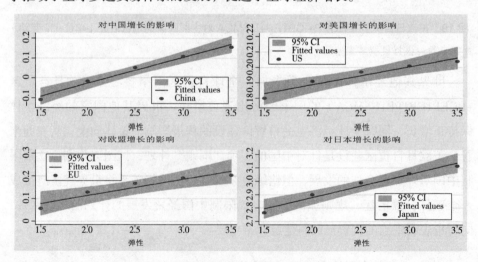

图 20　中美各自组建自贸区"朋友圈"对主要国家的增长效应（单位：% 变动）

数据来源：根据模拟结果整理。

（六）中美合作 +RCEP+CPTPP+USMCA

尽管中美双方正经历摩擦、对抗的艰难时期，但长期来看，在新冠肺炎疫情加剧全球政治、经济动荡的大背景下，双方基于战略利益在经贸领域开展深度合作仍有可能性，本文模拟了中美在经贸领域开展深度合作的经济增长效应。

结果显示，中美双方深度合作将带动多方受益，中国是最主要的受益者之一，平均经济增幅达到 1.77%，远超过美欧日三方的经济增长幅度，且经济增长比例与弹性系数取值同向变动，弹性系数取值并不影响模拟结果的稳定性（见图 21）。除印度、巴西、俄罗斯等部分国家出现经济负增长外，世界其他经济体普遍保持增长态势，且某一经济体加入的区域贸易协定越多，则其经济增长效应越突出，反之经济下滑的国家大多是没有加入或只加入 RCEP、CPTPP 和 USMCA 其中之一者。中美作为影响当今世界经济和政治发展的重要力量，进一步加强双边高水平经贸合作关系，推进全球多边贸易体系建设具有极强的现实意义。

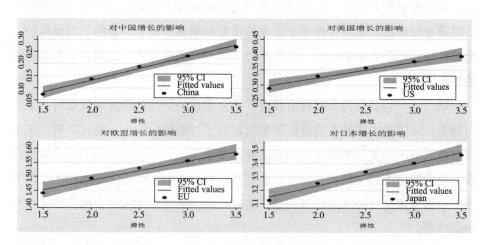

图 21　中美合作 +RCEP+CPTPP+USMCA 对主要国家的增长效应（单位：% 变动）

数据来源：根据模拟结果整理。

八、结论与政策建议

（一）主要结论

本文构建了一个包含 26 个国家和地区的全球可计算一般均衡大型模型系统，引入了"内生货币"的内生性不平衡结构和贸易成本，并根据情境设计的需要将贸易成本分解为关税和非关税壁垒。本文量化模拟了 4 类共 18 种在灾后疫情时代最有可能影响全球经贸秩序变迁的不同情境的潜在经济增长效应，四类模拟情景分别是贸易保护主义抬头、中美贸易摩擦升级、多边贸易体制改革和区域贸易协定多元化发展。为检验经济增长效应对弹性系数取值变动的敏感性，本文假定弹性值在 1.5 至 3.5 呈线性分布，敏感性分析说明，弹性系数的变动只影响增幅大小，而不会影响变动的方向。本文的量化模拟分析得出了如下主要结论：

第一，贸易保护主义对经济增长产生显著的负面影响，后疫情时代三类最主要的贸易保护主义手段对经济增长的负面冲击从大到小依次为贸易成本提升、关税壁垒提升和非关税壁垒提升，其中贸易成本和关税壁垒提升造成的经济扭曲更加突出。贸易保护主义造成的负面影响是显著且普遍的，贸易保护措施力度越大则负面影响强烈，且发达经济体和发展中经济体之间并不存在严格的界限区分。

第二，中美贸易博弈对双边及世界绝大多数经济体的经济增长都将造成负向冲击，其中对中国经济的负面影响明显大于对美国的冲击。对比来看，美欧日联合对中国的贸易脱钩造成的经济冲击要强于美方单一对中国的贸易脱钩以及非脱钩情境下的关税和非关税壁垒提升。总体来看，中美贸易摩擦的持续升级对中国造成负面经济效应更明显，美欧日抱团形成对中国的合围将产生更严峻的后果。

第三，在多边贸易体制改革过程中，无论是发达国家还是发展中国家退出 WTO 都会严重制约全球经济的发展，其中美国退出 WTO 产生的负面影响最大，而随着退出特殊与差别待遇的发展中国家增加，对世界各经济体造成的负面影响也将扩大。但若 WTO 多边贸易体制变革成功且顺利推动新一轮的全球多边贸易体系发展，世界经济将整体受益。

第四，区域贸易协定的发展对贸易协定成员及世界其他经济体都具有明显的促进作用，其中经济规模小、对外贸易开放度高的经济体增长效应最为突出，而非成员经济体则面临经济受损局面。区域贸易协定整体规模越大，正向经济促进效果越显著，且中国参与的区域贸易协定规模越大，也将获益越大。同时，中美双方的经贸合作具有显著的经济增长促进作用，因此要关注中美双方的合作。

（二）政策启示

本文有如下四个方面的政策启示：

第一，要联合抵制全球贸易保护主义势力，进一步推动全球贸易自由化。联合各经济体进一步采取措施降低贸易成本，尤其是分析并解决疫情后禁航禁运、检验检疫、进口管制等一系列提升贸易成本的问题。倡导并鼓励所有的WTO 成员实施《贸易便利化协定》，拓宽世界经济的共同空间，摆脱全球性的经济危机和衰退。

第二，推动中美经贸合作是符合双方经济利益及世界整体经济利益的优化选择。中美之间的对抗将导致"双输"局面，在平等互利、彼此尊重的基础上开展富有诚意的经贸磋商，达成互利共赢的协议，开展有原则的经贸合作是发展中美关系的正确选择。

第三，进一步推动多边贸易体制发展，推动多边贸易体系之下的全球贸易自由化。强化以 WTO 多边贸易体制为核心的全球经济治理能力，仍是维持世界经济有序发展的关键手段，同时要继续争取发展中国家特殊差别待遇，追求平衡、可持续的世界经济发展模式，避免世界经济两极分化。

第四，加快自贸区网络建设，拓展自贸区合作伙伴，尤其是推动中美双方在区域贸易协定领域的深度合作。中国要进一步加快"一带一路"沿线 FTA、CPTPP 等区域贸易协定的研究工作，拓展自贸区的整体布局，规避国际贸易规则"围剿"风险和经贸合作"孤岛"风险。此外，要重视发挥自贸协定"轮轴国"效应，塑造中国在自贸区网络格局中的核心地位。☞

参考文献

[1] Baldwin R. The World Trade Organization and the Future of Multilateralism[J]. *Cepr Discussion Papers*, 2016, 30 (1) :95–116.

[2] Francois J, Manchin M, Tomberger P. Services Linkages and the Value Added Content of Trade[J]. *World Economy*, 2016, 38 (11) :1631–1649.

[3] Ghibutiu A. The Variable Geometry of the World Trading System[J]. *Procedia Economics&Finance*, 2015, 22:422–431.

[4] Li, C., J. Wang and J. Whalley. "Impact of Mega Trade Deals on China:A Computational General Equilibrium Analysis" [J]. Economic Modelling, 2016, 57: 13–25.

[5] Latorre M C, Yonezawa H. Stopped TTIP? Its potential impact on the world and the role of neglected FDI[J]. *Economic Modelling*, 2018, 71:99–120.

[6] Novy, D. "Gravity Redux: Measuring International Trade Costs with Panel Data" [J]. Economic Inquiry, 2013, 51(1): 101–121.

[7] 董琴. "逆全球化"及其新发展对国际经贸的影响与中国策略研究 [J]. 经济学家, 2018(12):91–98.

[8] 姜跃春. 国际经济格局新变化及其发展趋势 [J]. 人民论坛·学术前沿, 2019(01):30–39.

[9] 郝洁. 全球经济治理体系和规则的深刻变革 [J]. 宏观经济管理, 2019(11):85–90.

[10] 黄鹏. 重构全球化：全球经济治理的改革取向 [J]. 探索与争鸣, 2021(02):88–98+179.

[11] 刘振宇, 王升艳, 徐清军. 世贸组织改革涉及的国有企业议题研究 [J]. 世界经济研究, 2021(04):3–11+134.

[12] 倪红福, 王晓星, 王欠欠. 贸易限制指数的动态演变及增加值贸易效应 [J]. 中国工业经济, 2020(12):140–158.

[13] 裴长洪, 倪江飞. 坚持与改革全球多边贸易体制的历史使命——写在中国加入 WTO 20 年之际 [J]. 改革, 2020(11):5–22.

[14] 全毅. 区域贸易协定发展及其对 WTO 改革的影响 [J]. 国际贸易, 2019(11):52–58.

[15] 施建军, 夏传信, 赵青霞, 卢林. 中国开放型经济面临的挑战与创新 [J]. 管理世界, 2018, 34(12):13–18+193.

[16] 唐宜红, 张鹏杨. 后疫情时代全球贸易保护主义发展趋势及中国应对策略 [J]. 国际贸易, 2020(11):4–10.

[17] 铁瑛, 黄建忠, 徐美娜. 第三方效应、区域贸易协定深化与中国策略：基于协定条款异质性的量化研究 [J]. 经济研究, 2021, 56(01):155–171.

[18] 吴雪.逆全球化背景下国际经贸治理体系改革及我国的应对策略[J].宏观经济管理,2020(06):78–83.

[19] 王帆.中美关系的未来:走向"新冷战"抑或战略合作重启?[J].国际问题研究,2021(01):55–68.

[20] 熊鸿儒,马源,陈红娜,田杰棠.数字贸易规则:关键议题、现实挑战与构建策略[J].改革,2021(01):65–73.

[21] 杨继军,艾玮炜.区域贸易协定服务贸易条款深度对增加值贸易关联的影响[J].国际贸易问题,2021(02):143–158.

[22] 张景全.贸易保护主义新态势与中国的策略选择[J].人民论坛,2019(35):22–25.

[23] 张燕生,逯新红,刘向东.疫情背景下的全球变局和亚洲经贸合作[J].全球化,2021(02):43–55+133–134.

《数字贸易伙伴关系协定（DEPA）》
的特点、影响及应对策略

王瑛　李舒婷　张劭鹏[*]

摘要：《数字贸易伙伴关系协定（DEPA）》的签订不仅为全球数字治理赤字提供了新思路，更为数字贸易规则的制定树立了样板。但从国际经济学和国际政治学的视角看，DEPA 不仅在内容上，而且在形式上更便于发达国家形成同盟，进而可能使其成为某些发达国家遏制其他国家发展的战略砝码。本文首先以对比研究方法分析 DEPA 协定的典型特点，进而系统探析 DEPA 协定对全球数字贸易格局产生的影响。为应对 DEPA 协定带来的挑战，中国应从对内、对外两个层次积极作为，以展现大国应有的担当与作为。

关键词：DEPA；数字贸易规则；全球数字贸易格局；中美；全球数字治理

近年来，数字贸易规模呈现指数级增长，相关新业态层出不穷，但数字贸易规则的制定却落后于数字贸易的发展，数字治理赤字日趋加深。为应对疫情下经济衰退和贸易保护主义等问题，新加坡、智利、新西兰等三国于 2020 年 6 月 12 日共同签订了《数字贸易伙伴关系协定（DEPA）》（以下简称 DEPA）。尽管 DEPA 协定在很大程度上借鉴了 CPTPP 数字贸易条款，其框架也与"美式模板"较为接近，但其在促进全球数字贸易发展方面具有开创性意义——它既反映了以智利为代表的发达小国不甘受传统数字贸易大国摆布、意欲掌握数字贸易规则制定主导权的雄心，其平台的开放性以及内容的高标准化也将吸引以美国为代表的其他国家加入。

美国智库国家亚洲研究局（简称 NBR）在其 2020 年 4 月题为《应对中国

＊作者简介：王瑛，北方民族大学经济学院副院长、教授；李舒婷，北方民族大学经济学院研究生；张劭鹏，北方民族大学经济学院研究生。

日益增长的数字影响力》的报告中指出：“在这个影响世界的拐点上，美国和中国都是候选领导人。在今天的数字贸易领域，决定性的竞赛并不是围绕最好、最新或最闪亮的数字技术，而是如何来定义国际规则。”换言之，未来全球数字贸易的竞争焦点就是规则和标准，而中美即为竞争的主角。因此，中国不仅要认真研究最新的数字贸易协定，借鉴相关规则倒逼国内改革并促进多双边自贸协定的签订与完善，更要积极参与多边数字贸易规则的制定，规范全球数字治理体系，展现大国应有的担当与作为，以推动全球范围内的共同发展。此外，种种迹象表明，美国又“看上了”DEPA，意欲借 DEPA 之“壳”，塑造整个亚太地区的数字贸易规则，继续“ABC 战略”（Anyone is OK，but China），将中国排除在外，上演当年“TPP”一幕。2021 年 7 月 15 日，美国战略与国际问题研究中心（CSIS）发布的题为《数字经济伙伴协定与 TPP 的返回路径》的报告不但肯定了上述观点，且力促美国政府抓紧行动，使 DEPA 成为美国亚太地区经济战略的核心，再加上美国在区域基础设施、清洁能源等方面的举措，使美国重新掌握亚太地区经贸博弈的主导地位，并且建议美国将行动的时间点选在拜登 2021 年 11 月出席亚太经合组织（APEC）年度峰会之时——由此更要引发我方对 DEPA 的关注。

一、DEPA 协定与当前主要“数字贸易模板”的对比

2020 年 6 月，智利、新西兰和新加坡三国政府在线上使用电子签名签署了 DEPA 协定①。该协定是数字贸易领域最早的单独协定，旨在加强各国在数字贸易领域的合作，并探索数字贸易新领域，如数字身份、电子支付和人工智能等。与传统数字贸易规则相比，DEPA 协定的创新内容如表 1 所示。

当前，全球数字贸易规则主导权竞争呈三足鼎立之格局，即：以美国为代表的反对计算设施和数据本地化要求、支持数据跨境自由流动的美式模板；以

---

① DEPA 协定共 16 个模块，其中包括：商业和贸易便利化、数字产品及相关问题、数据问题、更广泛的信任环境、企业和消费者信任、数字身份、创新和数字经济、中小企业合作、数字包容、透明度。

欧盟为代表的强调数据隐私保护、视听产品例外和消费者保护的欧式模板；以中国为代表的强调数据保护自主权的中式模板。上述三种模式在数字贸易领域呈现出较大差异，但与欧式模板和中式模板相比，DEPA 协定框架与美式模板的相似度最高（参见表 2）。

表 1　DEPA 协定的主要创新内容

所在模块	具体内容
模块二：商业和贸易便利化	物流、电子发票、快件、电子支付
模块七：数字身份	数字身份识别系统
模块八：新兴趋势和技术	金融技术合作、人工智能、政府采购、竞争政策合作
模块十：中小企业合作	加强数字贸易中小企业的贸易和投资机会、信息共享、数字中小企业对话
模块十一：数字包容	妇女、农村人口、低社会经济群体和土著人民参与数字贸易

资料来源：参见 Digital Economy Partnership Agreement（DEPA）Module2/7/8/10/11。

表 2　DEPA 协定与其他主要区域数字贸易规则比较[①]

主要数字贸易条款	DEPA	美式模板		欧式模板		中式模板
		CPTPP	USMCA	EUJEPR	EUSFTA	RCEP
取消数字产品关税	是	是	是	是	是	是
数字产品非歧视性待遇	是	是	是	否	否	无
电子认证和签名	是	是	是	是	部分	是
无纸贸易	是	是	是	否	部分	是
国内电子交易框架	是	是	是	部分	否	无
网上消费者保护	是	是	是	是	否	是
个人信息保护	是	是	是	否	是	是
反对恶意电子商业广告的措施	是	是	是	否	否	是
网络安全	是	是	是	否	否	是
跨境信息转移	是	是	是	否	是	是
禁止数据本地化	是	是	是	否	否	是
禁止金融服务数据本地化	无	否	是	否	否	无
中介服务提供者责任	无	否	是	否	部分	无
软件源代码和算法保密	无	部分	是	部分	否	无
开放政府数据	是	无	是	否	否	无

资料来源：http：//asiantradecentre.org/talkingtrade/comparing-digital-rules-in-trade-agreements。

---

①表格中选项具体含义为："是"指规定中包括单独的条款，完全解决此问题；"否"指规定中包括单独的条款，但完全没有解决对此问题；"部分"指规定中没有完全解决此问题；"无"指协定中未提此规定。

（一）DEPA 协定与"美式模板"的对比

美国始终希望通过掌控数字贸易规则制定的主导权来服务其国内经济的发展。美国拥有可为其带来巨额经济效益的大型数字服务贸易企业（如 Google 和 Facebook），故坚持将跨境数据自由流动和禁止计算设施本地化等减少数字贸易壁垒的规则作为美式模板的核心内容。此外，为保护企业技术的领先地位，美国还主张禁止各国政府要求源代码强制本地化及强制性技术转让。2015 年，美国主导的 TPP 中规定了完整的数字贸易章节。在美国退出 TPP 协定后，TPP 协定成员国达成了 CPTPP 协定，其中"电子商务"章节承袭了 TPP"数字贸易"章节的主要内容。而 USMCA 协定中的"数字贸易"章节则重申和深化了 CPTPP"电子商务"章节的对应条款，且更为高标准和严规则。

虽然 DEPA 协定与美式模板的相似度极高，但仍有一些差异，主要体现在以下几个方面：首先，DEPA 协定监管范围更为广泛。DEPA 协定对数字贸易监管框架进行了创新，其范围较 USMCA 中仅限数字贸易领域的约束性规则更为广泛。DEPA 协定增加了包括《威坦哲条约》例外、审慎例外、货币和汇率政策例外、税收例外、保障国际收支例外等多项例外规定，有利于强化缔约方在数字贸易领域的广泛合作。其次，DEPA 协定约束力稍弱。DEPA、CPTPP 和 USMCA 均支持禁止计算设施本地化，但 DEPA 和 CPTPP 将"实现合法公共政策目标"作为例外，USMCA 则没有设置任何例外条款。在源代码以及移动支付服务的国民待遇和市场准入方面，DEPA 协定也并未涉及，而 CPTPP 和 USMCA 则均制定了较高标准的承诺（参见表 3）。最后，DEPA 协定的服务利益对象更关注中小企业。新加坡和新西兰在以政府为主导的数字贸易模式上（如电子政务、智慧交通、智慧医疗等数字贸易基础设施领域）处于全球前列，但与美国相比缺少大型 ICT 企业，因而 DEPA 协议更加关注中小企业和数字初创企业。

表 3　数字贸易关键议题文本对比表 I

DEPA	CPTPP	USMCA
计算设施本地化相关条款对比		
均禁止计算设施本地化，但增加了例外条款，缔约方可以为"合法的公共政策目的"采用或维持一些规制措施		明确禁止将计算设施的本地化作为前提条件
移动支付服务的国民待遇和市场准入相关条款对比		
不包含该方面条款	如果有缔约方以外国家的支付服务企业运营，允许缔约方给予本地支付企业更优惠的待遇	明确给予其他成员国企业国民待遇
源代码相关条款对比		
不包含该方面条款	（1）禁止将查看源代码作为在对方领土进行商业运作的前提，并提出协议中的任何规定不能违背和阻碍关于"商业谈判合同"中有关源代码的内容与实施；（2）缔约方不能以现有法律和规定为由，要求企业修改源代码	USMCA 的用语特别强调缔约方"不要求或查看其他成员个人拥有的软件代码，或者是将转让、查看源代码和算法作为在其领土上进口、分销、零售或使用该软件产品的前提条件"，但并不能阻止一国的立法或司法机构获得该源代码或算法

资料来源：根据各协定官方文本整理。

（二）DEPA 与"欧式模板"的对比

2005 年《欧盟—智利自由贸易协定》的签订代表欧式模板开始成型，其中包含大量的数字贸易规则条款。由于多边贸易谈判停滞不前，欧盟开始将谈判重心转向双边或区域，如欧盟—韩国 FTA（2015）中关于数字贸易规则的条款更加细化和具有约束力；欧盟—加拿大综合经济和贸易协定（2017）中提及的数字贸易条款在欧盟目前双边协议中水平最高，之后的欧盟—新加坡 FTA（2019）、欧盟—越南 FTA 和欧盟—日本经济合作协议（EPA）都引入了诸多数字贸易的新规则。虽然欧盟不断推进数字贸易规则的构建，但由于其在全球数字贸易发展中处于相对落后的地位且在数字市场面临着来自美国和中国的竞争压力[①]，故而欧式模板一般只聚焦于三大议题：跨境数据自由流动、知识产权保护和视听例外。具体而言：（1）跨境数据自由流动。欧盟并不支持 DEPA 所推动的全面数据跨境自由流动，而是在个人权利保护项下采取境内境外双重标准。[②]（2）知识产权的高标准。由于欧盟知识密集型企业占比较大，因此欧盟倾向于用高标准和严规则来保护知识产权，如欧盟认为若知识产权的类型未通过注册，依然需要对其进行保护，而其他国家认为政府只需要保护已经注册备案的知识产权类型，但在 DEPA 中并没有对知识产权进行相关承诺。（3）欧盟坚持"视听例外"原则。欧盟无论是在多边的 WTO 谈判还是双边与诸边的自贸协定谈判中都始终坚守"视听例外"原则，而 DEPA 只是在数字产品的非歧视待遇条例中将广播排除在外。

（三）DEPA 协定与"中式模板"的对比

中国信息通信研究院发布的《中国数字经济发展白皮书（2021 年）》数据显示，2020 年中国数字经济规模达到 39.2 万亿元，占 GDP 比重的 38.6%，同比增长 9.7%，规模位居全球第二。中国正在借助"一带一路"建设、双边和多边自由贸易协定积极开展数字贸易相关议题的谈判，从而形成电子商务规则的中式模板。不同于中国参与的相关贸易协定规则表达，美式模板多采用"数字贸易"一词而非"电子商务"。"电子商务"和"数字贸易"两个术语只是体

---

① 截至 2018 年，欧盟数字市场的总规模为 4340 亿美元，远远落后于中国（7650 亿美元）和美国（6980 亿美元），且差距在不断拉大。（数据来源：https：//www.statista.com/chart/9155/digital-market-forecast/，访问时间：2021-07-2）

② 对于成员国，欧盟禁止以数据保护为由阻碍跨境数据自由流动，倾向于选择"隐私保护 + 跨境数据自由流动"的组合，从而放弃了数据保护自主权。实践中，2016 年 4 月通过的《一般数据保护法》（CDPR）在保护个人隐私的同时，确保了成员国间数据的自由流动，但前提条件是各成员国直接接受来自 GDPR 的约束力，即成员国放弃数据保护自主权；而对于其他第三国，则需以提供充分保护为前提。欧盟规制路径虽设计了统一标准，为个人数据权利的实现提供了合理的预期，且有利于防止第三国规避本国的数据保护立法。但综合来看，因为程序冗杂、标准过高，也客观上阻碍了数据的跨境流动。由此可知，欧盟的矛盾在于既不支持全面的跨境数据自由流动，但也意识到跨境数据自由流动可以促进企业数字化发展。因此欧盟在贸易协定谈判过程中也是既主张加强个人信息保护，又致力于建设消费者信任的环境。

现不同国家数字贸易发展方式的区别，从其所包含的内容来看，二者并无本质差异。

与 DEPA 协定相比，早期的中式模板主要包含关税、透明度、国内监管框架、国际监管合作、电子认证和数字证书、无纸化贸易、网络消费者保护、在线数据保护、贸易便利化等传统议题，且在争端解决中普遍不包含电子商务章节，由此也削弱了承诺的可执行性。2020 年 1 月签订的《中国香港—澳大利亚自由贸易协定》中突破性地加入了计算机设备的位置、源代码处理等承诺，并对金融服务计算设施进行了单独的规制，但这仍未达到 DEPA 协定相关内容所承诺的开放程度。中国所参与的 RCEP 协定也包含了专门的电子商务章节。这也是中国首次原则上同意和接受对数据流动和本地化具有约束力的规则。但相比 DEPA 协定，RCEP 将"必要性下的合法政策公共目标"以及"基本安全利益"作为计算设施本地化等规则的例外，强调缔约方如果以合法公共政策目标来限制流动，其他国家不可以提出异议，DEPA 中的缔约方如果以公共目标限制流动，其他缔约方若不认同就可以进行上诉。此外，与 DEPA 协定和美式模板相比，中式模板更强调各国政府有权为维护国家和公共安全实施必要的监管措施，同时需考虑各国数字贸易发展阶段的差异，制定循序渐进的跨境数据自由流动目标（参见表 4）。

表 4　数字贸易关键议题文本对比表 II

DEPA	RCEP	中国香港—澳大利亚自贸协定
数据跨境流动相关文本对比		
允许通过电子方式跨界传输信息（包括个人信息），将"合法的公共政策目标"定为例外	允许数据跨境流动[①]，缔约方可自行决定是否有必要实施限制数据跨境流动的措施，且其他缔约方不得对此类措施提出异议	允许通过电子方式跨界传输信息，包括个人信息，将"合法的公共政策目标"定为例外，但上述措施不得构成任意或不正当歧视或变相限制贸易

---

① 依据 RCEP 文本，柬埔寨、老挝人民民主共和国和缅甸在本协定生效之日起五年内不得被要求适用本款，如有必要可再延长三年。越南在本协定生效之日起五年内不得被要求适用本款。

DEPA	RCEP	中国香港—澳大利亚自贸协定
计算设施位置相关文本对比		
禁止计算设施本地化，但增加了例外条款，成员可基于"合法的公共政策目的"采用或维持一些规制措施	（1）禁止将计算设施本地化作为对方领土内进行商业行为的条件；[①]（2）缔约方可自行决定是否有必要实施计算设施本地化措施，且其他缔约方不得对此类措施提出异议	（1）不得将"要求缔约方在其区域使用或定位计算机设施"作为在该区域开展业务的条件；（2）将"合法的公共政策目的"定为例外，但上述措施不得构成任意或不正当歧视或变相限制贸易
线上个人信息保护相关文本对比		
（1）鼓励采用或维护保护个人信息的法律框架；（2）建议在制定法律框架时考虑亚太经合组织的 CBPR 系统[②]	（1）缔约方应实施线上个人信息保护法律框架；（2）缔约方应公布关于个人信息泄露行为寻求补救措施的信息	（1）各缔约方应采用或维持一个法律框架，提供对电子商务用户个人信息的保护；（2）各缔约方应采取非歧视性做法，保护电子商务用户免受个人信息侵犯

资料来源：DEPA 文本、香港特别行政区工业贸易署[③]、中国自由贸易区服务网[④]。

综上可知，DEPA 协定的典型特点为：第一，DEPA 协定采用模块化的框架，极具开放性。DEPA 协定强调围绕当前和未来成员之间的原则建立共识，未来的成员不需要加入所有模块。第二，DEPA 协定关注政府间合作以促进数字贸易发展，具有创新性和时代性。DEPA 协定文本涵盖了一系列新兴的数字贸易问题和主题，涉及数字贸易领域的几乎所有方面，这些条款可以极大地支持数字贸易时代的经济发展。第三，DEPA 协定强调围绕非约束原则建立共识，灵活性较大。DEPA 协定虽然与 CPTPP 数字贸易章节相似度最高，但仍有较多例外条款，并没有完全倒向"美式模板"。

---

① 依据 RCEP 文本，只要该措施不以构成任意或不合理的歧视或变相的贸易限制的方式适用该缔约方认为对保护其基本安全利益所必要的任何措施。

② 依据 DEPA 文本，DEPA 反映了亚太经合组织的 CBPR 框架，强调了收集限制、数据质量、目的规范、个人信息使用限制等的重要性。

③ 工业贸易署：中国香港与澳洲的自由贸易协定（tid.gov.hk）。

④ 中国自由贸易区服务网（mofcom.gov.cn）。

二、DEPA 协定对全球数字贸易格局的影响

（一）DEPA 协定对全球数字贸易格局的短期影响

1. DEPA 协定的签订是对贸易保护主义的有力回应

《全球数字贸易新图景（2020）》相关数据显示，2019 年全球数字贸易平均增速高于全球 GDP 增速 3.1 个百分点，在全球经济压力加大的情况下实现了"逆势增长"。[①] 特别是新冠肺炎疫情的暴发，使得传统的货物贸易和服务贸易均遭到剧烈冲击，而数字贸易却爆发出极大潜能，新业态、新模式层出不穷，在一定程度上抑制了全球经济的衰退。[②] 从国际贸易学视角看，经贸规则是维护全球经济效率、促使各参与国经济实现帕累托改进的必要条件。因此，DEPA 的签订将随着越来越多国家的加入对全球数字市场的规范性做出调整，并将为该市场的安全性提供制度保障。这在一定程度上是对经济逆全球化的有力回击，也为后疫情时代经济的恢复带来了曙光。

2. 数字鸿沟可能进一步加大

DEPA 协定继承了 CPTPP、USMCA 中数字条款的绝大部分内容，是数字"美式模板"的"更新换代"，符合绝大部分发达国家的利益。例如，DEPA 允许跨境流动自由，这与 CPTPP、USMCA 一脉相承。而由于不具备完善的数字基础设施，大多数发展中国家存在潜在的数据安全风险。此外，《全球数字贸易新图景（2020）》显示，2019 年发展中国家和不发达国家的互联网普及率在 30%—45%，而全球互联网的平均普及率达 54%，发达国家则达到 86.6%。[③] 因此，DEPA 的签订有可能使中低收入国家及新兴经济体难以适应，并进一步扩大发达国家与发展中国家特别是不发达国家之间的数字鸿沟。

---

① 中国信息通信研究院 http://www.caict.ac.cn/kxyj/qwfb/bps/202010/t20201014_359826.htm。

② 前瞻经济学 https://www.qianzhan.com/analyst/detail/220/210207-9e8316bc.html。

③ 中国信息通信研究院 http://www.caict.ac.cn/kxyj/qwfb/bps/202010/t20201014_359826.htm。

3. DEPA 协定为其他经贸协定提供"样板"

与其他规则相比，DEPA 的内容更全面，规定也更细致。因此，DEPA 的签订可以作为现阶段全球数字贸易规则的高标准样板，在短期内对其他经贸协定产生一定的示范和调整效应，影响其他经贸规则中有关数字贸易协定条款的制定甚至落实。从国际经贸规则的发展史来看，全球经济的发展与该时代的经贸规则紧密联系，从第一次工业革命时期的友好通商协议到 GATT 时期的多边投资规则，再到 WTO 时代的多边经贸规则，直到 21 世纪的区域经贸协议不外乎如此。而支持每个经贸时代发展的背后，是一大批符合该时代发展的贸易规则协议的涌现。因此，可以预见，DEPA 协议的签订会促使各经贸协议中数字贸易规则的加快完善和落实。

（二）DEPA 协定对全球数字贸易格局的长期影响

1. DEPA 为全球数字治理难题的破解提供新思路

当前，全球数字贸易规则的制定相较快速发展的数字贸易明显落后，包括数字鸿沟、数据伦理、网络安全等社会经济安全问题日益突出。作为全球第一部数字贸易协定，DEPA 在数字管理上的相关规定更为先进，包括建立以人为本的人工智能框架、电子商务领域实行替代性争端解决机制、设定网络安全条款等。上述规则的设定不但兼顾了数字发展和数字安全的复杂性，也缓解了日益严重的全球数字治理"碎片化"问题。因此，从长远来看，DEPA 的签订不仅为全球数字治理难题提供了新思路，而且将对全球数字治理产生深远影响。

2. DEPA 将推动各国在数字领域的广泛合作

在国际数字贸易规则领域的竞争中，"美式模板""欧式模板"与"中式模板"三足鼎立、各成一体，这种规则"联盟化"的趋势使得全球数字贸易分裂的局面逐渐形成。但是，经济全球化和数字全球化是大势所趋，多边数字贸易规则终将形成。历史的经验表明，开放才是合作的基础。开放性是 DEPA 最大的特点，其模块化的加入方式在一定程度上打破了传统数字贸易大国的规则垄断，并正吸引其他国家的加入，而该协定的灵活性及缺乏报复性的措施为世界各国提供了一个积极开放的承诺，这将在一定程度上加速推动全球数字贸易规则的形成。从这个意义上来讲，DEPA 未来或将为各国在数字贸易领域的合作提供坚实平台，并将促进多边数字贸易规则的形成。

三、DEPA 协定下中国的应对

（一）对外层面：继续深化对外开放，维护并参与制定多边数字贸易规则

1. 推进自贸协定中数字贸易规则的完善与落实

从影响范围来看，DEPA 协定将对整个亚太地区甚至全球的数字贸易规则体系产生较大影响。随着更多国家的加入，该协定势必对中国参与在内的重要区域合作机制进行调整，特别是美国的加入将会在较大程度上损害中国的利益。为了应对这种不确定性带来的挑战，中国可以通过推进中国自贸协定中数字贸易规则的完善和落实甚至加快商签自贸协定来削弱对中国的负面影响。一方面，中国可以借鉴 DEPA 等高标准内容条款，升级已签署的自贸协定。及时在自贸协定上签署《升级协定书》，并对相关条款（特别是电子商务条款）做出改进，进一步扩大中式模板的影响力。另一方面，中国需寻找合适的机会加入 CPTPP、DEPA 等高标准贸易协定，加强与世界各发达国家对话，突破中国在欧美以及亚太国家的数字壁垒。由此可以起到反制美国等国孤立中国的作用，并有助于中国企业拓展海外业务。

2. 加强与"一带一路"沿线国家数字合作和治理体系建设

从发展的视角看，中国与"一带一路"沿线国家对数字贸易发展的利益诉求基本相似，由此也更容易在数字贸易规则上协商一致。因此，中国应率先与"一带一路"沿线国家进行谈判，建立符合各方利益诉求的数字贸易合作机制以及争端解决机制。例如，中国可尝试与东盟、欧盟构建中国—东盟、中国—欧盟数字网络化结构。东盟在地理位置上与中国紧密相连、利益紧密相关，同时该地区也是大国数字博弈的竞技场；从长期来看，中国有很大可能保持欧盟第一大贸易伙伴的地位。中国应在数字贸易合作伙伴关系的基础上，构建中国—东盟、中国—欧盟区域治理新模式。通过参与东盟国家的数字基础

设施建设，打通东盟数字市场；通过建立数字协作机制加强中国—东盟的数字化合作；设计中国—欧盟—揽子货币、构建数字协同机制等方式来促进中国与欧盟各国资本和数据的流动。

3. 维护并推进 WTO 多边数字贸易规则的制定

DEPA 作为当前最有研究价值的数字贸易协定，其在很多方面值得 WTO 多边数字贸易规则学习并借鉴。但与 DEPA 不同，WTO 在数字贸易领域遵循"逐步自由化"原则[1]，较大程度地考虑了发展中国家和不发达国家的利益。因此，WTO 下一步可对 DEPA 相关规定进行借鉴或批判性引入，中国应维护并推进其制定。例如，在电子商务规则领域，虽然 WTO 各成员国在贸易便利化上已达成共识，但在物流、电子发票、快件、电子支付等方面的规定仍缺乏效率，此处可借鉴 DEPA 相关条款进行改进；又如，在数字跨境流动领域，该领域是数字贸易中不可忽视的关键所在，也是 WTO 改革的分歧之一。虽然 DEPA 协定在跨境数据流动上未拒绝政府干预，但却对政府监管提出了较大挑战，这对于数字基础设施不便利的国家而言尤其危险。因此，WTO 可引入类似 DEPA 模块化的处理方式，吸引各国协商设计该领域"逐步自由化"的条款来平衡各方利益。

（二）对内层面：对标 DEPA 条款研究，倒逼国内的数字贸易改革

1. 推进中国自贸试验区建设

虽然中国拥有超大规模数字市场，但在数据跨境流动等数字贸易关键领域却并不成熟。作为中国制度型开放的试验田，自由贸易试验区需大胆闯、大胆试、自主改，才能持续推动中国的制度型开放。[2] 因此，可考虑对标 DEPA 等国际高标准贸易规则，在自贸试验区率先开展跨境数据自由流动的先行先试。一方面，完善自贸试验区数据分类分级标准。数据的分类分级标准是自贸区推

---

① 在 WTO 体系下，并不存在完全的自由贸易，而是追求自由化贸易（Freer trade），即通过推动"逐步自由化"（progressive liberalization）的理念来鼓励成员方实现"自由化贸易"。

② 2014 年，习近平主席在出席十二届全国人大二次会议时强调："牢牢把握国际通行规则，大胆闯、大胆试、自主改，尽快形成一批可复制、可推广的新制度，加快在促进投资贸易便利、监管高效便捷、法制环境规范等方面先试出首批管用、有效的成果。"

行数据跨境流动的基础，可借鉴 1995 年欧盟数据保护指令等相关办法尽快健全完善该体系；鼓励发展基础较好的自贸试验区先行先试，设定分类参考标准、制定数据管理规则为其他自贸区做好前期准备。另一方面，探索构建灵活的数据出入境管制体系。在确保国家安全的前提下，建议各地区成立专门的研究小组针对区域发展实际探索多种数据出境路径，对标国际高标准完善数据出入境事前、事后安全评估机制，并对试验区企业设立行业自律性原则，多层次发力以建立一套全面规范的数据出入境监管体系。

2. 提升中国数字贸易治理水平

DEPA 协定在数字经济领域进行了多项创新以促进全球数字贸易的发展。对此，中国可借鉴 DEPA 中的创新条款，制定符合本国数字经济的政策以推动中国数字经济快速发展。首先，完善中国数字治理框架。例如，人工智能等数字技术的使用越来越广泛，其重要性也愈加突出，然而中国在其治理方面缺乏统一的治理框架。因此可借鉴 DEPA 中所倡导的人工智能治理伦理（可解释、透明、公平和以人为中心）来建立符合中国特色的数字技术治理框架，从而推动数字技术创新和健康发展。其次，扩大数字包容性。DEPA 协定承认包容性在数字经济中的重要性，希望各缔约方把握数字贸易的发展机会。中国可加以借鉴，鼓励各省对制度创新成果进行复制，改善和消除区域间参与数字经济的障碍，从而扩大数字经济的参与度。最后，在公开政府数据方面，可借鉴 DEPA 协定中所提出的政府数据公开框架，在保护国家利益的前提下，将政府数据开放纳入公共治理体系，并以此为基础促进中小企业开发数字新产品和服务。

3. 推动数字技术领域的突破

数字基础设施的建设是数字贸易实现快速发展的必要条件。就中国而言，虽然其在全球跨境电子商务领域具有显著优势，但由于中国企业并未对基础的数字创新技术加以重视等原因，使得中国在数字化服务领域与发达国家存在显著差距。首先，需加强中国信息技术的研发能力。增强对基础理论、算法等弱势基础技术的投入力度，加快开源软件的研发进度。其次，积极在数字贸易领域引进区块链等新兴技术，进一步提升政府及企业对数字风险的识别能力和管理能力。最后，加快培养和引进数字技术领域的优秀人才。鼓励高校开设人工智能、大数据等数字技术专业；鼓励企业与政府加强该领域的贯通基础研究；设定优惠政策引进国外优秀人才等。

4. 完善国内数字立法建设

国内数字立法的完善不仅可以填补中国在数字立法领域的空缺，同时也是中国参与国际数字贸易规则条款制定的基础。因此，中国需要加快制定数字立法规划，完善数字领域的法律体系。一方面，应进一步修改完善《数据安全法（草案）》，使其能够在数据的监管、确权、审查及流通等环节提高安全保障能力；另一方面，需制定与数字信息技术发展相匹配的《个人信息保护法》，避免个人信息保护出现"空中楼阁"。当前，个人信息遭遇非法泄露、非法运用的情况时有发生，因此亟须制定一部全面的、针对性的《个人信息保护法》，以加强对个人信息的有效保护。基于此，中国才有可能在中长期内实现与DEPA相关条款的融合，避免陷入被动局面。🅵

参考文献

[1] 章思勤，宾建成. 数字经济规则进展及中国的对策 [J]. 特区经济，2021（02）：40–43.

[2] 赵旸顿，彭德雷. 全球数字经贸规则的最新发展与比较——基于对《数字经济伙伴关系协定》的考察 [J]. 亚太经济，2020（04）：58–69+149.

[3] 周念利，陈寰琦. 数字贸易规则"欧式模板"的典型特征及发展趋向 [J]. 国际经贸探索，2018（03）：96–106.

[4] 翟崐. 数字全球化的战略博弈态势及中国应对 [J]. 人民论坛，2021（17）：86–88.

[5] 弓永钦，王健. TPP 电子商务条款解读以及中国的差距 [J]. 亚太经济，2016（03）：36–41.

[6] 周念利，王千. 美式数字贸易规则对亚洲经济体参与 RTAs 的渗透水平研究 [J]. 亚太经济，2019（04）：30–37+150.

[7] 柯晶莹. RCEP 与 USMCA 电子商务规则的比较及中国策略选择 [J]. 对外经贸实务，2021（07）：46–49.

[8] 周念利，陈寰琦. 基于《美墨加协定》分析数字贸易规则"美式模板"的深化及扩展 [J]. 国际贸易问题，2019（09）：1–11.

[9] 李杨，陈寰琦，周念利. 数字贸易规则"美式模板"对中国的挑战及应对 [J]. 国际贸易，2016（10）：24–27+37.

[10] 洪俊杰，陈明. 巨型自由贸易协定框架下数字贸易规则对中国的挑战及对策 [J]. 国际贸易，2021（05）：4–11.

[11] 张俊娥，董晓红. 从 USMCA 看中美数字贸易规则领域的分歧及中国应对策略 [J]. 对外经贸实务，2021（02）：42–45.

[12] GAO H，Digital or trade? The contrasting approaches of China and US to digital trade[J]. *Journal of international economic law*，2018，（01）：297–321.

[13] LEBLOND P. Digital trade at the WTO：the CPTPP and CUSMA pose challenges to Canadian data regulation[R].CIGI papers，2019（10）：227.

[14] SBF welcomes conclusion of Digital Economy Partnership Agreement（DEPA）[R/OL]. [2020-4-2]，https：//www.sbf.org.sg/sbf welcomes-conclusion-of-digital-economy-partnership-agreement-DEPA.

[15] Statista Research Department，Share of unique data and replicated data in the global datasphere in 2020 and 2024，Statista，2021（01）.

[16] Staiger，R.W.，On the Implications of Digital Technologies for the Multilateral Trading System[J]，*World Trade Report* 2018，2018，150.

[17] OECD，WTO and IMF. *Handbook on Measuring Digital Trade*［M］. 2020，11. https：//millennium indicators.un.org /un s d /stat com/51st- session /documents/BG-Item3e-Handbook-on-Measuring-Digital-Trade-E.pdf.

[18] Schlachet A. COVID-19：The Impact on Cross-Border Ecommerce. 2020. https：//www.global-e. com/e n/resource/covid-19-cross-bor- der-ecommerce/.

[19] Digital Economy Partnership Agreement（DEPA）Module7：https://www.mfat.govt.nz/assets/Trade/FTAs-concluded-but-not-in-force/DEPA-Signing-Text-11-June-2020-GMT.pdf.

RCEP 负面清单制度及中国负面清单管理制度的发展方向

姚鹏　陆建明　姬競元[*]

摘要:《区域全面经济伙伴关系协定》(RCEP)是亚太区域内首次达成的范围全面、水平较高的负面清单模式自由贸易协定,也是中国第一次在国际经贸协定中使用负面清单模式。由于经济发展水平各异、经济发展模式多元,RCEP 负面清单制度出现许多新特点。本文以 RCEP 内 15 个缔约国家的负面清单为样本,依据覆盖领域的不同将各国负面清单划分为两种不同类型,在此基础上,对比和分析不同类型负面清单不符措施在清单 A、清单 B 中的数量分布特征、涉及的行业分布特征和不适用的正面义务特征,发现使用第二类负面清单的国家在不符措施数量上普遍多于第一类负面清单国家,且前者不符措施主要集中于服务业,后者则主要集中于农业、矿业和制造业。同时,通过在结构和内容上对比和分析外资准入负面清单和中国 RCEP 负面清单,为进一步完善中国负面清单管理制度提供政策建议。

关键词:负面清单;不符措施;自由贸易协定;RCEP

一、引言

2020 年 11 月 15 日,包括东盟 10 国和中国、日本、韩国、澳大利亚、新西兰在内的共 15 个亚太国家正式签署《区域全面经济伙伴关系协定》(Regional Comprehensive Economic Partnership,简称 RCEP),成为当前世界上人口最多、经贸规模最大、最具发展潜力的自由贸易区。值得注意的是,RCEP 是我国第

---

* 作者简介:姚鹏,天津财经大学经济学院博士研究生;陆建明,天津财经大学经济学院研究生院副院长、教授、博导;姬競元,天津财经大学经济学院硕士研究生。

一个采用负面清单模式的自由贸易协定，这标志着负面清单模式从在中国内部实施的行政法规升级为受国际法约束的负面清单管理制度框架。在当今世界正经历百年未有之大变局，新冠肺炎疫情全球大流行的背景下，我国在负面清单模式上迈出的"关键一步"对于我国形成对外开放新格局无疑具有划时代的意义。

作为高标准国际贸易和投资规则的代表，近年来负面清单模式在全球范围内得到了越来越广泛的运用，在《全面与进步跨太平洋伙伴关系协定》（简称CPTPP）、《欧洲—加拿大全面经济贸易协定》（简称CETA）和《美墨加贸易协定》（简称USMCA）等大型自贸协定中，各成员国都采用了负面清单模式。然而由于RCEP成员国在经济规模、发展水平和经济体制等方面存在着巨大差异，客观上要求协定在投资和服务贸易等关键领域的规则上要具有较强的包容性，这使RCEP各成员国采用了两种不同的负面清单模式：中国、越南、老挝、柬埔寨、缅甸、泰国、菲律宾和新西兰八个国家在RCEP负面清单中只覆盖了投资领域，日本、韩国、澳大利亚、文莱、马来西亚、印度尼西亚和新加坡则同时覆盖了投资领域和服务贸易领域。因此，研究RCEP各成员国负面清单的具体内容，了解各国不符措施涉及的行业分布、正面义务、限制类型，对于进一步把握国际贸易和投资的规则的发展趋势具有重要意义。

对我国而言，在中美双边投资协定（Bilateral Investment Treaty，简称BIT）谈判决定采用负面清单模式后，自2013年起我国开始在自由贸易试验区内试行外商投资准入负面清单模式，并在2019年推广到全国范围。随着鱼面清单模式在我国的发展，国内学者对负面清单相关问题的关注程度也越来越高。早期研究主要集中于介绍外国负面清单制度的实施经验和发展历程（蔡鹏鸿，2013；武芳，2014；高维和等，2015），涵盖了负面清单模式的发展变化、实施现状、实施方式等问题。部分学者还深入考察了特定自贸协定的负面清单制度并与自贸试验区负面清单进行对比，如陆建明等（2015、2017b）对美国负面清单的研究、李思奇和牛倩（2019）对USMCA负面清单的研究以及杨荣珍等（2017）、许培源等（2017）对CPTPP负面清单的研究。然而，自由贸易试验区负面清单仅是国内法律法规，并不具有国际法的地位（申海平，2014）。

受限于此，在 RCEP 之前我国并未在自由贸易协定中使用过负面清单模式。因此，在 RCEP 协定中迈出"关键一步"后，我国该如何进一步完善自身的负面清单，有哪些国家是我国潜在的负面清单模式自由贸易协定签约对象，都是当前急需解决的问题。

在上述背景下，本文从以下几个方面展开研究：首先，介绍 RCEP 协定的投资、服务贸易和负面清单制度的相关规则；其次，分析 RCEP 各成员国不同类型负面清单的不符措施数量、涉及行业的分布以及不适用正面义务的分布；最后，在对比我国外资准入负面清单和 RCEP 负面清单形式和内容的基础上，就进一步完善我国负面清单管理制度提出政策建议。

二、RCEP 投资、服务贸易规则及负面清单制度

（一）RCEP 的投资规则的主要内容

根据 RCEP 的文本信息[①]，"投资"章节位于第十章，该章节由十八节正文和两个附录"习惯国际法"和"征收"组成。除此之外，在 RCEP 协定的附件三"服务和投资保留及不符措施承诺表"中，还列出了 15 个成员国的投资负面清单。正文的具体内容如下：

正文的第一条和第二条给出了投资的定义和范围，包括对于涵盖投资、可自由使用货币、非缔约方投资者、缔约一方投资者、法人、一缔约方的法人、一缔约方的措施、一缔约方的自然人等概念的具体定义以及本章与协议其他章节的关系。第三条至第七条规定了各缔约方需要履行的国民待遇、最惠国待遇、禁止业绩要求、高级管理人员和董事会成员四种正面义务，而第五条"投资待遇"由附件一"习惯国际法"具体解释。第八条到第十八条包括了保留措施和例外条款、转移、特殊手续和信息披露、损失的补偿、代位、征收、拒绝授惠、安全例外、投资促进、便利化和工作计划等内容。其中第八条"保留和不符措施"规定了各缔约方在负面清单中列出的，不适用于国民待遇、最惠国待遇、禁止业绩要求、高级管理人员和董事会成员四项正面义务不符措施，对

---

① RCEP 原始文本下载自中华人民共和国商务部中国自由贸易区服务网，网址 http://fta.mofcom.gov.cn。

应本章第三条、第四条、第六条和第七条。

国民待遇要求各缔约方在投资的设立、取得、扩大、管理、经营、运营、出售或其他处置方面给予另一缔约方投资者及涵盖投资的待遇应当不低于在类似情形下其给予本国投资者及其投资的待遇。

最惠国待遇要求各缔约方在投资的设立、取得、扩大、管理、经营、运营、出售或其他处置等方面给予另一缔约方投资者及涵盖投资的待遇，不得低于其在类似情形下给予任何其他缔约方或非缔约方投资者的习惯国际法待遇。

禁止业绩要求规定各缔约方不得就其领土内缔约另一方的投资进行设立、取得、扩大、管理、经营、运营、出售或其他处置方面施加或强制执行的要求，如出口比例、本地化比例、技术转让、优先购买等，这些要求不适用于柬埔寨、老挝和缅甸三国。

高级管理人员和董事会规定各缔约方不得要求属于涵盖投资的该缔约方的法人任命某一特定国籍的自然人担任高级管理职务。

（二）RCEP 的服务贸易规则的主要内容

"服务贸易"章节位于第八章，由二十五节正文和三个附录（"金融服务""电信服务"和"专业服务"），以及协定附件二（"服务具体承诺表"）和附件三（"服务和投资保留及不符措施承诺表"）中关于服务贸易的部分组成。正文内容包括三个部分：

首先，第一条和第二条给出了关于服务贸易的定义和范围，包括对于航空器的修理和维护服务、商业存在、计算机订座系统服务、法人、一缔约方的法人、一缔约方采取的影响服务贸易的措施、服务的垄断提供者、一缔约方的自然人、服务的部门等与服务贸易相关概念的具体定义，第二条还明确指出附录中有关金融、电信和专业服务的规定也属于本章的组成部分。

其次，第三条到第十三条是各缔约国关于服务贸易具体承诺和负面清单的规定。根据第三条"承诺减让表"，一部分缔约国将按照第七条"具体承诺表"的相关规定，附件二"服务具体承诺表"中列出对于所涉及的部分关于第四条"国民待遇"和第五条"市场准入"两项正面义务的具体承诺；另一部分缔约国将按照第八条"不符措施承诺表"的相关规定，在附件三"服务和投资保留及不符措施承诺表"中列出不适用于第四条"国民待遇"、第五条"市场准入"、第六条"最惠国待遇"和第十一条"本地存在"四项正面义务的负面清单。在本章中，关于服务贸易的国民待遇和最惠国待遇的规定与第十章"投资"的相关规定类似。市场准入条款规定，对于作出市场准入承诺的部门，不论是根据本章第七条"具体承诺表"作出具体承诺，或根据本章第八条"不符措施承诺表"遵守不符措施，各缔约方在其各地区或在其全部领土内不得对另一方采取相关的限制措施，包括限制服务提供者的数量、限制服务交易或资产总值、限制服务业务总数或产出总量、限制提供具体服务所必需的且直接相关的自然人总数、限制服务业外国股权最高百分比。本地存在条款则规定不得要求另一缔约方的服务提供者在其领土内建立或维持代表处、分支机构或其他任何形式的法人，或成为其领土内的居民作为服务贸易的前提条件。

最后，第十四条到第二十五条包括了对透明度、国内法规、承认、垄断和专营服务提供者、商业惯例、支付和转移、拒绝给予利益、保障措施、补贴、增加东盟成员国最不发达国家缔约方的参与、承诺的审查和合作等内容的相关要求。

（三）RCEP 的负面清单制度

负面清单 (negative list) 制度以"法无禁止即自由"为基本原则，旨在在负面清单所规定的范围内提高相关缔约国家投资和服务贸易的自由化程度和透明度。在负面清单的模式下，先假定缔约国对所有的部门进行开放并给予市场准入、国民待遇、最惠国待遇、高级管理人员和董事会成员等义务的承诺并且禁止业绩要求和本地存在要求，如果有例外的规定，协定的各缔约方则在附件中以不符措施列表的形式予以列出。

具体而言，在 RCEP 协议文本中并未直接出现"负面清单"字眼，而是将负面清单有关的条款分布在第八章和第十章中。对于投资负面清单制度设置的相关规定位于第十章"投资"的第八条"保留和不符措施"，这一条目规定各缔约国应在附件中列明成员国在投资领域不适用于一条或多条第十章第三条到

第七条所涉及正面义务中的不符措施清单。对于服务贸易，各缔约国分成两种情况：日本、韩国、澳大利亚、文莱、马来西亚、印度尼西亚和新加坡根据第八章"服务贸易"的第八条"不符措施承诺表"列出在服务贸易领域与第八章第四、五、六和第十一条所涉及正面义务不相符的不符措施清单，这七个国家在投资和服务贸易领域均采用负面清单模式；中国、越南、老挝、柬埔寨、缅甸、泰国、菲律宾和新西兰则根据第七条"具体承诺表"，列出服务贸易领域对于第八章第四、五条所涉及义务的具体承诺，这八个国家在投资领域采用负面清单模式，但在服务贸易领域采用的是正面清单模式。与负面清单模式相反，正面清单模式以各缔约方对所有的部门均不进行开放作为假定，如若特定部门开放则列明在具体承诺表中并且对于开放的部门给予市场准入和国民待遇。为了便于区别，本文将采用"服务贸易正面清单"+"投资负面清单"模式的负面清单称为第一类负面清单，将在投资和服务贸易领域均采用负面清单模式的负面清单称为第二类负面清单。

显然，第一类负面清单在开放程度上不如第二类负面清单高。然而由于经济发展水平和对负面清单制度的使用经验存在较大的差异，RCEP协定并未强制要求各缔约方立即在投资和服务贸易领域都采用负面清单制度。在第八章"服务贸易"第十二条"过渡期"中做出了特别规定，中国等8个采用服务贸易正面清单模式的国家应当在不迟于协定生效之日后3年开始提交在服务贸易领域从正面清单模式向负面清单模式过渡的计划，并不迟于协定生效的6年完成过渡，老挝、柬埔寨和缅甸三国的上述时间可以推迟到12年和15年。

第一类和第二类负面清单都被编入RCEP协定的附件三"服务和投资保留及不符措施承诺表"中，且包含清单A和清单B两个附件。其中，清单A包括了RCEP各缔约方的中央和地方政府现行的不符措施及其延续和更新，但各国未来只会将限制与现在持平或放宽，并不会限制更多。清单B则是各缔约方罗列的各项保留权利，对于清单B中的不符措施，缔约方既可以维持现有的限制条件，也保留采取新的限制性条件的权利。负面清单的每一项不符措施都包含以下几方面的内容：

1.部门、行业和分类编码。在负面清单中，各项不符措施首先列明其针对的部门和行业，既包括针对所有部门的水平性措施（Horizontal Measures）[1]，也包括针对特定具体行业的措施，如农业、林业、矿业、渔业等基础行业以及电信、医疗、教育等服务业部门。部分国家还在负面清单中按不同的分类标准给出相应的产业编码[2]。

2. 不适用的正面义务。负面清单中的不符措施既可能不适用于某一条正面义务，也可能不适用于多条正面义务。对于第一类负面清单，由于不涉及服务贸易领域，因此只对应国民待遇、最惠国待遇、禁止业绩要求、高级管理人员和董事会成员四项正面义务[3]，第二类负面清单中则在上述正面义务的基础上增加了市场准入和本地存在，共六项正面义务。

3. 政府级别。政府层次指的是维持该不符措施的政府级别，用以明确措施的适用范围和效力。在 RCEP 协定中，政府级别一般分为中央和地方两种。中央级别指该不符措施在全国范围内均适用，地方级别一般会在措施描述中注明具体适用的行政区划，一些联邦制国家还会特别区分地方和邦的不同区别[4]。

4. 措施描述。在 RCEP 中，采用第一类负面清单的国家一般不会注明该不符措施涉及的领域[5]，而是默认每一项不符措施都只涉及投资领域。而采用第二类负面清单的各国在措施描述中往往会首先根据该不符措施涉及的领域将不符措施分为三个不同的种类：第一种不符措施与第一类负面清单相同，只针对该不符措施所涉及行业的外国投资；第二种不符措施只针对涉及行业的服务贸易；第三种则既针对涉及行业的外国投资，又针对服务贸易。在措施描述的具体内容中会详细说明针对该不符措施所涉及行业进行限制的方式，大体上可以

---

① 水平型措施会标记为"所有部门（ALL Sectors）"。

② 中国、澳大利亚、文莱、韩国、马来西亚、新西兰没有在不符措施中提供相应的产业分类编码，越南、泰国、菲律宾、柬埔寨、老挝、缅甸、印度尼西亚提供了按国际标准产业分类 ISIC rev 3.1 或 ISIC rev 4.0 产业编码，新加坡使用了联合国统计办公室规定的 CPC 产业分类编码，日本则提供本国使用的日本产业分类编码 JSIC。

③ 柬埔寨、老挝、缅甸和越南四个国家不适用于第十章第四条"最惠国待遇"条款，其负面清单的全部不符措施均视作不适用于最惠国待遇义务。

④ 例如，缅甸联邦会在"中央（Central）""地方（Local）"之外增加"邦（State）"级别。

⑤ 在使用第一类负面清单的国家中，只有新西兰在每一项不符措施的描述中都注明了"投资（Investment）"。

分为准入性限制、非准入性限制两个层次。准入性限制包括禁止、有条件禁止和股权比例要求等各种类型，如果无法满足特定条件，外国投资和服务贸易就无法进入；非准入性限制仅涉及对在某行业或特定经营业务上的差别待遇，并未针对准入做出限制性要求；

5. 措施来源。措施来源列出缔约国实施该项不符措施所依据法律、法规或其他措施，这里的法律法规不仅包括本国立法部门制定的宪法、法律以及行政部门或地方政府发布的文件或规定，还包括与其他国家达成的被其他缔约国认可的国际协议，主要集中在环保、原子能和远洋捕捞等方面。

三、现阶段中国负面清单管理制度的问题及发展方向

RCEP 协定不仅仅是全球最大的自由贸易协定，更是两种不同类型负面清单的一次碰撞与融合。对我国而言，RCEP 是我国首次在自由贸易协定中使用负面清单制度，是我国进一步参与国际贸易投资新规则制定的最新实践成果。对比我国现行的外资准入管理负面清单和 RCEP 负面清单，对于我国进一步完善自身的负面清单，提升对外开放水平具有借鉴意义。

（一）现阶段中国负面清单管理模式的问题

自 2013 年发布上海自由贸易试验区外商投资准入特别管理措施（负面清单）以来，我国一直积极探索实施外资准入管理负面清单制度，截至 2020 年，我国已在全国自贸试验区范围内发布了 7 个版本的负面清单，限制项目也从 190 项削减到 30 余项。2019 年，国家发改委《外商投资准入特别管理措施（负面清单）（2019 版）》将负面清单的适用范围从自贸试验区内拓展到全国范围。但外商投资准入负面清单是我国自身实施的国内法，只得到我国相应法律法规的承认，对其他国家没有法律效力。与 RCEP 负面清单相比，现阶段中国负面清单管理模式的问题在结构和内容上还存在较多问题。表 1 在结构和行业内容上对比了国家发改委于 2020 年 6 月发布的外商投资准入特别管理措施（负面

清单)（2020 年版）^① 与中国 RCEP 负面清单。

表 1　外资准入负面清单与中国 RCEP 负面清单对比

		外商投资准入特别管理措施（负面清单）	中国 RCEP 负面清单
清单结构	清单数量	1	2
	限制领域	投资	投资
	部门行业	√	√
	不适用义务		√
	政府级别		√
	措施描述	√	√
	措施来源		√
	水平型措施		√
限制行业	农业	育种、转基因、水产捕捞	育种、转基因、水产捕捞
	采矿业	稀土、放射性矿产、钨的勘查、开采及选矿	稀土、钨的勘查、开采及选矿
	制造业	出版印刷、中药饮片、汽车制造、卫星电视零部件	中药饮片、汽车制造、卫星电视零部件、手工艺制品
	能源业	核能和核电站	核能和核电站
	批发零售	烟叶、卷烟、复烤烟叶及其他烟草制品	烟叶、卷烟、复烤烟叶及其他烟草制品
	房地产		土地买卖
	交通运输	水上运输、航空运输、机场运营、邮政	
	通信服务	电信公司、互联网信息服务	
	商业服务	法律服务、法律调查、社会调查	
	专业服务	人体干细胞和基因技术、人文社科研究、陆地和海洋测绘	生物资源开发利用
	教育	学前、普通高中和高等教育的合作办学、义务教育和宗教教育	
	医疗卫生	医疗机构	
	文化娱乐	新闻机构、报纸杂志、广播电台、电视节目、电影的制作发行、文物拍卖、文艺表演	
	其他服务		非政府组织的设立

---

① 以下简称外资准入负面清单。

由表 1 可知，外资准入负面清单的问题和缺陷表现在结构设置、行业分布和水平型措施三个方面。首先，从负面清单和不符措施的结构设置上看，RCEP 负面清单分别在清单 A 和清单 B 中列出了现行不符措施与未来不符措施，且每一项不符措施都明确了不适用的正面义务、针对的政府级别以及相关法律依据等内容。而外商投资准入负面清单则只包括现行的不符措施，对应外资准入负面清单中的清单 A，每一项不符措施只包含对具体限制措施的说明，既缺乏灵活性更大的清单 B，又缺少不符措施的设置依据，这使外资准入负面清单的开放弹性更小，法律基础和执行效力也相对薄弱。

其次，在行业分布方面，外资准入负面清单与 RCEP 负面清单的差异主要集中在对服务业的限制上。外资准入负面清单对服务业的限制不仅覆盖面非常广泛，包含了能源业、批发零售、交通运输、通信服务、商业服务、专业服务、教育、医疗卫生和文化娱乐九个领域，而且针对性较强，对部分特定业务施加了极高的投资准入门槛，例如，第十五条规定完全禁止对于邮政快递业务的外国投资。相比之下，RCEP 负面清单覆盖的服务业数量较少，只有能源业、批发零售、房地产、专业服务和其他服务五个，其中对于能源业和批发零售的限制与外资准入负面清单基本一致，对于专业服务的限制内容则存在一定差异，而房地产和其他服务外资准入负面清单中并没有涉及。

最后，在 RCEP 负面清单中中国首次采用了水平型不符措施。与其他不符措施不同，水平型措施不对具体部门和行业做出限制，而是重点保护本国特定地区、民族、群体和所有制形式企业的利益，以及对本国重要政策和法律法规的确认和声明，是负面清单管理制度的重要组成部分。中国在 RCEP 负面清单中列出的水平型措施共 10 项，4 项分布在清单 A 中，其余在清单 B 中，各项水平型措施具体内容如表 2 所示。清单 A 的第九项是排在第一，也是最重要的一项水平型措施。该措施规定对外资准入负面清单内涉及领域的投资一律按外资准入负面清单的有关措施办理，这是对外资准入负面清单法律效力的确认和升级，后者将不仅仅是一项由我国制定并发布的国内法，同时也是得到了RCEP 其他 14 个成员国认可的法律。第十和第十一项则是涉及金融服务业的相关规定，中国 RCEP 负面清单中并未对金融服务业的具体业务作出限制，仅以水平型措施的形式列出了股市和外汇管理的有关规定。其余的水平型措施还涵盖了对于少数民族、国有企业、特殊群体、港澳台地区保留优惠待遇等内容。

表 2　中国 RCEP 负面清单水平型措施具体内容

编号	简要描述	限制内容
A–9	对外商投资准入负面清单的确认	外国投资者拟投资外资准入负面清单内领域，但不符合外资准入负面清单规定的，不得予以办理许可、企业登记注册、或任何其他相关事项
A–10	A 股票开户	除了合格境外机构投资者、获得中国永久居留资格的外国人等条件外，外国投资者不得申请开立 A 股证券账户和期货账户
A–11	外汇管理	外国投资者在中国境内投资应当依据有关规定办理外汇登记，并且遵守外汇管理和投资额度等规定
A–12	个体工商业者和合伙企业	外国投资者不得以个体工商户、个人独资企业、农民专业合作社成员的形式在中国境内开展商业经营活动
B–3	少数民族优惠待遇	中国保留采取或维持任何给予少数民族和少数民族地区权利或者优先权的任何措施的权利，以平衡经济发展维护社会公平
B–4	特殊群体优惠待遇	中国保留为给予特殊群体（包括优抚对象、残疾人、老年人、儿童、享受最低生活保障的家庭以及生活特别困难人群）权利或者优先权而采取或维持任何措施的权利
B–8	国有企业优惠待遇	中国对国有企业和政府机构持有的资产或股权的取得、变更、分配、转让和处置，保留采取或维持任何措施的权利
B–9	最惠国待遇	中国保留根据本协定生效之日前已生效或已签署的任何双边或多边国际协定，采取或维持给予各缔约方差别待遇的任何措施的权利
B–10	港澳台优惠待遇	中国对任何香港、澳门、台湾地区的投资者及其任何投资保留采取或维持与任何特殊安排或优惠待遇有关的措施的权利
B–11	新部门和行业	中国保留就新部门和新行业采取或维持任何措施的权利

（二）中国负面清单管理模式的发展方向

基于以上问题，对于中国外资管理负面清单制度的完善，本文有如下建议：

进一步扩充负面清单的内容，加快推进制定服务贸易负面清单工作。通过考察全球各国 FTA 协定可以发现，同时涉及服务贸易和投资领域的第二类负面清单已日渐成为主流的负面清单形式。在 RCEP 各缔约国中，日本、韩国和澳大利亚此前签署的 FTA 协定全部采用第二类负面清单，新加坡、马来西亚、印度尼西亚和新西兰也在 FTA 中大量使用第二类负面清单。除此之外，在 2016 年签署的欧加全面经贸协定和 2019 年签署的欧日自贸协定中，日本、加拿大和欧盟 28 个成员国均采用了第二类负面清单形式，越来越多的发达国家开始重视服务贸易负面清单。经过多个版本自贸试验区统一负面清单和外资准入负面清单的实践，我国已经积累了大量在投资领域使用负面清单管理制度的经验，但在服务贸易领域尚存在空白，在 RCEP 协定中我国采用的也是不涉及服务贸易领域的第一类负面清单。当前，我国服务贸易规模已经连续 6 年稳居世界第二，但与投资领域相比，服务贸易领域的开放程度和管理制度都还不够成熟，加紧制定服务贸易负面清单既是实现服务贸易高质量发展的需要，也是我国履行在 RCEP 协定中关于 6 年内实现在服务贸易领域向负面清单模式过渡承诺的客观要求，对我国具有重要的战略意义。

积极推动与潜在伙伴国的负面清单模式 FTA 谈判，实现更大领域和更高质量的开放。我国已经与 14 个国家签署了 FTA 协议，这些协议均没有采用负面清单模式，对于外国投资和服务贸易的开放程度较低。当前，我国与韩国、新西兰、瑞士、秘鲁、新加坡和智利的 FTA 正处于升级谈判中，这些国家都拥有较为丰富的负面清单模式使用经验，在升级谈判中有潜在的使用负面清单模式的意愿，甚至在中澳 FTA 中澳方已经单方面列出了负面清单。对于我国而言，在区域贸易协议框架下进一步推动更大领域的开放和更高质量的合作，已经成为我国参与国际贸易和投资新规则的制定和全球治理的必然选择。我国应当以 RCEP 协定中首次使用负面清单模式为契机，完善和提升负面清单管理制度水平，谈判中积极寻求与潜在伙伴国签署负面清单模式 FTA，实现高质量发展。

在负面清单的行业选择上，我国应重点考虑对服务业，特别是金融服务业的保护。考察RCEP协定负面清单可以发现，各缔约国更倾向于对细分服务业施以精准而具体的限制，而我国针对服务业的限制措施还比较粗糙。在中国RCEP负面清单中，只有4项不符措施涉及服务业，且仅覆盖能源、房地产、批发零售等领域，外资准入负面清单中涉及的服务业数量虽然有所扩大，但与美国、日本、韩国等发达国家相比仍存在一定差距。作为一项极其重要的服务业，各国普遍对金融服务业的开放持较为谨慎的态度，面对不同的FTA伙伴国往往会采用不同的开放策略。日本、文莱、澳大利亚、新西兰、新加坡、马来西亚和越南七国在CPTPP协定负面清单中都涉及了金融服务业，但在RCEP协定负面清单中，仅有日本、文莱和澳大利亚涉及了金融服务业，其余国家对金融服务业的限制则是正面清单形式。我国对于金融服务业实施负面清单管理模式的经验还比较欠缺，2020年版外资准入负面清单中没有涉及金融服务业的相关措施，RCEP负面清单中也只有两项涉及金融服务业的水平型措施，对于制定金融服务业负面清单的尝试仅有上海自贸试验区于2017年发布的金融服务业对外开放负面清单指引。面对金融服务业负面清单管理模式较为复杂的国际形势和当前缺乏相关经验的事实，我国应加强国内、国际层面的统筹协调，在国际层面紧跟世界主要经济体在FTA金融服务业负面清单的最新实践；同时，在国内进一步推动金融服务业负面清单的制定和完善，从而实现内外协调、攻守兼备且更为深化的金融服务业对外开放新局面。𝓕

参考文献

[1] 蔡鹏鸿. TPP 横向议题与下一代贸易规则及其对中国的影响 [J]. 世界经济研究, 2013（07）: 41 − 45+51+88.

[2] 樊正兰, 张宝明. 负面清单的国际比较及实证研究 [J]. 上海经济研究, 2014（12）: 31-40.

[3] 高维和, 孙元欣, 王佳圆. TPP 投资规则与我国 FTA 投资规则的差异及其影响分析 [J]. 外国经济与管理, 2015（3）: 87-96.

[4] 陆建明, 杨宇娇, 梁思焱. 美国负面清单的内容、形式及其借鉴意义——基于 47 个美国 BIT 的研究 [J]. 亚太经济, 2015（2）: 56-61.

[5] 陆建明, 吴立鹏, 梁思焱. 美国双边投资协议与自由贸易协议负面清单的关联性与差异性分析 [J]. 国际商务研究, 2017（2）: 77-86.

[6] 李思奇, 牛倩. 投资负面清单制度的国际比较及其启示 [J]. 亚太经济, 2019（4）: 95-104.

[7] 申海平. 上海自贸区负面清单的法律地位及其调整 [J]. 东方法学, 2014（5）: 132-142.

[8] 杨荣珍, 陈雨. TPP 成员国投资负面清单的比较研究 [J]. 国际商务（对外经济贸易大学学报）, 2017（6）: 76-85.

[9] 许培源, 刘雅芳. TPP 投资规则与我国 FTA 投资规则的差异及其影响分析 [J]. 国际经贸探索, 2017（12）: 86-100.

RCEP 与 CPTPP 协定下中国服务业开放路径研究

王思语　张开翼[*]

摘要：服务业开放与深化发展能够激发我国市场主体活力，在完成经济发展结构转变的基础之上持续增加效能、提高质量，但服务业开放在国际层面对规则话语权提出更高要求。目前 RCEP 与 CPTPP 均确立了服务贸易相关规则，其中差异值得进行辨析。本文首先对 RCEP 与 CPTPP 国家服务业发展及开放现状进行归纳总结。其次，对 RCEP 与 CPTPP 服务贸易相关章节条款进行分析，发现在最惠国待遇及过渡清单范围，贸易政策透明度及争端解决，数据流动自由度及政府参与深度四个方面有明显区别。最后提出基于两大协定服务贸易条款对比后的中国服务业开放路径。

关键词：RCEP；CPTPP；服务业开放；服务贸易条款

一、引言及文献综述

2018 年 12 月，中央经济工作会议提出要加快服务业发展，扩大服务业对外开放，推动先进制造业和现代服务业深度融合。2020 年 9 月，习近平总书记在中国国际服务贸易交易会致辞，强调："放眼未来，服务业开放合作正日益成为推动发展的重要力量。"在此背景下，我国逐步向"服务经济"迈进。然而，服务业对外开放相比货物贸易面临更高开放壁垒，且在国际层面对于规则制定话语权提出了更高要求（程大中，2019）。当今世界正在经历百年未有之大变局，科技革命极大促进了服务业和服务贸易的模式创新，产业变革和消费革

---

* 作者简介：王思语，上海对外经贸大学贸易谈判学院讲师；张开翼，上海对外经贸大学贸易谈判学院国际商务专业研二学生。

命推动各国比较优势大洗牌，大国对规则制定权的争夺逐步转向服务领域（王微，2020），全球经贸体制的演变也逐渐向服务业方向不断深化。根据世界银行 2020 年政策研究工作报告（图 1）可知，相比于货物贸易成本构成，服务贸易中"政策壁垒和监管差异"在成本构成中重要性显著提升，达到 31%，为货物贸易的 1.8 倍，而"政府治理质量"则占据 10%，为货物贸易的 2.5 倍。纵观国际最新规则体系，服务贸易条款作为新增或电子商务升级条款，代表着各国利益的最新诉求，其中，《区域全面经济伙伴关系协定》（RCEP）、全面与进步跨太平洋伙伴关系协定（CPTPP）作为高水平的自由贸易协定，其中均就服务贸易相关规则展开丰富论述。RCEP 作为我国目前签署的最高水平区域贸易协定，在内容上对货物服务贸易、电子商务等章节进行了调整及创新（张建平，2021）。CPTPP 在标志着全球最高标准的经贸协定中，也首次将电子商务、数据流通、国有企业及指定垄断等条款纳入（冯巧根，2021）。

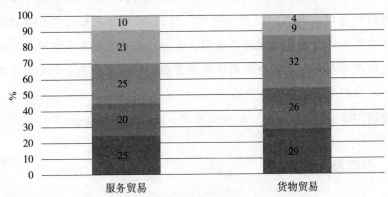

图 1　服务贸易和货物贸易成本结构

数据来源：Trade Facilitation in Services: A Conceptual and Empirical Analysis, *World Bank Policy Research Working Paper* 9233, May 2020。

目前我国对标国际先进规则推进服务业开放的力度有待加强、改革措施亟待精准（余淼杰，2021）。通过开放对接国际规则，连通国内外市场，能够为中国服务业进一步深化发展提供方向标和基本框架。本文的边际贡献在于，首先，对 RCEP 及 CPTPP 国家服务业发展及开放现状进行归纳总结。其次，对

RCEP 及 CPTPP 服务贸易条款进行对比，分析两大协定服务贸易条款的核心差异并探寻弥合差异的可能性。最后，以两大协议服务贸易条款差异为出发点，为我国服务业进一步开放提供思路。

二、RCEP 与 CPTPP 成员国服务业发展及开放现状

（一）RCEP 与 CPTPP 成员国服务业从总量到质量均呈提高态势

RCEP 与 CPTPP 成员国在全球服务贸易中均占据重要地位（图 2）。2020 年服务贸易出口额占比前三的国家为中国、日本、墨西哥，对应占比分别为 14.74%、3.65%、2.38%；进口额占比前三的国家为中国、日本、韩国，对应占比分别为 11.54%、3.56%、2.63%。相比于 2019 年，RCEP 服务贸易进口总额占比增长 1.85%，出口总额占比增长 0.09%；CPTPP 服务贸易进口总额增长 0.11%，出口总额增长 –0.35%。就我国服务业发展而言，服务贸易从原先货物贸易的补充角色也逐步成为国际贸易发展的新支点，服务贸易在国际分工中地位得到不断提升，价值创造能力显著增强。服务贸易进口额从 1998 年的 268 亿美元增长至 2019 年的 5055 亿美元，平均增长率高达 15.5%；服务贸易出口额也从 1998 年的 251 亿美元增长至 2019 年的 2444 亿美元，平均增长率达 12.1%。

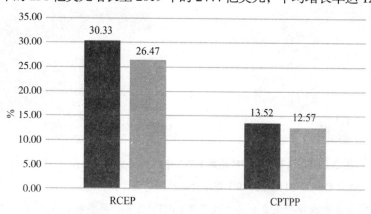

图 2　RCEP 与 CPTPP 国家 2020 年服务贸易进出口占全球服务贸易进出口比重

数据来源：根据 WTO 数据库整理。

（二）RCEP 成员国服务贸易限制指数普遍高于 CPTPP

OECD 服务贸易限制指数表（Services Trade Restrictiveness Index，STRI）起始于 2014 年，目前已更新至 2019 年。表格涵盖样本经济体 45 个、样本服务行业 22 个，合计占全球服务贸易总额 80% 以上，占全球 GDP 近 90%，具有很强的代表性。直接从 OECD 所获得的 STRI 指数取值在 0—1 内，0 表示对服务贸易与投资完全开放，1 表示对国外服务提供者完全封闭市场。而每一个 STRI 数据在计算中又包含 5 个分项：外国准入限制、人员流动限制、竞争壁垒、规制透明度以及其他歧视性措施。因此基于此得出的 STRI 指数可以比较全面地体现对应经济体在政策及规制上的最新态度。

通过对所选取行业（法律、动画、广播、录音、电信、商业银行、保险、

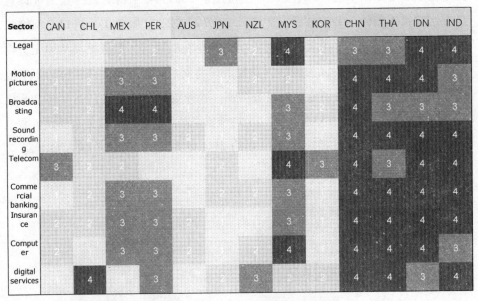

图3　RCEP 与 CPTPP 国家 2019 年服务贸易相关分类 STRI 排名

数据来源：根据 OECD-STRI（2019）整理计算而得。

注：图表横轴按色块从左至右分别为仅签署 CPTPP 国家、既签署 CPTPP 又签署 RCEP 国家、仅签署 RCEP 国家。纵轴为与服务贸易相关的部分名称。表格中色块从浅到深分为四种，最浅表示数为 1，最深表示数为 4，指代在每一横轴部门之下，各个国家 STRI 数值的排名在四分位下分布情况。以表格第一行为例，加拿大、智利、澳大利亚色块为 1，说明在 13 国中法律部门 STRI 这三国排名居于前 25%，如此类推。

计算机及数字服务 9 个行业）对应的 RCEP 及 CPTPP 国家 2019 年贸易限制指数进行收集整理得到图 3。借助色块深浅程度不难看出，色块最深区域基本落于仅签署 RCEP 的国家，而中国在整体图表中贸易限制指数最高（深色色块最多）。因此可以判断得出，RCEP 成员国服务贸易限制指数要普遍高于 CPTPP 国家。

（三）RCEP 成员国间经济发展水平差异性较 CPTPP 显著

从成员国组成结构来看（表 1），RCEP 中成员有发达国家，有发展中国家，更有一些最不发达国家，成员间经济体制、发展水平、规模体量等差异巨大；而 CPTPP 中成员国主要来自发达国家，其中虽也包含如文莱、越南等发展中国家，但这些国家属于服务贸易尤其是跨境旅游极为成熟的国家，经济发展水平明显高出老挝、柬埔寨、缅甸等只签署 RCEP 协定的东盟国家。

表 1 RCEP 与 CPTPP 国家组成

	RCEP（15 国）	CPTPP（11 国）
重合国家	日本，澳大利亚，新西兰，新加坡，越南，马来西亚，文莱	
非重合国家	中国，韩国，泰国，印度尼西亚，老挝，柬埔寨，缅甸，菲律宾，印度	加拿大，智利，墨西哥，秘鲁

资料来源：作者整理。

观察两大协议成员国 2019 年人均 GDP 份额（图 4），很明显可以看出在总体 20 个国家中，CPTPP 成员国普遍经济发展水平要优于 RCEP，人均 GDP 最少的 7 国基本均落于右侧 RCEP 成员国中。由于 RCEP 成员国内部经济发展水平差异性较大，且在总体经济实力中相较 CPTPP 成员国处于弱势地位，故而在签署相应区域贸易协定时需要较为全面考虑不同成员国利益以满足贸易规则适用性；同时在具体执行过程中，在执行水平和履约时间节点等均会有更大差异。

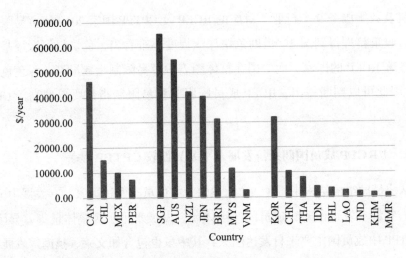

图 4 CPTPP 与 RCEP 国家 2019 年人均 GDP（美元计价）

数据来源：世界银行 2019 年世界各国人均 GDP（美元计价）。

注：左侧区为 CPTPP 国家，中区为 CPTPP 与 RCEP 重合国家，右侧区为 RCEP 国家。

通过以上三个方面对比可以发现，RCEP 成员国虽然在服务业总量及质量上均有所提升，但总体来看，各成员国经济发展水平及服务贸易开放程度远远不及 CPTPP 成员国。我国作为 RCEP 成员国，要在共同规则基础之上进一步扩大市场准入，促进服务业开放及服务贸易进一步增长仍旧需要积极对标 CPTPP，为之后参与其他潜在自由贸易协定铺平道路。因此，对两大协议服务贸易条款进行对比及差距寻求至关重要。

三、RCEP 与 CPTPP 协议服务贸易条款对比

RCEP 与 CPTPP 协议将不同主题分别列入不同章节进行讨论，如 RCEP 服务贸易除第八章"服务贸易"外，在附件中还包含三个附加章节，分别为"金融服务""电信服务"及"专业服务"。而 CPTPP 与之对应的"跨境服务贸易"章节除主体外，附件部分包含"专业服务"及"快递服务"，对于金融服务和电信服务则分设独立章节（见表 2）。

表 2　RCEP 与 CPTPP 协议服务贸易章节分布

	RCEP	CPTPP
主章节	服务贸易（8）	跨境服务贸易（10）
主章节后 附加章节	金融服务（8—1） 电信服务（8—2） 专业服务（8—3）	专业服务（10—A） 快递服务（10—B）
独立章节	—	金融服务（11） 电信服务（13）

资料来源：根据 RCEP 与 CPTPP 协议整理。

注："—"表示其余章节不在本论文范围内。

鉴于 RCEP 作为我国最新加入，且在已签订协定中水平最高的区域性贸易协定，更加符合我国在国际贸易平台中对于服务业开放的最新立场，因此本文以 RCEP 第八章服务贸易所涉及内容为研究范围，考察服务贸易章节主条款及附加章节金融、电信、专业服务条款下两大协议不同点并最终归纳为四个维度，分别为最惠国待遇优先级别及过渡清单差异；政策透明度、争端解决要求差异；跨境数据流动许可差异；政府参与深度差异。

（一）RCEP 中"最惠国待遇"不具优先级，且附加更多约束

最惠国待遇条款（Most Favored Nation，简称"MFN"）在国际贸易领域中是极为常见的条款，具体定义为"缔约一方投资者在另一方领土内进行投资时所获待遇不应低于任何其他第三国投资者在该国投资所获待遇"（梁丹妮，2012）。但一方面，大部分国际贸易协定中 MFN 条款都包括一定限制和例外用以排除该条款适用性，例如，区域一体化组织、政府补贴或政府采购、税收以及国别例外等（牛光军，2000）；另一方面，目前的区域性及全球性贸易协定多重交织，单个国家会遭遇不同协定 MFN 条款生效的优先级不同的问题。因此，作为国际经贸协定中的核心条款之一，MFN 条款的适用范围及优先级一定程度为整个协议强度及约束力奠定基础。

RCEP 与 CPTPP 中服务贸易章节对于 MFN 条款定义已经显现出明显差别。CPTPP 最惠国待遇（第 10.4 条）内容十分简洁，同国际通用 MFN 条款定义

一致。而在 RCEP 服务贸易章节中对于 MFN 条款适用范围、优先级以及过渡条款均进行了限制。首先，RCEP 中将最惠国待遇适用范围缩窄为"被确定为'最惠国待遇'的服务部门及其分部门"（第 8.6 条）。其次，RCEP 中对于 MFN 条款的优先级也进行了额外规定。例如，RCEP 同意"任一缔约国有保留生效或签署时间早于 RCEP 的双多边国际协定的权利"（第 8.6 条）；同时也同意"每一东盟成员国缔约方保留依照东盟成员国间作为广泛经济一体化进程的一部分，如货物、服务或投资贸易自由化所签署的协定"（第 8.6 条）。最后，RCEP 增加过渡条款（第 8.12 条）及增加东盟成员国最不发达国家缔约方的参与条款（第 8.23 条），例如，对柬埔寨、老挝人民民主共和国和缅甸给出最多 12 年协定暂缓效期，同时为东盟最不发达国家在服务能力、商业技术、接入信息网络和提供便利化措施等诸多方面给予更多支持。

基于以上条款对比可以发现，CPTPP 中 MFN 条款在跨境服务贸易整体涵盖范围之下具有广义普适性，并未通过缩小适用范围、增添优先级要求及增加过渡条款等方式来进行例外设置。而在 RCEP 中，首先，将 MFN 条款适用范围被缩窄至具体承诺表中所列出的部门，即已经采取"正面清单"的形式对其效力进行约束。其次，RCEP 中 MFN 条款的优先级也遭到限制，一方面缔约国生效和签署时间早于 RCEP 的协定中 MFN 条款可以优先于 RCEP，另一方面东盟十国[1]普遍利益被塞入 RCEP 条款中。最后，相较于 CPTPP，RCEP 成员国间经济发展水平差异性更大，因此为弥合成员国差距及增大最不发达缔约方参与需要设置过渡条款。基于此可以发现，RCEP 服务贸易章节比起 CPTPP 对应章节从基础条款即显现出更弱约束力，更低话语权，这不仅由于 RCEP 成员国经济水平及服务业发展水平的差异，同时也由于 RCEP 中较多部分将东盟十国作为整体进行考量故而"内耗较高"，导致成员国间关系较 CPTPP 更为松散，对于协定执行的保障性不足。

---

① 东盟成员国目前包含印度尼西亚，马来西亚，菲律宾，泰国，新加坡，文莱，柬埔寨，老挝，缅甸，越南 10 个国家。

（二）RCEP 中政策透明度低，争端解决机制不完备

区域贸易协定的签署和实施能够降低成员国间贸易和沟通成本，然而频繁的经济往来也会不可避免地带来更多经济争端及贸易摩擦。因此，较高的政策透明度（吴良海，2016）以及统一的区内争端解决机制（林波，2017）便成为"润滑"成员间贸易摩擦、提升资源配置效率的重要抓手。观察表1可以发现，两大协议服务贸易章节在具体行业层面主要涵盖金融服务、电信服务及专业服务三个板块，不同行业基于其特性在政策透明度及争端解决要求不尽相同，因此本节将对此三类进行分别论述。

1. 金融服务

金融业开放发展能够通过定价功能、服务功能和风险分散功能引导各类资金有效参与其他非金融的服务贸易行业，但也正是由于金融服务指标性、垄断性、高风险性、高负债经营性的特点，使得各国政府在金融开放中持不同程度审慎态度。首先，RCEP 同 CPTPP 在"透明度"条款下态度较为一致，即每一缔约方均承诺提高金融服务领域的监管透明度，但在具体细则中 CPTPP 对于信息公开做出更加明确的要求。如对于拟议法规需要提前公布并给予其自然利害人评论机会，同时缔约方在采取最终法规时应尽量以书面形式对实质性评论予以回复；又如要求监管机构对于填写与提供金融服务相关的申请要求及任何文件可公开获得。而在 RCEP 中，虽承认监管透明度的重要性，也支持对拟议法规进行公布，但当涉及监管机构信息披露具体查询来源、具体信息公开及涉及文件公开等问题时态度较为模糊。其次，在争端解决方面，对于缔约国间监管机构设立，CPTPP 中明确要求特殊设立金融服务委员会（第 11.19 条），并对委员会提出监督协议执行、审议金融服务问题、参与争端解决以及按年评估协议实施情况等具体工作要求。而 RCEP 中，对于磋商、争端解决条款内容简略，并未设立金融服务委员会，而将金融服务争端解决统一划入 RCEP 整体协定中"争端解决"章节大类之下。

基于以上条款对比发现，在政策透明度方面，CPTPP 通过提高每一缔约方金融服务领域的监管透明度，为金融机构、跨境金融服务提供者活动提供更加透明法规和政策，尤其对于相关文件的公开性和可获得性比 RCEP 有着更明确

的要求，能够对金融服务企业进入本国市场提供充分政策引导，增大企业进入可预期性。在金融服务争端解决机制设置方面，CPTPP通过特殊设立委员会以提高缔约国间金融争端解决效率，并对缔约国条款履行成效进行追踪和评审以保证协议执行强度。而 RCEP 中争端解决条款则成为协议中的明显短板，细则欠缺，在争端产生时为金融服务企业提供裁决的保障性不足。

2. 电信服务

电信服务，一方面频率、码号、路权等稀缺资源的分配及使用为各国远距离沟通搭建桥梁，另一方面作为跨境数据流动的物理通路，与时俱进为数字贸易发展提供支撑，因此对政策透明度及争端解决也持有较高要求。

首先，同金融服务章节相类似，两大协议电信章节中，对于"透明度"同样持支持态度，但细则之下的监管公开程度仍有较大区别。CPTPP 电信服务章节中就信息公开要求更加明确。如在电信监管机构对法规提案征求意见时，要求提案公开获得、充分考虑利害关系人信息需求，同时在法规颁布后监管机构对于评论中提出的所有重大和相关问题作出答复。而在 RCEP "透明度"条款中对于监管机构公开程度则相对保守，在"电信监管机构对法规提案征求意见"方面，只给予"相关公共电信网络或服务提供者"等对象提供评议的机会，而非 CPTPP 中的任何利害关系人，且条款中也并未主动提及信息公开。其次，在争端解决方面，CPTPP 要求设立电信委员会（第 13.26 条），用于监督协议执行情况、解决电信服务章节所涉及问题，对于争端解决给出"追偿、复议、司法审查"的细化条款说明。而 RCEP 同样未进行特殊委员会设立，对于争端解决具体执行条款也未予以给出。

基于以上条款对比发现，首先，在政策透明度方面，CPTPP 对信息公开有着更加明确的要求，而 RCEP 在此条款之下并未明确提出信息公开，对于利害关系人回应也从 CPTPP 中的全部利害关系人缩减为缔约方的相关公共电信网络或服务提供者。其次，就争端解决部分，CPTPP 不仅设立特殊委员会以便利化电信服务相关争端处理，同时对于具体争端条款也给予细化，为缔约国实际产生争端后寻求解决给予充分支撑，而 RCEP 在这部分涉及内容较为简单，在实际产生争端后，可能会出现为对应企业提供协议支撑不足的问题。

3. 专业服务

服务业开放伴随人才的跨国流动，因此通过将不同国家相同或类似专业资质进行双向承认，有助于在区域内形成相关专业的一般标准及行业准则，从而促进缔约国间人才跨境服务提供。专业服务章节中并未出现明确的涉及透明度的条款，但可依据两大协议中对于"专业资质承认、许可和注册"条款明晰程度作为标准。原因在于，专业服务主要涉及"人才"概念，服务于两协议国就承认专业资质、许可或注册有关的问题所展开的需求，因此是否指出特定种类人才需求、是否明晰人才引进标准可以体现该章节下政策透明程度。首先，CPTPP 专业服务具体条款中，对"工程和建筑设计服务、工程师临时许可或注册、法律服务"（附件 10-A）进行特定列项说明，且在 CPTPP "工程和建筑设计服务"条款中明确提出支持 APEC 资质互认。而在 RCEP 中，虽然也提出资质互认，但并未明确具体机构。其次，为支持专业服务条款执行，CPTPP 要求缔约方特此成立专业服务工作组，用于监督协议执行情况、报送专业服务进展及未来工作方向，而 RCEP 中并未进行专门机构设立。

基于以上条款对比发现，首先，就"透明度"方面，CPTPP 对于专业服务所涉及具体行业、职业更加细化，并以 APEC 现有登记授权标准及互认安排为基础进行专业服务认证的深化，有利于为各成员国确立专业服务核心行业类目提供明确指引，也有助于提高专业服务章节的执行可操作性。而 RCEP 中对于专业资质互认机构以及具体行业、职业均未明晰，条款指示性不足。其次，就争端解决机制，CPTPP 采取特殊委员会设立的方式，来加强缔约国对于专业服务协议内容的执行，而 RCEP 在该方面依旧有所欠缺。出现这一差别的可能原因为，CPTPP 缔约国相比于 RCEP，专业服务发展水平差别较小，因此有禀赋快速适应统一的专业服务认证条款需求。

综上，通过对金融服务、电信服务、专业服务从政策透明度及争端解决方面进行分析（表3），可以得出 CPTPP 中对于政策透明度有更细化的要求，支持在最大层面实施服务贸易市场化，同时积极促成缔约国内部争端解决委员会的形成，以便加速区内争端解决以及对协议执行程度进行追踪考察。而 RCEP 在以上三个层面均有所欠缺，对于政府监管留有较大余地，同时对于特定委员会的欠缺也无法保障协议的有效推动。

表3　金融、电信、专业服务章节下贸易政策透明度及争端解决差异

		RCEP	CPTPP
政策透明度	金融服务	承诺需要增大透明度，但对于申请要求、相关文件、利害关系人回应、最终书面文件的可公开获得性未明确表态	承诺需要增大透明度，且金融服务相关的申请要求及任何文件可公开获得
	电信服务	仅承诺"影响接入和使用公共电信网络或服务"的信息的可获得性，对相关文件、法规制定中利害关系人话语权、程序透明化未明确表态	承诺增大透明度，对"法规提案"和"电信服务相关措施"要求保证文件及回复的公开性
	专业服务	仅同意进行专业资质互认，但未涉及具体行业职业	明确关键性资质互认行业职业，并明确支持 APEC 互认
争端解决	金融服务	未进行委员会特别设立	成立金融服务委员会
	电信服务	未进行委员会特别设立	成立电信服务委员会
	专业服务	未进行委员会特别设立	成立专业服务工作组

资料来源：根据 RCEP 与 CPTPP 协议内容整理。

（三）RCEP 中对跨境数据流动自由度设置障碍更多

服务贸易的发展在全球贸易中进一步突破时间、空间的限制，其贸易载体不再完全依托于物理载体，而是更多依赖于数据及数据背后的经济价值，因此数据的流动性与可获得性成为服务业发展的重中之重。

首先，在金融服务章节，RCEP 与 CPTPP 跨境数据流动自由度差异体现于允许跨境的数据种类。CPTPP 中对跨境数据流动并未进行特殊约束，而 RCEP 条款中对于可跨境流动数据的种类放开保持审慎，通过采取"正面清单"的模式，目前仅明文表示允许日常营运数据进行跨境，而对于消费者隐私及个人数据的跨境则未明确表态；除此之外，RCEP 为本国监管机构实施监管留出较大空间，在 RCEP 具体服务贸易条款中，虽未明确提及"数据本地存储"的要求，但对于数据的储存和记录实质上也持保留态度。例如，RCEP 金融服务章节单独增添"信息转移与信息处理"条款，支持跨境金融服务提供者进行日常营运所需的数据转移及处理，但也不阻止监管机构在出于监管或审慎原因下要求领

土内金融服务者遵守与数据管理、储存和系统维护、保留在其领土内的记录副本相关的法律和法规。其次，RCEP 与 CPTPP 在电信服务章节对于跨境数据流动自由度差别主要集中于接入准入及接入多样化方式方面。在二者的电信章节中，对于"接入和使用"条款下对缔约方服务提供者给予许可的范围，CPTPP允许通过公共电信网络和专用或自由线路向单个或多个终端用户提供服务，且允许电信服务提供者执行"交换、信号传输、处理和转换功能"。而 RCEP 中，仅允许服务提供者通过公共电信网络这个单一媒介进行服务提供，同时对服务提供者具体服务内容并未详细列出。

通过对协议中跨境数据可流动性进行分析，可以发现 CPTPP 在数据流动方面仍旧沿袭前文分析，始终致力于拓展充分市场化的边界，在保护本国数据隐私和更大范围内开放中倾向于选择后者，而 RCEP 基于成员国数字贸易发展尚不完备的背景，对于跨境数据流动则采取收缩和保留态度，即在确保数据不"流失"的基础之上倾向于低程度的数据跨境。

（四）RCEP 中为政府参与提供更多机会

在强调公平竞争与经济全球化的当下，政府直接参与监管会被惯性误认为保护本国企业或培植垄断，以我国为例，近年来以美国为代表的国家抓住中国公有制经济活跃国内外市场的现实大肆将中国国有企业认定为"公共机构"，从而为争端中裁决中国大开方便之门。故在实际参与本国服务业监管与调控时，政府所采取的措施会变得更加灵活。

首先，RCEP 在一些概念的定义阶段已将政府职能加入其中。例如，CPTPP中金融章节部分对于"公共实体"定义包括缔约方的中央银行、货币管理机构及自律组织，而政府本身则被排除在外；而在 RCEP 中，首先未将自律组织纳入公共实体范围内，其次在中央银行及货币当局的基础之上，增添政府作为公共实体，增大了政府参与金融服务管理的裁量权。其次，RCEP 在实际监管中未对政府权力进行明确限制。如在电信服务章节中监管方法条款，RCEP 同CPTPP 均提出"直接监管"与"依赖市场力量"并重，但 CPTPP 中对于"直接监管"进行额外限制，要求"在其法律中所规定的限度内"进行监管，即如果直接监管对于消除市场歧视、促进公平竞争及消费者保护均不必要，则不需要进行直接监管。而 RCEP 对于"直接监管"权限并未进行约束。

基于以上对比可以发现，CPTPP 旨在弱化政府管制，对服务业实行尽可能充分的市场化，政府在整个服务业发展的过程中，主要起到对企业进行支持和提供便利的作用。而 RCEP 则更注重政府在整个服务业发展的引领和把控作用，因此对于政府权力设置更大范围以灵活政府参与，如通过在监管过程中降低透明度；或为政府对于整个社会资源的调配赋予更多权力，以增大政府参与经济建设的程度。

四、中国服务业开放提升路径

RCEP 在我国目前所签署的多边国际贸易协定中属于最高标准，一定程度代表了我国服务业开放立场，在推动形成全面开放新格局的目标下，我国也提出积极加入 CPTPP 的目标。因此，通过对 RCEP 与 CPTPP 服务贸易相关条款对比分析，也为我国服务业深化制度开放以及加入 CPTPP 等更高水平自贸协定提供路径指引。

（一）服务贸易政策法规"批次性"增大透明度

一国服务业政策透明程度能够帮助市场形成正确预期，从而避免市场猜测和混乱，既可为本国树立良好声誉，又可为市场传递良性讯号。然而对我国而言，一次性、全方位实现政策透明化尚且存在风险，因此，对"透明度"分种类、分级别放开则更为可行。首先，对于服务业相关法律法规及监管体系建设，对不涉及国家安全或服务于企业经营及人民生活的提案，可向社会收集建议，在制定政策时多方考察，广泛听取意见，尽量将提案向公众或任何利害关系人公开。积极将政策制定从"正面清单"向"负面清单"转变，简明政策制度，尽量减少模糊条款的出现。其次，具体行政审批应向简明化、透明化的方向迈进。可借助"数字平台"搭建，将审批进行一揽子网站关联，简化企业行政审批流程；同时缩小省际审批程序的差异性，将国家层面基础性程序及地方针对性程序分离，减少重复内容填写申报，提升审批效率。最后，对已经进行的裁决应及时充分公开告知利害关系人，尽快搭建审批后服务机制体系，将服务业进一步开放过程中产生的特殊性、有典型性的审批事件进行归纳总结，并及时将审批事件及结果成体系化进行分类公示。

（二）尽快引入或建立国际认可的争端解决机制

目前全球服务贸易规则尚未完全建立，完全依托现存争端解决机制可能会导致争端问题悬而不决，降低服务企业积极性。针对于此，建议首先应积极引入国际争端解决机构，借助其系统性裁决机制及话语权，使得区内争端能够有专业机构进行裁决处理，加快争端解决速度，为缔约国间裁决成果的公正性提供支持，加大跨国企业投资信心。其次，加速建立缔约国内部监管合作机构或委员会，对区域协定国内部争端进行集中处理，同时对缔约国条款执行程度进行监管，将条约从"纸面"落于"地面"。通过内部监管机构及委员会进行裁决，加速案件处理，同时对累计案件进行分析汇总可以更精准挖掘出贸易协定内部存在的协议缺漏，便于在之后协议升级过程中提出更符合区内国家、企业服务贸易开展的细化条款。

（三）进一步提升跨境数据流动自由度

我国目前对于数据的处理、分析能力尚且不足，数据不同于物理货物，一旦流失便不可追偿，作为一种开发前景深远且流失无法补偿的资源，对其采取"一刀切"的模式虽然能够在最大程度上起到保护作用，但保护不意味着"保守"。因此，首先，应对我国数据采取更加详细和针对性的分级措施，对于机密数据、商业用户数据、商业运营数据等从定义上进行更加明确的区分，基于此对于跨境数据出入境提供级别性、阶梯性开放。其次，对于关键性数据的本地化存储，也可参考自贸区原理建立"数据岛"，或借助数据港，将外商数据以更加安全的方式进行存储运行，减轻外商服务业投资风险。最后，一定程度上缩减公共电信网络管理范围，在数据流动的物理通道上，试点放开专用及私有电信数据传输通路，增多数据跨境流动双向通道。

（四）加速推进服务业行业市场化

市场化程度不足会导致在国际层面上因政府过度参与或保护垄断等由头遭到发达国家不当质疑。因此，针对目前国际层面对我国政府过度干涉市场竞争的刻板印象，应尽快促进服务业市场化水平，降低公共实体参与程度，同时将不威胁国家安全的行业、产业尽快释放。首先，政府应降低公共实体参与度，对于非"战略性部门"或"战略性部门"非必要板块，政府参与应有所"松动"。例如，适度降低物流类、咨询类国企控股比例，使内部高级管理人员组成、调动及任免在更大范围脱离政府管辖范畴，自上而下加深服务业企业市场化程度，增大投资者信心，拓宽投资者可投资范围，鼓励更多外资企业及国内新办企业参与到国内服务业发展中去。其次，要深化服务业市场化改革，通过"看不见的手"进行资源优化配置，将基础服务更多转交到企业手中，打破社会资本进入服务业的各类有形或无形壁垒。借助外商在服务业的先行经验，为国内居民及下游企业提供更加多元的服务产品，同时为本国服务企业提供充分的学习机会，在服务领域开展公平竞争。

五、结语

CPTPP 与 RCEP 服务贸易相关条款在细节上仍存在诸多差别，CPTPP 下所坚持的市场导向，弱化政府参与的意识在 RCEP 中尚且无法达成。我国作为发展中大国，要想在国际服务业发展中尽快追赶，加大服务业开放力度，必须先树立问题意识，明晰目前国际先进标准体系的差别并按照可执行程度进行分级处理，从易到难进行调整。在政策制定及监管透明度、服务业市场开放度、数据跨境便利度等关键问题上不断激发市场活力及想象力，以更加超前的意识持续加大我国服务业开放步伐。🅕

参考文献

[1] 程大中，虞丽，汪宁 . 服务业对外开放与自由化：基本趋势、国际比较与中国对策 [J]. 学术月刊，2019，51(11):40–59.

[2] 冯巧根 .CPTPP 下的扩容机制与价值协同 [J]. 财会通讯，2021(03):3–13.

[3] 梁丹妮 . 国际投资条约最惠国待遇条款适用问题研究——以"伊佳兰公司诉中国案"为中心的分析 [J]. 法商研究，2012，29(02):98–103.

[4] 林波 . 全球治理背景下 WTO 争端解决机制效率研究 [J]. 技术经济与管理研究，2017(07):88–92.

[5] 牛光军 . 国际投资待遇论 [D]. 北京：中国政法大学，2000:34.

[6] 王微 . 服务业制度型开放促进改革深化 [D]. 北京：中国发展出版社，2020:2.

[7] 吴良海，徐德信，章铁生 . 制度环境、信息透明度与企业投资效率研究——来自中国 A 股市场的经验证据 [J]. 证券市场导报，2016(10):20–28+40.

[8] 余淼杰，蒋海威 . 从 RCEP 到 CPTPP：差异、挑战及对策 [J]. 国际经济评论，2021(02):129–144+7.

[9] 张建平，董亮 .《区域全面经济伙伴关系协定》与亚太区域经济合作 [J]. 当代世界，2021(01):36–43.

RCEP 框架下跨境电子商务国际规则新发展及中国对策

李宏兵　王丽君　赵春明 *

摘要： RCEP 的签署为跨境电子商务发展活跃的亚太地区率先提供了范围全面、水平较高的电子商务多边规则，也为中国跨境电子商务的发展带来诸多机遇和挑战。本文通过系统梳理 CPTPP 协定、USMCA 协定、DEPA 协定及 RCEP 协定关于跨境电子商务的规则差异，测算并分析中国与 RCEP 成员国跨境电子商务发展现状及规则挑战，探讨 RCEP 驱动跨境电子商务发展的福利效应和推进效应，并就此提出强化各国电子商务政策互联，积极推动形成适应跨境电商发展的国际贸易规则，打造跨境电商柔性供应链，开拓全球多元化物流体系等应对措施。

关键词： RCEP；跨境电子商务；国际规则；区域贸易协定

一、引言

跨境电子商务作为数字经济时代发展最为迅速，也最具竞争力的新业态和新模式，在中美贸易摩擦和新冠肺炎疫情双重叠加影响下，日渐成为我国"稳外贸"基本盘和全面提高对外开放水平的重要战略抓手。尤其是，随着新一轮全球经济治理体系加速调整和疫情常态化下贸易格局发生重大变化，跨境电子商务在打破传统贸易模式的时空限制和线下渠道受阻、减少中间冗杂环节、解决买卖双方信息不对称等问题方面发挥积极作用，也为众多国家、企业提供了崭新的发展机遇和实现贸易多元化的新动能。对此，中国政府也通过不断加强

* 作者简介：李宏兵，北京邮电大学系主任、副教授；王丽君，北京邮电大学研究生；赵春明，北京邮电大学教授。

顶层设计和推进跨境电子商务规则、制度及模式变革来对接和引领国际规则，着力培育贸易竞争新优势。截至 2021 年，中国连续 7 年在《政府工作报告》中提出促进跨境电子商务等新业态发展，并陆续设立 105 个跨境电子商务综合试验区，推动相关配套政策措施的先行先试及落地实施。

事实上，各国对于跨境电子商务国际规则的关注由来已久。1996 年电子商务相关规制第一次出现在世界贸易组织（WTO）首届部长级会议上，此后，无论是 WTO 框架下的多边协议还是双多边的区域贸易协定，均对跨境电子商务国际规则进行了深入探索。尤其是 2020 年 11 月签署的《区域全面经济伙伴关系协定》（RCEP），作为过去 20 多年来亚太地区经济一体化进程中最为重要的成果，其关于电子商务的章节是在亚太地区达成的第一个综合性、高水平的电子商务多边规则。当前形势下，抓住 RCEP 签署后跨境电子商务的新发展机遇，发挥其带动传统产业转型升级、拓展国际贸易新发展空间和促进消费水平提升等方面的优势，对挖掘我国大市场优势、提升对外贸易竞争优势、构建稳定畅通的国内国际双循环、争夺新一轮国际贸易规则话语权均具有重要意义。

二、RCEP 跨境电子商务国际规则新发展与对比分析

近年来，跨境电子商务发展如火如荼，WTO 框架下各成员国就电子商务提案展开讨论。在 RCEP 协定之前，许多贸易协定已经为跨境电子商务规则的制定做出有价值的探索。最早单设电子商务章节的贸易协定可追溯到《跨太平洋伙伴关系协定（TPP）》；此后《全面与进步跨太平洋全面伙伴关系协定（CPTPP）》和《美墨加协定（USMCA）》均设数字贸易章节。不仅如此，TPP的主要创始成员智利、新西兰和新加坡又于 2020 年 6 月签署了《数字经济伙伴关系协定（DEPA）》，希望通过三国合作在数字经济时代打造新的贸易框架。

而 RCEP 协定由 20 章和 4 个市场准入承诺表附件组成，包括原产地规则、海关程序和贸易便利化、服务贸易、投资、知识产权、电子商务等。其中最具特色的条款包括：（1）贸易便利化：无纸化贸易、电子认证和电子签名；（2）数

据跨境流动与创新：通过电子方式跨境传输信息、计算设施的位置；（3）构建值得信赖的数字环境：线上消费者保护、线上个人信息保护、非应邀商业电子信息等。

上述以 USMCA 协定、CPTPP 协定、DEPA 协定和 RCEP 协定为代表的一系列区域贸易协定展示了各国面对国际形势如何谋求贸易承诺合作共赢，应对跨境电子商务的新挑战。而这其中，又以东盟、北美及日本、澳大利亚等亚太国家较为积极。因此，将多个典型的区域贸易协定进行对比分析，有助于厘清跨境电子商务国际规则的演进历程及最新进展。

（一）CPTPP 协定、USMCA 协定及 RCEP 协定的比较

CPTPP 协定和 USMCA 协定二者有较深渊源，其在电子商务方面的章节文本也有很大程度的近似，其差异主要体现在两个区域贸易协定的缔约方国情与面临的国际形势，致使二者在电子商务、数字贸易领域关注的侧重点和核心诉求有明显差异。因此，USMCA 协定数字贸易章节在 CPTPP 协定电子商务章节的基础上涵盖范围更广，文本可预测性更高，更为严格和高标准。

RCEP 电子商务章节与 USMCA 数字贸易章节在具体规则的设置上，同样要求缔约方共享电子商务信息、广泛合作；要求缔约方接受无纸化贸易，承认电子签名的法律效力，积极使用可交互操作的电子认证；确保未经消费者同意，商家不得发送电子商业信息，并提供追索权保护；要求缔约方不得将涵盖的人使用该缔约方领域内的计算设施或者将设施置于缔约方领土之内，作为在该缔约方领土内进行商业行为的条件等。上述规则的趋同，在更深层次上反应不同领域、不同国家在数字贸易规则领域的共识性规则需求。

除此之外，二者的差异主要体现在：（1）包括"计算设施的位置"等规则的例外设置不同。USMCA 严格禁止数字本地化措施，RCEP 在考虑到数据流动开放的渐进性前提下，原则上承认数据自由流动对数字经济的价值。（2）对数字壁垒的限制规则存在差异。USMCA 不仅关注"数据本地化"等问题的规制，还包含了"源代码披露禁止"等规则，相较于 RCEP，USMCA 对于数字壁垒的限制规则更加多样化。（3）数字产品相关问题存在差异。USMCA 明确规定给

予数字产品非歧视待遇，并将"创造、生成、出版、订约、代理或者首次商业化"等一系列行为均列入本国数字产品的认定范畴；而目前 RCEP 尚未对数字产品的待遇问题作出明确规定。

相较于 RCEP，CPTPP 覆盖的成员国数量（现为 11 个）与人口规模相对较少，占全球 GDP 的比重也因美国中途退出而仅为 13%，低于 RCEP。但由于主导谈判进程的缔约方多为发达国家，CPTPP 在自由化和便利化方面设立了远高于 RCEP 的标准。在边界措施方面，CPTPP 提出了较为苛刻的原产地规则、全面实现货物贸易自由化和开放服务贸易领域、投资准入前国民待遇与负面清单管理等较为尖锐的问题；在边界后措施方面，CPTPP 还用较大篇幅对知识产权保护、互联网自由、国企治理、劳工和环境标准等非传统议题进行了规制。

整体而言，USMCA、CPTPP 更适应发达国家国情，而 RCEP 则更多关注到发展中国家的基本国情和诉求，对于中国、东盟等新兴经济体而言舒适度更高、可操作性更强。这也适应了基于决策的有限理性的数据防御主义的观点。由于各国数字经济发展水平和跨境电子商务发展水平的差异，各经济体进行决策时更倾向于追求"满意"而非"最优目标"，跨境电商发展相对处于竞争劣势的经济体更可能采取防御型的政策来参与国际经济合作，表现为对数据控制权的关注和网络主权立场的坚持。

（二）DEPA 协定与 RCEP 协定的比较

在全球各主要经济体积极争夺跨境电商、数字贸易国际规则话语权，各方诉求差异明显、谈判僵持不下的情况下，新加坡、智利和新西兰为推动数字经济规则制定的 DEPA 协定也有着重要地位，DEPA 协定旨在数字时代推进国际贸易，主要内容涵盖跨境贸易和商业中使用电子文档、个人信息保护、网络安全、在线消费者保护、数字身份、人工智能等。DEPA 协定创造了一个数字经济的监管框架，其范围比 RCEP 协定之间仅限电子商务和数字贸易领域的约束性规则更加广泛，其中关于数字产品等问题与 CPTPP 协定一脉相承，基本涵盖了 RCEP 协定电子商务章节关于数据问题的主要内容。但 DEPA 协定作为专注于数字经济领域的协定，不涉及关税减让等内容，这一点上，RCEP 涉猎更广。

表 1　RCEP 协定与其他主要区域贸易协定比较

比较焦点		RCEP	CPTPP	USMCA	DEPA
知识产权规则水平	知识产权保护期限	50 年	70 年	75 年	无相关规定
	海关知识产权执法	进口—强制义务；出口—任择义务	出口和"过境"均为强制义务	出口和"过境"均为强制义务	
原产地规则包容性		设定在途货物的过渡条款，以确保在生效日 180 天内能申请特惠关税	对某些行业设立严格的税目区分标准，设定打击协定外"非市场经济国家"的条款	商品排他性强，设定打击协定外"非市场经济国家"的条款	"模块化"的诸边贸易协定，便于未来参与者只选择特定协议元素
数字本地化		非必要禁止数字本地化，承认数据自由流动对数字经济的价值	非必要禁止数字本地化	严格禁止数字本地化	支持跨境数据流动
数字壁垒		无相关规定	"源代码披露禁止"规则	"源代码披露禁止"规则，并将规制范围从源代码扩展到算法	鼓励政府数据公开
数字产品待遇		无相关规定	给予数字产品非歧视待遇	给予数字产品非歧视待遇	给予数字产品非歧视待遇并确认缔约方承诺水平
网络安全		缔约方应充分认识开展网络安全合作的重要性	缔约方应充分认识开展网络安全合作的重要性	新增条款，鼓励各缔约方加大合作共同应对数据安全威胁问题	促进安全的数字贸易以实现全球繁荣，提高计算机安全时间响应能力

资料来源：根据各协定官方文本整理。

三、中国与 RCEP 成员国跨境电子商务发展现状及挑战

（一）中国跨境电子商务发展现状

中国跨境电子商务交易规模逐年增长，成为对外贸易发展的新引擎。2020年新冠肺炎疫情全球大流行给国际贸易发展带来重大挑战，但跨境电子商务仍维持增长势头。根据中国电子商务研究中心数据，2020 年我国跨境电子商务交易规模达 12.5 万亿元人民币，同比增长 19.04%。跨境电子商务交易规模占进出口贸易额比重达到 38.82%，比 2019 年增长了 5.55 个百分点（见图 1）。

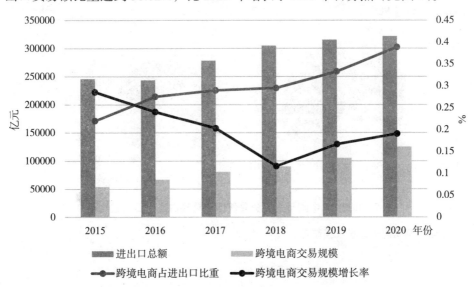

图 1　我国进出口贸易及跨境电子商务交易规模

注：跨境电子商务交易规模数据包括 B2B、B2C、C2C 和 O2O 等模式。

数据来源：根据海关总署，网经社电子商务研究中心数据整理。

不仅如此，中国跨境电子商务通关、税收和外汇等政策正在进一步完善，新一代信息技术应用逐步推进贸易各环节数字化，跨境电子商务成为越来越多的企业开展国际贸易的首选渠道。随着全球消费者和贸易企业对跨境电子商务认知的改变，跨境电子商务全球市场将快速扩大，中国跨境电子商务交易规模将迈向新的台阶，在双循环新发展格局中发挥积极作用。

我国与东盟进出口贸易额逐年攀升。2020 年，我国对东盟进出口总额 4.74 万亿元，占我国对外贸易总额的 14.73%，东盟成功超越欧盟成为中国第一大贸易伙伴，中国前四大贸易伙伴分别为：东盟、欧盟、美国、日本。2020 年我国与 RCEP 其他成员方贸易额为 10.2 万亿元，占我国总贸易额的 31.72%，同比增长 3.5%，在我国国际贸易中占有重要地位（见图 2）。RCEP 生效之后，域内 90% 以上的商品贸易关税立即降为零关税，其他商品关税在 10—15 年过渡期内逐步降至零关税。在此背景下，考虑到中国商品与域内其他国家的需求有较强的互补性和契合度，在域内其他国家的竞争力会得到提升，进而会增强贸易互补性和持续性。

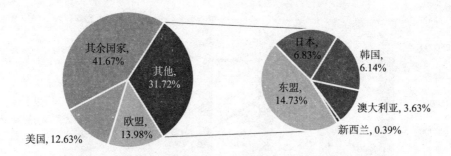

图 2　2020 年中国与主要贸易伙伴贸易额占进出口总额比率

数据来源：根据海关总署数据整理。

表 2　中国与主要贸易伙伴跨境电子商务进出口额

（亿元）

国家	进/出口	2015	2016	2017	2018	2019
印度尼西亚	进口	106.58	161.91	272.30	303.80	405.41
	出口	679.72	909.93	1054.55	1298.31	1545.51
马来西亚	进口	285.55	372.53	518.66	563.23	854.28
	出口	870.49	1066.97	1265.56	1376.43	1775.42
菲律宾	进口	101.63	131.53	183.34	183.19	240.55
	出口	527.89	845.31	972.89	1054.08	1378.83
泰国	进口	199.17	291.35	396.40	399.54	550.22
	出口	757.88	1053.44	1169.37	1290.14	1543.28

国家	进 / 出口	2015	2016	2017	2018	2019
柬埔寨	进口	3.57	6.28	9.60	12.25	17.22
	出口	74.49	111.31	145.12	180.82	270.66
文莱	进口	0.54	1.68	3.35	2.20	5.38
	出口	27.86	14.47	19.34	47.96	21.98
缅甸	进口	29.20	30.98	43.13	41.97	76.11
	出口	191.02	231.97	271.50	317.26	417.16
老挝	进口	8.29	10.28	15.30	18.05	25.76
	出口	24.26	27.96	43.06	43.70	60.48
新加坡	进口	147.79	196.70	326.39	299.20	420.17
	出口	1028.08	1260.63	1365.90	1495.60	1859.39
越南	进口	159.85	281.06	480.06	570.04	764.22
	出口	1306.66	1730.88	2172.88	2522.26	3315.42
澳大利亚	进口	393.91	536.04	905.41	934.68	1426.49
	出口	797.78	1056.27	1257.25	1427.44	1627.31
新西兰	进口	35.28	53.99	89.49	98.55	148.97
	出口	97.36	134.91	154.74	174.10	192.98
日本	进口	765.75	1101.43	1579.97	1604.62	2045.64
	出口	2684.22	3662.36	4164.47	4420.19	4845.17
韩国	进口	935.10	1202.02	1692.03	1819.55	2069.85
	出口	2004.74	2654.85	3116.06	3273.18	3754.55
美国	进口	796.78	1021.65	1471.79	1387.61	1469.75
	出口	8114.62	10926.79	13056.26	14401.26	14160.43

注：跨境电子商务进口额＝中国当年跨境电子商务总交易规模 × 跨境电子商务进口占比 ×（中国对该国的进口贸易额 / 中国进口贸易总额）

跨境电子商务出口额＝中国当年跨境电子商务总交易规模 × 跨境电子商务出口占比 ×（中国对该国的出口贸易额 / 中国出口贸易总额）

数据来源：根据网经社电子商务研究中心、UN Comtrade 数据库公布数据计算所得。

近年来，中国和 RCEP 成员国在跨境电子商务领域的合作逐渐加深，东盟成为中国重要的跨境电子商务贸易伙伴国。从中国与日本、韩国及东盟等

RCEP 成员国跨境电子商务进出口额来看，中国对东盟跨境电子商务进出口额从 2015 年的 6530.53 亿元增长至 2019 年的 15547.45 亿元，增长了 1.38 倍。2015—2019 年进口额不断扩大，呈现成倍增长态势，且整体增长幅度高于出口增长。2015 年以来，中国对东盟国家的跨境电子商务出口额稳步增长，这与东盟国家跨境电子商务行业的发展息息相关。根据网经社电子商务研究中心统计，2018 年中国跨境电子商务出口的主要目的地占比前五位分别为美国、欧盟、东盟、日本和俄罗斯。根据阿里巴巴国际站数据，2020 上半年，美国、欧盟和东盟是跨境电子商务出口的三大主要市场，中国跨境电子商务交易额前 30 的贸易伙伴，东盟十国占据六分之一。

（二）RCEP 框架下中国跨境电子商务发展面临的挑战

1.跨境电子商务商品结构相似及市场准入放宽使国内产业面临竞争压力

RCEP 的签署具有巨大的贸易及经济合作效应。从产业溢出效应看，RCEP 能够加速推进各国之间的资本、人才、技术等生产要素的流动，对中国扩大开放和产业核心竞争力的提升带来帮助。但从 RCEP 域内 15 国的贸易出口结构看，日、韩以技术服务、中高端的汽车、电子产品及芯片出口为主；澳大利亚和新西兰以农产品及技术服务出口为主，与我国产业出口互为补充，但也存在一定的竞争。东盟国家则以机电、纺织品、化工品、塑料制品出口为主，与中国货物贸易出口结构有一定的重合性，存在出口竞争关系。面对日、韩、澳等国家中高端产业挤压、服务贸易的竞争以及东盟国家劳动密集型产业的竞争，中国产业链重构有不小的压力。就服务业竞争而言，中国目前服务出口特别是高新技术服务出口在东盟国家市场份额较高，与日、韩、澳形成了明显的竞争关系。同时，因 RCEP 签署后双边跨境电商市场准入的放宽，日、韩、澳的高新技术服务业会大量进入中国市场，对中国相关服务行业也会产生影响。中国应全方位研究 RCEP 生效后对跨境电子商务产业带来的影响，同时要加大技术创新力度，提升我国在全球价值链体系中的地位。

2.技术创新和产业结构调整的挑战

RCEP 成员国之间缺乏深入合作的基础，给中国跨境电子商务高质量发展带来技术创新和产业结构调整上的挑战。具体来说，随着中国经济向价值链高端提升，对于技术创新的需求越来越强烈。同时，RCEP 内部一些成员国以及其他发达国家出于自身利益考虑对技术和人才的管控也将越来越严格，这就意味着中国在很大程度上只能依靠自主创新来实现"卡脖子"技术的突破。更重要的是，在技术创新无法在短期内实现、中高端产业难以快速发展的条件下，RCEP 的投资自由化和便利化又会驱使逐利的资本将中低端制造业从中国转向成本更加低廉的东南亚国家，这就意味着中国产业结构可能出现"空心化"趋势，从而给中国跨境电子商务出口带来严重威胁。此外，中国对 RCEP 成员国的依赖性在逐渐减弱，尤其是在光电设备、交通运输业和机械设备制造业等中高端制造业领域，中国如何对自身产业进行调整以更好地融入 RCEP 也是对中国经济高质量发展的重要挑战。

3. 成员国国情差异导致规则对接存在风险

虽然目前 RCEP 成员国之间在经济利益方面存在较大的一致性和互补性，但是各国在制度和意识形态方面的差异不容小觑，而且这种差异在特定阶段会成为决定 RCEP 成员国之间关系的决定性因素。具体来说，虽然美国没有加入 RCEP，但是其对东盟 10 国和日本、韩国、澳大利亚、新西兰的影响力是显而易见的，一旦中国经济高质量发展威胁到美国的经济利益和全球霸权地位时，其就会利用这种影响力破坏 RCEP 的贸易协定。与此同时，虽然美国目前并未参与到 CPTPP 当中，但是随着 RCEP 协议的正式签署，尤其是中国在东亚影响力的不断提高，美国势必重新主导 CPTPP 进程以遏制中国崛起，这也是"攀升国"与"守成国"之间博弈的必然结果。更重要的是，目前 CPTPP 成员国与 RCEP 成员国之间高度重合，新西兰、澳大利亚、日本、新加坡、越南、文莱、马来西亚等七国既是 RCEP 成员国同时又是 CPTPP 成员国。一旦中国的崛起威胁到美国在东亚的利益，作为 CPTPP 前身 TPP 的倡议国，美国势必重返甚至主导 CPTPP 进程，并利用贸易规则来限制 RCEP 内部成员国之间的深入合作。

4. 疫情使跨境电子商务物流通道受阻

新冠肺炎疫情对全球跨境电子商务物流造成极大影响，海运、航空等货物运输通道受阻，货运量缩减。部分国家采取封城隔离甚至关闭边境的措施，导致跨境物流效率大幅下降、物流终端配送停滞、海外市场退货率上升等。此外，跨境电子商务品类格局变化巨大，跨境电子商务企业营收减少；工厂复工受阻，货源供应不足等问题加剧跨境电子商务生存压力。尤其是 2021 年 5 月以来泰国、越南、马来西亚以及印度尼西亚等国疫情再度暴发，东南亚地区疫情有所加重，加大了双边跨境电子商务发展的风险挑战。

四、RCEP 驱动跨境电子商务发展的机制分析

（一）RCEP 签署后成员国贸易便利化水平提升

在货物贸易方面，RCEP 从关税和非关税措施两个方面提出放宽市场准入规制，有效促进贸易便利化，主要措施包括：允许特定货物未经提前审批临时入境，并给予减税甚至免税待遇；通过关税逐步实现自由化等措施降低成员国的市场进入门槛；采取信息技术提高通关效率等。在服务贸易方面，跨境服务贸易存在较多措施限制各国自由贸易，可通过放宽限制、降低歧视等方式推动专业资质互认，更全面、广泛地扩大开放。贸易便利化水平与该国的对外开放水平、贸易活动便利程度有显著的正相关关系，其能够有效提升一国的国际贸易流量，提高该国的国际竞争力。

RCEP 的贸易便利化措施为我国跨境电子商务拓展国际市场提供了广阔的空间。一方面，市场准入规制的放宽使得我国跨境电子商务企业能够在成员国市场中经营更加广泛的业务，有助于我国企业在国际市场上贸易结构的优化升级，提升资源配置能力，进一步巩固在亚太地区乃至全球产业链的重要地位；另一方面，区域贸易协定中的贸易便利化规定可以有效降低贸易成本。具体而言，简化海关程序、打通各国以跨境电子商务为抓手的国际贸易非关税壁垒能够有效地提升贸易效率、增强国际贸易供货能力、加快商品流通速度，促进更多中国企业走向国际市场。

（二）RCEP 使各成员国福利效应提升

RCEP 的签署实施会降低成员国之间的贸易成本，帮助各国发挥自身的

比较优势，有利于各成员国通过进一步的专业分工，提高劳动生产率。根据 RCEP 成员国在协定生效后的量化模拟结果发现，各成员国贸易福利水平的提升与相关关税措施的减让之间存在显著的正相关。如果 RCEP 成员国之间关税相较缔约前下降 90%，中国的福利效应将增加 0.41%，实际工资提高 0.43%，其他成员国福利提高 0.41%—4.31% 不等，实际工资上升 0.39%—3.67% 不等。如果 15 个成员国实现零关税，中国福利将增加 0.82%，实际工资提高 0.50%，其他成员国福利提高 0.46%—5.15% 不等，实际工资上升 0.54%—4.25% 不等。RCEP 实施后将打乱各成员国原本的要素流通链路，促使资源在区域内重构，除了贸易创造与贸易转移外，还会改变各成员国原本的投资战略布局，使区域内发生资本转移，将推动我国 1/3 的对外贸易实现零关税，促进区域内营商环境的提升，带动相关服务和投资开放，从而极大提高各成员国的福利水平及其之间的贸易规模。梁一新（2020）运用全球自由贸易协定和贸易政策模拟分析的递归动态模型，定量模拟结果显示，RCEP 将对中国宏观经济和相关产业产生正面影响，对中美贸易摩擦负面影响形成减缓效应。

（三）新发展格局将放大 RCEP 签署对成员国跨境电子商务发展的推进效应

在双循环新发展格局的政策推动下，中国面临积极的国际和国内形势，为跨境电子商务发展创设良好的环境，有利于其走向国际市场。推进各企业、行业乃至产业彼此勾连、打通产业链路是构建双循环新发展格局的关键所在。RCEP 作为全球规模最大、范围最广的区域贸易协定，其带来的区域内成员国跨境电子商务流动性变化巨大。作为畅通国内与国际市场的重要支撑，国际大循环有利于中国更深层次地参与 RCEP 区域层面的跨境电子商务流动。国内大循环通过促进商品生产和流通各环节的效率提升，加强跨境电子商务底层建设，促进经济产出增加，有利于强化中国与 RCEP 缔约国贸易往来，增大双多边跨境电子商务贸易量与投资交往。

国内国际双循环新发展格局的战略部署与 RCEP 涵盖的规则条款可以视为中国与 RCEP 成员国之间相互依赖的外部政策支持。RCEP 形成"10+5"的跨境电子商务格局，日本为中国提供技术以及高端资本品，韩国提供中高端的工业半成品，澳大利亚及新西兰提供工业原材料以及消费品，东盟国家提供加工供给资源。一方面，RCEP 的签署将加快中国融入区域内和亚太地区的贸易投资流通，以此推动国际大循环的畅通运行。另一方面，通过提升国内生产、流通和消费等环节以促进经济增长，新发展格局能够推动中国更好融入区域经济一体化发展进程。所以，中国构建新发展格局，要求实现经济增长动力在更高水平对外开放基础上的内外平衡，既要对内深化改革、又要积极参与国际合作，顺应和推进经济全球化，最终实现国内国际双循环相互促进。

五、RCEP 框架下中国跨境电子商务发展策略

（一）强化各国电子商务政策互联

近年来中国跨境电子商务市场规模持续扩大，未来跨境电子商务产业会朝着全球产业链协同、全链路互通互信的方向发展。RCEP 协定的签署，将推动全球跨境电子商务生态持续繁荣。但在跨境电子商务发展的过程中也出现了很多问题，包括跨境支付互认、物流链路阻滞和通关困难等，这都需要各缔约国政府通力合作、进行广泛而深层次的洽谈。RCEP 合作框架下，各国需开展跨境电子商务流通政策对接，不断强化制度创新，增进各缔约国相关制度协调，在广泛沟通的基础上开辟跨境电子商务合作的新渠道、新方法，建立适合跨境电子商务发展的双边、多边政策协调框架，同时利用数字经济和数字技术促进跨境电子商务发展。

（二）促进跨境电商管理模式变革

一是增强跨境电子商务政策针对性，在深入了解市场需求、掌握国际形势发展动向的基础上有的放矢，推出适应性的政策安排，并在政策推出伊始减小违规惩治力度，便于市场主体适应好、掌握好新政策、新规则。二是针对结汇、通关等跨境电子商务主体经常遇到的问题探索新型跨境电商监管模式，提高解决相关问题的效率，转变监管思路。三是加快物流检验和商品流通统计体系建设，建立起高效、可行、有针对性的跨境电子商务统计体系。

（三）推动形成适应跨境电子商务发展的国际贸易环境

一是要积极参与各缔约国政府举行的双边、多边谈判，依托 RCEP 各国电子商务规则达成的共识，努力建立一个更大范围的数据跨境流动和电子商务渠道。二是提升我国参与全球治理和规则制定的能力和经验，充分利用 RCEP 协定各缔约国频繁的国际往来推动中日韩自贸区等一系列区域自贸协定的达成。三是加强信息交流、扩大信息来源，打击诸如双重征税等影响各国跨境电子商务往更深层次发展的不当行为，避免各国贸易层面冲突的发生。四是在市场层面充分发挥企业尤其是龙头企业在行业内国际规则制定中的作用，鼓励形成全球跨境电子商务"平台自治"与"政府间协议"并存的商务框架。

（四）打造跨境电子商务柔性供应链

在跨境电子商务发展进程中，各国消费者逐渐追求个性化，更多的定制化需求涌现。RCEP 签署后，企业能够进入更广泛的国际市场，打造跨境电子商务柔性供应链成为企业抢占市场、塑造核心竞争力的有效渠道。一是要培育跨境电子商务企业的信息与系统化运营能力，加强仓储管理。二是要完善物流网络布局，推进智慧物流建设，拓展跨境电子商务配送方式，加强渠道建设，鼓励无人机、无人仓、智能快递柜和城市物流大脑的研发与应用。在"一带一路"倡议的助力下，推动东南亚地区物流的新技术新设备新模式应用，解决出口目的国配送问题。𝒯

参考文献

[1] 杨娜. 全球经济治理机制的革新与探索——以 RCEP 的构建为例 [J]. 国际经贸探索，2020，36(12):67–81.

[2] 梁一新. 中美贸易摩擦背景下加入 RCEP 对中国经济及相关产业影响分析 [J]. 国际贸易，2020(08):38–47.

[3] 王惠敏，张黎. 电子商务国际规则新发展及中国的应对策略 [J]. 国际贸易，2017(04):51–56.

[4] 徐程锦. WTO 电子商务规则谈判与中国的应对方案 [J]. 国际经济评论，2020(03):29–57+4.

[5] 李墨丝. CPTPP+ 数字贸易规则、影响及对策 [J]. 国际经贸探索，2020，36(12):20–32.

[6] 曲维玺，王惠敏. 中国跨境电子商务发展态势及创新发展策略研究 [J]. 国际贸易，2021(03):4–10.

[7] 马述忠，潘钢健. 从跨境电子商务到全球数字贸易——新冠肺炎疫情全球大流行下的再审视 [J]. 湖北大学学报 (哲学社会科学版)，2020，47(05):119–132+169.

[8] 赵旸頔，彭德雷. 全球数字经贸规则的最新发展与比较——基于对《数字经济伙伴关系协定》的考察 [J]. 亚太经济，2020(04):58–69+149.

[9] 程斌琪，李杨. 后疫情时代 WTO 电子商务议题谈判前景 [J]. 国际经济合作，2021(03):15–24.

[10] 韩剑，杨凯，邹锐锐. 自由贸易区提升战略下 RCEP 原产地规则利用研究 [J]. 国际贸易，2021(03):66–73+89.

[11] 李墨丝. 欧美日跨境数据流动规则的博弈与合作 [J]. 国际贸易，2021(02):82–88.

[12] 钊阳，戴明锋. 中国跨境电商发展现状与趋势研判 [J]. 国际经济合作，2019(06):24–33.

[13] 徐金海，周蓉蓉. 数字贸易规则制定：发展趋势、国际经验与政策建议 [J]. 国际贸易，2019(06):61–68.

[14] 李杨，陈寰琦，周念利. 数字贸易规则 "美式模板" 对中国的挑战及应对 [J]. 国际贸易，2016(10):24–27+37.

[15] 魏利平，邢文祥. 跨境电商出口对我国品牌国际化的影响研究 [J]. 国际贸易，2019(12):19–26.

[16] Iwanow T，Kirkpatrick C . Trade facilitation, regulatory quality and export performance[J]. *Journal of International Development*, 2010, 19(6):735–753.

"一带一路"沿线国家数字贸易规则
典型特征及发展趋向

——基于《区域全面经济伙伴关系协定》(RCEP)视角

陈寰琦[*]

摘要:"一带一路"沿线国家的数字贸易仍有较大的发展空间。数字贸易规则是影响数字贸易发展的重要因素。"一带一路"沿线国家的数字贸易规则呈现出以下特征:(1)"一带一路"沿线国家构建数字贸易规则的积极性有待提高;(2)美式和欧式数字贸易规则开始渗透进"一带一路"框架;(3)"一带一路"沿线国家普遍愿意接受"第一代数字贸易规则";(4)"一带一路"沿线国家的数字贸易规则构建处在初级阶段。基于RCEP视角,未来"一带一路"的数字贸易规则将呈现以下发展趋势:构建考虑各方监管水平的"跨境数据自由流动";推动对外投资的同时保护技术知识产权;在合理监管数字金融的同时推动其发展;为推动中小企业发展构建良好的合作环境。

关键词:数字贸易规则;"一带一路";RCEP;区域贸易协定;金融;投资

---

* 作者简介:陈寰琦,广东外语外贸大学经济贸易学院讲师。

引　言

　　近年来，推动"一带一路"沿线国家数字经济共同发展成为各方合作的重要目标。2019 年，"一带一路"国际合作高峰论坛的主题是"共建数字丝绸之路"。2020 年《中共中央关于制定国民经济和社会发展第十四个五年规划和二〇三五年远景目标的建议》中明确提出深化"一带一路"数字经济合作。其中，数字贸易[①]是数字经济的重要组成部分。尤其是在新冠肺炎疫情的冲击下，如何促进产业数字化升级，进而推动数字贸易的发展成了各方经济体恢复经济的重要关切。

　　由于数字贸易是规则敏感型的，因此在共建"一带一路"和推动其数字贸易发展的过程中，尽可能地构建符合各方利益诉求的数字贸易规则体系是非常重要的。在当前的全球数字贸易治理的进程中，美国和欧盟是当之无愧的引领者（Aaronson，2018）。它们已分别在其主导的 RTAs 中构建出了符合它们诉求的数字贸易规则体系"美式模板"和"欧式模板"。既有文献也多围绕这两大体系展开。对于"美式模板"，Wunsch-Vincent（2003）、Meltzer（2016）、Burri（2017a，2017b）和 CRS（2020）围绕它的核心议题展开研究，包括"跨境数据自由流动""数据存储非强制本地化"和"源代码保护"。而关于"欧式模板"，周念利等（2018）和 Yakovleva（2020）等学者指出该体系更加侧重于在数据流通中强化"个人隐私保护"以及"数字视听产业例外"；茅孝军（2020）和张莉等（2020）则分别研究了备受关注的"数字税"的征收风险以及各国的立场诉求。此外，李晓龙等（2018）、沈玉良等（2018）和高凌云等（2020）探索了中国参与全球数字贸易治理的发展路径。但是，专门针对"一带一路"沿线国家数字贸易规则进行研究的文献较为少见。这主要是因为目前"一带一路"的数字贸易规则构建尚处于探索阶段。事实上，近年来"一带一路"沿线国家的数字贸易展现了不错的发展势头，这也促使"一带一路"沿线国家逐步参与到全球数字贸易治理的进程中来。值得注意的是，中国新近签订的《区域全面经济伙伴关系协定》（简称 RCEP）涵盖了不少数字贸易规则新议题。RCEP 与

　　[①] 根据 USBEA（2018）的定义，数字贸易为可数字化的服务贸易。

"一带一路"沿线国家关系密切,RCEP涵盖了不少"一带一路"沿线国家,同时大部分"一带一路"沿线的经济大国也参与进RCEP中。因此分析RCEP有助于对"一带一路"沿线国家未来的数字贸易规则发展动向进行"管中窥豹"。鉴于此,本文将分析"一带一路"沿线国家的数字贸易规则典型特征,并基于RCEP的数字贸易规则文本,研判"一带一路"数字贸易规则的未来发展趋向。这可为将来构建"一带一路"数字贸易规则,或者发展"一带一路"自贸区提供决策参考。

一、"一带一路"沿线国家的数字贸易发展情况

数字贸易是"一带一路"沿线国家发展国家贸易的一个重要内容。为了把握这些经济体的数字贸易发展情况,本文分析了它们的数字基础设施发展水平和数字贸易流量的一个演变情况,以更好地把握"一带一路"沿线国家的数字贸易发展态势。

(一)数字基础设施发展

信息通信技术(简称ICT)是数字贸易生存发展的基础,也是数字基础设施的重要组成部分。互联网的发展程度是衡量ICT水平的一个重要指标。本文先后基于世界银行(World Bank,简称WB)的统计数据,从以下两个维度分析了"一带一路"沿线国家的互联网发展程度,以把握其数字贸易基础设施的发展情况。

一是互联网在公民中的普及率。2010—2018年,"一带一路"沿线国家的网民普及率整体呈现一个上升趋势。尤其在2017年中国提出推动数字丝绸之路建设这一倡议之后,互联网普及率的增长幅度有所提升。其中尤以最不发达经济体的增长最为明显。但这主要是因为相较于发达经济体和发展中经济体而言,最不发达经济体本身网民普及率的可提升空间更大。因此最不发达经济体在外部援助和投资的支持下,会呈现出更为瞩目的发展态势。但是截至2018年,相比于发达经济体和发展中经济体,最不发达经济体的网民占比相对而言还较低,近一半的居民尚未接入互联网设备。

二是人均安全服务器的个数。在普及互联网使用的基础上，如何进一步提高服务器的安全性，是保障贸易参与者权益的重要因素。总体来看，在"一带一路"沿线国家，安全可靠的互联网服务器个数自 2015 年起呈现了一个增长的趋势。其中发达经济体的安全服务器个数最多，从 2010 年每百万人不足 200 个上升至 2019 年的 20000 余个。而最不发达经济体虽然也呈现出增长趋势，但增长趋势趋于平缓。整体来看，发达经济体的人均安全服务器数量远高于发展中经济体和最不发达经济体，自 2016 年起其数量一直保持在发展中经济体的两倍以上。

总体来看，无论是公民中的互联网普及率还是人均安全服务器的个数，"一带一路"沿线国家中都是发达经济体的发展水平优于不发达经济体的。而"一带一路"沿线是以非发达经济体为主体的，由此可以推断出"一带一路"沿线国家在互联网发展上还有较大的潜力。

（二）数字贸易占服务贸易比重仍有较大提升空间

伴随着数字基础设施的发展，"一带一路"沿线经济体的数字贸易近年来整体上呈现出向上攀升的趋势（见图 1）。这和全球数字贸易发展趋势是相一致的。但是另一方面，"一带一路"沿线国家的数字贸易在服务贸易中的占比仅停留在 30% 左右。该占比并没有随着数字贸易体量的上升而提高。与此相对，大型数字经济体的数字贸易往往占据服务贸易的"半壁江山"，如美国的数字贸易比重就已超过六成[1]。可见，"一带一路"沿线国家的数字贸易依然存在较大的发展潜力。

整体来看，"一带一路"沿线国家无论是数字基础设施普及水平，还是数字贸易流量都与美国等数字贸易大国存在较大差距。原因在于，"一带一路"沿线国家是以发展中国家和最不发达国家为主体的。这些经济体在"硬件"上的基础设施以及"软件"上的规制环境都不具备显著优势，不利于数字贸易的综合发展。

---

[1] 数据来源：UNCTAD。

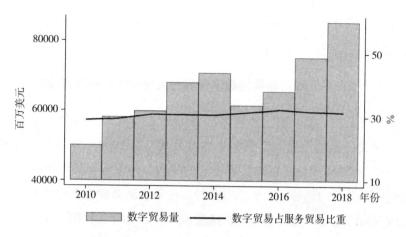

图1 "一带一路"沿线经济体的数字贸易发展情况

资料来源：OECD 数据库。

具体而言，一方面，ICT 的发展除了基础设施和资金支持以外，还需要成熟的法律体系和政治环境来保障基础设施的安全性。这些都是需要各国政府进行统一协作安排方能付诸实践的，需要一个过程。这也造成了"一带一路"沿线国家数字基础设施存在南北差异。

另一方面，"一带一路"沿线国家的数字贸易发展落后于美国等大国，原因在于数字贸易的发展，在"软件"上还需要一个较为完善的数字贸易规则体系。但是，数字贸易规则的制定主体往往是数字大国。而"一带一路"沿线国家在数字产业上并不占显著优势，它们的数字基础设施水平制约了它们数字经济的发展。这些非发达国家即便参与了数字贸易规则制定，也往往是规则的被动接受者。因此目前它们所构建的法规环境也不完全是从有利于本国数字贸易发展的角度出发的。这意味着，既有的数字贸易规则并未能很好地满足这些国家的数字贸易发展诉求。

二、"一带一路"沿线国家数字贸易规则的典型特征

随着信息通信技术基础设施的发展，数字贸易也逐渐成为国际贸易中的重要组成部分。因此，为了促进国际贸易的发展，数字贸易相关规则也逐步引入贸易协定中，成为贸易谈判的焦点所在。"一带一路"沿线国家也不例外。目

前,"一带一路"经济体在区域贸易协定(简称 RTAs)框架下所构建的既有数字贸易规则主要呈现以下几点特征。

(一)"一带一路"经济体构建数字贸易相关规则的积极性有待提高

本文统计了"一带一路"经济体自 2000 年以来对外签署的协定及其涵盖数字贸易相关内容的情况(见图 2)。本文发现,在 2000—2018 年这个区间,"一带一路"经济体无论是总体签署协定的项数,还是数字贸易规则协定的数量都呈现一个上升的趋势。而从比重来看,近年来涵盖数字贸易相关内容的协定占区域贸易协定的比重约为 40%,接近了所有协定的"半壁江山"。

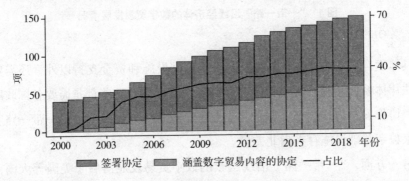

图 2 "一带一路"经济体数字贸易相关协定签署情况

资料来源:WTO 数据库。

但与此同时,这一占比的增幅趋于平缓,并没有呈现出进一步扩大比重的趋向。与"一带一路"经济体相对,在全球贸易中占据领先地位的经济体如德国、法国、英国、日本、美国等经济体对外签署的协定中,有近七成涵盖数字贸易相关内容(周念利,2020)。可见,虽然"一带一路"经济体并不抵制数字贸易相关规则的签订,但是相比起发达经济体而言,它们对数字贸易规则的接受程度还有待提高。这一现象可以从各经济体的比较优势出发来进行解释。发达经济体的信息基础设施普及程度较高,数字经济的发展程度和交易水平在经济体中占据的份额更大,因此在对外贸易谈判中更加重视构建数字贸易相关规则。与此相对,"一带一路"经济体以发展中经济体为主,数字贸易赖以生存的基础设施——互联网的普及率相对较低,因此在贸易谈判中就数字贸易相关议题构建规则的进程中，多是以被动接受其他经济体输入的数字贸易规则为主，自身则较为缺乏对外构建数字贸易规则的积极性。

（二）美式和欧式数字贸易规则开始渗透进"一带一路"框架

出于推动数字产业发展的需要，"一带一路"之外，已有不少经济体在RTAs中推动数字贸易规则的发展，且形成了较为成熟的规则体系（如"美式模板"和"欧式模板"）。这些既有的数字贸易规则对"一带一路"经济体的数字贸易立场带来了不少影响。一方面，美式数字贸易规则中的核心议题已经开始渗透进"一带一路"国家。如美国在近20年通过在其主导的RTAs中不断地拓展和深化其数字贸易规则，构建出了代表其雄心的数字贸易规则"美式模板"。通过签订RTAs的方式，美国将"美式模板"的诉求渗透到其他经济体所缔结的协定中。其中新加坡就是一个典型的例子。新加坡是重要的"一带一路"成员，它在美国未参与的协定中也引入了美式数字贸易规则的元素，包括推进跨境数据流动、促进数字知识产权保护等内容。

另一方面，由于"一带一路"经济体中不乏欧盟的国家，如斯洛文尼亚、立陶宛和波兰等，这些国家也在欧盟这一个整体的带动下，在数字贸易规则构建的过程中体现了特定的"欧式模板"立场。如在推进数据流通的同时，会重视隐私保护方面的内容，以确保涉及境内公民的数据不会在外国企业手中失去监管。与此同时，坚守文化例外，以防止东道国的文化产业（如数字视听产业）受到侵害也是它们在构建数字贸易规则过程中所关注的焦点所在（见表1）。因此，在商务数据库2013—2016年"一带一路"建设前后所囊括的65个欧亚经济体中，东南亚的经济体是"美式数字贸易规则"渗透的主要区域，而西部的国家则深受"欧式数字贸易规则"的影响。

表1　渗透到"一带一路"经济体的规则议题

"一带一路"外的数字贸易规则	代表性议题	受影响的"一带一路"经济体
美式数字贸易规则	跨境数据自由流动	新加坡、蒙古、马来西亚、文莱、越南等
	数据存储非强制本地化	
	源代码保护	
	政府数据公开	

续　表

"一带一路"外的数字贸易规则	代表性议题	受影响的"一带一路"经济体
欧式数字贸易规则	视听产业例外	保加利亚、罗马尼亚、斯洛伐克、拉脱维亚、立陶宛、波兰等
	个人隐私保护	
	征收数字税	

（三）"一带一路"经济体普遍愿意接受"第一代数字贸易规则"

虽然欧式数字贸易规则和美式数字贸易规则已经渗透进"一带一路"经济体，但是大部分经济体数字贸易规则的构建进程仍处于初级阶段。这些国家大都属于中等收入国家，且普遍愿意接受"第一代数字贸易规则"，即推进贸易便利化的措施如"无纸化通关""电子签名的有效性"等。其中，最典型的规则有"电子传输免关税"，这一规定早已在多边框架下达成共识。自1998年《全球电子商务宣言》（Declaration on Global Electronic Commerce）起，多边已经达成了就电子传输实现临时性的免关税。这一协议被设置了有效期，但这一协议到期后被不断延期至今。事实上，对于电子传输免关税时效性的立场，"一带一路"经济体普遍持有的是反对赋予其"永久时效"的立场。虽然目前在技术上难以对跨境传输的数据进行定性并征税，但是随着数字技术的发展，未来会有很多不确定的因素，因此倾向于不承诺其"永久性"，以避免丧失未来对数字产品征收关税的权力。

与此同时，这些国家比较容易达成共识的数字贸易相关议题还有推进"无纸化通关"，即肯定电子文档的法律作用。这对于促进贸易便利化而言十分重要。在传统国际贸易中，海关清关需要在不同的窗口提交大量且多样的纸质文件，这为跨境贸易带来了沉重的时间成本。承认电子文档的有效性将可以让进出口商采用线上提交电子文档的方式进行通关，大幅提高贸易产品通关的效率。另外，电子签名的有效性也是与此相匹配的"第一代数字贸易规则"的重要议题，在"一带一路"经济体中推广的难度不大。

（四）"一带一路"经济体的数字贸易规则构建处在探索阶段

目前，"一带一路"经济体的数字贸易规则构建进程尚处于初步阶段。一方面，从数字贸易规则的发展程度来看。"一带一路"经济体在数字贸易规则的构建中差异较大。按照立场诉求的不同，可将它们分为三大"阵营"。其中两个分别是上文提及的，受"欧式数字贸易规则"和"美式数字贸易规则"渗透的经济体，数字贸易规则的发展程度相对较为成熟。但这些经济体的数目仅是"一带一路"中的一小部分，不到20%。其他的则是尚未对"欧式"或"美式"数字贸易规则作出深度承诺的经济体，主要以中等收入国家为主。这些经济体的共性在于，它们参与数字贸易治理的进程尚处于初级阶段。

另一方面，从边境后的数字贸易法制构建的完备程度来看。国内法往往是国际贸易规则的逻辑起点。分析国内规则可以判断未来这些国家的数字贸易规则发展趋向。根据WDI（世界指标发展数据库）和WEF（世界经济论坛）的数据测算，可以对"一带一路"经济体的数字贸易法规发展程度进行打分（齐俊妍等，2020）。本文将分数由高到低分别定义为优、良、中、差四个等级。在法规制定上，"一带一路"经济体的差距更为明显。处于中等以上级别的国家个数占比更少，大部分"一带一路"经济体在数字经济的相关法制构建上都有较大的发展空间。

三、"一带一路"沿线国家数字贸易规则的未来发展趋向

目前"一带一路"并未达成一个统一且具体的数字贸易规则协议。但鉴于数字贸易的重要性，未来"一带一路"沿线国家有就数字贸易规则进行深入协商的趋势。新近达成的RCEP是构建"一带一路"数字贸易规则的一个重要协定蓝本，原因有三点。第一，大部分RCEP成员也是"一带一路"的重要国家，可谓与"一带一路"密切相关。第二，RCEP的数字贸易规则是考虑到各缔约方的规则制定底线所作出的，给予了各国一定的自主操作空间。对于它们而言也较易接受。第三，相较于中国以往的协议，中国在RCEP中对数字贸易议题所作承诺有着不少深化与拓展。具体而言，RCEP的核心数字贸易议题及其未来在"一带一路"沿线国家的适用趋向如下。

（一）考虑各方监管水平的"跨境数据自由流动"

数据是数字贸易的命脉所在，数字服务的对外输出是基于跨境的数据流通方能实现的。目前各国普遍认识到数据在国际贸易中的重要性。因此"跨境数据自由流动"成了数字贸易中的核心议题。但与此同时，数据的流通是一把"双刃剑"。因为数字产品发展速度极快，还有很多未知的因素。因此有必要对一些涉及国家机密和产业安全的数据进行合理的监管，方能避免重大风险的发生。而不同国家对于数据也有不同的需求，比如欧盟在《通用数据保护条例》（简称 GDPR）中提出的隐私保护。

RCEP 对"跨境数据自由流动"则考虑到各国在数据流通上的底线所在，是比较符合规则构建之大趋势的。RCEP 第 12.15 条"通过电子方式跨境传输信息"中对于跨境流通的数据，除了要求认识到各方的监管要求外，还提出需要保障各国的安全利益。这一点对于"一带一路"国家而言是有利且折中的做法。除了数据流通以外，RCEP 第 12.14 条还提出了"数据存储非强制本地化"，即不得强行要求将领土内的计算设施放置在东道国境内。与此同时 RCEP 也保留了例外条款，即不排除各国出于安全利益所采取的相关措施。这意味着，RCEP 总体上是推动数据流动的，但是在金融等敏感部门或领域各国还是可以基于国情来制定相关规则。这在实践上可以给予 RCEP 缔约方乃至"一带一路"经济体较大的弹性。

在"电子传输免关税"上，RCEP 第 12.11 条要求基于 WTO 的多边承诺不对电子传输征收关税。这是一个有期限的承诺，但在多边框架下已被普遍接受。而短期内由于对于电子传输征收关税的技术尚未成熟，同时出于推进数字贸易发展的考虑，这一标准的承诺在"一带一路"沿线国家扩展适用的难度并不大。

（二）在推动对外投资的同时保护技术知识产权

投资是"一带一路"倡议中推进和深化双边经贸合作机制，促进东道国经济发展的重要方式。中国的电信设备在全球中处于领先地位，也是"一带一路"发展的重要支柱产业。尤其是"数字新基建"涉及了电信、科技和基础设施的共建问题，是近年来中国对外投资的重要领域，也是支撑数字贸易发展的重要领域。它包括数字蜂窝网络（简称"5G 网络"）、大数据中心、人工智能和工业互联网等。

这些核心技术涵盖了重要的数字技术知识产权。那么针对这些技术的对外输出，有必要借鉴既有协定中的保护措施。RCEP 签订之前，中国—韩国 FTA 等协定中虽然有相关规定（第 12.7 条），如避免对技术采用不合理以及歧视性措施。但是这一规则对于何为合理的规定相对而言较为模糊，在操作上约束力不强。而 RCEP 则在此基础上细化了相关规定，它引用了 TPP 中对于投资的技术非强制转移条款，要求不得以转移特定技术为投资的前提条件（第 16.6.1.6 条）。在"一带一路"的共建过程中，这一"技术非强制转移"规则对于保护投资者权益，促进投资者在数字新基建等电信相关部门中的对外投资具有重要的意义。换言之，如果在"一带一路"中广泛拓展适用"技术非强制转移"，将可大幅提高投资者在东道国的投资信心，让东道国可以获得更多的投资以促进数字新基建的发展。

（三）在合理监管数字金融的同时推动其发展

数字金融是数字贸易中较为敏感的部门。出于国家安全的考虑，中国在贸易谈判中对于数字金融领域的数据相关议题大多持审慎的态度。如在多边框架下，中国明确表示暂不就数据流通等议题进行表态和承诺。因此，RTAs 框架下中国在 RCEP 中就金融数据作出承诺可谓是其在数字贸易规则构建过程中的一个里程碑。一方面，RCEP 第 8 章附件 1 第 9 条要求东道国不得在领土内限制金融服务提供者进行日常运营所需的数据转移。与此同时，RCEP 第 8 章附件 1 第 3 条还特别列出了新金融服务，提倡东道国应致力于"允许缔约方提供其在本国内相似的金融服务"。但前提条件是遵守东道国当地的法律要求，以及有保留地推进数据流动。这么做可以基于区块链等新兴的数字技术，推进数字知识产权和线上文化娱乐服务的发展。另一方面，中国也在 RCEP 中强调了加强金融行业的监管。即承诺在预留监管空间、维护金融体系稳定的前提下推进数字金融的发展。总体来看，中国在 RCEP 的金融附件所作承诺可以体现出中国发展数字金融的愿景，也代表了中国在既有 RTAs 中推进数字金融服务发展的最高水平。

数字金融在数字贸易中有着重要的作用，也是中国于"一带一路"中着力发展的重要领域。其中，数字金融有助于促进基于跨境电商平台的零售服务的发展，也让中小企业在数字贸易中有了更大的发展空间。"一带一路"沿线国家是以不发达经济体为主体的。在经济发展水平较低的情况下，这些经济体的法律环境也没有得到较好的配备。在这一背景中合理利用数字金融技术和服务可以有效规避信用风险，促进中小企业参与进数字贸易。如在线上的供应链金融中，区块链的分布式账本技术有助于基于核心企业的信息，为基于跨境电商平台提供零售服务的中小企业进行融资作出征信担保。除此以外，随着信息通信技术的发展，近年来还衍生出了不少新兴的金融服务。这些金融服务本身可以为贸易带来便利和效益。因此有必要推进这些新金融服务的发展。但与此同时，这些新金融服务的未来是难以预测的，整体上看并不会因为服务提供商采用了新兴的技术而降低风险。换言之，这些金融服务的安全性并未能得到很好的保证。因此，需要合理的监管措施来进行风险防控，促进数字金融服务在可控的范围内被使用。中国在新近签订的 RCEP 中考虑到这两方面的内容，即在推进金融服务发展的同时，强调着力于加强金融监管。由于它也考虑到每个国家的情况以及强调构建监管体系，因此 RCEP 的相关规则也可以扩展适用到"一带一路"沿线国家的数字金融领域。

（四）为推动中小企业发展构建良好的规则合作环境

基于电商平台的零售服务是数字贸易的重要组成部分。区别于传统贸易，跨境电商平台给予了中小企业更多参与国际贸易的可能性。但是，技术手段并没有解决一些传统贸易也会面临的典型困难，如零售货物所面临的物流风险，通关程序以及边境后针对小件物品的税收等。因此有必要针对小型商户的发展，推动"一带一路"沿线国家间的合作，为中小企业加入数字贸易，并进一步发展提供良好且便利的制度环境。而 RCEP 的电子商务章中的第 12.4 条提出了促进各国政府间的合作，帮助中小企业克服使用电子商务的障碍。这些都是以推进数字贸易的中小企业发展为目标的。与此同时，RCEP也承诺了一些"第一代数字贸易规则"，如"无纸化贸易""电子签名认证""减少不必要的监管措施"。这些都是推动制度环境进一步发展，减少中小企业在跨境贸易中所面临的监管障碍，进而推动中小企业数字贸易发展的重要措施。这些规则并不会过于挑战各个在数字贸易上的国家安全问题，同时有助于创造互利共赢的合作环境。因此这些RCEP规则将来也会与"一带一路"沿线国家构建数字贸易规则的主要内容有所交叉。

四、结论及启示

数字贸易是"一带一路"沿线国家对外经济的重要组成部分。近年来"一带一路"沿线国家的数字贸易确实也跟随全球贸易的潮流，稳步向前发展。但是，数字贸易"软性环境"的不完善制约了"一带一路"ICT基础设施安全性的提高以及数字贸易的进一步发展。为了营造良好的数字贸易法制和营商环境，"一带一路"国家本身在构建合理且完善的数字贸易规则体系上是抱有诉求的。但整体来看，"一带一路"沿线国家的数字贸易规则并未与这些诉求相匹配。目前这些国家已经承诺的议题依然普遍停留在"第一代数字贸易规则"的水平。值得注意的现象是，具有雄心且较为成熟的数字贸易规则"美式模板"和"欧式模板"都已开始渗透到"一带一路"沿线国家中。可见在参与全球数字贸易治理的过程中，"一带一路"沿线国家除了在内在诉求的驱动下发展数字贸易规则，还在"一带一路"框架外协定的影响下在数据流动、源代码保护和隐私保护等议题上作出承诺。这主要是因为"一带一路"沿线国家本身的数字贸易规则构建工作普遍处在探索阶段。"一带一路"周边较为成熟的规则体系也因此有较大的空间向"一带一路"沿线国家渗透。

在RTAs框架下，RCEP与"一带一路"国家存在密切联系，同时也对标CPTPP，做了较高水平的数字贸易规则承诺。因此，将RCEP的数字贸易规则文本拓展适用至"一带一路"国家，不失为一种符合"一带一路"国家诉求的方案。RCEP的数字贸易规则是在考虑各方底线的前提下发展起来的，即在进行合理监管的基础上推进数字贸易自由化，如促进跨境数据自由流动和数字金融的创新发展。与此同时，RCEP 要求增进数字贸易特定部门的合作投资，并为推动中小企业的发展构建良好的数字贸易法制环境等。对于以不发达国家为主体的"一带一路"沿线国家而言，这些数字贸易规则都是比较符合它们的发展现状的。

展望未来，中国与"一带一路"沿线国家共建数字贸易规则可从以下三个方面着手。第一，是顺应规则构建的大趋势构建规则。如 RCEP 是在美国总统大选之际，抓住了良好时机所构建的一个协定。中国也可以抓住签订协定的大趋势，把握其在《全面与进步跨太平洋伙伴关系协定》（简称 CPTPP）、《中欧投资协定》（简称中欧 CAI）、《中日韩 FTA》的谈判契机，抓紧时机和"一带一路"沿线国家签订协议。第二，是逐步和"一带一路"沿线国家签订协议，推广符合各方主要诉求的数字贸易规则的覆盖范围。这是一个循序渐进的过程，中国可以先与有志同道合意向的国家小范围签订协议，再逐步扩大签约的对象，提高既有数字贸易规则的影响力。以 RCEP 为例，虽然它只涵盖了一部分"一带一路"的经济体，但是都是经济上具有较大影响力的"一带一路"成员。将来也可以 RCEP 为基石，将其中的核心数字贸易规则扩展适用至周边的"一带一路"国家。中国可在和缔约方保持友好经贸合作的情况下，也将既有成果适用于其他未参与的国家。利用既有协议所带来的经济圈的吸引力，吸引更多的"一带一路"国家和中国签订数字贸易相关的高标准协议，如将 RCEP 的核心成果拓展于"一带一路"国家的新协议中。第三，是在考虑各方数字贸易诉求底线的前提下，构建数字贸易规则。具体到规则内容的签订，应该在承诺推进各方的数字经济发展的同时，考虑到各国自身的监管要求。即寻找监管与发展的平衡点，在有效防范风险的前提下，推进新型数字服务的对外输出。如推行考虑监管例外的跨境数据自由流动。与此同时，确保对外投资者在东道国特定部门获得投资许可的同时，有效保障东道国产业自身的合理权益等。𝓕

参考文献

[1] 高凌云，樊玉.全球数字贸易规则新进展与中国的政策选择 [J]. 国际经济评论，2020(02):162–172+8.

[2] 张莉，曹子瑛，易艳春.数字化商品跨境交易税收制度的国际比较与协调 [J]. 中国流通经济，2020(08):119–128.

[3] 茅孝军.新型服务贸易壁垒："数字税"的风险、反思与启示 [J]. 国际经贸探索，2020(07):98–112.

[4] 李晓龙，王健.eWTP 倡议下构建国际贸易新规则的探索 [J]. 国际经贸探索，2018(11):102–114.

[5] 沈玉良，李海英，李墨丝，弓永钦.数字贸易发展趋势与中国的策略选择 [J]. 全球化，2018(07):28–40+134.

[6] 齐俊妍，任奕达.东道国数字经济发展水平与中国对外直接投资——基于"一带一路"沿线 43 国的考察 [J]. 国际经贸探索，2020(09):55–71.

[7] 周念利，陈寰琦.数字贸易规则"欧式模板"的典型特征及发展趋向 [J]. 国际经贸探索，2018(03):96–106.

[8] Aaronson S A, Leblond P. Another Digital Divide: The Rise of Data Realms and Its Implications for the WTO[J]. *Journal of International Economic Law*, 2018(2): 245–272.

[9] CRS.Digital Trade[R].Congressional Research Service, 2020(10770):1–10.

[10] Yakovleva, S., & lrion, K. Pitching Trade against Privacy: Reconciling EU Governance of Personal Dataflows with External Trade. International Data Privacy Law, 2020(3):201–221.

第四部分　贸易关系

双边政治关系与国家间贸易利益分配：增加值出口视角

孙楚仁　江慧　覃卿 *

摘要： 价值链主导下全球分工体系的顺利运行高度依赖于稳定的国家间关系，不和谐、不稳定的国际政治关系会对国际经贸关系产生不利影响，进而影响各国贸易利得。文章在增加值出口视角下，使用 2000—2014 年联合国投票大会数据、世界投入产出数据（WIOD）及 Penn World Table（PWT）数据，实证考察双边政治关系对国家间贸易利益分配的影响。研究发现：（1）双边政治关系的改善能够显著提高一国在全球贸易中的利益分配。在考虑内生性问题、增加值出口结构、指标替换、模型估计方法以及维度加总等因素后，这一结果依然稳健。（2）异质性分析结果表明经济权力弱国、制度优势国的增加值出口以及比较优势行业、价值链下游行业的增加值出口对双边政治关系更加敏感。（3）理论假说与机制检验结果表明双边政治关系的改善会通过降低"成本效应"和增强"产业关联效应"来扩大一国的出口规模和提升一国单位产品出口中的国内增加值份额，实现"量"与"质"的同步提升，从而提高一国在价值链中的贸易利得。

关键词： 双边政治关系；贸易利益分配；增加值出口；全球价值链

---

* 作者简介：孙楚仁，广东外语外贸大学经济贸易学院副院长（教授）；江慧，西南财经大学商学院博士生；覃卿，西南财经大学商学院博士生。

一、引言

贸易利益是一国参与国际分工和从事国际贸易的根本诉求，也是贸易理论分析的落脚点，贸易利益大小对于国家选择国际分工模式、调整贸易结构和制定贸易政策至关重要。而一国实现贸易利益的可持续增长需依赖于稳定的国际政治环境和良好的国家间政治关系。反观现实，当前以中美关系为代表的大国竞争、美俄关系局势的紧张、地缘冲突以及国内政权更替等全球性和区域性地缘政治事件频发表明现阶段全球政治关系已然呈现出总体不和谐、不稳定的特征。在此背景和全球价值链主导的分工体系下，各国势必会有针对性地调整国内生产布局。那么，国家间政治关系的变动是否会影响到一国在全球贸易中的利益分配格局以及如何作用其贸易利益的分配呢？厘清这些问题将对我们深入理解并预判当前大国博弈的现实特征及未来趋势、构建和谐的全球政治关系网络具有重要的理论意义和现实意义。

全球价值链分工环节的不断深化引发中间品多次跨境交易的现象愈加频繁，这使得以总值贸易为基础的关境统计法越发难以准确衡量一国对外贸易的实际规模，也就难以反映一国获取的真实贸易利得。鉴于此，前世界贸易组织原总干事 Pascal Lamy 于 2011 年 6 月 11 日在日内瓦会议上建议，应以增加值贸易作为贸易利益衡量的标准。为此，本文采用 2016 版的世界投入产出数据（WIOD），根据 Wang et al. (2013) 的分解框架，估算了 2000—2014 年 WIOD 国家的总增加值出口额（图 1）。[①] 整体来看，总增加值出口额不断增长，这意味着全球贸易利益呈现出持续稳定扩大的态势。另外，本文采用联合国投票大会数据的理想点距离指数，绘制了 2000—2019 年 WIOD 国家的双边政治关系趋势图（图 2）。数据结果显示，2000—2019 年国家间双边政治关系整体趋势利好，但其呈现出了较强的波动性。具体而言，2000—2004 年、2014—2017 年的全球双边政治关系距离不断缩短，这表明该阶段全球政治关系趋于向好态势；而 2004—2008 年，国家间双边政治关系距离不断扩大，并呈现快速恶化特征，特别是 2008 年达到了一个小高峰；2009—2014 年，国家间的政治关系呈现出极度不稳定的特征。

---

① WIOD 数据库包含了 43 个全球主要国家和地区，其中包括 28 个 EU 成员国和 15 个主要大国。

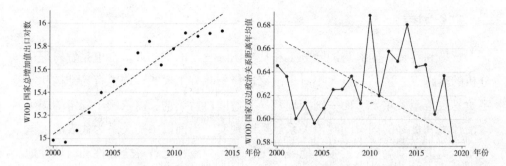

图 1　2000—2014 年 WIOD 国家总增加值出口　图 2　2000—2019 年 WIOD 国家双边
（百万美元）　政治关系距离趋势图

　　事实上，在国际政治经济学领域，政治关系与经贸关系之间的互动发展一直是学者们关注的焦点之一。当前研究中已有大量文献就政治关系对贸易的影响作了有益探讨，主要体现在两个方面。一是大部分研究表明政治决定了双边贸易水平。美国学者琼·埃德曼·斯佩罗（1997）指出经济政策的制定通常受到压倒一切的政治利益的支配，不仅经济制裁和贸易禁运常常是政治斗争的经济武器，而且贸易政策（自由贸易政策或保护贸易政策）也首先考虑到一国的政治需要。此外，Pollins（1989）、Fouka 和 Voth（2013）、Davis et al.（2014）、邝艳湘和向洪金（2017）、王珏等（2019）实证检验了国家间政治关系的改善（恶化）对双边贸易的促进（破坏）效应。二是少部分研究却认为政治关系并不会影响双边的贸易流量。Kastner（2007）发现在国际化带来的利益足够大的情况下，政治利益冲突的不利影响并不严峻，例如，中国大陆和台湾地区的关系。Davis 和 Meunier（2011）在考察美、日及其 152 个的贸易伙伴的贸易流时发现政治局势紧张并没有影响双边经济关系，尤以美法、中日为代表。综合来看，尽管目前学者们对政治与贸易两者关系的研究较为丰富，但仍存在以下不足：（1）研究视角仅停留在传统的贸易总量方面，忽视了全球价值链下贸易模式改变造成的真实贸易利益与传统贸易流量间的偏差。（2）学者们并未就政治关系对国家贸易利得的影响方向形成统一的认知，而在当前大国博弈的现实背景下，"政冷经热" "政冷经冷" 等现象并存更是需要合理的解释。（3）鲜有文献就政治关系影响国家贸易利得的微观机理进行深度挖掘，也未对现实存在的 "政经关系现象" 作出合理的阐释。

基于此，本文选取 2000—2014 年联合国投票大会数据、世界投入产出数据（WIOD）以及 Penn World Table（PWT）数据，在增加值出口视角下，实证考察了双边政治关系对国家间贸易利益分配的影响。研究发现，首先，双边政治关系的改善能够显著提高一国在全球贸易中的贸易利得。在考虑内生性问题、增加值出口结构、指标替换、模型估计方法以及维度加总等因素后，结果依然稳健。其次，异质性分析结果表明经济权力弱国、制度优势国的增加值出口对双边政治关系变动更加敏感；此外，比较优势行业、价值链下游行业的增加值出口对双边政治关系变动也更为敏感。最后，理论假说与机制检验结果表明双边政治关系的改善会分别通过降低"成本效应"和增强"产业关联效应"来扩大一国的出口规模和提升一国单位产品出口中的国内增加值份额，实现"量"与"质"的同步提升，从而提高一国在价值链贸易中的贸易利得。

本文的贡献如下：（1）本文研究双边政治关系对贸易利益的影响，但不同于传统的出口指标，本文采用增加值出口作为一国贸易利益的衡量标准，为今后政治关系与贸易领域的相关研究提供新的思路；（2）本文采用结构分解法（SDA），基于增加值出口变动的两个方向——出口规模和单位增加值创造能力视角，深入剖析了政治关系影响一国贸易利益（增加值出口）的微观机理；（3）本文实证检验了两者之间的因果关系，并引入不同类别特征变量探讨其在双边政治关系影响双边增加值出口中的非对称性作用，进一步挖掘双边政治关系作用下的贸易利得问题，或为当前存在的"政冷经热"现象提供合理的解释。（4）结合当前大国博弈、地缘政治角逐的国际政治形势，特别是针对中国当前情形，对于判断各国外交战略的转向、构建和谐的全球政治关系网络、增强全球价值链的韧性并稳步提高中国在价值链中的嵌入程度和地位，都具有重要的政策启示意义。

二、理论机制与假说

增加值出口（Value added exports，VAX）是指一国创造且最终被其他国家所吸收的国内增加值部分（Johnson 和 Noguera，2012），其更能真实地反映一国所获得的贸易利益。借鉴 Koopman et al. (2014)、Wang et al. (2013) 提出的增加值出口测算模型，本文采用结构分解方法（SDA）分析了双边国家行业水平增加值出口的结构变动，以便于深入挖掘双边政治关系的变动影响一国行业的真实贸易利益的微观机制。表 1 简单展示了世界投入产出表的结构。假设全球存在 G 个国家（地区），每个国家拥有 N 个部门。设定：整个经济体的总产出 $X=[x_1^1,x_2^1,\cdots,x_i^s,\cdots,x_N^G]'$ 为 $GN\times1$ 的列向量，其元素 x_i^s 表示 s 国 i 部门的总产出；中间投入矩阵 Z 为 $GN\times GN$ 的矩阵，其元素 z_{ij}^{sr} 表示 s 国 i 部门提供给 r 国 j 部门用于生产的中间品；最终品产出 $\mathrm{Y}=[y_1^1,y_2^1,\cdots,y_i^s,\cdots,y_N^G]'$ 为 $GN\times1$ 的列向量，其元素 y_i^s 表示 s 国 i 部门生产的最终品；增加值矩阵 $Va=[Va_1^1,Va_2^1,\cdots,Va_i^s,\cdots Va_N^G]$ 为 $1\times GN$ 的行向量，其元素 Va_i^s 表示 s 国 i 部门创造的增加值；对应的增加值系数矩阵 $V=[V_1^1,V_2^1,\cdots,V_i^s,\cdots V_N^G]$ 为 $1\times GN$ 的行向量，其元素 V_i^s 表示 s 国 i 部门所创造的增加值占该部门总产出的比重。

表 1　世界投入产出表

		中间需求				最终需求				总产出
		国家 1	国家 2	⋯	国家 G	国家 1	国家 2	⋯	国家 G	
中间投入	国家 1	Z^{11}	Z^{12}	⋯	Z^{1G}	y^{11}	y^{12}	⋯	y^{1G}	x^1
	国家 2	Z^{21}	Z^{22}	⋯	Z^{2G}	y^{21}	y^{22}	⋯	y^{2G}	x^2
	⋮									⋮
	国家 G	Z^{G1}	Z^{G2}	⋯	Z^{GG}	y^{G1}	y^{G2}	⋯	y^{GG}	x^G
增加值 Va		Va^1	Va^2		Va^G					
总投入 X		x^1	x^2	⋯	x^G					

根据投入产出平衡条件和增加值出口定义，s 国 i 部门的总产出 X_i^s 及 s 国到 r 国的增加值出口 VAX^{sr} 满足：

$$X_i^s=\sum_{j=1}^N a_{ij}^{ss}X_j^s+Y^{ss}+\sum_{r\neq s}^G\sum_{j=1}^N a_{ij}^{sr}X_j^r+\sum_{r\neq s}^G Y_i^{sr} \tag{1}$$

$$EX^{sr}=A^{sr}X^r+Y^{sr} \tag{2}$$

$$VAX^{sr}=(V^S B^{SS})'\#EX^{sr} \tag{3}$$

其中，a_{ij}^{sr} 为直接消耗系数，表示 r 国 j 部门生产 1 单位价值的产出所需要 s 国 i 部门提供的中间投入价值。$\mathrm{B=(I-A)^{-1}}$ 为里昂惕夫逆矩阵，表示为满足目的国部门一单位最终品的需求，所需其他国家部门的直接和间接投入总和；矩

阵 V^sB^{ss} 表示为 s 国单位产出中的国内增加值份额。EX^{sr} 表示 s 国到 r 国的总出口。（3）式表明，双边国家的增加值出口取决于两大因素：一是出口规模，即传统意义上的出口；二是出口国单位产出中国内增加值的份额。基于 SDA 方法，根据式（3）可进一步推导出，从第 t–1 期到第 t 期，s 国到 r 国的增加值出口的变动（ ΔVAX^{sr} ）：

$$\Delta VAX^{sr} = \Delta I_t^s \# EX_t^{sr} + I_{t-1}^s \# \Delta EX_t^{sr} \tag{4}$$

其中，借鉴张志明等（2016）的变量设定，令 $I^s = (V^sB^{ss})'$ ，则 $\Delta I_t^s = I_t^s - I_{t-1}^s$ 表示一国单位产出的国内增加值份额的变动，衡量了一国单位产品的增值能力，其数值越大，表明本国的单位增加值创造能力提升越快；$\Delta EX_t^{sr} = EX_t^{sr} - EX_{t-1}^{sr}$ 表示双边国家的出口规模变动。因此，由式（4）知，双边政治关系可通过影响一国的出口规模和影响一国的单位增加值创造能力两条途径作用于双边国家的贸易利益。

首先，双边政治关系改善有助于降低市场不确定性，从而降低贸易的交易成本，促使出口规模扩大。交易费用理论和新制度主义理论为双边政治关系影响国家间贸易规模提供了基础理论解释。第一，交易费用理论认为交易活动是稀缺的，市场不确定性使得交易费用上升，进而产生交易失败的风险。鲁晓东和刘京军（2017）在考察中国出口波动幅度增大的原因时发现，不确定性和外部冲击会对中国出口产生负面影响，并且短期内影响程度远远高于传统因素的作用。刘竹青等（2018）在研究中国对 18 个经济体的 STIC 三位数产品的出口时，发现国内外经济政策不确定性均会对中国的外贸出口产生抑制效应。第二，新制度主义理论认为制度的主要功能是"创建有序的市场环境并降低市场的不确定性以促进经济活动"。[1] 而双边政治关系是两国基于自身利益所做出的一种特定的主动性的制度安排，有助于减少双边贸易的不确定性和外部冲击，从而降低交易成本便于其扩大出口规模，进一步保障各国贸易利得的可持续增长。现有文献也证实了双边政治关系与出口规模间的正向关系。Nitsch（2010）以法国、德国和美国国家首脑对其他国家的国事访问数量作为衡量国家外交力度的变量，发现其对国家的出口具有明显的正面促进作用。Rose（2010）发现

---

① Douglas C.North 的制度变迁论。

一国在他国设立大使馆和领事馆的数量对该国的出口额具有正面影响。魏昀妍和樊秀峰（2017）基于三元边际视角考察了双边政治关系与中国对亚欧国家出口贸易增长的关系，他们发现以高层互访为代表的双边政治关系的增强能积极促进中国对亚欧国家的出口增长。王珏等（2019）考察了双边政治关系距离对中国出口贸易的影响，他们发现友好的双边政治关系能够为中国出口创造良好的外部条件，进而有效扩大出口。贺灿飞等（2019）认为政治关系反映了短期政府间关系的波动，政府亲密程度对中国出口贸易增长的影响是积极的。与此相对的，周泳宏和王璐（2019）研究发现钓鱼岛争端和参拜靖国神社等政治冲突对日本向中国的出口造成了负面影响，且短期效应较为显著。

综上，本文提出如下假设：

假设 1：双边政治关系的改善有助于降低双边伙伴国的交易成本促使其出口规模的扩张，从而增大一国的增加值出口。

其次，双边政治关系改善有助于提升国家间产业关联，进而通过产业关联的创新效应提升单位产出（出口）的增加值创造力。产业关联理论指出产业关联是以各种投入品和产出品为连接纽带的技术经济联系，这种产业之间的联系包括产品（劳务）联系、生产技术联系、价格联系、投资联系等。而良好的双边政治关系可以有效增强贸易伙伴国间的政治互信、促进达成合作共识（Li 和 Vashchilko，2010），而政治互信又以国家力量为背书，能够从高层制度出发解决诸如市场管制和准入等问题，进而促进放松国家间的产品和劳务的流动约束，强化双边国家在全球产业布局中的耦合关联，从而加速知识、技术、资本等高级生产要素的外溢，推动产品的创新进程，提升一国的增加值创造能力并持续扩大本国的贸易利得。近些年来伴随着增加值贸易的兴起，一些学者从统计学角度考察了产业关联效应对一国增加值出口的影响。葛阳琴和谢建国（2018）采用 SDA 方法分解中国增加值出口的影响因素，并指出前向国际产业关联是中国增加值出口变动的最主要因素之一。崔岩和周晔（2019）考察了日本增加值出口的影响因素，他们发现，日本国内各产业增加值系数效应对增加值出口的影响较大，并且国际产业关联效应是导致日本增加值出口变动的一个主要因素。余丽丽和潘安（2021）基于价值链互动与反馈视角研究中国部门增加值出口攀升及其影响因素时发现，中国与发达经济体的国际产业关联很大程度上促进了中国中高技术和高技术制造业的增加值出口。

综合上述分析，本文提出如下假设：

假设 2：良好的双边政治关系有助于强化双边伙伴国产业关联的创新效应，促使其单位产品价值增值能力的提升，从而扩大贸易国的增加值出口。

三、数据说明与实证设计

（一）数据说明

本文采用了 2000—2014 年的联合国大会投票数据、世界投入产出数据（WIOD）以及 Penn World Table（PWT）数据，实证考察了双边政治关系对双边增加值出口的影响。

（1）本文的被解释变量为增加值出口，主要根据 WIOD 数据库计算得到。该数据库涵盖了 43 个经济体、56 个行业（ISIC.rev4 行业分类）2000—2014 年的连续时序数据，每一项均可以按照国别（地区）和产业来源地进行分解。（2）本文的主要解释变量为双边政治关系，以联合国大会投票数据（United Nations General Assembly Voting Data）公布的双边理想点（idealpoint）绝对距离作为其代理指标。联合国大会为国际政治多方角力提供了平台，各项议题的投票行为代表着一个国家对相关议题的政治偏好，也代表着该国与其他国家的国际政治倾向的相似性。Bailey 等（2017）以项目反应理论（Item Response Theory）和空间模型对联合国投票数据进行了处理，测算出各国政治立场的理想点（Ideal Point），并以各国理想点数值之差作为两国之间的国际政治倾向距离，从而使得投票数据更能真实地反映两国间政治立场的差异。（3）本文控制变量数据主要来源于 Penn World Table（PWT）数据库，PWT 数据是由 Robert Summers 和 Alan Hestonet al. 共同编码，目前最新的 9.1 版本涵盖了 1950—2017 年 182 个国家的 48 个经济变量，其目的是有效促进各国间的国民核算体系的可比较以及时间变化趋势。

（二）增加值出口指标的测算

本文根据 Wang et al.（2013）提出的出口增加值分解框架，估算了 2000—2014 年 WIOD 国家的国家—行业水平的增加值出口。通过对出口增加值的分解可知，一国的增加值出口由三部分组成：（1）嵌入最终品出口中的国内增加值；（2）嵌入中间品出口中的国内增加值，该中间品被直接进口国用于生产本国的消费品；（3）嵌入中间品出口中的国内增加值，该中间品被直接进口国用于生产并再出口至第三国，并被第三国使用。

（三）实证设计

本文参考 James Anderson(1979)、杨攻研和刘洪钟（2015）对模型的设定及相关变量的选取，针对来源国—部门—目的国—时间的面板数据构建了多维固定效应模型进行回归分析，基准模型设定如下：

$$\ln VAX_{ikjt} = \beta_0 + \beta_1 PR_{ijt} + X_{ijt}{}'\mu + \theta + \varepsilon_{ikjt} \tag{5}$$

其中，下标 i、j、k、t 分别表示来源国、目的国、行业和年份。基准模型的核心解释变量 PR_{ijt} 表示来源国 i 与目的国 j 在第 t 年的双边政治关系，以联合国投票大会数据中的理想点距离来衡量，数值越大代表双方政治关系距离越大，即双边政治关系越薄弱。被解释变量 $lnVAX_{ikjt}$ 表示来源国 i 行业 k 在第 t 年到目的国 j 的增加值出口额的自然对数。X_{ijt} 表示国家对年份水平的控制变量，包括贸易国宏观经济指标如经济水平、市场规模、制度环境等差异以及如劳动力供给、资本密集度、技术和人力资本要素等微观要素差异。ε_{ikjt} 指代模型中的固定效应。考虑到研究对象涉及多个维度——来源国—行业—目的国—时间，因此，本文在模型中依次引入了来源国、目的国、年份等单维度的固定效应，以排除来源国、目的国以及年份等自然属性特征对估计结果的影响；进一步引入了来源国—年份、目的国—年份、来源国—行业、来源国—目的国等双维度的固定效应，排除了两个维度特征同时变动对结果的估计；最后，本文控制了来源国—行业—目的国、来源国—行业—年份的三维交叉项固定效应，进一步降低了因遗漏变量问题导致的内生性问题。ε_{ikjt} 表示随机扰动项。本文主要变量的描述性统计如表 2 所示。

表2　主要变量的描述性统计

变量名	平均值	标准差	最大值	最小值	观察值数
被解释变量：（对数）					
总增加值出口	60.04	542.9	89059	0	1507419
最终品增加值出口	23.97	306.9	64997.7	0	1507419
直接中间品增加值出口	22.38	254.7	73131.8	0	1507419
间接中间品增加值出口	13.69	130.5	17816.4	0	1507419
解释变量					
双边政治距离	0.670	0.680	4.200	0	26922
控制变量：国别差异变量					
人口（对数）	3.520	1.960	7.240	−5.700	26922
经济水平（对数）	13.50	1.660	16.63	3.530	26922
制度国别	0.940	0.690	3.080	0	26922
总就业（对数）	2.720	1.970	6.670	−7.810	26922
资本密集度	2.300	2.110	15.25	0	26922
国别生产率	0.240	0.180	1.090	0	26922
人力资本	0.490	0.390	1.800	0	26922
年份	2007	4.300	2014	2000	15

四、实证结果与分析

（一）基准结果

表3报告了回归方程（10）的固定效应模型的估计结果，表中报告的数值是解释变量的系数。第（1）列是对全样本的回归结果，仅引入了双边政治关系距离和主要控制变量；第（2）—（4）列分别控制了单维、两维以及三维的固定效应。首先，从模型的拟合效果来看，其拟合优度逐步增大，且最终达到了95%，表明模型对现实数据拟合效果较好，具有较强的解释力。其次，从解释变量的系数可知，双边政治关系距离与双边增加值出口存在显著的负向关系，即双边政治关系距离扩大一单位，双边增加值出口将降低13%。这意味着双边政治关系对双边增加值贸易具有较强的影响力。最后，从宏观特征来看，国别人口规模差异与双边增加值出口呈显著正相关，即人口规模的差异化水平

越大，越有利于双边国家的增加值出口。可能的原因是人口规模相似的国家，其市场潜力、容量与消费结构具有一定的相似性，产品间具有较强的替代性，不利于双边国家增加值贸易的出口；而以法治水平为指标衡量的国别制度环境与双边增加值出口呈显著负相关，即国别制度环境差异性越大，越不利于双边国家的增加值出口。这很大一部分在于制度环境差异性较大的国家在进行贸易时会面临较高的交易成本，从而导致出口国的产品利润空间被压缩，不利于贸易国的增加值出口；从微观要素特征来看，劳动力雇用规模、资本密集度、国别生产率水平等差异程度与双边增加值出口呈负相关。这表明，劳动力、资本、技术及要素禀赋相似的国家更易吸引贸易国的增加值出口，从而提高双边国家贸易利得。而人力资本要素差异与双边增加值出口呈正向相关，即人力资本特征差异较大的贸易伙伴国会增加其增加值出口。可能是由于人力资本要素会直接影响到产品的质量，增强了一国产品的市场竞争力，从而促进一国的增加值出口。

表3　双边政治关系对双边国家—行业增加值出口的基准回归结果

VARIABLES	(1)	(2)	(3)	(4)
	增加值出口对数			
双边政治关系距离	−0.3520***	−0.7208***	−0.1540***	−0.1311***
	(−44.5898)	(−77.8161)	(−8.6637)	(−13.9520)
人口总量差异	0.0349***	−0.0110*	0.0073	0.0115**
	(5.0754)	(−1.7312)	(0.7491)	(2.2209)
人均 GDP 差异	0.7251***	−0.2415***	−0.0024	−0.0019
	(171.5655)	(−61.3947)	(−0.4645)	(−0.6736)
法律制度差异	−0.3114***	−0.1776***	−0.0541***	−0.0440***
	(−51.2984)	(−29.4621)	(−4.1504)	(−6.3778)
就业总量差异	−0.3469***	−0.0573***	−0.0314***	−0.0291***
	(−47.3754)	(−8.3355)	(−4.2165)	(−7.4151)
资本密集度差异	−0.0982***	−0.0239***	−0.0100***	−0.0077***
	(−63.0030)	(−12.3388)	(−4.4894)	(−6.5465)
生产率差异	0.6637***	0.1362***	−0.2034***	−0.2630***
	(30.4460)	(5.9134)	(−5.9035)	(−14.4403)

续　表

	（1）	（2）	（3）	（4）
人力资本差异	−0.1887***	−0.1618***	0.2397***	0.1978***
	（−17.6069）	（−14.2623）	（6.2399）	（9.7497）
常数项	−8.8522***	3.8199***	−0.1906**	−0.2108***
	（−173.8281）	（82.0541）	（−2.2275）	（−4.6653）
来源国固定效应	否	是	否	否
目的国固定效应	否	是	否	否
年份固定效应	否	是	否	否
来源国—行业固定效应	否	否	是	否
来源国—目的国固定效应	否	否	是	否
来源国—年份固定效应	否	否	是	否
目的国—年份固定效应	否	否	是	否
来源国—行业—目的国固定效应	否	否	否	是
来源国—行业—年份固定效应	否	否	否	是
观测值	1359399	1359399	1359399	1359242
R−squared	0.0460	0.3749	0.8209	0.9546

注：*、**、*** 分别代表 10%、5% 与 1% 显著性水平，括号内为估计结果的 t 值。

（二）稳健性检验

根据式（9）可知，一国行业增加值出口主要有三种实现路径，即通过最终品出口至进口国并被吸收的国内增加值、通过中间产品出口直接被进口国吸收的国内增加值、通过中间产品出口被第三国吸收的国内增加值。考虑到增加值出口结构的差异，表4（1）—（4）列报告了双边政治关系对增加值出口结构的估计结果。结果表明，无论是哪种价值路径，双边政治关系的改善对增加值出口均具有显著的正向影响，即双边政治关系距离的降低会增加一国行业的增加值出口。

联合国大会每年会就地区和全球性议题进行讨论，并赋予全体成员国相同的投票权。政治理念接近或者双边关系良好的国家，对同个议题的投票结果倾向于一致，鉴于此，本文采用联合国大会投票数据中的投票一致性指数（Agreement Index）来表征国家的双边政治关系，其数值范围在 0—1，投票一致性指数取值越大，表示双边政治关系越为紧密，数值为 1 表示成员国持有完全一致的立场，数值为 0 表示成员国的立场完全相反。表 4 第（5）列报告了双边政治关系（用投票一致性指数来衡量）对国家—行业层面增加值出口的影响的估计结果。估计结果表明，双边政治关系对双边国家行业层面的增加值出口具有显著的正向影响。

基于 Wang et al.，（2013）的分解框架，本文将国家—行业水平的增加值出口进行行业加总，得到国家维度的增加值出口。表 4 第（6）列报告了双边政治关系距离对国家水平增加值出口的影响效应。估计结果表明，政治关系的恶化阻碍了双边国家的增加值出口，与基准结果一致。

由于对增加值贸易采用的是引力模型的估计方法，在对增加值出口进行对数化处理时，增加值贸易流量为零的观测值会被自动剔除，而这往往会造成模型估计偏误。因此，本小节采用 Santos Silva 和 Tenreyro（2006）提出的泊松伪最大似然（PPML）估计方法解决零增加值贸易流的问题。[①]表 4 第（7）列报告了 PPML 估计下的双边政治关系距离对双边行业增加值出口的影响。实证结果表明，双边政治关系距离的缩短有助于促进双边国家的增加值出口，与基准回归结果一致。

表 4　双边政治关系对双边国家—行业增加值出口的影响（投票相似度）

VARIABLES	(1) 最终品	(2) 中间品	(3) 中间品的直接吸收	(4) 中间品的间接吸收	(5) 投票一致性	（6） 国家水平	（7） PPML
双边政治关系	−0.1356***	−0.1288***	−0.1182***	−0.1330***	0.4482***	−0.0882***	−0.0075***
	(−13.4121)	(−12.4313)	(−11.3919)	(−12.7904)	(8.8896)	(−3.5374)	(−8.8713)
人口总量差异	0.0102*	0.0146**	0.0159***	0.0108*	0.0272***	−0.0037	0.0025***
	(1.8386)	(2.5565)	(2.7851)	(1.8793)	(5.0366)	(−0.2573)	(5.2871)
人均 GDP 差异	0.0018	−0.0050	−0.0038	−0.0061**	−0.0046	0.0020	−0.0025***
	(0.6116)	(−1.6360)	(−1.2503)	(−1.9946)	(−1.6368)	(0.2723)	(−9.6518)

① 泊松伪最大似然估计方法还可解决可能存在的异方差问题。

续　表

VARIABLES	(1) 最终品	(2) 中间品	(3) 中间品的直接吸收	(4) 中间品的间接吸收	(5) 投票一致性	（6） 国家水平	（7） PPML
法律制度差异	−0.0666***	−0.0327***	−0.0322***	−0.0336***	−0.0394***	−0.0534***	−0.0206***
	(−9.0107)	(−4.3091)	(−4.2381)	(−4.4024)	(−5.6174)	(−2.8470)	(−32.0985)
就业总量差异	−0.0285***	−0.0313***	−0.0304***	−0.0321***	−0.0237***	−0.0283***	−0.0038***
	(−6.7856)	(−7.2374)	(−7.0218)	(−7.4051)	(−5.9968)	(−2.5886)	(−10.4917)
资本密集度差异	−0.0079***	−0.0068***	−0.0066***	−0.0070***	−0.0066***	−0.0145***	0.0003**
	(−6.3033)	(−5.2305)	(−5.1160)	(−5.3556)	(−5.5589)	(−4.6103)	(2.4516)
生产率差异	−0.2207***	−0.2405***	−0.2676***	−0.2374***	−0.2811***	−0.1400***	−0.0080***
	(−11.2997)	(−11.9875)	(−13.3219)	(−11.7913)	(−14.9569)	(−2.8461)	(−4.4466)
人力资本差异	0.2137***	0.1739***	0.1927***	0.1518***	0.2323***	0.1475***	−0.0077***
	(9.8171)	(7.7729)	(8.6043)	(6.7593)	(11.1523)	(2.6619)	(−3.6995)
常数项	−1.8071***	−0.7740***	−1.3367***	−1.8569***	−0.6857***	6.0426***	1.0867***
	(−37.3007)	(−15.5454)	(−26.8168)	(−37.1666)	(−11.0469)	(48.4290)	(245.7611)
固定效应	是	是	是	是	是	是	是
观测值	1,350,124	1,357,687	1,357,687	1,357,686	1,298,244	26,922	1,507,632
R−squared	0.9523	0.9471	0.9466	0.9491	0.9549	0.9806	

注：*、**、*** 分别代表 10%、5% 与 1% 显著性水平，括号内为估计结果的 t 值。固定效应的设定同基准一致。

（三）内生性问题

在基准模型设定中，本文一方面通过引入多维固定效应，以降低因遗漏变量造成的内生性问题。另一方面，本文统计了联合国大会成员国对全球性议题①的投票结果，如表 5 所示。从统计结果来看，从 2000 年到 2014 年的时间跨度中，共经历了 1355 个联合国大会决议，主要以人权问题、军控与裁军决议以及巴勒斯坦冲突等议题为主，而有关经济发展的决议共有 128 个，而其中只涉及经济发展的议题只有 66 个，占总议程的 4.87%。因此，以联合国投票大

———————

① 联合国大会的议题分为六个类别：军控与裁军问题（DI）、人权问题（HR）、巴勒斯坦冲突（ME）、经济发展决议（EC）、非殖民化问题（CO）、核安全决议（NU），并且议题之间具有非排他性。

会的理想点距离指标表征双边国家的政治关系，在一定程度上可以减少因逆向因果问题对估计结果造成的偏差。

表5 2000—2014年联合国大会议题统计

总议题	巴勒斯坦冲突	核安全决议	军控与裁军问题	人权问题	非殖民化问题	经济发展决议		其他
						纯经济发展议题	混合型	
1355	276	248	318	342	182	66	62	305

数据来源：联合国投票大会数据。

但为了进一步保证结果的可靠性，本文也从以下三个方面进行修正。第一，将所有解释变量滞后一期进行回归；第二，参考刘志彪和张杰（2009）的做法，采用双边政治关系距离滞后一期作为当期双边政治关系距离的工具变量，并引入2-step GMMestimation排除了异方差的影响；第三，采用GDELT数据库[1]中的事件数加权计算得到的专家得分（分值范围 –10 — +10）作为双边政治关系距离的工具变量，并引入了2-step GMM estimation排除了异方差的影响。表6的第（1）列汇报了解释变量采用滞后期后对双边国家行业增加值出口的估计结果；第（2）、（3）列分别汇报了采用双边政治关系距离滞后一期、GDELT事件得分作为工具变量的估计结果，其Cragg-Donald Wald F统计量均远大于10，拒绝弱工具变量的原假设，说明本文选取的工具变量是有效的。综合表9的结果可知，在考虑了内生性问题之后本文的基准回归结果依旧是稳健的。

表6 内生性问题

	(1)	(2)	(3)
	滞后一期	IV（L.idealpoint_diff）	IV(gdelt_event)
VARIABLES	增加值出口对数		
双边政治关系距离	–0.1281***	–0.2518***	–3.1757***
	(–9.1977)	(–11.1889)	(–2.9243)

---

[1]GDELT（The Global Database of Events，Language and Tone）是由Google Jigsaw支持，美国乔治城大学教授Kalev Leetaru于2013年创建并发布的一个新闻数据库。GDELT实时关键信息并对其进行分析，涵盖了从1979年至今的新闻媒体数据并每15分钟进行更新。

	(1)	(2)	（3）
	滞后一期	IV（L.idealpoint_diff）	IV(gdelt_event)
人口总量差异	−0.0085	−0.0084	−0.0041
	(−1.3139)	(−1.2062)	(−0.6036)
人均 GDP 差异	−0.0049	−0.0059*	−0.0252***
	(−1.3299)	(−1.7482)	(−2.7002)
法律制度差异	−0.0574***	−0.0546***	−0.0240
	(−5.8311)	(−6.0759)	(−1.3124)
就业总量差异	−0.0247***	−0.0245***	−0.0389***
	(−5.8149)	(−5.3409)	(−5.6323)
资本密集度差异	−0.0060***	−0.0058***	−0.0055***
	(−3.5059)	(−3.9786)	(−3.5035)
生产率差异	−0.2232***	−0.2243***	−0.2472***
	(−8.5045)	(−9.4991)	(−10.2386)
人力资本差异	0.2006***	0.1672***	−0.7006**
	(6.7530)	(6.2191)	(−1.9846)
常数项	0.3210***		
	(5.1406)		
Cragg−Donald Wald F		4.0e+05	136.558
固定效应	是	是	是
观测值	1,130,322	1,130,322	1,240,960
R−squared	0.9352		

注：*、**、*** 分别代表 10%、5% 与 1% 显著性水平，括号内为估计结果的 t 值。此外，结果控制了多维固定效应。

五、政治关系利益分配效应的异质性分析

（一）双边政治关系、经济权利与增加值出口

从现实情况来看，尤其是当前大国博弈背景下，双边政治关系与经济往来并不一直呈正向关系，部分国家之间也存在着"政冷经热"的现象，如中日政治关系的紧张与中日频繁的贸易往来、中澳政治局势的对立与中澳经济依赖，

等等。这一现象表明政治关系对增加值贸易的影响可能同时会受到其他因素的作用。此外，杨攻研和刘洪钟（2015）在考察中国与东亚国家间的政治关系对其贸易往来的影响时发现，政治关系与贸易之间的相关性并非是一成不变的，中国经济权力的增强为东亚地区带来了明显的贸易拉动效应。由此引发我们的思考，经济权利是否会左右政治关系对全球价值链的贸易利益分配效应呢？为探究其作用，本文根据世界发展指标（WDI）数据库中国家收入水平分类标准，绘制了不同收入类型国家的增加值出口趋势。图3结果发现经济水平越高的国家其增加值出口额越大，并且其份额逐年增大，说明经济实力的确会影响到一国在全球贸易利益中的分配。

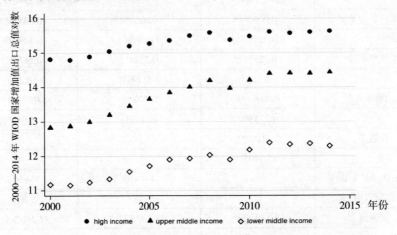

图3　2000—2014年不同收入类型国家的增加值出口分布图

为进一步论证其合理性，本小节实证考察了经济权利对政治关系的贸易分配效应的影响。表7第（1）列汇报了经济权利对政治关系的贸易分配效应的影响系数。从回归结果来看，经济实力较低的国家相对于经济实力更强的国家而言，双边政治关系的恶化对该国的增加值出口负向影响更大。这反映出经济权利在政治关系的利益分配效应中确实具有一定的影响力。可能的原因是一方面经济发展水平较高的国家会具有更大的市场主导权，在与贸易伙伴国政治关系恶化时，能快速地将产品转移到其他贸易国，从而降低本国贸易利益的损失程度；另一方面，政治关系的恶化，很大程度上会促使经济强国通过贸易报复手段对其贸易伙伴国进行经济打压，从而致使其贸易伙伴国的贸易利益分配损失得更多。但反过来分析，在政治关系向好时经济实力较差的国家其贸易获利能力更强。因此，经济实力较弱的国家一方面应积极拓宽自身的外交圈，稳步提升本国的贸易获利能力；另一方面应强化本国的经济建设，以降低对政治关系恶化的敏感性。

（二）双边政治关系、制度优势与增加值出口

新制度经济学认为制度的主要功能是"创建有序的市场环境并降低市场的不确定性以促进经济活动"（Douglas C. North，2017）。潘镇和金中坤（2015）在考察双边政治关系、东道国制度风险与中国对外直接投资流向三者的关系时发现，在制度风险偏高的东道国，良好的双边政治关系作为一种替代性的制度安排，有着较大的投资促进效果；而在制度风险偏小的东道国，良好的双边政治关系更多地起到了对制度的补充作用。戴利研和李震（2018）的研究表明政治关系的亲密有利于中国对外直接投资的增加，同时东道国制度质量可以降低中国对外直接投资对双边政治关系的敏感度。由此及彼，贸易国的制度差异是否也会影响到政治关系的利益分配效应呢？为探究其影响，本文根据世界治理指标（WGI）数据库中制度指标评级，绘制了不同制度水平国家的增加值出口趋势。图4结果发现制度环境较高的国家相较于制度环境较差的国家而言，其增加值出口更多，说明一国在全球中贸易利益分配的确会受到制度环境的影响。

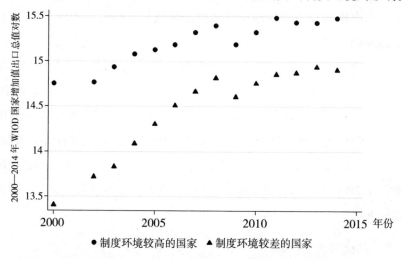

图4　2000—2014年不同制度环境水平国家的增加值出口分布图

为进一步论证其合理性，本小节实证考察了制度环境对政治关系的贸易分配效应的影响。表7第（2）列汇报了制度环境对政治关系的贸易分配效应的影响系数，列（1）-（4）依次引入了不同维度的固定效应，以降低多重维度遗漏变量对结果的影响。从回归结果来看，制度优势国相较于制度待完善国家而言，双边政治关系的恶化对该国增加值出口的负向影响更大。这反映出制度因素与政治关系对利益分配效应具有一定的协同性，即政治关系恶化带来的冲击会放大制度环境较差的贸易伙伴国的违约风险，导致其贸易不确定性及贸易成本的增加，从而造成制度环境更优越的国家其贸易利得反而损失得更多。但反过来分析，在政治关系向好时制度环境更加完善的国家其贸易获利能力更强。因此，制度环境优势国在决定其贸易伙伴国时，应优先选择制度环境较高的国家，以降低政治关系恶化造成的损失。

（三）双边政治关系、行业比较优势与增加值出口

综合而言，无论是经济权利抑或制度环境均是基于国家宏观视角考察了政治关系的贸易利益分配效应，而忽略了微观要素对其分配效应的作用。事实上，在双边政治关系恶化（改善）时，一国往往会通过行业约束（放松）手段，如美国对中国高科技行业的管制等，进而精准、快速影响贸易伙伴国在全球贸易利益中的分配。而政治因素主导下的贸易保护主义常常对以比较优势和规模经济为内核的自由贸易理论体系提出挑战（王珏等，2019）。在当前逆全球化不断加剧的背景下，双边政治关系的变动是否会通过作用于一国比较优势行业，进而影响一国的贸易利益分配呢？基于此猜测，本小节实证考察了双边政治关系对不同比较优势行业增加值出口的异质性影响。本文采用 Wang et al.（2013）对一国部门比较优势的新定义，即基于产业前向关联计算的本国总出口中，隐含的该部门增加值占该国出口中总国内增加值的比例，相对于所有国家出口中的该部门所创造的增加值占全球总出口国内增加值的比例的相对值，测算了 2000—2014 年来源国—行业的显示性比较优势（RCA）指标，其表达式如下：

$$RCA\_ValueAdded_i^r = \frac{(vax\_f_i^r + rdv\_f_i^r) / \sum_i^n (vax\_f_i^r + rdv\_f_i^r)}{\sum_r^G (vax\_f_i^r + rdv\_f_i^r) / \sum_r^G \sum_i^n (vax\_f_i^r + rdv\_f_i^r)} \tag{6}$$

其中，$vax\_f_i^r$、$rdv\_f_i^r$ 分别表示 r 国 i 部门的增加值出口和返回到国内的增加值。$(vax\_f_i^r + rdv\_f_i^r)$ 表示为 r 国 i 部门出口的国内增加值。表 7 第（3）列报告了行业比较优势对政治关系的贸易分配效应的影响。从回归结果来看，一国具有比较优势的行业相对于非比较优势行业而言，双边政治关系的向好对该国行业到其贸易伙伴国的增加值出口的促进效果更强。但反过来，当政治关系恶化时，具有比较优势行业获得的贸易利得损失更为严重，这也从侧面论证了贸易往往被充当为政治报复的手段。因此，一国在构建友好的外交伙伴关系时，可优先选择本国具有比较优势行业的贸易，以获得更高的贸易利得。但是，相较于非比较优势行业的贸易，一国比较优势行业的出口更易受到双边政治关系恶化的负向冲击，因而出口国应做好政治关系恶化的风险防控或合理规划贸易模式的分布，从而降低其对政治关系恶化的敏感性。

（四）双边政治关系、行业价值链地位与增加值出口

全球价值链分工地位衡量了一国在全球生产体系中的位置，反映了一国产业的供需结构特征。具体而言，若位置越接近上游，即为该生产链上其他国家提供更多的中间品，更多的充当供给者角色；若位置越接近下游，即强依赖于该生产链上其他国家的中间品用以生产最终品，更多的充当需求者角色。在当前大国博弈的背景下，政治关系的变动极大可能会通过调整价值链上游行业供给抑或下游行业需求，如美国的制造业回流政策、加工贸易逐步从中国转向越南，等等，进而影响一国在全球贸易利益中的分配。基于此推断，本小节实证考察了行业价值链地位对双边政治关系的贸易利益分配效应的异质性影响。本文采用 Wang et al.，（2017）的分析框架，利用 2016 版 WIOD 数据估算了 2000—2014 年全球 43 个经济体 56 个部门的全球价值链地位。该指标主要基于生产长度（PL）的概念，其定义为在序贯生产过程中，一国部门投入的生产要素所创造的价值被计算为总产出的加权平均次数。基于前向产业关联和后向产业关联视角，将一国部门的生产长度分为基于前向联系的生产长度（PLv）和基于后向联系的生产长度（PLy），并将跨国生产活动中两者之比定义为价值链地位指数，记为 GVC_ps。GVC_ps 表示一国部门在全球价值链中的地位，其数值越大，表明该部门越位于价值链的上游。指标定义 [①] 如下：

$$PLv = \frac{Xv}{Va} = \frac{\hat{V}BBY}{\hat{V}BY} \qquad (7)$$

$$PLy = \frac{Xy}{Y} = \frac{VBB\hat{Y}}{VB\hat{Y}} = uB \qquad (8)$$

$$GVC\_ps = \frac{PLv}{PLy'} \qquad (9)$$

表7第（4）列汇报了一国行业价值链地位对双边政治关系的贸易分配效应的影响系数。系数表明，政治关系的恶化会损害一国行业的增加值出口，与基础结果一致；双边政治距离与行业价值链地位的交叉项对一国行业的增加值出口系数显著为正，表明双边政治距离与价值链地位具有"协同效应"，即在政治关系恶化的条件下，越下游的行业遭受的贸易利得损失越多，这表明下游行业较上游行业而言，对政治关系变动的敏感性更强。可能是由于下游行业更靠近消费端，政治关系的恶化会刺激一国政府甚至一国民众减少对贸易伙伴国的需求，如当前印度民众对中国制造的抵制，中韩或中日政治关系恶化时中国民众对日、韩产品的抵制，等等。此外，Disdier 和 Mayer（2007）、Pandya和 Venkatesan（2016）的研究也指出双边政治关系会通过影响人们对一国商品的消费心理或者情绪进而影响一国的贸易。因此，一国在构建外交伙伴关系时，综合度量本国的产业需求结构特征以最大化本国在价值链中的贸易利益的分配。

表7　政治关系的利益分配效应的异质性分析

VARIABLES	（1）	（2）	（3）	（4）
			增加值出口	
经济实力较低国 # 双边政治关系距离	-0.1478***			
	(-14.7885)			
经济实力较强国 # 双边政治关系距离	-0.1130***			
	(-11.2045)			
制度劣势国 # 双边政治关系距离		-0.0951***		
		(-9.4121)		

①具体推导过程及相关变量定义可参考 Wang et al.，(2017)。

	(1)	(2)	(3)	(4)
制度优势国 # 双边政治关系距离		−0.1684***		
		(−16.7430)		
非比较优势行业 # 双边政治关系距离			−0.1103***	
			(−11.4196)	
比较优势行业 # 双边政治关系距离			−0.1674***	
			(−16.4952)	
双边政治关系距离				−0.2626***
				(−8.7896)
一国行业价值链地位指数				−3.9121***
				(−135.2560)
双边政治关系距离 # 价值链地位				0.1082***
				(3.9988)
控制变量	是	是	是	是
固定效应	是	是	是	是
观测值	1,359,242	1,359,242	1,359,242	1,357,830
R-squared	0.9546	0.9546	0.9546	0.9335

注：*、**、*** 分别代表 10%、5% 与 1% 显著性水平，括号内为估计结果的 t 值。固定效应的设定同基准模型一致。考虑到文章篇幅，详细结果未展开。

六、机制检验

上述一系列实证表明，双边政治关系对双边国家贸易利益的分配具有显著的正向作用且该结论较为稳健。异质性结果发现，一国的经济权利、制度优势等国别特征以及国别行业属性，如行业的比较优势、行业价值链地位等因素也会影响政治关系的贸易利益分配效应。结合第二章理论部分对增加值出口变动的结构分解，本文进一步采用 Baron 和 Kenny（1986）的分布检验法构建的中介效应模型，检验了双边政治关系影响双边贸易利益分配的两条机制渠道——成本效应和产业关联效应。

（一）政治关系影响双边国家贸易利益的成本效应渠道

两国友好的政治关系为双边经济交流提供制度性的合作框架（张建红、姜建刚，2012；刘晓光、杨连星，2016）。双边政府可以有意识地提供强制性的制度安排与变迁，表现为国家间各种规则的制定，如签订双边协议与条约、自贸区协定、成立专门的国际政府组织与机构、给予投资商投资的合法性等形式（Makino 和 Tsang，2011），从而能够合理降低两国经济活动的交易成本（如关税、非关税等贸易成本、贸易摩擦导致的协调成本等）和贸易不确定性。并且，引力模型及科斯的交易成本理论也说明了交易成本和不确定因素的降低均会促使双边国家出口贸易规模的扩大，从而提高其在价值链中的贸易利得。基于此，考虑到交易成本和不确定因素的指标度量性，本文采用双边国家是否签订自由贸易协定（FTA）[①]充当其代理变量，构建了如下中介效应模型以验证了该传导机制的合理性。

$$\ln VAX_{ikjt} = \alpha_0 + \beta_1 PR_{ijt} + X_{ijt}^{'}\mu + \theta + \varepsilon_{ikjt} \tag{10}$$

$$P(FTA_{ijt} = 1) = \Phi(\alpha_1 + \beta_2 PR_{ijt} + X'\eta + \lambda_t) \tag{11}$$

$$\ln VAX_{ikjt} = \alpha_2 + \beta_6 PR_{ijt} + \beta_7 FTA_{ijt} + X'\gamma + \theta + \varepsilon_{ikjt} \tag{12}$$

表 8 第（1）—（3）列报告了政治关系变动下双边国家贸易利益分配的出口规模效应机制检验结果。第（2）列汇报了双边政治关系距离对签订 FTA 的边际效应。结果表明，友好的双边政治关系有助于促进 FTA 的形成，即双边政治关系改善显著降低了双边国家的交易成本和不确定性；第（3）列的实证结果表明贸易成本的降低与双边政治关系的改善均显著提高了双边国家的贸易利得。整体来看，β_1、β_2 显著为负，并且 $\beta_2*\beta_4$ 与 β_3 符号相同，这意味着双边政治关系改善通过降低双边国家贸易的成本和不确定性扩大双边国家的出口规模，从而提高双边国家的贸易利得，验证了本文成本效应的传导机制。

[①] 自由贸易协定是一种在两国或者多国间制定的具备法律效应的契约政策，制定自由贸易协定的国家能有效打破贸易壁垒。因此，从产生经济效果来看，作为交易成本和不确定等因素的代理变量具有一定的合理性。

（二）政治关系影响双边国家贸易利益的产业关联效应渠道

友好的双边政治关系有助于增强双边国家在其价值链中的产业关联，促使各国借助国内—国外双循环的生产分工模式，加速知识、技术、资本等高级生产要素的外溢，从而提升一国的增加值创造能力并进一步扩大本国的贸易利得。本小节构建了如下中介效应模型以验证了该传导机制的合理性：

$$\ln VAX_{ikjt} = \alpha_0 + \beta_1 PR_{ijt} + X_{ijt}'\mu + \theta + \varepsilon_{ikjt} \tag{13}$$

$$linkage_{ijkt} = \alpha_4 + \beta_5 PR_{ijt} + X'\psi + \theta + \varepsilon_{ijkt} \tag{14}$$

$$\ln VAX_{ikjt} = \alpha_2 + \beta_6 PR_{ijt} + \beta_7 linkage_{ijt} + X'\gamma + \theta + \varepsilon_{ikjt} \tag{15}$$

其中，$linkage_{ijkt}$ 表示 i 国 k 行业与 j 国在第 t 年的产业关联度。本文参考 Rasmussen（1957）提出的 Leontief multipliers 方法测算了双边国家的产业关联指数，$Linkage_j^{rs}$ 表示 s 国 j 行业相对于 r 国的后向产业关联指数，其数值越大表明双边国家的产业关联性越强。其公式如下：

$$Linkage_j^{rs} = \sum_i b_{ij}^{rs} \tag{16}$$

表 8 第（4）—（6）列报告了政治关系变动下双边国家贸易利益的产业关联效应的机制检验结果。整体来看，双边政治关系距离对行业增加值出口、产业关联度的系数显著为负，并且 $\beta_5 * \beta_7$ 与 β_6 符号相同，这意味着双边政治关系的改善显著增强了双边国家的产业关联度，并且双边政治关系改善通过双边国家的产业关联的加深推动了本国行业增值能力的提升，从而提高其在价值链中的贸易利得，验证了本文的产业关联效应的传导机制。

表 8　双边政治关系影响双边国家贸易利益的成本效应渠道

	(1)	(2)	(3)	(4)	(5)	(6)
	成本效应渠道			产业关联渠道		
VARIABLES	增加值出口	FTA	增加值出口	增加值出口	产业关联度	增加值出口
双边政治关系距离	−0.1522***	−0.0296***	−0.1517***			
	(−13.4419)	(−10.2607)	(−13.3998)			
FTA			0.0213**			
			(2.2575)			

续　表

	(1)	(2)	(3)	(4)	(5)	(6)
双边政治关系距离				−0.1522***	−0.0472***	−0.1478***
				(−13.4419)	(−9.3441)	(−13.0583)
产业关联度						0.1188***
						(51.0257)
人口总量差异	0.0098	0.0004	0.0095	0.0098	0.0186***	0.0075
	(1.5646)	(0.2188)	(1.5162)	(1.5646)	(6.4313)	(1.2000)
人均 GDP 差异	−0.0017	−0.0012	−0.0017	−0.0017	−0.0002	−0.0018
	(−0.5217)	(−0.9758)	(−0.5074)	(−0.5217)	(−0.1542)	(−0.5469)
法律制度差异	−0.0448***	−0.0061***	−0.0441***	−0.0448***	−0.0569***	−0.0379***
	(−5.3929)	(−3.4766)	(−5.3040)	(−5.3929)	(−15.0134)	(−4.5612)
就业总量差异	−0.0300***	−0.0013	−0.0299***	−0.0300***	−0.0119***	−0.0291***
	(−6.3402)	(−0.6192)	(−6.3295)	(−6.3402)	(−5.4013)	(−6.1592)
资本密集度差异	−0.0091***	−0.0010**	−0.0092***	−0.0091***	−0.0040***	−0.0084***
	(−6.4055)	(−2.0527)	(−6.4660)	(−6.4055)	(−6.1822)	(−5.9562)
生产率差异	−0.2190***	−0.0377***	−0.2161***	−0.2190***	−0.1819***	−0.2026***
	(−9.9931)	(−5.5013)	(−9.8430)	(−9.9931)	(−18.2656)	(−9.2456)
人力资本差异	0.2264***	−0.0108***	0.2268***	0.2264***	0.1157***	0.2151***
	(9.2645)	(−2.8393)	(9.2815)	(9.2645)	(10.3359)	(8.8050)
常数项	−0.2110***		−0.2133***	−0.2110***	−7.1097***	0.5210***
	(−3.8743)		(−3.9156)	(−3.8743)	(−283.1450)	(9.2674)
固定效应	是	是	是	是	是	是
Observations	1,359,244	25,116	1,359,244	1,359,244	1,456,032	1,357,681
R-squared	0.9324		0.9324	0.9324	0.9924	0.9321

注：*、**、*** 分别代表 10%、5% 与 1% 显著性水平，括号内为估计结果（聚类国家对）的 t 值。

七、结论与政策建议

本文采用了 2000—2014 年的联合国大会投票数据、世界投入产出数据（WIOD）以及 Penn World Table（PWT）数据，实证考察了价值链视角下，双边政治关系对国家间贸易利益分配的影响。研究发现，第一，双边政治关系的改善能够显著提高双边国家在全球价值链中贸易利益的分配。在考虑内生性问题、增加值出口结构、模型估计方法、指标替换以及国家总增加值出口等因素后，结果依然稳健。第二，异质性分析结果表明经济权力、制度优势等国别特征因素会影响政治关系对全球价值链的贸易利益分配效应，并且经济权力弱国、制度优势国的贸易利益分配对政治关系变动的敏感性较高。此外，比较优势行业、价值链下游行业受双边政治关系变动的影响更大，这意味在政治关系发生变动时该类行业或会被充当为"先头军"来影响一国参与全球价值链的贸易利得。第三，理论假说与机制检验结果表明双边政治关系的改善会通过增强"产业关联效应"和降低"成本效应"两条渠道扩大一国增加值的创造能力和一国的出口规模，从而提高双边国家在价值链中的贸易利得。

本文的研究具有重要的政策含义。第一，本文的结果表明双边政治关系的改善可有效扩大一国在价值链中的贸易利益分配。这意味着，在当前全球政治局势混乱、全球经济陷入萎缩状态下，全球各经济体应减少政治摩擦，强力推进外交伙伴关系的构建，形成长期稳定的政治伙伴关系以期为推动全球经济的复苏及维持全球价值链的可持续发展提供稳定的外部力量。第二，针对经济发展水平较低的国家，应积极拓宽自身的外交伙伴圈并要强化本国的经济建设，在稳步提升本国的贸易获利能力的同时降低对政治关系恶化的敏感性。再者，在构建政治伙伴关系时，各经济体可结合本国的贸易模式、行业结构特征以及贸易伙伴国的制度环境等因素决定其伙伴对象，最大化政治关系的贸易利益分配效应。第三，尽管全球价值链整体促进了全球经济的增长，但产品的多次跨境生产模式毫无疑问放大了全球贸易的交易成本；加之，全球政治事件的频发也加剧了全球价值链自身的不确定风险。因此，充分发挥良好政治关系的制度优势和其引致的全球产业关联的创新效应，有助于对冲全球价值链的负向影响并提升一国在价值链中真实贸易利益的分配。第四，在研究的基础上，中国在美国全方位打压下，可通过积极推动与其他经济体的自由贸易协定以构建和谐的全球政治关系网络，以打破美国对中国的经济、政治封锁。此外，中国也应继续推动"一带一路"建设，充分发挥 RCEP 区域价值链的产业关联效应，增

强全球价值链的韧性并协调好其在全球价值链和区域价值链中的关系，以保证中国经济的高质量发展。𝓕

参考文献

[1] 崔岩，周晔.日本增加值出口影响因素——基于 MRIO-SDA 模型的实证分析 [J].税务与经济，2019(01):56–62.

[2] 戴利研，李震.双边政治关系、制度质量与中国对外直接投资 [J].经济理论与经济管理，2018(11):94–109.

[3] 杜映昕，郭美新，余心玎.国家间政治关系对行业贸易的影响：基于中国的经验研究 [J].经济学报，2017, 4(01):13–40.

[4] 葛阳琴，谢建国，李宏亮.全球贸易减速的影响因素研究——基于增加值贸易的视角 [J].国际贸易问题，2018(02):56–69.

[5] 贺灿飞，胡绪千，杨文韬.地缘关系对中国出口增长的影响 [J].世界地理研究，2019, 28(06):1–10.

[6] 邝艳湘，向洪金.国际政治冲突的贸易破坏与转移效应——基于中日关系的实证研究 [J].世界经济与政治，2017(09).

[7] 刘晓光，杨连星.双边政治关系、东道国制度环境与对外直接投资 [J].金融研究，2016(12):17–31.

[8] 刘志彪，张杰.从融入全球价值链到构建国家价值链：中国产业升级的战略思考 [J].学术月刊，2009, 41(09):59–68.

[9] 刘竹青，佟家栋.内外经济政策不确定对中国出口贸易及其发展边际的影响 [J].经济理论与经济管理，2018(07):16–30.

[10] 鲁晓东，刘京军.不确定性与中国出口增长 [J].经济研究，2017, 52(09):39–54.

[11] 潘镇，金中坤.双边政治关系、东道国制度风险与中国对外直接投资 [J].财贸经济，2015(06):85–97.

[12] 王珏，李昂，周茂.双边政治关系距离对中国出口贸易的影响：基于联合国大会投票数据的研究 [J].当代财经，2019(01):96–107.

[13] 王直，魏尚进，祝坤福.总贸易核算法：官方贸易统计与全球价值链的度量 [J].中国社会科学，2015(09):108–127+205–206.

[14] 魏昀妍，樊秀峰.双边政治关系与中国对亚欧国家出口贸易增长分析——基于三元边际视角 [J].国际经贸探索，2017，33(07):60–73.

[15] 余丽丽，潘安.价值链互动与反馈视角下中国部门增加值出口攀升研究 [J].数量经济技术经济研究，2021，38(01):61–82.

[16] 张建红，姜建刚.双边政治关系对中国对外直接投资的影响研究 [J].世界经济与政治，2012(12):133–155+160.

[17] 张志明，代鹏，崔日明.中国增加值出口贸易的就业效应及其影响因素研究 [J].数量经济技术经济研究，2016，33(05):103–121.

[18] 周泳宏，王璐.国际政治冲突对贸易的影响分析——以中日关系为例 [J].中国经济问题，2019(03):54–67.

[19] Andrew K. Rose. The Foreign Service and Foreign Trade: Embassies as Export Promotion[J]. *World Economy*，2007，30(1).

[20] Brian M. Pollins. Does Trade Still Follow the Flag? [J]. *American Political Science Review*，Vol.83, No.2, 1989, pp.465–480.

[21] Christina L. Davis, Andreas Fuchs & Kristina Johnson. State Control and the Effects of Foreign Relations on Bilateral Trade[J]. *Journal of Conflict Resolution*, 2019, 63(2).

[22] Christina L. Davis, Sophie Meunier, "Business as usual? Economic responses to political tensions," American Journal of Political Science, Vol.55, No.3, 2011, pp.628–646.

[23] Coase, R. H. "The Nature of the Firm: Influence." Journal of Law, Economics, & Organization, vol. 4, no. 1, 1988, pp. 33–47.

[24] Disdier A C, Mayer T. Je t'aime, moi non plus: Bilateral Opinions and International Trade[J]. *European Journal of Political Economy*，Volume 23, Issue 4，2007，pp. 1140–1159.

[25] Fouka Vasiliki , Voth Hans-Joachim. Reprisals Remembered: German-Greek Conflict and Car Sales During the Euro Crisis [R]. SSRN Electronic Journal. 2013.

[26] Johnson, R.C., Noguera, G. Accounting for Intermediates:Production Sharing and Trade in Value Added[J].*Journal of International Economics*，2012，86 (2) :224–236.

[27] James E. Anderson. A Theoretical Foundation for the Gravtiy Equation. American Economic Review，Vol.69, No.1, Mar.1979, pp.106–116.

[28] Kastner, Scott L. "When Do Conflicting Political Relations Affect International Trade?" The Journal of Conflict Resolution, vol. 51, no. 4, 2007, pp. 664–688.

[29] Koopman, R., Wang, Z., Wei, S.J. Tracing Value-Added and Double Counting in Gross Exports[J].*Social Science Electronic Publishing*，2014，104 (2) :459–494.

[30] Li Q, Vashchilko T. Dyadic military conflict, security alliances, and bilateral FDI flows[J].

Journal of International Business Studies, 2010, 41(5): 765–782.

[31] Michael Bailey, Anton Strezhnev & Erik Voeten "Estimating Dynamic State Preferences from UN Voting Data", Forthcoming Journal of Conflict Resolution.

[32] Norregaard Rasmussen, "Studies in Inter-Sectoral Relations," Revue Économique, Programme National Persée, vol. 8(6), pages 1103–1104.

[33] North, Douglass C. "Institutions and Economic Theory." The American Economist, vol. 36, no. 1, Mar. 1992, pp. 3–6.

[34] Pandya, S.S., Venkatesan, R. French Roast: Consumer Response to International Conflict--Evidence from Supermarket Scanner Data. The Review of Economics and Statistics 2016 ; 98 (1): 42–56.

[35] Santos Silva, Silvana Tenreyro. The Log of Gravity [J]. *The Review of Economics and Statistics*, 2006, 88(4).

[36] Shige Makino, Eric W K Tsang. Historical ties and foreign direct investment: An exploratory study [J]. *Journal of International Business Studies*, 2011, 42(4).

[37] Volker Nitsch. State Visits and International Trade [J]. *World Economy*, 2007, 30(12).

[38] Wang, Z., Wei, S.J., Zhu, K.F. Quantifying International Production Sharing at the Bilateral and Sector Levels [Z]. NBER Working Paper, No.19677, 2013.

中欧班列对开通地区出口贸易的影响研究

张金萍　姚嘉宁　潘子龙*

摘要：开通中欧班列不仅为中欧贸易往来开辟了新的通道，也扩大了中国内陆地区与欧洲的贸易空间。在理论分析中欧班列对开通地区出口贸易影响的内在机理基础上，基于中国2006—2020年20个省份的面板数据，以重庆为主要研究对象，利用合成控制法寻找合适的对照组，建立双重差分模型评估中欧班列对于开通地区出口贸易产生的影响。结果表明，中欧班列能够有效提升开通地区出口贸易额，且对部分开通地区出口贸易的促进作用较为显著。

关键词：中欧班列；出口贸易；合成控制法；双重差分模型

引　言

作为连接中国与欧洲地区新贸易的桥梁纽带，中欧班列在发展进程中持续辐射衍生贸易端口，构建了以三大通道、四个口岸、五个方向、六条路线为主要框架的基本布局。2021年上半年，中欧班列共计开行7377列，发送标箱数量高达70.7万，和上年同期相比提升了43%、52%，综合重箱率达到98%。截至目前，中欧班列辐射覆盖区域已遍布全球20余个国家，近170个城市和地区，开行数额达4万列，中欧班列的安全稳定运行和中欧贸易的逆势增长使得中国超越美国成为欧盟第一大货物贸易伙伴。中欧班列始发于中西部地区，并逐步向东部地区延伸，运输的商品种类呈现多元化，从早期的电子产品、汽车配件，到如今的衣服鞋帽、食品等，中欧班列的开通进一步加强了中国和欧洲国家的贸易往来。因此，准确研判中欧班列对国内开通地区出口贸易

---

*作者简介：张金萍，哈尔滨商业大学教授；姚嘉宁，哈尔滨商业大学；潘子龙，哈尔滨商业大学。

的影响程度、为受影响不显著的地区提出政策建议，对落实"一带一路"倡议，加快与沿线国家和地区的互联互通，构建"双循环"新发展格局具有重要意义。

一、内在机理分析

本文从中欧班列对开通地区出口贸易通道环境带来影响的前向效应、关联产业发展出现的溢出效应以及物流企业联合产生的集聚效应这三个方面分析中欧班列对开通地区出口贸易影响的内在机理。

（一）出口贸易通道环境影响的前向效应

中欧班列对开通地区出口贸易通道环境影响的前向效应是指国际物流通道的优化为开通地区提供良好的国际物流环境，提高了开通地区物流运输效率，降低物流成本。中欧班列对开通地区物流环境的优化涉及多个方面，如基础设施的更新和建设、多式联运转换效率提高、电子口岸进一步建设等。首先，运输效率的提高势必带动各地区货物贸易效率的同步提高，使国内开通中欧班列的地区与欧洲的贸易往来会更加频繁，来自这些地区的商品在国际市场上也更具竞争力，在一定程度上有助于我国进出口贸易公司增强对国际市场与环境的掌控能力，同时以国内外的消费需求作为导向调节生产。其次，开通中欧班列为中欧贸易提供了新的货运通道，比海运节省时间，比空运节约成本，针对时间敏感强的商品能够快速反应，运输成本的降低会增加出口商品的价格优势，从而扩大中欧之间的货物贸易规模。

（二）出口贸易关联产业发展的溢出效应

中欧班列对开通地区出口贸易关联产业发展的溢出效应是指中欧班列会带动各个开通地区关联产业的可持续发展。中欧班列把沿途经过的城市的商品资源、人力资源、技术资源等串联在一起，推动地区实现快速发展。第一，中欧班列沿线地区积极开展国际旅游营销活动，形式多样的旅游文化推广交流活动促进了当地旅游业的发展。第二，中欧班列的配套基础设施的建设不仅依靠政府财政的单一支持，也需要民营经济等其他经济主体的参与，金融组织与部门的共同参与推动了地区金融行业的可持续发展。第三，中欧班列基础设施建设与配套物流园的打造会带动地区实现转型升级，从而提升第二产业占比，不但会推动经济效益的提升，并且助推新兴产业的兴起，进而实现产业结构的调整。第四，借助国民经济有关产业的快速发展，能够解决开通中欧班列地区的就业、民生等相关问题，推动地区就业率的提高，促进国民经济持续向好，而这也反作用于出口贸易的发展。

（三）出口贸易物流产业联合的集聚效应

中欧班列对开通地区出口贸易物流企业联合的集聚效应是以乌鲁木齐和阿拉山口作为中心区域，带动国内甚至全球物流行业或运输代理企业汇聚于此，构架起以物流公司为主的行业联盟，推动物流产业的快速汇聚和融合，物流企业联盟的构建不但能够增强国际物流服务品质，还促进了中欧班列开通地区电子化和现代化水平的双重提高，这主要体现在技术密集型以及高附加值型的现代物流产业集聚、智能化物流平台的构建以及高铁物流发展等方面。不断完善的物流网络布局和各行业头部企业的聚集，最终让中欧班列通达地区所形成的国际物流网络发展成为国际物流供应链中至关重要的环节之一，提高供应链的流畅程度，全球物流公司间资源的有效共享，尽可能减少物流运输过程中产生的成本，实现各个开通地区出口贸易的增长。

二、模型设定与数据说明

将中欧班列的开通视为中国实行的一次有关国际班列的自然实验，因而可以借助自然实验的方法进行研究。本文中，笔者把国内开通中欧班列的地区作为实验对象，把未开通的区域作为对照组，运用合成控制法与双重差分开展具体的实证分析。

（一）模型建立

1. 合成控制法的模型设定

合成控制法的基本思想是在无法准确掌握最佳控制组时能够对当前控制单位测算出最优权重，合成一个虚拟的并且变化特点和实验组最为类似的控制组，为了更系统全面地分析中欧班列开通带来的影响，应当排除其他政策带来的影响，按照自然实验的理念，应当为中欧班列开通地区寻找到契合的对照组。本文运用合成控制法，借助信息驱动确定权重构建新的对照组——"合成中欧班列开通地区"，以降低选择对照组时可能出现的样本选择偏误与内生性问题，从而保障获得最终结论。本文以实验组开通中欧班列的时间为节点，选取节点期未开通中欧班列的地区合成模拟中欧班列开通之前所在地区的实际情况，并加以比较。模型设定具体为：

$$\alpha_{it} = Y_{it}^I - Y_{it}^N$$

其中 α_{it} 表示中欧班列开通给第 i 个开通地区在时间 t 期内带来的出口变化，Y_{it}^I 表示第 i 个地区在时间 t 期内开通中欧班列时的出口变化，Y_{it}^N 表示第 i 个地区在时间 t 期内未开通中欧班列时的出口变化。对于开通中欧班列的地区来说，其 Y_{it}^I 可以观测到，但 Y_{it}^N 无法进行观测，因此本文采用因子模型来估计 Y_{it}^N。

$$Y_{it}^N = \varphi_t + \theta_t Z_i + \beta_t \mu_i + \varepsilon_{it}$$

其中 φ_t 是时间固定效应，Z_i 代表不受中欧班列开通与否的控制变量，是可观测的（r×1）维协变量，θ_t 是（1×r）维未知参数向量，μ_i 是地区固定效应，β_t 是（1×F）维无法观测到的公共因子向量。ε_{it} 是误差项，代表不可观测的短期冲击，其均值在省份水平上为 0。为了估计中欧班列开通成效，就必须估计出 Y_{it}^N，所以假设有（K×1）维的向量权重 $W = (w2, w3, \cdots, wk+1)$，其中 $wk \geq 0$，$k = 2 \cdots$，$k+1$，且有 $w2 + \cdots + wk+1 = 1$。每个 W 都代表了 1 个潜在的合成控制组。对每个对照组的结果加权后可以得到如下公式：

$$\sum_{k=2}^{K+1} w_k Y_{k_t} = \delta_t + \theta_t \sum_{k=2}^{K+1} w_k Z_k + \beta_t \sum_{k=2}^{K+1} w_k \mu_k + \sum_{k=2}^{K+1} w_k \epsilon_{k_t}$$

根据 Abadie（2010）等人的证明，可以找到一个最优的权重向量 W*，使得 $\sum_{k=2}^{K+1} w_k Y_{k_t}$ 作为 Y_{it}^N 的无偏估计量。由此可得：

$$\hat{\alpha}_{it} = Y_{it}^I - \sum_{k=2}^{K+1} w_k Y_{k_t} , \quad t \in [T_0 + 1, \cdots, T]$$

其中，$\hat{\alpha}_{it}$ 表示中欧班列开通后所产生的出口贸易效应，如果为正值，则表明中欧班列的开通存在出口贸易创造效应。

2. 双重差分模型的构建

为从统计方面能够更为全面地了解到中欧班列开通带来的影响，本文运用双重差分方法，借助合成控制法所获得的"合成中欧班列开通地区"作为和实验组情况相对较为类似的对照组开展深入的分析。构建模型如下：

$$EXit = \beta 0 + \beta 1 * dui + \beta 2 * dti + \beta 3 * dui * dti + \beta * Xit - 1 + \varepsilon t$$

其中 $EXit$ 为省份出口额，dui 为地区虚拟变量（$dui=1$ 代表实验组，$dui=0$ 代表对照组），dti 为时期虚拟变量（$dti=1$ 代表中欧班列开通之后，$dti=0$ 代表中欧班列开通前）。$dui*dti$ 为地区虚拟变量与时期虚拟变量的交叉项，其系数 $\beta 3$ 是最为重要的，也是本文数据研究的关键核心，它反映了中欧班列开通的政策效应，即中欧班列开通对所在地区出口的影响效应。根据已有文献的研究情况，本文预期系数 $\beta 3$ 为正，即中欧班列开通对所在地区出口有正向促进作用。

（二）数据选取说明

本文选择了 2006—2020 年共 15 年的数据进行研究。截至 2014 年，全国开通中欧班列的省份已达 6 个，从 2014 年开始，其余未开通的地区也逐渐开通中欧班列，中欧班列影响外溢。为保证对照组省份数量足够并尽量不受中欧班列影响，尽量延长时间长度以确保实证结果的准确性，考虑到数据的可获得性，选取各线路开通的时间作为政策执行的时间节点，其中，2006 年至线路开通年份为前政策执行期，线路开通年份至 2020 年为后政策执行期。在选取对照组方面，本文选取了其他 20 个开通较晚的中欧班列地区作为对照组，包括：北京、天津、上海、河北、山西、安徽、福建、江西、湖南、山东、辽宁、吉林、黑龙江、贵州、云南、宁夏、甘肃、浙江、广西、海南。

（三）主要变量说明

选取各个开通地区出口贸易总额 (*EX*) 作为被解释变量来衡量中欧班列对已开通地区出口贸易的影响程度。选取中欧班列建设政策变量 (*dt*) 和地区变量 (*du*) 作为核心解释变量，中欧班列开通前 *dt*=0，中欧班列开通后 *dt*=1；未开通中欧班列地区 *du*=0，开通中欧班列地区 *du*=1，*du**dt 作为地区变量与政策变量的交叉项。控制变量中用人均 GDP 表示地区经济发展水平；用城镇居民人均可支配收入（income）表示居民生活水平，侧面反映经济发展水平；用铁路营业里程（rail）表示中欧班列的基础设施建设水平；政府一般预算支出 (budget) 表示政府对中欧班列的扶持力度，社会零售品销售额（sell）反映国内消费需求。

三、实证结果与分析

上述建立了中欧班列对开通地区出口贸易影响的实证模型，使用 Stata16.0，运行 Synth 程序指令得到以下结果，限于篇幅，本文主要以"渝新欧"班列对重庆出口贸易为主要研究对象，并拓展至陕西和湖北，尽可能全面客观地分析中欧班列在出口方面带来的影响效应。

（一）"渝新欧"班列对重庆出口贸易影响的实证结果分析

1. 寻找合适的对照组

表 1 为"合成重庆"的控制省份和权重组成，"合成重庆"共由上海、江西、湖南、海南、贵州五个省级行政区合成。其中江西的权重最大，达到值为0.296。图 1 是重庆与"合成重庆"的拟合效果图（图中 export 为出口值取对数数据，实线是重庆出口额，虚线是"合成重庆"出口额），由图 1 可知，重庆与"合成重庆"在"渝新欧"中欧班列开通前，即 2006—2010 年，两者出口额拟合效果十分出色，在 2011 年"渝新欧"中欧班列开通后，重庆的出口额相对"合成重庆"有了大幅度提升。由合成控制法的结果可以初步认为"渝新欧"中欧班列的开通促进了重庆的出口贸易发展。

表1 "合成重庆"的权重组成

合成对象	控制组省份	权重
	上海	0.063
	江西	0.296
重庆	湖南	0.294
	海南	0.266
	贵州	0.081

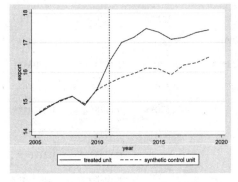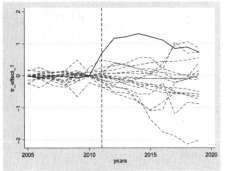

图1 重庆与"合成重庆"的拟合效果图　　　图2 安慰剂效应分布图

2. 双重差分法

为了更清楚地从统计上观察"渝新欧"班列开通给重庆市的出口贸易是否带来明显的影响，文章实验的对照方是"合成重庆"组，实验方是重庆组，从而实现双重差分。表2中第（1）列数值为基准回归数值，从第（2）列往后的数值是添加不同控制变量后所得出的结果。从基准回归数值可以看出，du 和 dt 虽然因为在实验中添加控制变量而导致明显的变化，但是数值本身基础相当小，由此可以得出结论，"合成重庆"组和重庆组的差异不显著，"合成重庆"组能够成为重庆组的对照样板。文章最在意的是数值情况是 du*dt 的系数数值，由于控制变量的增加，导致 du*dt 系数数值从 1.0944 降低到 0.5067，然而由于该变化数值仍然在1%的水平上显著，由此可以看出，虽然控制变量的增加一定程度上减小了开通"渝新欧"班列对出口带来的作用，但是该班列的开通依然对重庆的出口贸易带来了正向积极的影响。

表 2 重庆与"合成重庆"的双重差分结果

lnex	(1)	(2)	(3)	(4)	(5)	(6)
du	0.0004	0.0004	0.0004	0.0414***	0.00374***	0.00378***
	(0.00)	(0.00)	(0.00)	(1.47)	(2.06)	(1.31)
dt	0.0217	0.1276	0.1286	0.1272	0.1224	0.1044
	(0.00)	(0.01)	(0.23)	(0.96)	(0.99)	(0.06)
du*dt	1.0944***	1.0049***	1.0244***	1.0066***	0.9031***	0.5067***
	(10.20)	(7.87)	(4.98)	(5.66)	(7.99)	(6.47)
lngdp		0.8019***	0.5428***	0.2820	−0.5071	1.3329
		(0.01)	(0.09)	(0.22)	(0.40)	(1.04)
lninco			0.3623***	0.8786**	1.1574***	2.1703***
			(0.12)	(0.37)	(0.44)	(0.10)
lnrail				−0.2570**	0.1178***	1.1320***
				(0.12)	(0.04)	(0.39)
lnbugd					0.4093***	1.2776***
					(0.09)	(0.20)
lnsell						−3.4263***
						(1.18)
cons	14.9891***	0.7382***	5.2609***	11.6235**	16.3464***	20.1276***
	(0.00)	(0.14)	(1.63)	(4.67)	(5.83)	(4.67)
样本组	30	30	30	30	30	30
R−sq	0.9257	0.9675	0.9676	0.9677	0.9679	0.9683

注：*、**、*** 分别表示在 10%、5%、1% 水平上显著，括号内为稳健标准误。

3. 稳定性检验

为了保证回归结果具有稳定性，证明重庆确实是受到"渝新欧"中欧班列的促进而导致出口的明显增加。本文参考 Abadie et al. (2010) 的做法进行安慰剂检验，通过迭代法，对重庆以外其他 20 个国内地区使用合成控制法，即假设这 20 个地区在 2011 年也开通了中欧班列，以比较中欧班列对重庆出口贸易影响和合成控制组拟合的影响之间的差距。图 2 为安慰剂检验结果，其中实线为重庆的处理效应，虚线是其他不同省份的处理所产生的效应。从图 2 可以看出，重庆组所产生的处理效应对比其他省份产生的效益是更加突出的，在 20 个参照组 2011—2020 年只有 2 个省份的 4 个时点数据的处理效应高于重庆，类似于通过了 5% 水平下的显著性检验。由此通过安慰剂检验，进一步验证了中欧班列对重庆出口贸易产生了积极影响。

（二）中欧班列开通对其他地区出口的影响

"渝新欧"班列的开通所带来的影响并不能代表所有开通的班列线路，基于更好地研究中欧班列的开通是否可以推进所在地区的出口贸易的目的，文章进一步研究 2013 年开通了"汉新欧"班列的湖北以及同年开通了"长安号"班列的陕西。通过采用跟文章前面采取的相同的研究方案，运用合成控制的方法产生的"合成湖北"对照组和"合成陕西"对照组与湖北实验组、陕西实验组进行对比，再采用双重差分展开实证研究。

表 3　"合成陕西""合成湖北"的权重

合成对象	合成陕西					合成湖北	
控制组地区	河北	吉林	湖南	贵州	甘肃	上海	安徽
权重	0.077	0.41	0.395	0.078	0.039	0.583	0.417

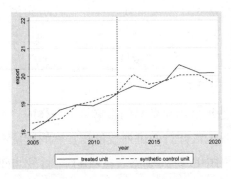 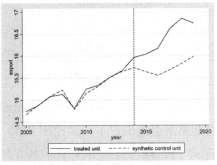

图 3　湖北与"合成湖北"的拟合效果图　图 4　陕西与"合成陕西"的拟合效果图

通过合成控制法得到的"合成湖北""合成陕西"的权重和拟合图如上图所示。从图 3 可以看出，湖北与"合成湖北"在 2013 后，并未出现明显的差异。图 4 显示，陕西与"合成陕西"的拟合效果很好，2013 年之前虚线与实线很好地重合，2013 年之后出口额差距越来越大，两条线迅速分离。

双重差分结果如表 4 所示,(1)与(2)列为湖北,(3)与(4)列为陕西,可以看出陕西的实证结果与重庆类似,中欧班列的开通的确能够给陕西的出口带来正向的作用力,但是产生的影响不大,在此基础上,由于控制变量的增加,降低了中欧班列开通给出口带来的影响。但是,在实证过程中,发现湖北的结论跟陕西、重庆产生的结论存在明显不同,从统计上来看,湖北的 $du*dt$ 数值一直不显著,由此可见,中欧班列的开通并没有给湖北的出口带来明显的影响。

表 4　湖北与"合成湖北"、陕西与"合成陕西"的双重差分结果

lnexport	(1)	(2)	(3)	(4)
dt	0.1324***	0.0753***	0.5945***	−0.1842
	(0.00)	(0.00)	(0.00)	(0.42)
du	0.0311***	0.0299***	0.0146***	0.0146***
	(0.00)	(0.00)	(0.00)	(0.00)
du*dt	−0.0782	−0.0839	0.6480***	0.6480***
	(0.00)	(0.00)	(0.00)	(0.00)
控制变量	–	控制	–	控制
cons	10.3421***	5.0326	15.1419***	−0.501
	(0.00)	(40.17)	(0.00)	(39.63)
样本组	30	30	30	30
组内 R-sq	0.8743	0.9576	0.7314	0.9643

注:*、**、*** 分别表示在 10%、5%、1% 水平上显著。

以上结果说明中欧班列对不同的通达地区出口贸易的影响是不一样的,本文对此结果总结出以下三种原因:(1)各地区开行的班列数量和发展的质量不一致。"渝新欧"班列作为第一条开通的中欧班列线路,在 2011 年首发当年开行 17 列,2013 年"渝新欧"实现每周一班、高峰时一周三班的常态运行,2017 年成为中国首个突破千列的中欧班列,"长安号"班列从 2020 年开始打破 3000 列开行量,相关重要指标比如货运量、重箱率以及开行量指标都在全国排行第一,而"汉新欧"班列 2012 年首发,2013 年没有实现全年同行。不管是列车的开行列数量,还是列车的开行稳定性和效率,因各地区的情况不同,所

以他们很大程度上对所在地区出口贸易具有不一样的影响。（2）产业发展存在差异。从"汉新欧""渝新欧""长安号"等班列的情况可以看出，其运输的大部分货物是当地盛产的电子数字产品以及相关的电子零配件，电子制造行业是当地经济产业链结构的主要行业，由此可见，当地的产业发展情况也会给中欧班列的开通带来差异化的影响。（3）班列间相互"内卷"。随着中欧班列的大规模开通，虽然线路越来越多，但是线路之间的重合率也逐渐递增，这一方面体现了班列间缺乏总体统筹和市场运作不科学等弊端，另一方面也在较大程度上降低了中欧班列开通带来的积极影响。

四、结论与建议

本文以中欧班列开通作为准自然实验，从内在机理分析和模型实证检验两个方面构建中欧班列对开通地区出口贸易影响的识别框架，得到了中欧班列对重庆和陕西出口增长具有促进效应，而对湖北出口贸易的影响不显著的结果，这说明中欧班列的影响范围存在一定的局限性。伴随着中国全面开放的步伐越来越快，"一带一路"国际合作格局逐步完善，中欧班列的开通在推进我国打造经济贸易强国、构造新发展格局、实现对外贸易的高质量发展等重大发展战略上，必将发挥更加重要的作用。

本文基于主要研究结论提出如下建议：

1. 统筹规划中欧班列线路，优化中欧班列城市布局网络。从个性化和协同运营角度打造不同线路的品牌效应，以差异化的思路进行调整。可以依据开行价值的大小对其中部分线路进行整合，开行价值的评价可以根据运行班列的数量、运输货物的体量、与沿线国家的合作密度，以大并小，以多并少，从而减少恶性竞争和资源浪费。

2. 规范中欧班列财政补贴，力争在短期内实现班列补贴退坡，政府应逐渐从财政支持向政策扶持转移，减少区域合作和联动发展的阻碍，充分发挥市场主体作用，增强中欧班列市场化运营能力和可持续发展能力，借助政府的窗口效应，加大对中欧班列的宣传引导力度，拓展中欧班列辐射圈。

3. 进一步加强出入境口岸软件和硬件的建设，持续性加快配齐配强口岸物流仓储等基本设备，不断增强口岸的物流承载能力、实现通关更加便捷、相关服务保障更加到位。重点突出建设新亚欧大陆桥经济走廊，建立健全中欧班列沿线国家间的经济贸易友好合作制度，增强国家间的政策友好沟通协调，打造好建设好中国和欧亚大陆国家之间的运输通道。ℱ

参考文献

[1] 张祥建，李永盛，赵晓雷. 中欧班列对内陆地区贸易增长的影响效应研究 [J]. 财经研究，2019，45(11):97–111.

[2] 周学仁，张越. 国际运输通道与中国进出口增长——来自中欧班列的证据 [J]. 管理世界，2021，37(04)：52–63+102+64–67.

[3] 谢晗进，毛瑜芮，李成. 国家生态文明建设与空气质量改善——来自合成控制法与 DID 的双重验证 [J]. 生态经济，2021，37(02):209–215+229.

[4] 方行明，鲁玉秀，魏静. 中欧班列开通对中国城市贸易开放度的影响——基于"一带一路"建设的视角 [J]. 国际经贸探索，2020，36(02):39–55.

[5] 谢军，饶光明. 渝新欧贸易大通道便利化评价及对策 [J]. 国际贸易问题，2016(12):74–83.

[6] 王洋，吴斌珍. 基础交通建设能否促进当地经济的发展？——以青藏铁路为例 [J]. 经济学报，2014，1(01):55–80.

[7] 杨春蕾，张二震. "一带一路"建设经济增长的空间外溢效应研究——以"渝新欧"班列为例 [J]. 世界经济与政治论坛，2020(06):142–157.

[8] 韦东明，顾乃华. 中欧班列开通能否推动区域新效率的提升 [J/OL]. 科学学研究 1–14.

东道国数字服务贸易壁垒对
中国数字服务出口贸易的影响

齐俊妍　强华俊*

摘要：随着数字服务贸易成为重要的贸易形式，各国对其限制措施逐渐增加并构成重要的服务贸易壁垒。文章基于 OECD-DSTRI 数据库构建了数字服务贸易壁垒评估框架，并利用 2014—2019 年 49 个国家的数字服务贸易限制指数和中国 6 个数字服务贸易部门的出口数据，实证分析了东道国数字服务贸易壁垒对中国数字服务出口贸易的影响。研究发现：东道国数字服务贸易壁垒显著抑制中国数字服务出口贸易规模的提升并成为出口区位选择的决定因素；东道国数字服务贸易壁垒的贸易影响效应存在行业和壁垒类型的显著异质性；东道国数字服务贸易壁垒通过"贸易成本效应"和"互联网发展水平效应"影响中国数字服务出口贸易的影响机制。

关键词：数字服务贸易壁垒；数字服务出口贸易；贸易成本；互联网发展水平；Heckman 模型

引 言

近年来，随着数字信息技术高速发展，由此衍生而来的数字化服务贸易改变了服务的生产和交付方式，通过降低信息共享成本加强了不同经济主体间的联系，形成高效的分工、协同和共享关系，成为当前服务跨境交易的一种主要形式。2019 年 11 月国务院《关于推进贸易高质量发展的指导意见》正式提出要加快数字贸易发展、提升贸易数字化水平，这是推动我国服务贸易高质量发

---

* 作者简介：齐俊妍，天津财经大学教授；强华俊，天津财经大学博士生。

展的"新引擎"和"稳外贸"工作的重要抓手。

OECD 将数字服务贸易定义为"通过信息通信网络跨境传输交付的服务"（OECD，2018），这些数字化服务行业主要包括信息通信、知识产权收费、保险和金融等（UNCTAD，2018）。但数字服务贸易模式在监管要求方面体现出新特征，对当前世界贸易规则和国家监管措施带来严峻挑战，各国陆续出台针对数字服务贸易的限制性政策，如跨境数据流动限制、数据本地化措施以及电子支付交易限制等。OECD 对影响数字化服务跨境交易的壁垒措施进行了系统梳理，并将其分为基础设施连通性、电子交易、支付系统、知识产权和其他障碍五大政策领域，通过对具体措施进行量化处理，构建了数字服务贸易限制指数（DSTRI，Digital Services Trade Restrictiveness Index）。该指数反映出中国对外数字服务贸易面临着东道国复杂且多样的监管环境，但关于东道国数字服务贸易壁垒对中国数字服务出口贸易有何影响，仍需进一步定量分析。

受限于统计数据不足，关于数字服务贸易壁垒贸易效应的系统性研究相对缺乏。因此，本文基于 OECD 公布的数字服务贸易限制指数和中国数字化服务行业出口数据，定量分析东道国数字服务贸易壁垒对中国数字服务出口贸易区位偏好和规模变化的影响，以弥补相关研究的不足，同时也为我国数字服务贸易发展和参与全球数字贸易治理提供理论依据和政策参考。

一、文献综述

数字技术发展推动传统服务贸易向数字化服务贸易转型，对于边境内管制壁垒的衡量已不能局限于传统服务贸易限制措施，数字服务贸易限制措施的壁垒性应该得到更多重视。Ferencz（2019）和王拓（2019）基于 OECD-DSTRI 数据库对各国数字服务贸易限制水平进行了定性分析，发现数字贸易壁垒程度存在国家间的巨大差异。Ferencz 和 Frederic（2019）认为现阶段各国在减少基础设施连通性限制以及改善电子交易和支付手段方面存在巨大分歧，分歧形成的非关税壁垒措施给跨国企业为遵守不同监管规则带来额外成本，从而阻碍数字化服务贸易发展（伊万和白树强，2018）。另外，当服务通过通信网络远程提供时，数据流具有重要的经济价值（陈寰琦，2020），Ferracane 和 Marel(2018)

对多国数据流动管制措施进行了统计量化，并基于引力模型证实严格的跨境数据流动管制政策会阻碍双边服务出口。

全球性数字服务贸易规则体系滞后于数字服务贸易的发展，所以将数字贸易规则纳入区域自由贸易协定来实现区域数字服务贸易自由化成为大多数国家的现实选择。韩剑等（2019）分析了各国签署数字贸易条款的影响因素，发现经济发展水平越高、互联网普及率差距越小且距离越近的国家签署包含数字贸易条款的贸易协定的概率越大。陈寰琦（2020）关于区域贸易协定中的"跨境数据自由流动"规则的贸易影响效应研究表明，跨境数据自由流动会对数字服务贸易产生积极的促进作用，且这种促进效果存在行业间的异质性。进一步，周念利等（2020）考察了 RTAs 框架下代表性美式数字贸易规则的贸易效应，发现贸易双方在签署 RTAs 中涵盖美式数字贸易规则可显著促进双边数字服务贸易发展，其中在代表性的数字贸易规则中，跨境数据自由流动、数据存储非强制本地化以及源代码保护规则所带来的贸易促进作用更为显著。

以上文献提供了思路和方法借鉴，但仍存在以下不足之处：首先，数字服务贸易壁垒性政策措施的范围广泛，单从部分数字贸易规则视角分析其贸易效应难以对数字服务贸易开放形成全面系统的认识；其次，关于数字服务贸易壁垒的影响研究仍停留在理论层面，缺乏对其贸易影响的经验性认识，这不利于政府相关部门的精准施策。鉴于此，本文通过对 OECD–DSTRI 数据库中涵盖的数字服务贸易壁垒措施进行系统梳理，依据指标构成的思路和方法分析，建立不同维度的数字服务贸易壁垒评估框架；将东道国数字服务贸易壁垒纳入中国对外数字服务贸易的研究框架，建立 Heckman 两阶段模型实证分析东道国数字服务贸易壁垒对中国数字服务出口贸易的区位偏好和规模变化的影响，并从贸易成本效应和互联网发展水平效应深刻揭示东道国数字服务贸易壁垒影响中国数字服务出口的内在机制。

二、理论分析与研究假设

由于缺乏统一的规则体系制约，东道国基于国内服务业发展水平对数字化服务跨境交易出台了不同程度的限制性政策，这在一定程度上阻碍了中国对外数字服务贸易的发展。这些限制措施的总体壁垒性体现在影响中国对外数字服务贸易的增长和贸易竞争优势的形成。就东道国不同政策领域限制措施而言：基础设施连通性和跨境数据自由流动是支持服务活动数字化的基础（Ferencz，2019），使用通信服务以及跨境传输数据的限制削弱了东道国信息化水平，从而增加中国服务企业获取商务信息和建立分销渠道的成本，降低了服务企业出口的可能性；电子交易中东道国电子商务许可证和授权书的歧视性条件以及电子签名不具法律效力直接增加了中国服务出口商的合同成本和进入东道国市场的准入门槛；在支付系统方面，东道国歧视性地使用付款结算方式以及支付安全与国际标准存在差异会影响中国服务出口商的交易成本和交易风险；在数字化服务可复制可传播条件下，东道国对外国服务企业知识产权保护存在歧视性待遇严重侵蚀了知识产权所有者权利，会造成服务出口商利益损失和法律监管成本上升，增加中国企业出口风险，进而导致出口供给意愿降低；其他障碍方面，跨境服务必须满足东道国商业存在要求会极大地增加企业出口的固定成本，甚至是沉没成本，这使得很大一部分中国中小企业因贸易成本增加而无法进入东道国市场。

互联网的革新减弱了地理距离约束，使服务业企业能够迅速且有效的链接供需，降低了服务业离岸成本（黄蕙萍等，2020），相关研究也指出，互联网普及率以及网络基础设施完善可通过影响贸易成本、贸易市场、贸易参与者和贸易结构等路径对双边服务贸易产生积极影响（Choi，2010；韩剑等，2019）。因此互联网的发展为数字服务贸易提供硬件支持。但与此同时，Milner（2006）认为制度因素会影响互联网实际上的普及率。数据和 ICT 基础设施是互联网发展的核心产物，也是互联网实现创新升级的内外支撑。东道国数字服务贸易壁垒措施涵盖数据流动限制、数据本地化措施和通信使用限制等，这不仅切断了本国互联网"数据血液"的流通，也对国外 5G 技术、大数据技术等 ICT 服务进入东道国市场提供服务造成事实上的障碍，直接增加本国互联网服务的价格，也在一定程度上制约了通信基础设施的更新换代，因此国家互联网的普及率和 ICT 发展水平受到影响，由此波及数字服务贸易发展。基于以上分析，本文提出：

假设 1：东道国数字服务贸易壁垒阻碍了中国数字服务出口贸易。

假设 2：东道国数字服务贸易壁垒通过贸易成本渠道影响中国数字服务出口贸易。

假设 3：东道国数字服务贸易壁垒通过互联网发展水平渠道影响中国数字服务出口贸易。

三、数字服务贸易壁垒指标的测度及分析

数字服务贸易壁垒信息来源于 OECD 公布的 DSTRI 数据库，该数据库将影响数字化服务跨境交易的壁垒措施分为五类政策领域：基础设施连通性、电子交易、支付系统、知识产权和其他障碍。参考数据库相关说明和 Ferencz（2019）对于该数据库的介绍，本文归纳建立数字服务贸易壁垒评估框架。

1. DSTRI 指标的测度框架

通过对 OECD–DSTRI 数据库涵盖的数字服务贸易壁垒措施的梳理，首先构建"国家—政策领域—具体措施"三级数字服务贸易壁垒评估框架：

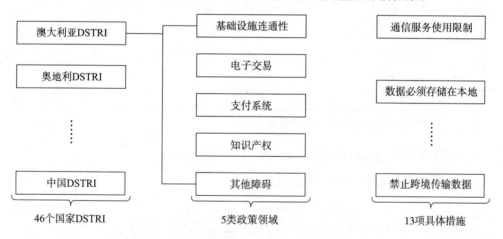

图 1　数字服务贸易壁垒的三级评估框架

资料来源：根据 OECD-DSTRI 数据库整理。

依据评估框架，测度 DSTRI 步骤如下：首先，对政策领域下单项措施赋分；其次，按政策领域下措施权重对具体措施得分进行加权，得到单项措施

DSTRI 值；再次，依次对"政策领域"所包含的单项措施 DSTRI 值进行加总，得到政策领域层面 DSTRI 值；最后，按照各政策领域相对权重对所有政策领域 DSTRI 值进行加总，得到国家层面 DSTRI 值。

2. DSTRI 指标的构建

（1）政策领域和壁垒措施的权重分配

为反映不同政策领域壁垒对数字服务贸易影响的相对重要性，OECD 组织专家在五个政策领域中分配 100 分（Ferencz，2019），而后将每个政策领域权重分配给属于该政策领域下的每项措施，并修正政策领域下壁垒措施数量差异。权重分配如表 1 所示：基础设施连通性相关的措施被赋予的权重最高，达 55%，反映了高质量基础设施和无障碍连接对促进数字服务贸易的根本性作用，而其他政策领域措施被分配的权重相对较低，但总体来看，不同政策领域权重和该领域下壁垒措施覆盖率成正比。

表 1　不同政策领域的权重占比和措施覆盖率

政策领域	权重占比（%）	措施覆盖率（%）
基础设施连通性	55	36
电子交易	13	19.5
支付系统	5	8
知识产权	15	17
其他障碍	12	19.5

资料来源：根据 OECD-DSTRI 数据库整理。

（2）依据评分和权重分配，DSTRI 计算公式如下：

计算单项措施的 DSTRI 值公式：

$$DSTRI_{pm} = score_m \cdot \frac{w_p}{\sum_{j=1}^{5} n_j w_j} \tag{1}$$

其中，$DSTRI_{pm}$ 表示"政策领域 p"中"单项措施 m"的 DSTRI 值，$score_m$ 表示单项措施 m 的分值。政策领域 p 单项措施重新分配的权重公式为 $w_{pm} / \sum_{j=1}^{5} n_j w_j$。$w_{pm}$ 表示"政策领域 p"涵盖的具体措施 m 的权重，w_p 表示专家分配给"政策领域 p"的权重，n_j 表示政策领域 j 的措施数量。

计算政策领域的 DSTRI 值公式：

$$DSTRI_p = \sum_{m=1}^{n} w_{pm} \cdot DSTRI_{pm} \tag{2}$$

计算国家层面的 DSTRI 值公式：

$$DSTRI_i = \sum_{p=1}^{5} w_p \cdot DSTRI_P \tag{3}$$

3. DSTRI 指数的分析

图 2 展现了 46 个国家 2018 年 DSTRI 指数分布状况。发达国家的数字服务贸易壁垒水平普遍低于发展中国家，其中美国和澳大利亚 DSTRI 指数低于世界平均水平约 50%；而发展中国家数字服务贸易壁垒水平远高于世界平均水平。就各政策领域指数分布而言，基础设施连通性的壁垒程度最高，直接推动了总体 DSTRI 指数上升；各国在电子交易和其他障碍领域均存在一定的壁垒措施，但壁垒程度低于基础设施连通性；而有关知识产权和支付系统领域的壁垒在所列分数中占比较小。

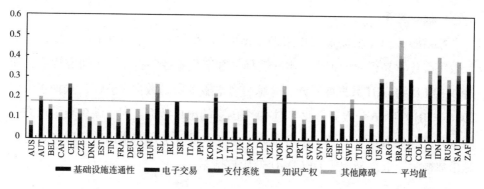

图 2　主要国家 DSTRI 指数

资料来源：根据 OECD-DSTRI 数据库整理。

四、计量模型与数据说明

（一）计量模型构建

由于数字服务出口数据很多存在 0 值，如果人为剔除这些样本，可能会造成估计偏误。因此，本文利用 Heckman 两阶段选择模型分析东道国数字服务贸易壁垒对中国数字服务出口贸易的影响，可以有效避免样本选择性偏误和模型扰动项非正态性问题（Heckman，1979）。依据模型思路，首先构建反映中国数字服务出口区位偏好的出口决策方程，利用 Probit 模型估计在东道国数字服务贸易壁垒条件下中国数字服务出口概率，并计算得到逆米尔斯比率（λ）；然后将λ作为控制变量加入出口规模决定方程中。两阶段模型设定如下：

$$\Pr(EXD_{st}) = \phi(\alpha_0 + \alpha_1 DSTRI_{st} + \alpha_2 \ln X_{st} + \varphi_s + \theta_t + \varepsilon_{st}) \tag{4}$$

$$\ln EX_{st} = \beta_0 + \beta_1 DSTRI_{st} + \beta_2 \ln X_{st} + \delta\lambda_{st} + \varphi_s + \theta_t + \varepsilon_{st} \tag{5}$$

其中，下标 s、t 分别表示东道国和年份；EXD_{st} 为服务出口的二元虚拟变量；EX_{st} 表示出口贸易额，采用出口额加 1 的对数衡量；$DSTRI_{st}$ 表示东道国数字服务贸易壁垒；X_{st} 为控制变量；φ_s 和 θ_t 分别表示国家固定效应和年份固定效应，ε_{st} 为随机扰动项。

（二）数据说明

1. 核心变量

数字服务出口贸易额数据来源于 WTO 数据库。基于 UNCTAD（2018）关于数字服务贸易行业的识别，本文选择"数字化服务"行业作为研究样本，通过和 OECD-DSTRI 数据库匹配，并综合考虑服务贸易数据完整性，选择了中国 2014—2019 年[①]6 个服务行业[②]对 49 个国家的出口数据，对于缺失数据由东道国服务进口数据反推得到。东道国数字服务贸易壁垒用东道国数字服务贸易限制指数衡量，数据来源于 OECD-DSTRI 数据库。

2. 控制变量

为减少遗漏变量问题，本文加入贸易流量研究中较常用的控制变量：东道国市场规模（MSG），用东道国 GDP 总量衡量，通常经济规模越大，进口需求

---

① 样本国：澳大利亚、奥地利、比利时、加拿大、捷克、丹麦、爱沙尼亚、芬兰、法国、德国、希腊、匈牙利、冰岛、爱尔兰、以色列、意大利、日本、韩国、拉脱维亚、立陶宛、卢森堡、荷兰、新西兰、挪威、波兰、葡萄牙、斯洛伐克、斯洛文尼亚、西班牙、瑞典、瑞士、英国、美国、智利、墨西哥、土耳其、阿根廷、巴西、印度、印度尼西亚、俄罗斯、南非、哈萨克斯坦、马来西亚、秘鲁、沙特、泰国、哥伦比亚、哥斯达黎加。

② 样本行业：保险和养老金服务、金融服务、通信计算机和信息服务、知识产权许可收费服务、其他商业服务、个人文化和娱乐服务。

越大；东道国市场潜力（*MPG*），用东道国人均 GDP 增长率表示，市场潜力决定了东道国未来市场的消费能力和潜在市场大小；国家间的地理距离（*DIST*），地理距离越远，贸易成本越高，双边贸易潜力越小；国家间是否具有共同边界（*TIG*），拥有共同边界可以降低贸易成本，两国之间沟通交流更加频繁，因而能够促进对外贸易开展。数据来源于世界银行发展指标和 CEPII 数据库。

3. 中介变量

（1）贸易成本（*COST*）。借鉴 Novy(2013) 改进的贸易成本测度模型，并参考潘文卿等（2017）的方法将国家层面的双边贸易成本拓展至行业层面，具体测算公式为：

$$COST_{isjt} = (\frac{EX_{iij}EX_{ssj}}{EX_{isj}EX_{sij}})^{\frac{1}{2(\sigma-1)}} - 1 \tag{6}$$

其中，$COST_{isjt}$ 表示 i 国 j 服务行业对 s 国出口的贸易成本，EX_{isj} 表示 i 国 j 服务行业对 s 国的出口额，EX_{sij} 表示 s 国 j 服务行业对 i 国的出口额；EX_{iij} 和 EX_{ssj} 分别表示 i 国和 s 国服务行业 j 的国内贸易情况，用各国各服务行业总产值减去该行业出口额表示[①]；σ 表示 i 国服务品和 s 国服务品之间的替代弹性[②]。核算所需数据来源于 WTO 数据库。

（2）互联网发展水平（*ICT*）。互联网发展水平反映了一国互联网和通信基础设施的普及状况，用一国每百万人中网络用户数量衡量，数据来源于世界银行发展指标数据库。

五、实证检验及结果分析

（一）基准回归

表 2 中（1）是 Heckman 两阶段模型的估计结果。出口规模方程估计结果中，逆米尔斯比率的系数在 1% 的水平上显著不为 0，说明采用 Heckman 两阶

---

① 由于行业总产值数据无法获取，借鉴 Novy（2013）关于行业国际贸易额约占部门产出 80% 的假设，用国际贸易数据倒推计算出各服务行业的总产值情况。

② 弹性值一般介于 5—10，参考 Novy（2013）的做法，本文将弹性值设为 8。

段选择模型是合理且必要的。Heckman 第一阶段和第二阶段估计结果均显示，数字服务贸易壁垒变量在 1% 的水平上显著为负，表明东道国数字服务贸易壁垒的存在降低了中国数字服务出口的概率和规模，从而验证了本文假设 1。

（二）稳健性检验

1. 替换核心解释变量

在 DSTRI 指数基础上，OECD 进一步考虑了双边国家限制措施异质性，并构建了数字服务贸易限制措施差异性指数（DSTRIH），而限制措施差异性能够从政策规制融合角度较好地反映中国对外服务贸易所面临的壁垒（齐俊妍和高明，2019）。因此本文用 DSTRIH 变量进行重新估计，表 2 的（2）回归结果显示，DSTRIH 估计系数在 1% 和 5% 的水平上显著为负，即双边数字服务贸易壁垒措施差异性降低了中国数字服务出口意愿和规模，进而证实东道国数字服务贸易壁垒负向影响中国数字服务出口贸易的结论是稳健的。

2. 替换估计方法

为寻求更高的估计效率，本文将 Heckman 两阶段估计方法替换为最大似然估计（MLE）方法来进行回归分析。表 2 中的（3）MLE 估计结果显示，东道国数字服务贸易壁垒水平每提高 1%，中国数字服务出口贸易的概率将下降 1.34%，出口规模收窄 2.07%，与基准结论相一致。

表 2　基准回归和稳健性检验

变量	（1）基准回归		（2）替换核心解释变量		（3）替换估计方法	
	第一阶段	第二阶段	第一阶段	第二阶段	第一阶段	第二阶段
DSTRI	−2.1346***	−1.9799***				
	（−7.36）	（−11.34）				
DSTRIH			−2.7678***	−3.1266**	−1.3378***	−−2.0677***
			（−3.23）	（−2.77）	（−13.24）	（−15.65）
ln *MSG*	0.2788***	0.2509***	0.8357***	0.8788***	0.1138***	0.1276***
	（22.79）	（19.34）	（28.61）	（29.43）	（60.06）	（62.34）
ln *MPG*	1.3256***	1.6543***	0.9624***	1.0455***	0.5678***	0.4097***

变量	（1）基准回归		（2）替换核心解释变量		（3）替换估计方法	
	第一阶段	第二阶段	第一阶段	第二阶段	第一阶段	第二阶段
	（7.99）	（9.05）	（6.77）	（7.09）	（9.98）	（7.15）
ln *DIST*	−0.5277***	−0.3065	−0.8279***	−0.7561	−0.2583***	−1.2231***
	（−54.83）	（−41.06）	（−66.04）	（−61.49）	（−120.1）	（−157.65）
TIG	0.3212***	0.6511***	0.9639***	0.9420***	1.6540***	2.0540***
	（13.74）	（20.06）	（19.58）	（18.03）	（34.70）	（41.79）
λ		1.3266***		−0.6767***		
		(10.24)		（−17.36）		
常数项	6.3367***	3.7092***	2.5889***	1.3334***		
	(35.04)	(20.35)	（36.70）	（21.09）		
国家固定	是	是	是	是	是	是
年份固定	是	是	是	是	是	是
LR						12.58
P						[0.000]
N	1764	1764	1764	1764	1764	1764
R^2	0.1975	0.0234	0.2566	0.0347	0.1656	0.0762

注：回归估计系数下方括号内的数值为 t 统计量和 z 统计量；***、** 和 * 分别代表在 1%、5% 和 10% 的水平上显著；[ ] 中数值为似然比检验的 P 值。

（三）内生性处理

为解决模型中潜在的内生性问题，本文参考刘斌和王乃嘉（2016）的做法，使用中国对东道国服务出口规模滞后一期作为工具变量并做系统 GMM 估计和 Heckman 模型的两阶段最小二乘估计。表 3 中系统 GMM 的回归结果显示，AR（1）检验的 P 值小于 1%，AR（2）检验的 P 值大于 10%，说明系统 GMM 模型不存在扰动项二阶自相关，Sargan 检验结果表明工具变量有效，系统 GMM 模型中东道国数字服务贸易壁垒在 1% 的置信水平上显著降低中国服务出口贸易。表 3 中 Heckman-2SLS 估计结果显示，不可识别的 Kleibergen-Paap rk LM 检验统计量的 P 值为 0，弱识别检验的 Kleibergen-Paap rk Wald F 统计量大于 10，说明工具变量合理且有效，并且东道国数字服务贸易壁垒在 1% 和 5% 的置信水平上显著负向影响中国数字服务出口的区位偏好和规模。以上结果表明，控制了模型内生性之后，本文研究结论依然成立。

表3　内生性处理

变量	系统 GMM	Heckman–2SLS	
L.EX	1.3406***		
	（12.38）		
DSTRI	−2.9796***	−1.4244***	−2.0377**
	（−6.51）	（−3.69）	（−2.40）
λ			−3.0328***
			（−18.09）
控制变量	是	是	是
AR(1)	0.0037		
AR(2)	0.2053		
Sargan 检验	0.9660		
Kleibergen–Paap rk LM 统计量		33.766	56.095
		[0.000]	[0.000]
Kleibergen–Paap rk Wald F 统计量		233.132	216.769
		{16.38}	{16.38}
N	1764	1764	1764
R^2		0.2960	0.1124

注：估计系数下方括号内的数值为 z 统计量，***、** 和 * 分别代表在 1%、5% 和 10% 的水平上显著；[ ] 内数值为工具变量检验的 P 值；{} 内数值为 Stock-Yogo 检验 10% 水平上的临界值。

（四）异质性分析

1. 从表 4 分政策领域壁垒的估计结果中发现，基础设施连通性领域壁垒的负向服务贸易影响效应最强，知识产权和电子交易领域壁垒的影响次之，其他障碍和支付系统壁垒的影响不显著。由于基础设施连通性和跨境数据自由流动是开展数字化服务贸易的基础，而各国在该领域的限制措施范围最广且限制程度最高，从而对中国数字服务出口贸易产生较大负向影响；东道国缺乏知识产权保护和公平竞争的环境，会直接遏制中国服务企业出口积极性；另外，东道国电子交易系统的兼容性和电子商务证书的可获得性是促成数字服务跨境交易完成的必要条件，电子交易领域壁垒程度提高会直接增加中国服务出口固定成本。

表4 分政策领域的分析

变量	基础设施连通性	电子交易	支付系统	知识产权	其他障碍
DSTRI	−3.5372***	−2.6970***	−6.2993	−2.0473***	−3.2142
	（−6.76）	（−4.54）	（−1.22）	（−3.23）	（−0.83）
样本量	1764	1764	1764	1764	1764
控制变量	是	是	是	是	是
国家固定	是	是	是	是	是
年份固定	是	是	是	是	是
R^2	0.0834	0.0566	0.0473	0.0801	0.0957

注：估计系数下方括号内的数值为 t 统计量，***、** 和 * 分别代表在 1%、5% 和 10% 的水平上显著，下表 5、表 6 同。

2. 表 5 分行业估计结果表明：数字服务贸易壁垒对六个数字化服务行业出口均存在显著负向影响，其中对信息通信服务行业的影响最大，金融和保险服务业次之，管理咨询、知识产权以及研发服务受到的影响相对较小。影响差异性的可能原因在于，数字化服务贸易的发展得益于信息通信技术的进步，而数字服务贸易限制措施的壁垒性正是体现在对网络基础设施和跨境数据流动的限制，作者大致统计了 OECD-DSTRI 数据库中的限制性政策条款，发现针对"基础设施连通性"的限制条款占全部条款比例达 36%，高壁垒给跨境数据自由流动带来了繁重条件，妨碍了双边信息传输和通信连接交流，从而使高度依赖互联网络和数据传输的信息通信服务业、金融保险服务业的出口活动受到较大限制。

表 5 分服务行业的分析

变量	保险	金融	信息通信	知识产权收费	管理咨询	研发
DSTRI	−2.0376***	−3.2366***	−4.0366***	−1.9690***	−1.2256***	−1.1106***
	（−6.74）	（−8.91）	（−9.67）	（−4.38）	（−3.12）	（−3.02）
样本量	1764	1764	1764	1764	1764	1764
控制变量	是	是	是	是	是	是
国家固定	是	是	是	是	是	是
年份固定	是	是	是	是	是	是
R^2	0.1369	0.0927	0.0968	0.0608	0.0310	0.0699

（五）影响机制分析

构建以贸易成本和互联网发展水平为中介变量的中介效应模型，设定如下：

$$\ln EX_{st} = \alpha_0 + \alpha_1 DSTRI_{st} + \alpha_2 \ln X_{st} + \delta\lambda_{st} + \varphi_s + \theta_t + \varepsilon_{st} \tag{7}$$

$$\ln MED_{st} = b_0 + b_1 DSTRI_{st} + b_2 \ln X_{st} + \varphi_s + \theta_t + \varepsilon_{st} \tag{8}$$

$$\ln EX_{st} = c_0 + c_1 DSTRI_{st} + c_2 \ln MED_{st} + c_3 \ln X_{st} + \varphi_s + \theta_t + \varepsilon_{st} \tag{9}$$

其中，MED_{st}表示中介变量。为检验中介效应是否存在，借鉴温忠麟和叶宝娟（2014）的方法，采用 Sobel 检验法来判断中介效应的有效性，通常当 Soble 统计量（Z）绝对值大于临界值 0.97 时（5% 的显著性水平），表明中介效应存在。具体回归结果见表 6。其中（1）的基准回归结果显示：DSTRI 变量在 1% 的水平上显著为负，说明东道国数字服务贸易壁垒显著抑制了中国数字服务出口贸易规模的提升，与前文研究结论相一致。（2）和（3）是贸易成本中介效应的检验结果：在（2）中，DSTRI 在 1% 的水平上显著为正，即东道国数字服务贸易壁垒显著增加中国数字服务出口的贸易成本，在（3）中，贸易成本变量在 1% 的水平上显著为负，表明贸易成本的增加抑制了出口贸易规模的提升，同时 DSTRI 变量系数绝对值下降，而 Soble 检验值为 −4.06，说明贸易成本的中介效应存在，从而验证了文章假设 2。（4）和（5）是互联网发展水平效应的中介检验结果：其中（4）结果显示，东道国数字服务贸易壁垒阻碍本国互联网发展水平的提升；在（5）估计结果中，ICT 变量在 1% 的水平显著为正，说明随着东道国互联网发展水平的提高，中国将显著增加数字服务出口规模，另外 DSTRI 变量显著为负，Soble 统计量检验值为 -3.54，表明互联网发展水平的中介效应有效，从而验证了本文假设 3，即东道国数字服务贸易壁垒通过互联网发展水平抑制效应阻碍中国数字服务出口规模的提升。

表 6　中介效应检验

变量	（1）ln EX	贸易成本		互联网发展水平	
		（2）ln $COST$	（3）ln EX	（4）ln ICT	（5）ln EX
$DSTRI$	−3.1746***	0.7606***	−2.2301***	−0.6608***	−2.7083***
	（−11.24）	（4.16）	（−7.60）	（−3.98）	（−9.15）
ln $COST$			−2.3605***		
			（−9.66）		
ln ICT					1.9066***
					（5.18）
控制变量	是	是	是	是	是
Soble 统计量		Z=−4.06，|Z|>0.97		Z=−3.54，|Z|>0.97	
国家固定	是	是	是	是	是
年份固定	是	是	是	是	是
行业固定	是	是	是	是	是
N	1764	1764	1764	1764	1764
R^2	0.2637	0.3014	0.2903	0.3515	0.3016

六、结论与政策建议

本文基于 OECD-DSTRI 数据库构建了用于识别各国数字服务贸易限制措施的数字服务贸易壁垒评估框架，通过 Heckman 两阶段选择模型和中介效应模型考察了东道国数字服务贸易壁垒对中国数字服务出口的区位偏好和规模变化的影响及其作用机制，主要结论有：（1）东道国数字服务贸易壁垒抑制了中国数字服务出口贸易规模的提升并成为数字服务出口目的地选择的重要因素；（2）在东道国数字服务贸易壁垒五个政策领域中，基础设施连通性、知识产权和电子交易领域壁垒的负向贸易影响最大，支付系统和其他障碍领域的影响不显著；（3）东道国数字服务贸易壁垒对我国信息通信以及金融保险行业服务出口的抑制作用最强，知识产权、管理咨询和研发服务出口贸易受到的影响相对较小；（4）东道国数字服务贸易壁垒通过贸易成本增加效应和互联网发展水平抑制效应两个渠道降低中国数字服务出口规模。

基于研究结果，提出如下政策建议：（1）新冠肺炎疫情暴发加速了全球数字服务贸易的发展，中国应大力推动数字服务贸易规则的诸边谈判，并积极参与 WTO 框架下数字服务贸易国际规则的制定，提升在数字服务贸易全球治理中的话语权；（2）中国应加强同贸易伙伴国在数字服务贸易各政策领域的规制融合，在保证数据安全高效流动和本国数字服务产业健康发展的前提下，逐步消除数字服务贸易活动中繁重的限制性措施，降低进出口贸易的成本，给本国服务"走出去"和国外服务"引进来"提供制度性便利；（3）互联网等信息通信基础设施是开展数字化服务贸易最基本的环节，而知识产权保护则是维护服务企业创新利益最核心的环节，因此中国要着重加强基础设施连通性开放水平和知识产权法的有效施行，打通与贸易伙伴国的数据共享和系统共认渠道，改善国内创新保护的法制环境，以此提升中国数字化服务贸易水平；（4）数字服务贸易已成为当今全球贸易增长的重要引擎，中国要进一步加大对区块链、大数据等新兴服务行业的政策支持力度，使新技术的应用更好地推动传统服务的数字化转型。𝓕

参考文献

[1] 王拓 . 数字服务贸易及相关政策比较研究 [J]. 国际贸易，2019（9）：80-89.

[2] OECD. Handbook on Measuring Digital Trade: Status Update[R]. OECD Publication，2018.

[3] UNCTAD. UNCTAD Project on Measuring Exports of ICT-Enabled Services (Digitally-Delivered Services)[R].United Nations Conference on Trade and Development，2018.

[4] FERENCZ J. The OECD Digital Services Trade Restrictiveness Index[R]. OECD Trade Policy Paper，No.221，2019.

[5] FERENCZ J，FREDERIC G. Barriers to Trade in Digitally Enabled Services in The G20[R].

OECD Trade Policy Paper，No.232，2019.

[6] 伊万沙拉法诺夫，白树强 . WTO 视角下数字产品贸易合作机制研究——基于数字贸易发展现状及壁垒研究 [J]. 国际贸易问题，2018（2）149–163.

[7] FERRACANE M F，MAREL E. Do Data Restrictions Inhibit Trade in Services[R]. EUI Working Papers，No. 29，2019.

[8] 韩剑，蔡继云，许亚云 . 数字贸易谈判与规则竞争——基于区域贸易协定文本量化的研究 [J]. 中国工业经济，2019（11）：117–135.

[9] 陈寰琦 . 签订"跨境数据自由流动"能否有效促进数字贸易——基于 OECD 服务贸易数据的实证研究 [J]. 国际经贸探索，2020（10）：4–21.

[10] 周念利，陈寰琦 . RTAs 框架下美式数字贸易规则的数字贸易效应研究 [J]. 世界经济，2020（10）：28–51.

[11] 黄蕙萍，缪子菊，袁野，李殊琦 . 生产性服务业的全球价值链及其中国参与度 [J]. 管理世界，2020（9）：82–97.

[12] CHOI C. The Effect of Internet on Service Trade[J].*Economics Letters*，2010，109（2）：102–104.

[13] 刘斌，王乃嘉 . 制造业投入服务化与企业出口的二元边际——基于中国微观企业数据的经验研究 [J]. 中国工业经济，2016（9）：59–74.

[14] HECKMAN J J. Sample Selection Bias as a Specification Error[J].*Econometrica*，1979，47（1）：153–161.

[15] NOVY D. Gravity Redux: Measuring International Trade Costs with Panel Data[J]. *Economic Inquiry*，2013(51)：101–121.

[16] 潘文卿，李跟强 . 中国区域间贸易成本 : 测度与分解 [J]. 数量经济技术经济研究，2017(2)：55–71.

[17] 齐俊妍，高明 . 服务贸易的边境内措施影响了双边服务出口吗——基于跨国行业的面板数据检验 [J]. 国际贸易问题，2019（6）：101–116.

[18] 温忠麟，叶宝娟 . 中介效应分析：方法和模型发展 [J]. 心理科学进展，2014（5）：731–745.

自欧进口溢出效应对我国创新的影响

——基于高技术行业的研究

曹砚文　彭柏翰*

摘要： 以高技术行业为研究对象，分析进口欧盟高技术产品对我国创新的影响，并以国内研发资本存量为中介变量进行机制检验、行业异质性分析。研究结论表明，进口贸易对我国高技术行业创新具有显著的正向促进作用，国内 R&D 资本存量存在部分中介效应作用，进口溢出效应在行业间存在异质性。

关键词： 欧盟；高技术产品进口；溢出效应；创新

中美大国博弈，以对华高科技公司的打压为代表。近年来，中欧经贸合作持续推进。2019 年《第二十一次中国－欧盟领导人会晤联合声明》，将 5G 网络和中欧投资协议列为重要议题。2020 年，中欧贸易额达到 5860 亿欧元，同比增长 4.46%，首次超过美国成为欧盟最大的贸易伙伴；《中欧地理标识协定》签订；《中欧全面投资协定》谈判，为加强中欧高技术合作创造了有利条件。这预示欧盟成为我国引进技术的主要来源地之一，中欧在高技术领域合作拥有良好发展前景。同时国内经济发展面临重要政策调整：一是经济增长进入高质量发展新阶段，由要素投入的粗放型向创新发展模式转型；二是中国对外贸易格局正面临利用"扩进口"来实现贸易再平衡，一揽子"促进口"政策中，明确提出引导企业进口高端设备与技术。本研究探讨如何通过内外联动促进产业结构升级，提质增效，可为双循环背景下加速我国创新引领发展新战略提供新方案。

---

* 作者简介：曹砚文，商务部国际贸易经济合作研究院研究生；彭柏翰，中国进出口银行经理。

一、文献综述

有关技术溢出效应问题，国内外学者已经进行了广泛研究，主要观点集中在以下几方面：

一是关于技术溢出效应的机理研究。（1）干中学。进口贸易可使一国吸收模仿他国先进技术并进行二次创新（贺劲松，2010）。进口品中包含隐性的技术知识，增加了进口国的知识存量，降低了创新成本，有助于进口国创新产出的提高（Chen 等，2017）。（2）示范效应。进口贸易向国内同类生产企业展示先进的产品、工艺，产生良好的示范作用，使当地企业在对外开放中通过模仿来提高本企业的技术水平。（3）竞争效应。一方面进口产品进入市场增加市场活力，东道国的企业通过竞争获得市场份额或利润产生激励，加大研发投入或加快技术更新升级，从而产生良性的互动竞争，促进东道国产出与创新。另一方面进口产品在东道国市场上通常具有比较优势，或因技术含量差距过大，使东道国因"技术陷阱"而过度依赖或因产品退出市场形成"低端锁定"，造成挤出效应（刘云等，2003；Seong K. Byun et al.，2021）。因此竞争所产生的作用是双向的，其最终影响取决于博弈结果（唐宜红等，2019）。（4）吸收能力。前人较多关注人力资本，如 Engelbrecht（1997）将人力资本纳入模型，发现显著促进进口贸易技术溢出效应。国内学者李晓钟等（2004）、彭水军等（2005）、刘振兴等（2011）、代明和罗婉婷（2014）指出，进口贸易的技术溢出效应与人力资本结合可更好地促进溢出效应。少部分学者关注到研发资本，如喻美辞等（2006）发现国内外 R&D 资本存量都能显著促进我国全要素生产率。沙文兵和李桂香（2011）构造了 C–D 函数，得出中国高技术产业内资企业自主 R&D 投入是其创新能力的最主要因素的结论。

二是关于国别区域间技术溢出存在差异。Basant 与 Fikkert（1996）利用印度企业数据实证发现国际 R&D 溢出是印度当地厂商 R&D 非常重要的一种补充。Sjoholm（1999）、Griffith et al.（2000）、Jorge（2002）、Francisco（2002）等学者通过研究不同国别地区的进口贸易溢出效应，得出溢出效应在国别间存在不同程度差异的结论。国内学者方希桦（2004）等研究了我国与"G7"进口贸易的技术溢出效应，发现国内研发投入对技术提升起着显著作用。黄先海、张云帆（2005）将中国的进口贸易伙伴国分为先进工业国和亚洲国家两类，发现进口先进工业国产品所带来的技术溢出效应更大。冯伟杰（2019）比较分析得出结论，欧盟在技术转让方面的保护策略相对于美日等发达国家而言相对宽松，这为中国企业引进技术提供了基础条件和可能性。

三是关于技术溢出效应具有行业异质性。Lee（1999）利用加拿大和美国产业部门数据实证研究发现，进口贸易对于加拿大所有产业部门劳动生产率的提升均存在溢出效应。Changshu Park（2003）发现，国外比国内的 R&D 溢出效应对韩国各行业创新影响更大。国内学者朱钟棣、李小平（2006）实证研究发现进口贸易是促进我国工业行业技术进步的有效途径之一。毛日昇（2008）发现吸收能力、内外资行业特征、出口开放度对外资在国内 77 个本土工业产业内和产业间的外溢方向及显著性具有不同程度的影响。

四是技术溢出效应模型的研究成果。经典的 C–H 模型（Coe 和 Helpman，1995）和 L–P 模型（Potterie 和 Lichtenberg，2001）都认为进口贸易对一个国家的全要素生产率（TFP）都有显著影响。Coe 和 Haffmuister（1997）在 C–H 模型基础上构造权重，发现"南方国家"可通过开展大量进口贸易，获得高技术水平国家研发投入的技术溢出，提高自身生产水平。Hejazi 和 Safarian（1999）在 C–H 模型基础上利用贸易份额与对外国资本存量进行加权，得出进口贸易技术溢出效应可能弱化技术进步的结论。另有 Pakes A., Griliches Z.（1980）运用专利生产函数研究了美国 121 家公司发现，企业 R&D 经费支出与专利申请量显著正相关。Albert Guangzhou Hu 和 Gary H. Jefferson（2009）运用专利生产函数探究中国大中型企业专利呈现爆发式增长的原因，发现中国自身的 R&D 只是部分因素，研发支出明显促进专利数量增长。

综合现有研究成果发现，发达经济体的进口贸易促进技术进步的观点已被国内外众多学者所认可，但发展中经济体面临外来的技术溢出对本国自身经济增长的影响结论仍有待商榷。大多数学者聚焦美日欧加等发达经济体，或其他欠发达地区的经济增长探究，少有聚焦中国与特定区域经济组织或经济体之间的进口贸易，从中国作为新兴经济体角度研究技术溢出效应问题的价值突出。实证研究中，大多数学者主要利用国家或国内省际面板数据进行分析，针对国内行业层面或企业层面的研究有所不足。

基于上述研究现状，本文的贡献在于：以高技术行业作为研究对象，从产业视角重点研究进口欧盟高技术产品的技术溢出效应，同时检验国内研发资本存量的中介效应，力求阐述进口欧盟高技术产品的技术溢出对我国创新影响的效果、机理与行业效应。

二、中国进口欧盟高技术产品现状及发展趋势

近 20 年来，伴随中国经济快速发展及产业结构的升级，高技术产品进口规模呈高速增长态势。从 2001 年的 1329 亿美元增长至 2019 年的 6318 亿美元，较 2001 年增长了 3.75 倍，年均增长率约为 12.74%。2001 年，中国高技术产品进口仅占世界高技术产品进口总额的 5%，2019 年份额已提升至 16.15%。图 1 显示，2015 年前，中国从世界进口高技术产品呈大幅增长态势，2016 年起受贸易战影响显著下滑，但进口欧盟高技术产品所占比重逐年攀升，欧盟成为我国高技术产品进口的主要来源市场之一。

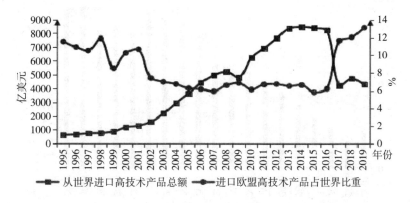

图 1　我国历年自欧盟、全球进口高技术产品总体情况

数据来源：UNCTAD 数据库。

（一）进口规模

图 2 显示，近 20 年来，中国自欧盟进口高新技术产品经历了三个发展阶段，具有不同发展特点：

中国外经贸改革与发展 2021

1. 2001—2011 年为高速发展阶段

2001 年进口高技术产品 141.64 亿美元，占从全球进口高技术产品总额的 10.66%，占当年进口总额的比重达到历史最高，为 5.82%；2011 年达到 465.17 亿美元，是 2001 年的 3.28 倍，十年间年均增长率为 12.63%，占从全球进口高技术产品比重平均为 6.95%；

2. 2012—2014 为缓慢增长阶段

年均进口额为 541.87 亿美元，2014 年达到 562.57 亿美元，比 2012 年增长了 8.83%，平均占从全球进口高技术产品的 6.64%。

3. 2015—2019 进入回调阶段

年均进口额约 428.53 亿美元，年均增长 2.82%。2015 年进口额约 406.71 亿美元，由于全球性产能过剩市场不景气同比下降了约 27.71%；2019 年进口额约 565.56 亿美元，占 2019 年高新技术产品总进口额 13.10%，占全年进口总额的 2.72%。

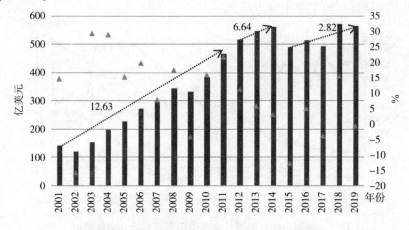

图 2　我国历年自欧盟进口高新技术产品情况

数据来源：UNCTAD 数据库。

（二）产品结构

图 3 显示，2019 年我国自欧盟进口高技术产品主要集中在航空器材（42.19%）、

科学设备（16.79%）、电子通信设备（15.22%）、医药制品（12.73%），占所有高技术产品总额的86.93%。

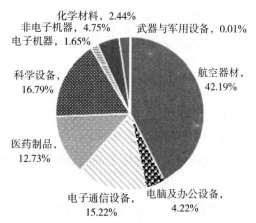

图3　2019年我国进口欧盟高技术产品构成

数据来源：UNCTAD数据库。

1. 航空器材产品

2001—2019年，我国自欧盟进口航空器材产品年均增长12%。2019年，我国自欧盟进口航空器材产品总额为191.67亿美元，较2001年增长7.69倍，占全年从欧盟进口高技术产品总额42.16%，占从全球进口航空器材产品总额的46.13%。航空器材产品成为我国自欧盟进口的第一大类高技术产品。

2. 科学设备产品

2001—2019年，进口欧盟科学设备年均增长7.40%，2019年从欧盟进口科学设备190.52亿美元，同比增长1.22%，进口规模是2001年的3.62倍。占中国自欧盟全年高技术产品进口总额的16.78%，占从世界进口科学设备总额的13.39%。

3. 电子通信设备产品

2001—2019年，我国自欧盟进口电子通信设备年均增长0.31%。2019年从欧盟进口电子通信设备69.13亿美元，进口规模是2001年的1.06倍，同比增长0.98%，2018年同比增长9.16%，占从世界进口电子通信设备的4.61%，占中国自欧盟全年高技术产品进口总额的15.21%。

4. 医药制品

医药制品自欧盟进口额 2001—2019 年年均增长 17.08%，2018 年同比增长 13.25%，2019 年进口总额为 57.86 亿美元，同比增长 15.95%，进口规模是 2001 年的 17 倍，占中国自欧盟全年高技术产品进口总额的 12.73%，占中国全年高技术产品进口总额的 1.34%。

5. 非电子机器产品

2001—2019 年，我国自欧盟进口非电子机器产品年均增长 7.82%，2019 年进口 21.58 亿美元，较 2001 年增长了 2.88 倍，占当年从世界进口非电子机器总额的 41.5%，占当年从欧盟进口高技术产品总额的 11.44%。

6. 电子机器类产品

2001—2019 年，我国自欧盟进口电子机器类产品年均增长 2.74%，近三年连续同比增长率为正，2017 年、2018 年分别同比增长 8.43%、11.76%，2019 年进口额为 7.48 亿美元，同比增长 4.29%，进口规模是 2001 年的 1.63 倍，占当年从欧盟进口高技术产品总额的 1.65%。

7. 电脑及办公设备产品

2001—2019 年，我国自欧盟进口电脑及办公设备（包括文字处理设备与复印设备）年均增长 1.78%，曾连续三年增长率为正，2017 年、2018 年分别同比增长 7.10%、19.44%。2019 年进口额为 19.18 亿美元，进口规模是 2001 年的 1.37 倍，占当年从欧盟进口高技术产品总额的 4.22%（图 4）。

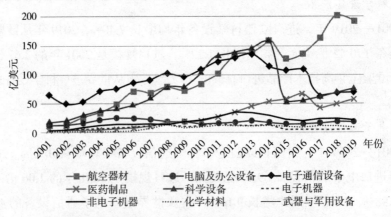

图 4 中国历年自欧盟进口高技术产品行业情况

数据来源：UNCTAD 数据库。

（三）国别结构

近十年（2010—2019），中国自欧盟进口高新技术产品总额最大的前三个国家分别是德、法、英。近五年（2015—2019）从德法英高技术产品进口额平均为 113.02 、109.59 、7.03 亿美元，占自欧盟高技术产品进口额年均为 26.51%、25.48%、13.27%（图 5）。

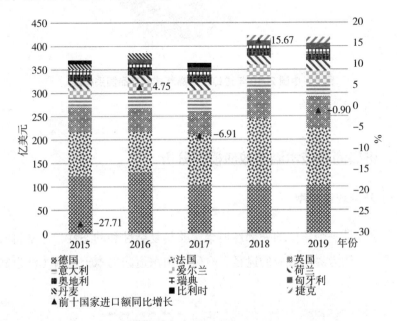

图 5 近 5 年中国自欧盟各国高技术产品进口额及增长率

数据来源：UNCTAD 数据库。

2019 年，中国自欧盟进口高新技术产品的十大来源国分别为德、法、英、爱尔兰、意大利、荷兰、奥地利、捷克、匈牙利、瑞典，进口贸易总额为 526 亿美元，占自欧盟高技术产品进口总额的 93.02%，占中国全年高新技术产品进口总额的 12.18%。其中前五大进口来源国分别是德国（211.55 亿美元），法国（约 121.07 亿美元），英国（约 67.54 亿美元），爱尔兰（约 29.47 亿美元），意大利（约 25.08 亿美元），占自欧盟进口高技术产品总额的 80.40%（分别为 37.40%、21.41%、11.94%、5.21%、4.43%），占中国全年进口高技术产品进口总额的 10.53%（图 6）。

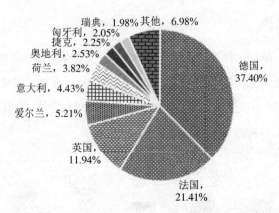

图 6　中国 2019 年进口欧盟高新技术产品国别构成

数据来源：UNCTAD 数据库。

三、进口商品技术溢出效应模型分析

（一）基础理论模型

溢出效应是一个整体的外部性概念，兼具复杂性和动态性，通常将其视为"黑匣子"，左侧为溢出效应的途径，右侧指向东道国的本土创新（汪泉和俞立平，2017）。

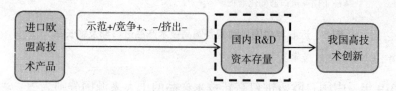

图 7　技术溢出机理[1]

本文以 22 个欧盟国家为研究对象[2]。模型基本假定：技术知识存在正的外部性，两国间的贸易会产生知识溢出，进口国在进口商品的同时，也进口了出口国通过贸易溢出的知识，从而提升自身的知识存量水平和生产技能。

---

① 注："+"为对本土企业创新的正向促进，"-"为对本土企业创新的负向抑制。

② 数据选取英国脱欧前。另有保加利亚和罗马尼亚 2007 年加入欧盟，克罗地亚是 2013 年加入欧盟的，统计年鉴中未包含塞浦路斯，马耳他和葡萄牙数据严重缺失，故剔除。

理论基础：本文运用专利生产函数检验进口欧盟高技术产品对中国创新产出的影响效果，借鉴 Pakes 和 Griliches（1980）、Hu 和 Jefferson（2009）的方法构建基本模型。首先考虑如下专利生产函数形式：

$$Y_t = A_t SRD_t^{\beta^d} FRD_t^{\beta^f} e^{\varepsilon_{it}} \qquad (1)$$

其中，t 表示年份，A 代表知识存量。Y 为创新产出，其创新的资本投入分为国内 R&D 投入 SRD 和国外 R&D 投入 FRD 两部分。β_d 和 β_f 分别为国内 R&D 投入和国外 R&D 投入的产出弹性，国外 R&D 主要通过进口贸易渠道溢出。以我国高技术行业专利量 Pat_i（i=1、2，分别代表我国各高技术行业专利申请数、发明专利申请数）代表创新产出，得到如下基本模型：

$$\ln Pat\_1_t = \alpha_0 + \beta_1 \ln IM\_EU_t + \varepsilon_t \qquad (2)$$

考虑到我国基础环境的影响应引入其他控制变量。技术溢出效应的影响因素多元多维，同时也存在不可量化的障碍和壁垒。如涉及 10 大类高技术领域的《瓦森纳协定》，对军民两用品及相关技术转让存在监督和控制，限制了对华技术转让的范围，也是目前对华高科技出口管制的主要"指导性文件"，以及欧盟对中国"市场经济地位"的判定等。由于以上因素不可量化，纳入扰动项。

最后本文选取高技术行业为观测对象，其中 IM_EU_{it} 为我国 t 年自欧盟国家的进口高技术产品贸易技术溢出；RD_cap_{it} 为我国 t 年国内高技术 i 行业资本存量；最后三项分别代表与时间无关的个体固定效应、时间固定效应、随机扰动项。

$$
\begin{aligned}
\ln Pat\_1_{it} = {} & \alpha_0 + \beta_1 \ln IM\_EU_{it} + \beta_2 \ln RD\_cap_{it} \\
& + \beta_3 \ln RD\_prof_{it} + \beta_4 \ln com\_rev_{it} \qquad (3) \\
& + \beta_5 \ln RD\_ratio_{it} + \mu_i + \nu_t + \varepsilon_{it}
\end{aligned}
$$

（二）数据及测度指标

1. 被解释变量

关于创新产出的衡量指标主要有两类，一是采用专利数据作为创新产出的替代指标，二是使用全要素生产率指标。

采用专利数据的好处，一是通过专利量或授权量作为技术发明的观测指标，可直接、有效、量化地衡量我国高技术分行业的创新活动，二是我国关于高技术行业专利产出的统计资料相对完整且可得。在高技术行业的衡量指标中，尽管专利申请指标存在缺陷，但是仍明显优于其他的测度方法（Cheung 和 Lin，2004）。本文所研究的高技术行业和产品知识密度含量较高，通过专利衡量可同时包含产品创新和流程创新。

综上，本文选择专利数据表征我国的高技术行业创新能力。采用我国 t 年 i 高技术行业的专利申请数（项）以及发明专利申请数（项）数作为创新的代理变量，样本区间为 2001—2019 年。

2. 解释变量

《高技术产业统计分类目录》中的高技术产业（制造业）是指国民经济行业中 R&D 投入强度相对高的 6 大类制造业行业，其中 1—5 类与 OECD 统计口径一致，第 6 类为信息化学品制造。

本文选取前 5 大类的 13 个细分行业。[①]借鉴 L–P 模型方法及黄孝林（2015）做法，构造中国自欧盟国家进口高技术产品的 R&D 知识溢出权重如下。

$$IM_{it} = EX_{it} \times \frac{RD_t^{EU}}{GDP_t} \qquad (4)$$

其中，IM_{it} 表示中国第 t 年进口欧盟 i 行业的高技术产品引进的国际 R&D 知识溢出；EX_{it} 表示欧盟在 t 年对中国出口的 i 行业高技术产品总额；GDP_t 为欧盟在 t 年的国内生产总值，RD_t^{EU} 表示欧盟 t 年 R&D 知识资本存量，采用世界发展指数中的欧盟研发占比（即研发经费支出占 GDP 的百分比）加权平均数计算得到，通过二者构造知识溢出权重，相较传统的线性知识溢出指标更为准确。

我国高技术产业范畴的行业分类与高技术行业专利产出分类同为六类，为与欧盟统计局高技术产品 SITC–3 Rev 项下货物贸易数据更好匹配从而满足模型实证要求，本文结合各自细分小类手动将二者进行了匹配，如表 1 所示。

---

① 分类编码参考国家《国民经济行业分类 GB/T 4754–2017》、国家统计局《高技术产业 (制造业) 分类 (2017)》

表 1　中国与欧盟统计局高技术产业分类标准匹配

大类	《高技术产业（制造业）分类》	欧盟统计局高技术产业和知识密集型服务指标（2014）	
1	医药制造业	第四类	医药制品
2	航空、航天器及设备制造业	第一类	航空器材，包括航空设备与发动机
3	电子及通信设备制造业	第三类	电子通信设备，包括电子、通信、音响、微波管、半导体
4	计算机及办公设备制造业	第二类	电脑及办公设备，包括文字处理设备与复印设备
5	医疗仪器设备及仪器仪表制造业	第五类	科学设备，包括测量仪器与医用扫描设备等
		第六类	电子机器
		第七类	非电子机器，包括核反应设备等
6	信息化学品制造业 [①]	第八类	化学材料

资料来源：《中国高技术产业统计年鉴》、Eurostat indicators。

3. 中介变量

RD_cap_{it}，本文采用高技术 t 年 i 行业的 R&D 内部经费支出 [②] 作为中介变量衡量国内资本存量，并以当年消费者价格指数平减，数据来自历年《中国统计年鉴》。

4. 其他控制变量

考虑到国内高技术产业各行业初始状态不同，另引入 R&D 人员人均利润率（行业总利润 / R&D 人员全时当量），行业企业平均营收（主营业务收入 / 企业数），R&D 机构数占比（R&D 机构数 / 企业数），为面板数据控制变量，数据均来自《中国统计年鉴》和《中国高技术统计年鉴》（表 2）。

---

① 年鉴中信息化学品制造业专利数据只于 2015 年之后存在，进口数据中武器与军用设备在高新技术产业分类中没有与之相匹配的分类项，因二者数额极小，因此去掉对模型实证整体影响可忽略不计。

② 根据 2019 年 5 月发布的《研究与试验发展（R&D）投入统计规范（试行）》，内部支出指报告期调查单位内部为实施 R&D 活动而实际发生的全部经费，外部支出指报告期调查单位委托其他单位或与其他单位合作开展 R&D 活动而转拨给其他单位的全部经费。因此本文采用内部经费支出能相对更准确衡量资本存量。

表 2 全样本及分行业描述性统计

变量	全样本					医药制造业	航空航天器制造业	电子及通信设备制造业	计算机及办公设备制造业	医疗仪器设备及仪器仪表制造业
						N=19	N=19	N=19	N=19	N=19
	观测	平均值	标准差	最小值	最大值	平均值	平均值	平均值	平均值	平均值
	(1)	(2)	(3)	(4)	(5)	(6)	(7)	(8)	(9)	(10)
Pat_1	92	20931	36686	99	208228	10243	2353	65112	9180	14835
Pat_2	92	11234	20596	24	120810	5974	1152	36910	5263	5279
IM_EU	95	74.5	61.1	3.4	230.0	28.4	99.0	91.0	19.3	134.8
RD_cap	93	572.5	893.7	10.9	4594.8	424.4	200.1	1622.0	339.7	237.3
RD_prof	92	113.3	60.1	2.5	273.6	90.1	106.5	114.5	117.5	142.5
com_rev	91	50592.5	41685.9	3697.9	167899.5	32851.7	38986.3	59230.7	68147.8	54586.7
RD_ratio	92	0.31	0.21	0.05	0.79	0.23	0.21	0.25	0.38	0.48

注：IM（万亿美元）、RD（万元）、RD_prof（万元/人）、com_rev（万元/家）

四、实证结果分析

（一）基准回归

利用 LLC 和 ADF-Fisher 检验法对研究变量进行单位根检验，各变量均在 1% 的显著性水平下平稳。由于固定效应模型的系数估计无偏且一致，且本文 Hausman 检验 P 值为 0，拒绝原假设随机效应。因此采用固定效应模型研究不同类型的跨国技术溢出对中国创新产出的影响效果（表 3）。

表 3 Hausman (1978) specification test

	Coef.
Chi-square test value	48.01
P-value	0

表 4 显示了全样本回归结果，高技术产品的进口对于我国创新产出具有显著的促进效应。进口每增加 1%，我国高技术专利的创新产出增加约 1.51%，可能是由于来自欧盟的高技术产品相对具有较高的知识资本含量，对国内产生了示范效应和正向的竞争效应。

表 4　全样本固定效应逐步回归结果

变量	(1)	(2)
	Pat_1	Pat_2
lnIM_EU	1.507***	1.717***
	(11.19)	(10.96)
lnRD_prof	0.392*	0.386
	(1.88)	(1.59)
lncom_rev	–0.053	–0.032
	(–0.49)	(–0.26)
RD_ratio	2.656**	2.473**
	(2.62)	(2.10)
Constant	–6.94***	–9.776***
	(–3.81)	(–4.61)
Observations	88	88
R–squared	0.640	0.628
Company FE	YES	YES

注：t-statistics in parentheses，下同。

本文使用发明专利申请量（lnPat_2）为因变量对全样本回归进行稳健性检验，回归结果与 lnPat_1 基本相同，结果稳健。

（二）中介效应分析

基于理论和模型分析，国内研发资本存量可能影响吸收转化能力，同时进口欧盟高技术产品所带来的技术溢出可能会使国内研发资本产生增量，因此建立交叉项做进一步的回归分析。

表 5 回归结果所示，高技术产品进口促进了创新，与国内 R&D 资本存量交叉后也促进创新产出的提高，那么 R&D 资本存量是否在促进创新产出中起到中介作用？为此假设：进口欧盟高技术产品对国内高技术行业创新存在显著正向作用，并且国内研发资本存量存在中介效应。

表 5　交叉项回归结果

变量	(1)
	Pat_1
lnIM_EU	0.36*
	(1.79)
lnIM_EU*lnRD_cap	0.07***
	(6.69)
lnRD_prof	0.28*
	(1.64)
lncom_rev	0.02
	(0.22)
RD_ratio	1.656**
	(2.00)
Constant	0.003
	(0.00)
Observations	88
R-squared	0.77
Company FE	YES

本文基于 Sobel（1982）检验结果的中介效应理论模型（图 8）如下：

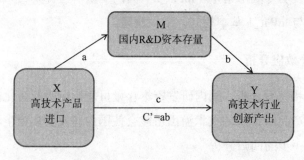

图 8　中介效应模型机理

$$\ln Pat\_1_{it} = c_1 \ln IM\_EU_{it} + \lambda_1 \ln RD\_per\_profit_{it} \\ + \lambda_2 \ln com\_per\_reve_{it} + \lambda_3 RDindus\_ratio_{it} + \varepsilon_{1it} \quad (5)$$

$$\ln RD\_cap_{it} = a_1 \ln IM\_EU_{it} + \gamma_1 \ln RD\_per\_profit_{it} \\ + \gamma_2 \ln com\_per\_reve_{it} + \gamma_3 RDindus\_ratio_{it} + \varepsilon_{2it} \quad (6)$$

$$\ln Pat\_1_{it} = c_1' \ln IM\_EU_{it} + b_1 RD\_cap_{it} + \varphi_1 \ln RD\_per\_profit_{it} \\ + \varphi_2 \ln com\_per\_reve_{it} + \varphi_3 RDindus\_ratio_{it} + \varepsilon_{3it} \quad (7)$$

如表6和表7所示 Sobel（1982）检验结果显著，从而验证了假设，即高技术产品进口对于我国高技术行业创新存在显著正向效应，直接效应大小约为0.085，同时高技术产品进口溢出效应通过正向促进国内研发资本存量，间接对国内高技术行业创新有显著正向促进作用，间接效应大小为0.689，中介效应占总效应比重为89.05%。

表6　进口的中介效应回归结果

效应分析	总效应	中介效应	
	创新产出	国内研发资本存量	
被解释变量	ln_Pat_1	lnRD_cap	lnPat_1
lnIM_EU	1.51*** （11.19）	1.24*** (9.91)	0.75*** (4.42)
lnRD_cap			0.60*** (5.94)
lnRD_prof	0.39* （1.88）	0.13 （0.65）	0.30* （1.72）
lncom_rev	−0.05 （−0.49）	−0.10 （−0.99）	0.01 （0.14）
RD_ratio	2.66*** （2.62）	1.30 （1.37）	1.82** （2.13）
常数项	−6.94*** （−3.81）	−5.74*** （−3.37）	−3.37 （−2.06）
样本量	88	89	88
R−squared	0.2329	0.1901	0.6619

表 7 进口中介效应 Sobel 检验结果汇总

检验项	检验值
a	0.688***
	（5.22）
b	1.001***
	（11.97）
中介效应是否显著	显著
直接效应大小（c-ab）	0.085***
	（0.73）
间接效应大小（c'=ab）	0.689***
	（4.78）
总效应大小（c）	0.774***
	（4.67）
中介效应占总效应比重	89.05%

（三）行业异质性分析

表 8 分行业回归结果显示：

1. 医药制造业（industry1）

对于欧盟医药制造业高技术产品的进口对我国该领域的技术创新有一定的负效应。国内的医药制造业研发经费内部投入对于创新也有显著的促进作用，每增加 1% 约带来 0.98% 的专利产出。

2. 航空航天器制造业（industry2）

进口来自欧盟的航天高科技产品，以及我国国内航天业的研发经费内部投入，对航天业高技术专利产出具有显著的促进效应。我国每年进口欧盟的航天器械在高技术产品中进口额最大，这说明我国在航空航天领域与欧盟存在广阔的合作空间，可以通过进口和扩大开放欧盟对该领域的市场进而获得技术溢出，促进我国航天产业高质量发展。

3. 电子及通信设备制造业（industry3）

国内的知识资本存量对于吸收来自欧盟电子及通信设备制造业的技术溢出具有显著的促进作用，该行业 R&D 内部经费支出每增加 1%，我国该行业的专利创新产出增加约 0.59%。但对我国高技术创新呈现负相关关系，可能由于国内该行业产品与来自欧盟的产品技术差距过大，带来的挤出效应和负向竞争效应大于技术溢出效应，从而表现为不利于我国电子通信设备的自主创新。

4. 计算机及办公设备制造业（industry4）

国内的 R&D 内部经费支出对于吸收来自欧盟计算机及办公设备制造业的技术溢出具有显著的促进作用，每提高 1% 分别促进 1.44% 和 1.19% 的创新产出。

5. 医疗仪器设备及仪器仪表制造业（industry5）

进口来自欧盟的该行业高技术产品对我国自身创新有显著的负向效应，根据上文的描述性统计，我国自欧盟进口的高技术产品中该行业进口额较大，可能因为大量的进口导致对我国自身医疗仪器设备等的创新产生了挤出效应或负向竞争效应而不是示范效应，以及长期大量进口可能造成我国在该领域的自主创新能力"低端锁定"，因而呈现抑制作用。

表 8 分行业回归结果

变量	(1)	(2)	(3)	(4)	(5)
	industry1	industry2	industry3	industry4	industry5
lnIM_EU	−0.07	0.15**	−3.30***	−0.27	−0.490***
	(−0.47)	(2.05)	(−3.62)	(−2.75)	(−7.59)
lnRD_cap	0.976***	0.83***	0.586***	1.19***	1.453***
	(11.70)	(27.62)	(3.55)	(15.93)	(22.75)
lnRD_prof	0.57***	0.11**	1.393***	0.52***	0.14*
	(2.59)	(2.46)	(2.99)	(5.30)	(1.90)
lncom_reve	0.919	−0.831	0.770	1.158	0.05
	(0.36)	(−0.74)	(0.33)	(0.45)	(1.62)
RD_ratio	2.71***	0.49**	2.24***	2.56***	0.41
	(3.00)	(2.00)	(5.50)	(5.77)	(0.88)
Constant	−2.054	3.242	−7.131	−2.933	16.977***

续　表

变量	(1)	(2)	(3)	(4)	(5)
	industry1	industry2	industry3	industry4	industry5
	(−0.21)	(0.75)	(−0.80)	(−0.31)	(2.90)
Observations	83	83	83	83	83
Company FE	YES	YES	YES	YES	YES
R−squared	0.9633	0.8482	0.8780	0.8558	0.9503

五、基本结论与建议

（一）主要结论

通过上述分析，得出以下研究结论：

近年我国同欧盟国家经贸往来增强，其中高技术行业的进口贸易主要集中在航空器材、科学设备、电子通信设备、医药制品等。进口贸易主要集中在英、法、德、荷兰、爱尔兰和意大利等国。

进口欧盟高技术产品对我国的高技术行业创新产出有着显著的积极促进作用，体现了技术溢出效应。

我国国内的 R&D 资本存量，在进口技术溢出对国内创新的影响中，呈现了显著的部分中介效应，所占比重较大。并且国内的 R&D 资本存量对创新在行业间都呈现出显著的正向促进作用。

我国进口欧盟的高技术产品呈现行业异质性。其中只有航空航天器制造业表现为显著的正向促进作用，电子及通信设备制造业，医疗仪器设备及仪器仪表制造业呈现显著的负向作用。

最后，随着我国高技术行业研发相关的 R&D 人员人均利润率、R&D 机构数占比等行业基础因素的积累，也显著有利于高技术行业创新产出。

（二）政策建议

第一，推动中欧投资协定尽快签署。欧盟未来仍是我国重要的合作伙伴和技术溢出来源国。因此我国应积极推动中欧投资协定的生效实施，并向欧洲企业开放更多领域，扩大市场开放力度，强化我国市场经济地位的属性，如中欧重点谈判的汽车领域，以及金融、电信、新能源汽车、飞机制造、云计算服务医疗等。健全"竞争中性"等外商外资政策，优化外商外资的营商环境，如放宽合资企业要求以及对部分行业外资占股比例的限制等，同时完善外资相关法律，降低或避免技术转让要求，最大限度地消除欧盟企业在华投资的障碍。

第二，实行差异化的产业政策。如我国自 2021 年起施行最新修订的《医疗器械监督管理条例》，其中明确将医疗器械创新纳入发展重点，在科技立项、创新审批、融资信贷等多方面予以政策支持。应实行"贸易与产业融合计划"，通过贸易与国际产业接轨，同时国内相关产业政策应配套实施。未来应加大高技术行业市场对欧盟的吸引力度，针对性实施产业政策倾斜，从而能够更好地吸收来自欧盟该行业的技术溢出，促进国内高技术领域创新能力的提升，补足技术短板。

第三，加强知识产权保护。建立健全良好的知识产权保护制度是保障技术溢出的重要前提条件。目前我国仍存在知识产权法律与其他国内法协调性不够、与最新的国际知识产权标准保护有一定差距、知识产权质量不高等问题。RCEP 中的知识产权章节是我国迄今为止已签署的所有自贸协定中知识产权内容覆盖最全面的一个，在兼顾各国不同发展水平基础上，显著提升区域知识产权保护水平。如 RCEP 扩大了专利保护范围，纳入了有关技术保护措施的新规定，权限管理信息和集体管理等。因而我国应充分利用所积累的基础与经验，将其积极应用于与欧盟国家的经贸合作中，通过保护和实施知识产权来深化与伙伴国之间的经济合作，减少对贸易的阻碍。

第四，着力培养高技术领域人才。高技术产业是知识资本密集型行业，在获取国外技术溢出的同时，国内基础人才素质能力是重要保障，因此政府应大力加强科学技术人才的培养，如加大研发经费支出、教育经费的投入，政企合作、政校合作等，努力消除科技人才不合理负担，提高国内有效人力资本，从而更有效率和效果地消化吸收来自国外的技术溢出，加速释放国内人口红利、人才红利。

第五，提升企业自身创新能力。我国自身研发资本存量对于提高我国高技术产业外贸外资利用水平具有重要意义，因此我国高技术行业企业应加大自身R&D 投入，努力提高国内知识资本和研发资本存量积累，以便更好承接并消化吸收来自欧盟等发达经济体的高质量溢出。同时随着我国在高技术领域的积累，未来可就我国具有优势的高技术产业或企业，积极主动向欧盟国家提供相关产品和服务，巩固我国在高技术领域的地位。𝓕

参考文献

[1] 顾学明，张威. 中国与世界高新技术产品贸易发展报告 [M]. 北京：中国商务出版社，2014.

[2] 蒋仁爱，贾维晗. 不同类型跨国技术溢出对中国专利产出的影响研究 [J]. 数量经济技术经济研究，2019，36(01):60–77.

[3] 李国杰. 经济内循环为主条件下技术创新的路径选择 [J]. 中国科学院院刊，2020，35(09):1152–1155.

[4] 李艳君. 促进中欧双向投资均衡发展 [J]. 国际经济合作，2004(08):24–29.

[5] 刘振兴，葛小寒. 进口贸易 R&D 二次溢出，人力资本与区域生产率进步——基于中国省级面板数据的经验研究 [J]. 经济地理，2011，31(6):915 – 919

[6] 孟凡钰. 中欧技术贸易溢出效应研究 [D]. 哈尔滨：黑龙江大学，2008.

[7] 陶爱萍，吴文韬，蒯鹏. 进出口贸易抑制了企业创新吗——基于收入差距的调节作用 [J]. 国际贸易问题，2020(03):116–130.

[8] 涂竞，张威. 中国高新技术产品贸易发展现状、形势与政策建议 [J]. 国际贸易，2012(6):38–43.

[9] 魏浩. 知识产权保护强度与中国的高新技术产品进口 [J]. 数量经济技术经济研究，2016，33(12)23–41.

[10] 杨熠. 欧盟中小企业军民两用项目的创新发展 [J]. 海外投资与出口信贷，2020(06):38–40.

[11] 叶霖莉，赵林海. 基于技术创新中介效应的进口贸易结构溢出效应的实证分析 [J]. 哈尔滨学院学报，2015，36(01):27–34.

[12] 张丹. 欧债危机背景下中欧高新技术产品贸易与前景分析 [J]. 对外经贸实务，2013(08)19–21.

[13] 赵春明，谷均怡. 高新技术产品进口对我国人力资本积累的影响分析 [J]. 经济经纬，2019，36(06)78–86.

[14] 朱志华. 高新技术进口对创新能力的影响 [D]. 北京：对外经济贸易大学，2018.

[15] Caves.R.E., Multinational firms, competition, and productivity in host-country markets, Economics, 1974.

[16] Coe, D., E.Helpman, and A Hoff maister.North-South R&D spillovers[J].*Economical Journal*, 1997, 107（440）149.

[17] Dongyeol Lee.The role of R&D and input trade in productivity growth:innovation and technology spillovers[J].*The Journal of Technology Transfer*, 2020, 45(4):908–928.

[18] Hu A.G., Jefferson G.H., 2009, A Great Wall of Patents:What is behind China's Recent Patent Explosion?[J], *Journal of Development Economics*, 90(1), 57~68.

[19] Jiang R., Tortorice D.L., Jefferson G.H.2016, Restructuring China's Research Institutes:Impacts on China's Research Orientation and Productivity[J], *Economics of Transition*, 24(1), 163~208.

[20] Keller, W.Are International R&D Spillovers Trade-related？ Analyzing Spillovers among Randomly Matched Trade Partners[J].*European Economic Review*, 1998, 42（8）, 1469）1481.

[21] Liu, Qing&Lu, Ruosi&Lu, Yi&Luong, Tuan Anh.(2015).Is Free trade good or bad for Innovation?

[22] Ronald U.Mendoza and Ailyn Lau.Promoting technology spillovers from trade and investments[J].*International Journal of Development Issues*, 2014, 13(1):25–34.

[23] SATTAR A. Patenting, licensing, trade, foreign direct investment and economic growth:A panel data analysis of middle and low income countries[J].*Journal of Intellectual Property Rights*, 2013(18):475 — 484.

[24] Seong K.Byun, Jong-Min Oh, Han Xia(2021)Incremental vs Breakthrough Innovation:The Role of Technology Spillovers.Management Science 67(3):1779–1802.https://doi.org/10.1287/mnsc.2019.3507.

贸易协定对贸易摩擦的影响效应

——基于中国经验数据

乔小勇 李星瑶 赵津*

摘要：基于中国的经验数据，采用贸易协定深度指数并重新筛选构建贸易协定核心深度指数作为核心变量，考察中国自由贸易协定的缔结对于中国遭受国外反倾销威胁产生的影响。研究发现，中国缔结的自由贸易协定的深度与核心深度的提高增加了国外对华反倾销的强度，且贸易协定核心深度的促进作用更加明显；中国应继续推进高标准贸易协定的谈判与实施，扩大与对中国贸易摩擦频繁的发达国家和发展中国家的贸易协定谈判签署，深入挖掘能够真正缓解和应对贸易摩擦的协定条款内容及相关争端解决机制，使贸易协定能够在弱化贸易摩擦方面起到应有的作用。

关键词：贸易协定深度；贸易协定核心深度；反倾销；贸易摩擦

引 言

2008 年金融危机之后，世界经济失衡矛盾凸显，逆全球化思潮升温，全球性贸易保护主义抬头。经济全球化极大地推动了中国的对外开放，中国加入世贸组织以来，积极融入全球贸易体系，成为飞速崛起的贸易大国。在国际贸易竞争力不断提升的同时，中国所面临的贸易摩擦也日益激增，受到来自世界各国的贸易诉讼，其中，反倾销是最频繁的也是对中国影响最大的一项非关税壁垒措施，据中国贸易救济信息网统计数据，中国加入 WTO 以来（2001 年至

---

*作者简介：乔小勇，北京工业大学副研究员、博导；李星瑶，北京工业大学硕士生；赵津，北京工业大学硕士生。

2020 年），国外对华发起反倾销调查案件共计 1275 起。

贸易协定对于促进贸易自由化具有重要意义。在传统的 WTO 多边规则下，由于各国政策差异，双边贸易往来增加了协调成本，贸易协定可以有效减少各国的谈判范围（Ederington，2016），贸易协定的不断深化，即条款的不断完善能够给予双边贸易更完善的争端解决机制，增强政策监督透明度，降低对外贸易风险（Albagli，2011；韩剑和王灿，2019）。面对当前复杂的国际环境和贸易政策不确定性风险，推动自由贸易协定（Free Trade Agreements，FTAs）的谈判和落实，能够有效促进国际经贸合作，降低外贸风险。党的十九大报告指出，要赋予自由贸易试验区更大改革自主权，充分发挥自贸区对推动全面开放新格局的重要作用，自贸协定推广是落实自贸区战略的最重要内容，是新形势下中国稳外贸的切实行动。截至 2020 年，中国已与 26 个国家和地区相继签署了 19 份自贸协定。2020 年，《区域全面经济伙伴关系协定》的正式签署是我国国际经贸合作的重要突破。

贸易协定的签署是否能够真正弱化贸易摩擦的负面影响？这一问题已经引起了国内外部分学者的关注，但是学者们的研究结论不具有一致性。Kent（2000）研究了北美自贸协定签署对美国与加拿大两国之间反倾销的影响，表明北美自贸协定的签署能够有效降低美加两国对其他成员国的反倾销制裁。也有学者的研究表明贸易协定对弱化贸易摩擦的影响可能并不显著。Teh 和 Prusa（2010）以全球贸易国为样本，研究了特惠贸易协定（PTAs）对反倾销的影响，指出存在贸易救济约束条款可以减少成员国之间的反倾销，但其弱化作用较轻。孙艳琳（2017）研究了中国签订 RTAs 和 RTAs 反倾销条款透明度对中国遭受反倾销调查的影响，表明中国签订 RTAs 增加了样本国对中国发起反倾销调查倾向，但条款透明度高能够抑制反倾销的发生。冯帆（2018）基于引力模型的研究结果表明，自贸协定的生效使我国与 FTA 伙伴国之间的贸易摩擦明显减少，但并不能完全降低贸易摩擦的可能性。段东贤（2018）研究表明区域贸易协定的签署对反倾销存在一定强化作用，但结果并不显著。

当前，将贸易协定与贸易摩擦进行关联探讨的文献仍相对匮乏，相关研究成果亟须拓展和完善，从已有文献可知，贸易协定的缔结对贸易摩擦产生影响具有不确定性，并且可能与贸易协定具体条款内容有关，因此，本文以问题为导向，重点关注"中国自由贸易协定的缔结对于中国出口产品遭受国外反倾销威胁产生的影响"，本文的主要贡献是：（1）基于中国的经验数据，对贸易摩擦与贸易协定的关联关系展开讨论，研究贸易协定对于非关税壁垒的可能影响，丰富已有研究成果；（2）以往研究较多采用贸易协定是否生效为解释变量分析贸易协定的影响，本文则基于重新筛选构建的贸易协定深度与核心深度指数作为测算依据；（3）围绕研究主题，将世界银行反倾销数据库（GAD，Global Antidumping Database）、世界投入产出数据库（WIOD，World Input–Output Database、Socio Economic Accounts）、世界银行贸易协定数据库从产业层面进行匹配对接展开研究。

一、中国缔结的贸易协定深度统计分析

（一）中国与国外签订贸易协定的深度与核心深度

自由贸易协定的发展不仅体现在数量上的增长，协定中各项条款内容的深化更能体现贸易协定标准与水平的提升。根据 Lawrence（1996）的定义，贸易协定分为浅层协定与深层协定，浅层贸易协定注重关税以及直接影响市场准入措施，而深层贸易协定则拓宽了话题，包含投资、竞争政策、标准协调等新条款，各类 RTA 由于包含的贸易协定条款数量和具体内容的不同，深度也会有所差异。本节参考 Horn 等（2010）的方法，将现有的 FTA 条款分类为"WTO+"和"WTO–X"两大类，前者是指 FTA 和 WTO 中均有涉及但是 FTA 中自由化程度更高的条款，共 14 项基础条款；后者是指 WTO 中不包含而仅在 FTA 中涉及的新条款，共有 38 项更为广泛的市场议题，并从中筛选核心深度条款，对其进行匹配与总结，生成核心深度条款目录，共 27 项条款（表 1 至表 3）。进一步地，借鉴 Hofmann 等（2017）的赋值方法对中国缔结贸易协定的深度进行测算分析。

表1　WTO+ 的涉及领域

范围	内容
FTA 工业商品	关税自由化，关税措施除外
FTA 农业商品	关税自由化，关税措施除外
海关管理	训练规定
出口税	免除出口关税
SPS	确认《WTO 协定》下的 SPS 权利和义务以及包含 SPS 的措施
技术壁垒	关于确认和控制 WTO 协定和相互承认 TBT 在协定下的权利和义务的协定
国有贸易企业	如《关税总协定》第17条所规定，在商品和市场条件方面不歧视，提供信息
反倾销	维护《关税总协定》规定的反倾销权利和义务
反补贴	WTO 协定下的反补贴权利与义务保护
国家救助	通过出示国家援助价值有关的年报和信息，从而对反竞争行为作出评价
公共采购	公开国民待遇和非歧视原则，并发布相关的法律法规，从而制定合理的采购机制
TRIMS	外国直接投资的本土化水平和出口绩效要求
GATS	服务贸易自由化
TRIPS	执行标准、国民待遇和最惠国待遇

资料来源：由世界银行 FTAs 数据库总结整理所得。

表2　WTO-X 的涉及领域

范围	内容
反腐败	影响国际贸易和投资犯罪的规定
竞争政策	反竞争行为禁止政策的修订、统一竞争法、独立竞争机构的维护
环境法	改善环境标准，实施国际环境法，制裁违反环境法的行为，颁布法规
IPR	在涉及 TRIP 的协议里没有被涉及的国际条款
投资政策	信息交换、完善法援政策、完善和统一程序、国民待遇并建立能够解决纠纷的一系列政策
劳动市场管制	确认和实施关于劳动力市场的国家法规、国际劳工组织条约
资本流动	资本流动自由化，禁止新的限制
消费者保护	统一消费者保护法、信息和专家交流、培训
数据保护	信息和专家交流，联合项目

续　表

范围	内容
农业	为现代化项目提供技术支持、信息交流
人权保护	统一规则的执行
创新政策	参与框架方案，促进技术转化
文化合作	促进联合项目和当地文化
经济政策对话	交流意见和看法，共同学习
教育和培训	提高普通教育水平的措施
能源	信息交流、技术转化和联合学习
金融救助	支持和管理救助的一系列规则
健康	疾病管理、信息系统健康发展、信息交流
人权	尊重人权
非法移民	非法移民的组织和控制
产业合作	现代化项目，帮助信贷融资的准入和便利化
信息社会	信息交流、新技术的传播培训
采矿业	交流信息和经验，共同发展矿业
洗钱	统一标准、技术和行政支持
核安全	改进法律法规，监督放射性物质
政治对话	关于国际事务的党派统一
公共行政	技术援助、信息交流、联合项目、培训
区域合作	促进区域合作，技术援助方案
研究与技术	联合研究项目，交换研究员，改善公—私合作关系
中小企业	技术援助、融资准入便利化
社会事务	和谐的社会安全系统；工作条件的非歧视性
统计学	统计方法的整合和改进，培训
税收	协助财政系统改革
恐怖主义	信息经验交流、联合研究和学习
签证	信息交流、立法和教育
非法毒品	毒品交易等

资料来源：由世界银行 FTAs 数据库总结整理所得。

表 3 贸易协定核心深度条款

范围	内容
FTA 工业商品	关税自由化，关税措施除外
FTA 农业商品	关税自由化，关税措施除外
海关管理	训练规定
出口税	免除出口关税
SPS	确认《WTO 协定》下的 SPS 权利和义务以及包含 SPS 的措施
技术壁垒	关于确认和控制 WTO 协定和相互承认 TBT 在协定下的权利和义务的协定
国有贸易企业	如《关税总协定》第 17 条所规定，在商品和市场条件方面不歧视，提供信息
反倾销	维护《协定》规定的反倾销权利和义务
反补贴	WTO 协定下的反补贴权利与义务保护
国家救助	通过出示国家援助价值有关的年报和信息，从而对反竞争行为作出评价
公共采购	公开国民待遇和非歧视原则，并发布相关的法律法规，从而制定合理的采购机制
TRIMS	外国直接投资的本土化水平和出口绩效要求
GATS	服务贸易自由化
TRIPS	执行标准、国民待遇和最惠国待遇
竞争政策	反竞争行为禁止政策的修订、统一竞争法、独立竞争机构的维护
IPR	在涉及 TRIP 的协议里没有被涉及的国际条款
投资政策	信息交换、完善法援政策、完善和统一程序、国民待遇并建立能够解决纠纷的一系列政策
资本流动	资本流动自由化，禁止新的限制
数据保护	信息和专家交流，联合项目
创新政策	参与框架方案，促进技术转化
文化合作	促进联合项目和当地文化
经济政策对话	交流意见和看法，共同学习
产业合作	现代化项目，帮助信贷融资的准入和便利化
政治对话	关于国际事务的党派统一
区域合作	促进区域合作，技术援助方案
研究与技术	联合研究项目，交换研究员，改善公—私合作关系
中小企业	技术援助、融资准入便利化

资料来源：由世界银行 FTAs 数据库总结整理所得。

如图 1 所示，中国在 2000 年至 2015 年签订的贸易协定中，与新西兰、冰岛、瑞士、智利、秘鲁、新加坡和哥斯达黎加的贸易协定深度较高，其中中国—新西兰贸易协定的内容总深度最高，总深度指数为 39，与东盟国家间的贸易协定深度较低。进一步统计贸易协定缔约伙伴国的类型可以看出，与发达国家缔约的贸易协定水平较高，而发展中国家的贸易协定包含条款数量相对较少，深度较低。中国的缔约国主要为发展中国家，但近年来，与澳大利亚、新加坡和韩国等发达国家的合作也有所增加，从区域角度，贸易协定的缔约国主要集中于亚太地区，近年来也扩充至南北美洲地区，总体上，中国与大型经济体的贸易协定谈判进展还相对缓慢。从核心深度指数来看，中国所签署的区域贸易协定平均包含了 27 项核心条款。如表 4 所示，中国与新西兰、瑞士和冰岛签署的贸易协定核心深度指数最高，与东盟国家的贸易协定核心深度指数最低。中国早期签署的 RTA 的内容深度较低，近年来签署的贸易协定深度指数和核心深度指数都有着较大的提升。

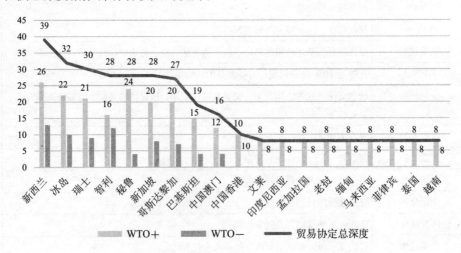

图 1　2000 年至 2015 年中国签订 RTAs 的贸易协定深度

资料来源：由世界银行 FTAs 数据库整理所得。

表 4　2000 年至 2015 年中国签署的贸易协定及其深度

国家	年份	深度	核心深度
中国—文莱	2005—2014	8	8

国家	年份	深度	核心深度
中国—柬埔寨	2005—2014	8	8
中国—越南	2005—2014	8	8
中国—泰国	2005—2014	8	8
中国—老挝	2005—2014	8	8
中国—缅甸	2005—2014	8	8
中国—菲律宾	2005—2014	8	8
中国—新加坡	2005—2014	8	8
中国—印度尼西亚	2005—2014	8	8
中国—马来西亚	2005—2014	8	8
中国—智利	2006—2014	28	18
中国—哥斯达黎加	2011—2014	27	26
中国—巴基斯坦	2007—2014	19	19
中国—秘鲁	2010—2014	28	26
中国—中国香港	2004—2014	10	10
中国—中国澳门	2004—2014	16	16
中国—冰岛	2014	32	27
中国—新西兰	2008—2014	39	30
中国—瑞士	2014	30	26

资料来源：由世界银行 FTAs 数据库整理所得。

（二）中国与国外签订贸易协定条款覆盖率

中国签订的贸易协定条款中 WTO+ 条款覆盖率远远大于 WTO-X 条款，这种现象不仅存在于与中国签订贸易协定的发达国家，也存在于发展中国家。进一步考察具体条款的差异，在 WTO+ 条款中，制造业关税减让与农业关税减让两项条款存在于绝大多数的贸易协定之中，这是因为关税减让是贸易协定中最基本的内容。除此之外，与贸易便利化相关的条款涉及较多，但鲜有具体介绍说明。出口税、反倾销、反补贴、TBT 条款也在大多数协定中均有涉及，GATS和 TRIPS 的覆盖程度也较大，部分协定中国民待遇、市场准入等方面超越条款承诺。TRIMS 和政府采购未被大范围涉及，主要由于其具体数量限制与国民待遇规定不够具体，故贸易协定中未被广泛采用。在 WTO-X 条款中，投资、知识产权是 WTO-X 中覆盖范围最广的条款，创新、研发、文化合作、信息社会等条款在协定中重视程度较低（表5）。

表5　中国签订的贸易协定 WTO+、WTO-X 条款覆盖率

WTO+			
制造业关税减让	100%	反倾销	94.44%
农业关税减让	100%	反补贴	100%
贸易便利化	50%	国家援助	27.77%
出口税	33.33%	政府采购	11.11%
SPS	44.44%	TRIMS	16.66%
TBT	38.89%	GATS	44.44%
国有贸易企业	22.22%	TRIPS	33.33%
WTO-X			
反腐败	0%	健康	0%
竞争政策	11.11%	人权	0%
环境	22.22%	非法移民	0%
知识产权	38.89%	毒品	0%
投资	38.89%	产业合作	16.66%
劳动市场监管	16.66%	信息社会	5.55%
资本流动	16.66%	矿业	5.55%
消费者保护	5.55%	洗钱	0%
数据保护	0%	核安全	0%
农业	5.55%	政治对话	0%
立法	0%	公共管理	0%
视听	0%	区域合作	5.55%
公民保护	0%	研发	11.11%
创新	5.55%	中小企业	11.11%
文化合作	5.55%	社会事务	5.55%
经济政策对话	11.11%	统计	0%
教育培训	11.11%	税收	0%
能源	0%	恐怖主义	0%
金融援助	0%	签证庇护	22.22%

资料来源：由世界银行 FTAs 数据库计算整理所得（此处的覆盖率计算不区分法律可执行性）。

二、模型构建与指标选取

（一）变量选取

1. 因变量选取

国外对华发起反倾销调查的案件数目。本研究目的是确定贸易协定深度对于国外对华反倾销产生的影响，被解释变量的选择应能合理反映中国遭受的反倾销程度，因此选取各年份各国对中国各产业部门发起反倾销调查的案件数目作为被解释变量。

2. 自变量选取

贸易协定深度和贸易协定核心深度是本文选取的能够反映贸易协定水平的核心自变量。

（1）贸易协定深度（dep）。贸易协定深度纵向考察了一国签订的自由贸易协定条款所涉及的条款内容，在此参考 Hofmann et al.（2017）的做法，贸易协定深度数值由各年份中国与各国签订的贸易协定中涉及的条款数量加总所得，并将其标准化，数值越大表明该贸易协定的深度越高，缔约双方在协议中涵盖内容越广，贸易协定水平更高。然后将贸易协定深度与各年份各行业的增加值相乘，得到中国各年份产业层面签订的贸易协定深度。

（2）贸易协定核心深度（cdep）。纵观 52 条贸易协定条款，其中很多项条款所涉及的内容都已超出传统贸易问题的范畴，经济意义更加深厚，本文借鉴 Damuri（2012）中的核心条款构建方法，在 52 项条款中筛选出 27 项条款作为核心条款（表3）。其余数据处理方法同贸易协定深度指数。

3. 控制变量

（1）外国直接投资（FDI）。外资企业在我国出口中占有举足轻重的地位，并且对外直接投资具有较强的贸易壁垒跨越动机，能够缓解和弱化贸易摩擦风险，故预计影响系数为负。本文采用外国直接投资数额的对数值表示。数据来源于《中国工业经济统计年鉴》。

（2）对外贸易依存度（duft）。对外贸易依存度用于衡量一个国家对全球市场的依赖度与开放度，本文用进出口总额占国民生产总值的比重来表示，对外贸易依存度越高我国面临贸易摩擦风险也会加大。故预计影响系数为正。数据来源于 WIOD 数据库。

（3）工业总产值（go）。各产业部门的工业总产值能够有效反映该部门在国民经济的重要性，行业工业总产值越高，其受政府给予的保护也相应越多，因此工业总产值这一控制变量对反倾销立案调查案件数量的期望符号为正。本文采用工业总产值的倒数值表示，故预计影响系数为负。数据来源于 WIOD 数据库。

（4）就业水平（emp）。就业水平用就业人数占全部劳动力比重表示。保障国民就业和社会稳定是重要的宏观经济目标，因此政府会通过避免进口竞争、保护本国产业、刺激出口以追求充分就业和维护社会稳定，因此就业人数越多，国外对华反倾销数目可能越多，预计影响系数为正。此变量由《中国工业经济统计年鉴》数据计算得出。

（二）模型构建

本文旨在研究中国签订的贸易协定深度与核心深度对国外对华反倾销数量的影响。选取 2003—2014 年中国签订的产业层面的贸易协定深度与核心深度，以及产业层面国外对华反倾销调查案件数目形成的面板数据，构建如下线性回归分析模型：

$$AD\_number_t = \alpha lnTA_{dep_t^{-1}} + \beta lnFDI + \gamma duft + \delta go + \epsilon lnemp + \mu \qquad (1)$$

$$AD\_number_t = \alpha lnTA_{cdep_t^{-1}} + \beta lnFDI + \gamma duft + \delta go + \epsilon lnemp + \mu \qquad (2)$$

其中，解释变量为国外对华反倾销数量 AD_number_t；解释变量为贸易协定深度 $TA_{dep_t}^{-1}$ 与核心深度 $TA_{cdep_t}^{-1}$，取其对数值 $lnTA_{dep_t}^{-1}$ 和 $lnTA_{cdep_t}^{-1}$；FDI 为外国直接投资水平；$duft$ 为对外贸易依存度；go 为工业总产值；emp 为就业水平。贸易协定深度与核心深度、外国直接投资、就业水平分别取对数，工业总产值取其倒数。α、β、γ、δ、ε 为待估参数，μ 为随机扰动项。

三、实证结果分析

（一）基准回归结果分析

首先对回归数据进行基准回归分析。考虑贸易协定影响的滞后作用，核心解释变量贸易协定深度与贸易协定核心深度取滞后一期。

使用 OLS 混合回归模型下，通过依次加入控制变量外国直接投资水平、就业水平、工业总产值和对外贸易依存度，核心解释变量贸易协定深度对国外对华反倾销的影响系数在 1% 水平下显著，五个模型的影响因子分别为 0.2793、0.5943、0.7878、07644 和 1.0762，符号为正，贸易协定深度与国外对华反倾销数量成正向关系；控制变量外国直接投资和工业总产值倒数在 1% 水平下显著，对外贸易依存度在 5% 水平下显著。贸易协定深度对国外对华反倾销有一定程度的促进作用（见表 6）。

表 6　贸易协定深度 OLS 回归结果

	(1)	(2)	(3)	(4)	(5)
lndep	0.2793	0.5943*	0.7878*	0.7644**	1.0762***
	(0.2555)	(0.3315)	(0.4190)	(0.3758)	(0.3919)
lnFDI		−1.1294*	−0.9271	−2.8433***	−2.8216***
		(0.6475)	(0.8354)	(0.6994)	(0.7108)
lnemp			−0.6231	0.4727	−1.0466
			(1.0266)	(0.8767)	(1.1566)
go				−105.9058***	−92.9294***
				(16.9421)	(17.7593)
duft					−6.5944**
					(2.8062)
Constant	−0.7145	1.3028	4.1980	13.4372**	27.3052***
	(4.5221)	(4.4035)	(6.1761)	(5.4862)	(8.6957)
Observations	132	132	132	132	132
R-squared	0.0080	0.0282	0.0309	0.2592	0.2753

注：括号中为统计量 p 值，***、** 与 * 分别表示估计系数在 1%、5% 和 10% 的水平上显著。

使用 OLS 混合回归模型下，核心解释变量贸易协定核心深度对国外对华反倾销数量在 1% 水平下显著，五个模型的影响因子分别为 0.2880、0.6119、0.8153、0.7798 和 1.0852，符号依然为正，说明贸易协定核心深度与国外对华反倾销数量成正向关系；控制变量外国直接投资和工业总产值倒数在 1% 水平下显著，对外贸易依存度在 5% 水平下显著。由表 6 和表 7 可见，贸易协定核心深度对国外对华反倾销的促进作用更强。

表 7 贸易协定核心深度 OLS 回归结果

	(1)	(2)	(3)	(4)	(5)
lncdep	0.2880	0.6119*	0.8153*	0.7798**	1.0852***
	(0.2594)	(0.3370)	(0.4266)	(0.3823)	(0.3966)
lnFDI		−1.1400*	−0.9316	−2.8438***	−2.8221***
		(0.6479)	(0.8346)	(0.6996)	(0.7115)
lnemp			−0.6438	0.4686	−1.0150
			(1.0270)	(0.8777)	(1.1496)
go				−105.7611***	−92.9564***
				(16.9269)	(17.7738)
duft					−6.4797**
					(2.7909)
Constant	−0.8624	1.0785	4.0193	13.2302**	26.7612***
	(4.5833)	(4.4583)	(6.1746)	(5.4844)	(8.6318)
Observations	132	132	132	132	132
R-squared	0.0082	0.0288	0.0317	0.2593	0.2750

注：括号中为统计量 p 值，***、** 与 * 分别表示估计系数在 1%、5% 和 10% 的水平上显著。

（二）两阶段最小二乘法（2SLS）回归结果分析

通过进行 Hausman 检验，确认数据存在内生解释变量。本文通过选择滞后变量，即内生解释变量 lndep 和 lncdep 的滞后一期作为工具变量。

如表 8 所示，两阶段最小二乘回归结果表明，核心解释变量贸易协定深度对国外对华反倾销数量的估计系数在 1% 水平下显著，五个模型的影响因子分别为 0.3625、0.8101、1.2568、1.2204 和 1.6275，符号为正，贸易协定深度与国外对华反倾销数量成正向关系。控制变量外国直接投资和工业总产值倒数在 1% 水平下显著，对外贸易依存度在 5% 水平下显著，贸易协定深度对国外对华反倾销有一定程度的促进作用。

表 8　贸易协定深度两阶段最小二乘回归结果

	(1)	(2)	(3)	(4)	(5)
lndep	0.3625	0.8101*	1.2568*	1.2204**	1.6275***
	(0.3300)	(0.4478)	(0.6710)	(0.6093)	(0.6211)
lnFDI		−1.2366*	−0.9531	−2.8254***	−2.8017***
		(0.6785)	(0.8231)	(0.6965)	(0.7082)
lnemp			−1.0553	0.0284	−1.3624
			(1.1722)	(1.0289)	(1.3086)
go				−103.5245***	−92.1178***
				(16.6103)	(18.0237)
duft					−5.3931*
					(2.9591)
Constant	−2.3763	−2.2200	0.7409	9.8724*	20.0250**
	(6.0110)	(5.9025)	(6.3079)	(5.6637)	(8.8208)
Observations	132	132	132	132	132
R-squared	0.0044	0.0217	0.0218	0.2405	0.2409

注：括号中为统计量 p 值，***、** 与 * 分别表示估计系数在 1%、5% 和 10% 的水平上显著。

如表 9 所示，贸易协定核心深度对国外对华反倾销数量的估计系数在 1% 水平下显著，五个模型的影响因子分别为 0.3757、0.8399、1.3194、1.2634 和 1.6617，符号为正，说明贸易协定核心深度对国外对华反倾销数量成正向关系，贸易协定核心深度对国外对华反倾销的促进作用更强。

表9　贸易协定核心深度两阶段最小二乘回归结果

	(1)	(2)	(3)	(4)	(5)
lncdep	0.3757	0.8399*	1.3194*	1.2634**	1.6617***
	(0.3369)	(0.4584)	(0.6939)	(0.6300)	(0.6374)
lnFDI		−1.2528*	−0.9595	−2.8248***	−2.8013***
		(0.6803)	(0.8222)	(0.6968)	(0.7087)
lnemp			−1.1056	−0.0002	−1.3421
			(1.1818)	(1.0395)	(1.3053)
go				−103.2335***	−92.1296***
				(16.5894)	(18.0397)
duft					−5.2158*
					(2.9464)
Constant	−2.6053	−2.6264	0.3089	9.4571*	19.1593**
	(6.1226)	(6.0357)	(6.3705)	(5.7288)	(8.8291)
Observations	132	132	132	132	132
R-squared	0.0046	0.0221	0.0223	0.2400	0.2400

注：括号中为统计量p值，***、** 与 * 分别表示估计系数在1%、5%和10%的水平上显著。

对2003年至2014年贸易协定与反倾销的面板数据进行基准回归与两阶段最小二乘回归，如表10所示，基准回归与两阶段最小二乘回归模型的回归效果都较好，估计系数均在1%水平上显著。使用两阶段最小二乘估计对贸易协定深度与贸易协定核心深度对国外对华反倾销数量的影响系数更大，影响程度更加显著。这说明贸易协定深度与贸易协定核心深度与本文被解释变量国外对华反倾销数量之间存在内生性，在考虑内生性后所得结果更优。

表10　OLS回归与2SLS回归结果对比

	OLS	2SLS
lndep	1.0762***	1.6275***
	(0.3919)	(0.6211)
lncdep	1.0852***	1.6617***
	(0.3966)	(0.6374)
R-squared	0.2753	0.2409

注：括号中为统计量p值，***、** 与 * 分别表示估计系数在1%、5%和10%的水平上显著。

（三）稳健性检验

1. 基于分时段回归的稳健性检验

基准检验部分所示影响效应为 2003—2014 年的综合效应，为进一步验证影响效应是否随时间趋势变动，本文将样本时间区间划分为 2003—2007 年和 2008—2014 两个阶段，2008 年金融危机前全球经贸形势良好，金融危机后，全球性贸易保护主义抬头，世界性贸易摩擦加剧，2008 年是国际贸易形势和全球生产结构发生变革和重塑的重要节点。如表 11 所示实证结果表明，贸易协定深度和贸易协定核心深度对反倾销的正向促进作用主要集中在 2003—2014 年，回归系数均在 1% 的置信水平上显著为正。与本文基准检验的结果较为一致，说明模型具有一定的稳健性。如表 12 所示，2008—2014 年虽然结果不显著，但与本文上述回归结果方向一致。作者推测此时间段显著性降低是由于 2008—2014 年贸易摩擦的发生频率更高，另外，显著性降低也在一定程度上表明在国外对华贸易摩擦较为激烈的状况下，贸易协定对反倾销起到了一定弱化作用。

表 11　2003—2007 年分时段回归的稳健性检验结果

	(1) 基准回归	(2) 基准回归	(3) 两阶段最小二乘法	(4) 两阶段最小二乘法
lndep	1.0762***		1.6275***	
	(0.3919)		(0.6752)	
lncdep		1.0852***		1.6617***
		(0.3966)		(0.6931)
lnFDI	−2.8216***	−2.8221***	−2.8017***	−2.8013***
	(0.7108)	(0.7115)	(0.7358)	(0.7362)
emp	−1.0466	−1.0150	−1.3624	−1.3421
	(1.1566)	(1.1496)	(1.3987)	(1.3970)
duft	−6.5944**	−6.4797**	−5.3931	−5.2158
	(2.8062)	(2.7909)	(3.7667)	(3.7487)
go	−92.9294***	−92.9564***	−92.1178***	−92.1296***
	(17.7593)	(17.7738)	(18.5818)	(18.5961)
Constant	27.3052***	26.7612***	20.0250**	19.1593**

续　表

	(1) 基准回归	(2) 基准回归	(3) 两阶段最小二乘法	(4) 两阶段最小二乘法
	(8.6957)	(8.6318)	(9.6132)	(9.5804)
Observations	132	132	132	132
R-squared	0.2753	0.2750	0.2409	0.2400

注：括号中为统计量 p 值，***、** 与 * 分别表示估计系数在 1%、5% 和 10% 的水平上显著。

表 12　2008—2014 年分时段回归的稳健性检验结果

	(1) 基准回归	(2) 基准回归	(3) 两阶段最小二乘法	(4) 两阶段最小二乘法
lndep	2.2480		7.4065	
	(1.6626)		(4.9913)	
lncdep		2.2309		7.2631
		(1.7027)		(5.0011)
lnFDI	−2.6924***	−2.7047***	−1.9892*	−2.0255*
	(0.8859)	(0.8857)	(1.1084)	(1.0977)
emp	−2.4671	−2.3414	−10.2948	−9.8546
	(2.1113)	(2.0797)	(6.6000)	(6.4387)
duft	−4.3774	−3.9966	−14.3106	−13.2010
	(6.5349)	(6.6250)	(9.1241)	(8.6877)
go	−119.9019***	−120.5492***	−83.0145**	−85.3344**
	(22.9784)	(23.0727)	(38.2685)	(37.4461)
Constant	24.3374	23.2216	19.6709	17.4122
	(30.0174)	(31.0220)	(29.3571)	(30.6447)
Observations	72	72	72	72
R-squared	0.4511	0.4501	0.3911	0.3980

注：括号中为统计量 p 值，***、** 与 * 分别表示估计系数在 1%、5% 和 10% 的水平上显著。

2. 基于变模型法的稳健性检验

本文使用混合回归、负二项回归和泊松回归对面板数据再次进行回归分析。如表 13—15 所示，核心解释变量贸易协定深度与贸易协定核心深度的估计系数均于 1% 与 5% 下显著，显著的稳健性检验结果与基准回归模型和两阶段最小二乘法结果一致，可以说明本文的实证结果具有可靠性与参考价值。

表 13　基于混合回归的稳健性检验结果

	(1)	(2)
lndep	1.0762***	
	(0.3504)	
lncdep		1.0852***
		(0.3537)
lnFDI	−2.8216***	−2.8221***
	(0.6791)	(0.6799)
lnemp	−1.0466	−1.0150
	(1.0085)	(1.0007)
duft	−6.5944**	−6.4797**
	(2.6158)	(2.6021)
go	−92.9294***	−92.9564***
	(17.6175)	(17.6359)
Constant	27.3052***	26.7612***
	(8.0596)	(8.0179)
Observations	132	132
R-squared	0.2753	0.2750

注：括号中为统计量 p 值，***、** 与 * 分别表示估计系数在 1%、5% 和 10% 的水平上显著。

表 14　基于负二项回归的稳健性检验结果

	(1)	(2)	(3)	(4)
lndep	0.2106**			
	(0.0906)			
lncdep			0.2126**	
			(0.0918)	
lnFDI	−0.6608***		−0.6608***	
	(0.1395)		(0.1397)	
lnemp	−0.3248		−0.3190	
	(0.2378)		(0.2359)	
duft	−1.9224***		−1.8991***	

续 表

	(1)	(2)	(3)	(4)
	(0.6622)		(0.6594)	
go	−19.8692***		−19.8906***	
	(3.3353)		(3.3357)	
lnalpha		−0.7125***		−0.7121***
		(0.1725)		(0.1725)
Constant	8.3951***		8.2881***	
	(2.0197)		(2.0074)	
Observations	132	132	132	132

注：括号中为统计量p值，***、** 与 * 分别表示估计系数在1%、5%和10%的水平上显著。

表 15　基于泊松回归的稳健性检验结果

	(1)	(2)
lndep	0.2356***	
	(0.0913)	
lncdep		0.2378**
		(0.0926)
lnFDI	−0.5526***	−0.5520***
	(0.1414)	(0.1416)
lnemp	−0.3470*	−0.3413*
	(0.2074)	(0.2066)
duft	−1.6102***	−1.5903***
	(0.5744)	(0.5754)
go	−21.2344***	−21.2324***
	(3.5448)	(3.5474)
Constant	7.5072***	7.3968***
	(1.7963)	(1.7988)
Observations	132	132

注：括号中为统计量p值，***、** 与 * 分别表示估计系数在1%、5%和10%的水平上显著。

四、结论与启示

实证分析结果表明，贸易协定深度与核心深度对国外对华反倾销数量均有一定程度的促进作用，且贸易协定核心深度的促进作用更加明显，贸易协定深度的提高增加了国外对中国采取反倾销措施的强度。此结论与张燕等（2011）、孙艳琳等（2017）、吕建兴等（2021）的研究结论具有一致性。分析可能的原因如下：第一，贸易协定一方面可以促进贸易协定成员国的经贸合作，降低关税水平和贸易不确定性风险，但是另一方面，在外部不确定性冲击下，贸易协定的作用也可能会被弱化，缔结贸易协定的各国依然会以保障自身利益为最大目标，为避免产业损害而采取贸易保护手段；第二，在研究样本范围内，与中国缔结自贸协定的国家多为发展中国家或小国，包含极少与发达大国之间的贸易协定，而对中国采取反倾销措施最多的则为发达国家与贸易大国，如美国和印度，所以即使近些年签订了诸多贸易协定，但协定的深度并不足以抑制国外对华反倾销，中国签订的贸易协定深度与核心深度和中国经济贸易大国的地位并不匹配；第三，贸易协定的根本表现之一是零关税或是降低关税，传统关税保护在贸易协定的作用下会大大减弱，传统关税的保护作用降低会促进非关税保护措施的兴起。

基于上述结论得出如下启示：第一，中国应进一步推进自贸协定的谈判和实施，提升贸易协定深度和核心深度，完善核心条款，建立更高标准、更高水平的FTAs，扩大与对中国贸易摩擦频繁的发达国家和发展中国家的贸易协定谈判签署；第二，深入挖掘能够缓解和应对贸易摩擦的协定条款内容和相关机制，使贸易协定能够真正在弱化贸易摩擦方面起到应有的作用，在签署区域贸易协定时，不仅要商定成员国之间的关税减让，还要全方位商定非关税壁垒减让以及成员国之间贸易救济争端的解决方式和解决程序；第三，构建面向全球的高标准自由贸易协定网络，加强与各国之间的高效联系，增强我国在国际经贸规则重构中的话语权和影响力，推动构建开放型世界经济新秩序。ℱ

参考文献

[1] Ahn D，Shin W. Analysis of Anti-Dumping Use in Free Trade Agreements[J]. *Social Science Electronic Publishing*，2010，45(2):431–456.

[2] Blonigen B A. The Effect of NAFTA on Antidumping and Countervailing Duty Activity[J]. *World Bank Economic Review*，2015，19(3):407–424.

[3] Hofmann C，Osnago A，Ruta M. Horizontal Depth: A New Database on the Content of Deep Agreements[J]. *The World Bank*，2017，32(12):152–190.

[4] Horn H，Kent J. Does NAFTA(North American Free Trade Agreement) Chapter 19 Make a Difference? Dispute Settlement and the Incentive Structure of U.S./Canada Unfair Trade Petitions[J].*Contemporary Economic Policy*，2000，18(2):145–158.

[5] Lawrence R. Regionalism, Multilateralism, and Deeper Integration[M].*Washington*，DC: *Brookings Institution*，1996，56(8):344–455.

[6] 冯帆，何萍，韩剑.自由贸易协定如何缓解贸易摩擦中的规则之争[J].中国工业经济，2018（10）：118–136.

[7] 吕建兴，王艺，张少华.FTA能缓解成员国对华贸易摩擦吗？[J].数量经济技术经济研究，2021（5）:114–13.

[8] 许亚云，岳文，韩剑.高水平区域贸易协定对价值链贸易的影响——基于规则文本深度的研究[J].国际贸易问题，2020（12）：81–99.

[9] 姚新超，冷柏军.区域贸易协定成员间实施保障措施的争论及对中国的启示[J].国际贸易问题，2006（11）：110–116.

[10] 张燕，谢建国.区域贸易协定的缔结降低了成员国的反倾销威胁吗——以中国为例[J].国际贸易问题，2011（08）：122–131.

来自美国的进口竞争对中国制造业上市公司创新的影响

简新妍[*]

摘要：将 HS 编码的贸易数据和上市公司数据匹配到国民经济行业分类，构建 2009—2019 年制造业细分行业上市公司面板数据，研究从美进口带来的竞争效应对中国制造业上市公司创新的影响。研究结果表明，总体上看，中国制造业上市公司的专利申请量与自美进口带来的竞争效应呈现显著正相关，且进口竞争对企业申请发明专利的促进作用更为显著，表明自美进口带来的竞争效应有利于改善专利申请结构，提高企业创新产出的质量。从生产率视角分析发现，自美进口竞争对生产率相对较高的制造业上市公司创新具有更强的激励作用，生产率水平相对较低的上市公司仅有较强的动力进行发明专利的研发；从行业要素密集类型视角分析发现，劳动密集行业的上市公司创新与自美进口竞争强度关系不大，资本密集型和资本技术双密集行业的上市公司会因从美进口竞争而提升自身创新能力；从国内市场竞争角度分析发现，来自美国的进口竞争对国内市场竞争相对较弱的制造业上市公司创新有正向影响，对国内市场竞争激烈的制造业上市公司创新的影响不大。

关键词：进口渗透率；企业创新；制造业；上市公司

---

* 作者简介：简新妍，商务部国际贸易经济合作研究院硕士研究生。

一、引言

中国自加入 WTO 以来，进出口规模不断扩大，自 2009 年起连续保持世界第二大进口国的地位，且不断扩大开放程度，加速融入国际循环。2019 年，中国从世界各国进口货物总额超过 14.3 万亿元，2020 年约 14.2 万亿元，出现近 10 年来首次下降，从世界市场来看，在全球新冠肺炎疫情的压力下中国进口表现相对稳定。

从政策导向来看，加入 WTO 以来，中国进出口政策从"鼓励出口"转向"坚持出口与进口并重"，再到"扩大进口规模"和"十四五"阶段提出的推进国内国际"双循环"，并落实了降低关税、举办中国国际进口博览会等具体措施，彰显了中国进一步开放市场的坚定态度。

中美互为最大的贸易伙伴之一，但自中美贸易战以来，两国贸易受到较大负面冲击。根据商务部公开数据，中美贸易额从 2001 年的 878 亿美元增长到 2018 年的 6335 亿美元，其中中国自美进口额从 262 亿美元增长到 1551 亿美元。但近年来两国贸易摩擦频发，在这场没有硝烟的战争中，美国对一批又一批的中国商品征收额外关税，中国也随即进行有针对性的反击，中美贸易额较之前出现一定程度的下滑，2019 年，中国自美进出口总额为 5415 亿美元，较 2018 年锐减 14.5%，其中向美出口额为 4187 亿美元，同比下降 12.4%，自美进口额为 1229 亿美元，同比下降 20.7%。在中美经贸磋商的第一阶段的谈判中，中国与美国签订协议，承诺扩大对美进口。

制造业是国民经济的主体，现阶段已处于"中国制造 2025"十年计划的后期，制造业转型升级的任务重大。美国在贸易战中对中国产品加征关税针对性极强，主要涉及信息通信、航天航空、新材料、机器人技术等与"中国制造 2025"相关的产品。可见美国对中国的封锁制裁重点在高科技行业，中兴、华为事件暴露出中国芯片和软件行业的不足，应该为中国制造业企业敲响警钟，使企业意识到掌握核心技术的必要性。

但主动扩大进口对中国是否有利，对制造业企业会产生怎样的影响？从美国进口给中国企业带来的竞争是会激发企业创新活力有助于产业升级转型，还是会因为激烈的竞争降低企业利润率，挤垮弱势企业？在中美贸易战背景下，中国从美进口产品带来的竞争效应对制造业企业创新能力的影响是本文研究的重点。

二、文献综述

关于市场竞争与企业创新的研究虽已十分全面，但各国学者研究得出的结论不尽相同。总结起来有三种代表性观点：

Schumpeter（1950）提出的关于竞争与创新的经典观点之一，即"熊彼特效应"，认为创新与企业规模和市场结构有关。完全竞争市场的企业无法赚取超额利润为研发提供必要的资金支持，而垄断企业可以获取足够的垄断利润，有能力承担研发活动巨大的沉没成本，因此竞争不利于企业开展创新活动。Braga（1991）和 Broadberry（2001）分别使用巴西和英国的企业数据对熊彼特假说进行了实证研究。后续不同国家的学者希望用实证数据来验证这一假说，但并未得到一致的结论。

Arrow（1962）构建模型研究得出与"熊彼特效应"相反的结论，即"阿罗效应"。他发现垄断企业在进行创新之后获得的收益反而低于研发创新之前，因此更倾向于选择安于现状，普遍创新意愿不强；而竞争越激烈企业越希望在竞争中获得胜利，进行创新的意愿越强烈，从而产生"逃离竞争效应"，。Shu 和 Steinwender（2019）研究验证了这一结论。国内学者中张杰（2014）、何玉润（2015）也得到与"阿罗效应"一致的结论，即企业面对产品市场的竞争反而有更强的创新意愿；张楠（2019）从市场竞争和知识产权保护角度出发，同样得到类似的结论。

Aghion（2005）从英国数据中得到在"熊彼特效应"与"阿罗效应"之间折中的结论，认为竞争和创新之间呈现倒 U 型关系，即"阿吉翁效应"。市场竞争程度低时企业选择进行创新研发以避免同类竞争，竞争程度高时竞争抑制创新。聂辉华（2008）利用中国工业企业数据验证了市场竞争与创新之间的倒 U 型关系。Shu 和 Steinwender（2019）研究发现进口竞争既有可能使本土企业产生"熊彼特效应"，也有可能出现有利的"逃离竞争效应"。

随着全球化进程不断加深，关于进口与企业创新关系的研究层出不穷，总结起来可以分为从竞争和非竞争两个角度展开。

目前大量学者从进口贸易自由化、关税减让、知识产权保护等非竞争角度研究进口对企业创新的影响。税收减让、进口自由化等政策直接降低产品进口成本，原材料等中间品的进口会降低企业的生产成本，对企业创新产生两种可能的影响。一种结果是，成本降低扩大了获利空间，企业得以积累资金投入研发，即进口能够激励企业创新。Amiti（2007）、赵建春等（2015）研究发现，贸易自由化能够通过降低成本来促进企业创新，主要是通过中间品的进口。另一种结果是，短视企业发现进口能够降低企业成本，失去创新的动力，企业内部决策通过"购买"代替"创新"。如 Liu 和 Qiu（2016）研究发现进口中间产品降低成本后反而失去研发的动力；中国企业的经验也可以得到同样的结论，如张杰（2015）利用工业企业数据研究发现进口对中国制造业企业创新活动有负面影响，企业很难形成自身竞争力，与我国制造业转型升级的任务相悖。

在进口的竞争效应与东道国企业创新的研究中，国内外学者使用不同样本和数据进行研究同样尚无统一结论。

国外学者关于进口竞争对企业创新影响的相关研究成果比较丰富，既有大量理论构建也有实证研究。一部分学者认为进口竞争对企业创新有促进作用，如 Aghion（1997）发现进口导致激烈的竞争能够提高企业进行自主研发的主动性；也有学者得出相反的结论，如 Parameswaran（2010）对印度企业进行研究，发现只有在国内市场高度集中的情况下进口竞争才会促进研发投入，否则就会产生负面影响。值得关注的是，不少国外学者对来自中国的进口竞争进行研究，如 Criscuolo（2004）和 Roberto（2008）分别使用英国和智利的数据研究发现从中国进口对两国企业有负面影响；Liu（2013）利用美国数据研究发现，进口竞争降低了美国企业的创新能力；Hombert（2018）则通过实证研究证明美国企业提高创新水平可以抵御从中国进口的竞争效应。

中国学者从进口竞争视角对企业微观层面影响展开的研究相比国外学者起步较晚，但近几年相关研究也越发丰富，微观层面研究覆盖了企业生产率、企业成本、企业创新能力等方面。国内学者的研究主要是从实证角度展开，多数学者选择使用工业企业数据，但结果也并不一致。如邵军等（2014）发现进口形成的竞争效应能够推动中国制造业竞争力提升，有利于制造业提升在全球价值链中的地位；魏浩（2019）研究来自美国的进口竞争对企业创新的影响，得出美国进口竞争能够优化专利申请结构的结论；而钱学锋（2016）研究结果表明进口竞争制约了中国制造业企业的定价能力，不利于制造业企业提升在价值链中的地位；赵宸宇（2020）发现进口竞争促使企业加大研发投入的同时反而抑制了创新效率；田晖（2020）则从反方向入手，研究创新是否有利于抵御美国进口竞争。

综上所述，国内外学者关于进口与东道国企业层面的研究是近几年的热点，中国虽然较国外研究起步晚，但国内学者已经关注到了这一领域。中国学者从竞争角度出发研究进口影响的文献相对较少，且受到数据可得性的限制，利用工业企业数据库的研究无法得到近几年的结果。

本文在现有研究基础上的边际贡献有：一是尝试选择制造业上市公司为研究对象，并构建了2009—2019年面板数据，避免了数据滞后、时效性不强的弊端，能够得出对当前和未来更有价值的结论，且上市公司在行业内经营和管理更为有效，对市场反应灵敏，研究上市公司可以为其他制造业企业提供参考，具有"风向标"作用；二是聚焦于研究中国从美国进口带来的竞争效应对制造业企业创新的影响，并到制造业细分行业进行深入的研究，得到更有针对性的结论，在中美贸易战和制造业转型升级背景下具有重要意义；三是考虑了制造业各细分行业国内市场竞争强度这一变量，研究在不同的国内竞争环境下上市公司面对自美进口竞争时的不同反应，对政策的制定具有参考价值。

三、模型构建与数据说明

（一）样本选择与数据来源

本文选择2009—2019年A股制造业上市公司为样本，研究自美进口竞争对中国制造业上市公司创新水平的影响，得出结论和政策建议，为制造业企业的创新发展和中国制造业转型提供参考。

数据主要来源于4个数据库：上市公司专利数据来自中国研究数据服务平

台 CNRDS；贸易数据来源于 CEPII–BACI 数据库；行业总产值数据来自国家统计局《中国工业统计年鉴》；上市公司其他数据来自 wind 数据库和 CSMAR 数据库。

（二）数据处理过程

1. 贸易数据匹配

根据欧盟统计局提供的对照表[①]，先将 HS2007 的 6 位码与 SITC REV.3 的 4 位码进行匹配，再将 SITC REV.3 的 4 位码匹配到 ISIC REV.3 的 4 位码，然后根据国家统计局公布的对照表将 ISIC REV.3 的 4 位码匹配到国民经济行业分类（GB/T 4754–2002）4 位码[②]，再加总得到制造业细分行业的贸易数据，用以计算各行业进口渗透率。

2. 上市公司行业匹配

上市公司行业分类标准为《证监会上市公司行业分类指引》，该指引参照《国民经济行业分类》编制，两种分类存在细微差异，证监会每季度公布一次上市公司所属行业分类结果。本文从 wind 数据库获取上市公司每年末所属国民经济行业和证监会分类行业，将上市公司匹配到国民经济行业（图 1）。

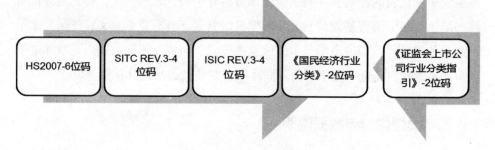

HS2007-6位码 → SITC REV.3-4 位码 → ISIC REV.3-4 位码 → 《国民经济行业分类》-2位码 → 《证监会上市公司行业分类指引》-2位码

图 1　数据匹配过程示意图

3. 样本筛选

本文所选样本时间跨度为 2009—2019 年，剔除数据缺失严重以及进出口

---

① 欧盟统计局转换表，https://ec.europa.eu/eurostat/ramon/relations/index.cfm?TargetUrl=LST_REL。

② 后续分析中根据《国民经济行业分类》修订说明、国民经济行业分类新旧类目对照表匹配到《国民经济行业分类》（GB/T 4754—2011）。

贸易较少的制造业细分行业；剔除上市公司中数据严重缺失的 ST 企业，最终获取 15384 个观测值。

（三）模型构建

本文研究的内容是探索来自美国的进口竞争与中国制造业上市公司创新的关系，根据前文的理论分析，构建基准回归模型如下：

$$INV_{ijt} = \beta_0 + \beta_1 IMP_{jt}^{US} + \beta_2 IMP_{jt}^{others} + \gamma X_{ijt} + \mu_j + \mu_t + \mu_p + \varepsilon_{ijt} \tag{1}$$

模型中 INV 表示企业创新水平，IMP_{jt}^{US} 表示来自美国的进口竞争强度，IMP_{jt}^{others} 表示来自美国之外其他国家的进口竞争强度，X 表示企业层面的其他控制变量，下标 i、j、t 和 p 分别表示企业、行业、时间和省份，μ_j、μ_t、μ_p 分别表示行业效应和时间固定效应和地区效应，ε_{ijt} 表示误差项。

（四）变量定义与指标选择

1. 被解释变量

被解释变量为企业创新水平（INV），现有文献中衡量企业创新的指标主要有研发投入和专利数量两种。研发投入侧重于反映企业进行创新的动力和意愿，而专利申请数量更能体现出企业研发创新的产出结果，更能反映企业创新水平变化，因此本文选择以上市公司年度专利申请数量来衡量企业创新，并区分为发明专利（INV_i）、实用新型专利（INV_u）以及外观设计专利（INV_d）三类。

2. 核心解释变量

核心解释变量为自美进口竞争强度，本文参考国内外文献如 Ding（2006）以及国内学者吴群锋（2017）和魏浩（2019）等的做法，将行业层面的进口渗透率（IMP_{jt}^{US}）作为衡量指标，具体计算公式为：

$$IMP_{jt}^{US} = \frac{import_{jt}^{US}}{M_{jt} + Q_{jt} - E_{jt}} \tag{2}$$

$import_{jt}^{US}$ 表示 t 年 j 行业自美国的进口总额；M_{jt} 表示 t 年 j 行业从世界的进口总额；E_{jt} 表示 t 年 j 行业向世界出口的贸易总额；Q_{jt} 表示 t 年 j 行业的生产总值。由于从 2012 年起国家统计局已不再发布工业生产总值数据，本文参考田晖

（2020）的做法，按照《中国统计年鉴》指出的计算方法计算获取，公式为：

$$工业总产值 = \frac{工业销售产值}{销售比率} \tag{3}$$

3. 控制变量

（1）来自其他国家的进口竞争（IMP_{jt}^{others}）

引入来自其他国家的进口竞争作为控制变量，指标的计算公式与来自美国的进口竞争一致，采用来自其他国家的进口渗透率来衡量，计算类比公式（2）。

（2）企业层面控制变量

企业层面变量也有可能影响企业创新，因此模型中需要加入企业层面的控制变量，变量名称及衡量指标在表 1 列示：

表 1 企业层面控制变量

变量名称	衡量指标
企业规模（size）	LN（资产总额）
企业年龄（age）	LN（当年年份 – 成立年份 +1）
股权性质（soe）	国有企业为 1，非国有企业为 0
净资产收益率（roe）	税后利润 / 净资产
政府补助（subsidy）	LN（政府补贴 +1）
生产率（tfp）	op 法计算得到的全要素生产率
资本密集度（cap_int）	总资产 / 营业收入

四、实证结果及分析

（一）基准回归

实证部分使用 Stata15.0 进行分析，根据 Hausman 检验结果选择固定效应模型，控制行业、时间和地区效应。

表 2 给出了基于模型（1）的基准回归结果，（1）—（4）列分别为使用企业年度专利申请总量、发明专利申请量、实用新型专利申请量、外观设计专利申请量作为被解释变量的基准回归结果。中国制造业上市公司年度专利申请总量与来自美国的进口竞争呈现显著正相关，来自美国的进口竞争越强，该行业

上市公司专利申请量越多，表明从美国进口带来的竞争有利于促进行业内龙头企业进行研发创新活动。

从不同类型专利的回归结果来看，三种专利申请量都与自美进口竞争强度呈正相关。其中发明专利的技术含量最高，实用新型和外观设计专利技术含量相对较低，因此可将发明专利作为企业进行高质量创新的代表。从估计系数和显著性检验结果来看，自美进口竞争不仅可以从总量上提升制造业上市公司企业的创新产出，而且可以促进企业进行高质量创新研发活动，改善专利申请结构，提升企业研发活动的质量。

表 2　基准回归结果

	(1)	(2)	(3)	(4)
	INV	INV_i	INV_u	INV_d
IMP_us	0.2233**	0.1221***	0.0777**	0.0235**
	(0.0881)	(0.0589)	(0.0312)	(0.0112)
IMP_others	−0.0136*	−0.0076	−0.0042	−0.0018**
	(0.0073)	(0.0049)	(0.0026)	(0.0009)
subsidy	−0.0865***	−0.1019***	0.0136***	0.0018
	(0.0117)	(0.0078)	(0.0041)	(0.0015)
tfp	−0.7149***	−0.5295***	−0.1308**	−0.0546**
	(0.1824)	(0.1219)	(0.0646)	(0.0231)
age	0.0737	0.0640*	0.0012	0.0085
	(0.0519)	(0.0347)	(0.0184)	(0.0066)
size	0.5047***	0.3457***	0.1136***	0.0454***
	(0.0214)	(0.0143)	(0.0076)	(0.0027)
soe	−0.0882**	−0.0922***	0.0094	−0.0054
	(0.0387)	(0.0259)	(0.0137)	(0.0049)
roe	0.1441**	0.0566	0.0573**	0.0302***
	(0.0714)	(0.0478)	(0.0253)	(0.0091)
cap_int	−0.0959***	−0.0609***	−0.0223***	−0.0127***
	(0.0147)	(0.0098)	(0.0052)	(0.0019)
_cons	−9.1856***	−6.0213***	−2.2725***	−0.8918***
	(0.3747)	(0.2505)	(0.1326)	(0.0475)
固定效应	控制	控制	控制	控制
样本量	14589	14589	14589	14589

	(1)	(2)	(3)	(4)
	INV	INV_i	INV_u	INV_d
adj. R2	0.0759	0.0592	0.0798	0.0817

注：*、** 和 *** 分别表示在 10%、5% 和 1% 的水平上显著。

（二）分样本检验

1. 基于生产率视角的分样本检验

本文从企业生产率的视角进行分样本检验，将生产率高于均值的企业作为高生产率企业，低于均值的作为低生产率企业。表 3（1）—（4）列为高生产率制造业上市公司的回归结果，总体来看专利申请量与进口竞争呈现显著正相关，表明来自美国的进口竞争对生产率较高的制造业上市公司创新产出有正面影响。

与基准回归结果和低生产率企业回归结果相比，高生产率企业估计系数较大，表明来自美国的进口竞争对高生产率企业创新的促进作用更强，每提高一个单位，高生产率企业的专利申请量增加的比例高于生产率较低的企业。区分三种专利类型进行分析，列（2）估计系数大于列（3）、（4），表明自美进口竞争对高生产率企业发明专利申请量促进作用更大，高生产率制造业上市公司在面对来自美国的进口竞争时会有更强的能力提升创新水平。

（5）—（8）列为生产率相对较低的上市公司的回归结果，表明不同专利类型对自美进口竞争的反应有所不同。专利申请总量和发明专利申请量与自美进口竞争显著正相关，实用新型专利和外观设计专利没有通过显著性检验，表明自美进口竞争对生产率相对较低的中国制造业上市公司的实用新型和外观设计专利申请没有显著影响，自美进口的竞争效应能够改变企业专利申请的结构，有效促进企业提升创新研发的质量。低生产率企业面对高质量产品的竞争处于相对劣势，有更强的动力提高产品的质量和技术水平，而对于提升外观的追求暂时没有那么迫切。

表 3 基于企业生产率的分样本回归结果

	高生产率			
	(1)	(2)	(3)	(4)
	INV	INV_i	INV_u	INV_d
IMP_us	0.5300***	0.2648**	0.1969***	0.0683***
	(0.1708)	(0.1145)	(0.0603)	(0.0206)
IMP_others	−0.0347**	−0.0171*	−0.0123**	−0.0053***
	(0.0140)	(0.0094)	(0.0049)	(0.0017)
subsidy	−0.1558***	−0.1819***	0.0217***	0.0044*
	(0.0215)	(0.0144)	(0.0076)	(0.0026)
tfp	−0.3497	−0.4516	0.0514	0.0505
	(0.4446)	(0.2979)	(0.1568)	(0.0537)
age	0.0690	0.0864	−0.0145	−0.0028
	(0.1014)	(0.0679)	(0.0358)	(0.0122)
size	0.7500***	0.5411***	0.1502***	0.0587***
	(0.0378)	(0.0254)	(0.0133)	(0.0046)
soe	−0.2283***	−0.2177***	0.0023	−0.0129
	(0.0735)	(0.0493)	(0.0259)	(0.0089)
roe	0.1987	0.0597	0.0908*	0.0481***
	(0.1357)	(0.0909)	(0.0479)	(0.0164)
cap_int	−0.2683***	−0.1689***	−0.0659***	−0.0335***
	(0.0409)	(0.0274)	(0.0144)	(0.0049)
固定效应	控制	控制	控制	控制
样本量	7304	7304	7304	7304
adj. R2	0.1000	0.0874	0.0983	0.1138

两种类型企业对比来看，续表 3（5）—（8）列的估计系数明显小于（1）—（4）列，表明进口竞争对低生产率企业的促进程度小于高生产率企业。生产率高的上市公司通常拥有更高的利润率，有足够的能力在面对竞争时通过"规模效应"降低成本，而对于生产率相对较低的上市公司而言，即使自美进口能够对其产生"激励效应"，也无法投入足够的资金支持研发活动。

续表3 基于企业生产率的分样本回归结果

	低生产率			
	(5)	(6)	(7)	(8)
	INV	INV_i	INV_u	INV_d
IMP_us	0.0436**	0.0285***	0.0147	0.0004
	(0.0204)	(0.0105)	(0.0102)	(0.0071)
IMP_others	−0.0031*	−0.0020**	−0.0011	0.0000
	(0.0017)	(0.0009)	(0.0009)	(0.0006)
subsidy	0.0053*	0.0074***	0.0004	−0.0025**
	(0.0029)	(0.0015)	(0.0014)	(0.0010)
tfp	−0.3299***	−0.1250***	−0.1304***	−0.0745***
	(0.0552)	(0.0285)	(0.0276)	(0.0193)
age	−0.0190	−0.0163***	−0.0118**	0.0091**
	(0.0119)	(0.0061)	(0.0059)	(0.0042)
size	0.0786***	0.0314***	0.0317***	0.0156***
	(0.0058)	(0.0030)	(0.0029)	(0.0020)
soe	−0.0144	0.0134***	−0.0188***	−0.0090***
	(0.0092)	(0.0048)	(0.0046)	(0.0032)
roe	0.0473***	0.0250***	0.0159*	0.0064
	(0.0168)	(0.0087)	(0.0084)	(0.0059)
cap_int	−0.0269***	−0.0078***	−0.0115***	−0.0076***
	(0.0029)	(0.0015)	(0.0014)	(0.0010)
固定效应	控制	控制	控制	控制
样本量	7285	7285	7285	7285
adj. R2	0.1096	0.0811	0.0999	0.0736

注：*、** 和 *** 分别表示在 10%、5% 和 1% 的水平上显著。

2. 基于要素密集度的分样本检验

本文参考谢建国（2003）的方法，把制造业各细分行业分为资本密集型、劳动密集型和资本及技术密集型三大类，具体分类结果见表4。

表4 制造业细分行业编码

编码	行业名称	类型	编码	行业名称	类型
13	农副食品加工业	劳动密集	27	医药制造业	资本及技术密集
14	食品制造业		28	化学纤维制造业	资本密集
15	酒、饮料和精制茶制造业		29	橡胶和塑料制品业	
16	烟草制品业		30	非金属矿物制品业	
17	纺织业		31	黑色金属冶炼和压延加工业	
18	纺织服装、服饰业		32	有色金属冶炼和压延加工业	
19	皮革、毛皮、羽毛及其制品和制鞋业		33	金属制品业	
20	木材加工和木、竹、藤、棕、草制品业		34	通用设备制造业	资本及技术密集
21	家具制造业	资本密集	35	专用设备制造业	
22	造纸和纸制品业		36	汽车制造业	
23	印刷业和记录媒介的复制		37	铁路、船舶、航空航天和其他运输设备制造业	
24	文教、工美、体育和娱乐用品制造业		38	电气机械和器材制造业	
25	石油加工、炼焦和核燃料加工业	资本及技术密集	39	计算机、通信和其他电子设备制造业	
26	化学原料和化学制品制造业	资本密集	40	仪器仪表制造业	

资料来源：国家统计局《国民经济行业分类》（GB/T 4754—2011），作者整理。

表5为分样本回归结果，列（1）表明来自美国的进口竞争对劳动密集型行业的企业创新没有明显影响；列（2）结果显示资本密集型制造业行业上市公司的创新与来自美国的进口竞争正相关，表明自美进口能够一定程度上促进资本密集型的制造业上市公司提高创新能力；列（3）结果表明来自美国的进口竞争可以显著提高资本及技术密集型制造业行业上市公司的创新产出。

表5　基于要素密集度的分样本回归结果

	(1) 劳动密集型 INV	(2) 资本密集型 INV	(3) 资本及技术密集型 INV
IMP_us	−0.0332	0.1185*	0.4391***
	(0.1258)	(0.0782)	(0.1346)
IMP_others	−0.0202	−0.0113*	−0.0085
	(0.0128)	(0.0067)	(0.0205)
subsidy	0.0094***	0.0231***	−0.2589***
	(0.0035)	(0.0050)	(0.0193)
lntfp	−0.2721***	−0.4850***	−0.9273***
	(0.0687)	(0.0790)	(0.2926)
age	0.0321	−0.0973***	−0.0250
	(0.0214)	(0.0232)	(0.0784)
size	0.0705***	0.0936***	0.8279***
	(0.0077)	(0.0092)	(0.0340)
soe	−0.0316***	0.0299**	−0.3457***
	(0.0143)	(0.0167)	(0.0598)
roe	0.0982***	0.0148	0.0114
	(0.0366)	(0.0265)	(0.1192)
cap_int	−0.0228***	−0.0353***	−0.1456***
	(0.0055)	(0.0076)	(0.0210)
_cons	−1.0695***	−0.9805***	−14.4786***
	(0.1561)	(0.1660)	(0.5805)
固定效应	控制	控制	控制
样本量	1538	5085	6438
adj. R2	0.1340	0.2243	0.1347

注：*、** 和 *** 分别表示在 10%、5% 和 1% 的水平上显著。

从具体行业来看，石油加工、炼焦和核燃料加工业（25）、医药制造业（27）、通用设备制造业（34）、专用设备制造业（35）、电气机械和器材制造业（38）、计算机、通信和其他电子设备制造业（39）、仪器仪表制造业（40）等技术资本密集型行业的上市公司在面对来自美国的进口竞争时，不仅没有因为激烈的外来竞争受到负面影响，反而能够提升创新能力。

3.基于国内市场竞争强度的分样本检验

国家竞争优势理论认为，激烈的国内竞争是创造和保持国际竞争优势的有利刺激因素。本文在基准模型中引入国内市场竞争作为控制变量，并进行分样本检验。采用赫芬达尔指数（HHI）[①]来衡量国内市场竞争的强度。该指数的计算公式为：

$$HHI = \sum_{i=1}^{n} \left(X_i/X \right)^2 \qquad (4)$$

X_i 表示行业中第 i 个企业的主营业务收入，X 表示行业总的主营业务收入。赫芬达尔指数越大，行业竞争强度越小。本文以 HHI 均值为分界线，将样本分为国内竞争激烈和国内竞争较弱两类进行分样本回归。表6为基于国内竞争强度的分样本回归结果[②]。

（1）—（4）列为上市公司所在制造业细分行业国内市场竞争较小的样本的回归结果，总体来看，来自美国的进口竞争对国内市场竞争较小的制造业细分行业中的上市公司创新具有显著的正向影响，这一结果与基准回归结果一致。表明国内竞争不激烈的行业中上市公司的发明专利和实用新型专利的申请量对来自美国的进口竞争较为敏感，自美进口冲击越大，越能够激励上市公司进行研发创新。赫芬达尔指数（HHI）越大，行业集中度越高，已经形成了少数几个龙头企业，因此国内竞争较小的上市公司面对来自美国的产品进口会更积极地做出改变来应对竞争，以求能够占据有利地位。

表6　基于国内竞争强度的分样本回归结果

	国内市场竞争较弱			
	(1) INV	(2) INV_i	(3) INV_u	(4) INV_d
IMP_us	0.3077***	0.1396***	0.1502***	0.0179
	(0.0810)	(0.0321)	(0.0396)	(0.0173)
HHI	0.7719**	0.3407**	0.3679*	0.0633

[①] 本文选择以主营业务收入计算的赫芬达尔指数作为新加入的控制变量来衡量国内竞争强度。数据来源为国泰安数据库。

[②] 限于篇幅只列出主要解释变量和新加入的控制变量 HHI 的估计结果，下同。

	国内市场竞争较弱			
	(1)	(2)	(3)	(4)
	INV	INV_i	INV_u	INV_d
	(0.4354)	(0.1726)	(0.2128)	(0.0931)
控制变量	控制	控制	控制	控制
固定效应	控制	控制	控制	控制
样本量	5093	5093	5093	5093
adj. R2	0.1246	0.1113	0.1120	0.1036

注：*、** 和 *** 分别表示在 10%、5% 和 1% 的水平上显著。

（5）—（8）列为上市公司所在制造业细分行业国内市场竞争较为激烈的样本的回归结果。从系数和显著性来看，所处行业市场竞争激烈的制造业上市公司的发明创新申请量与来自美国的进口竞争强度正向相关，但显著性并不强，其他两类专利的申请量与来自美国的进口竞争对国内市场竞争较大的行业的制造业上市公司的专利申请数量无明显关系。

续表 6　基于国内竞争强度的分样本回归结果

	国内竞争激烈			
	(5)	(6)	(7)	(8)
	INV	INV_i	INV_u	INV_d
IMP_us	0.2727	0.2280*	0.0184	0.0264
	(0.1788)	(0.1255)	(0.0585)	(0.0189)
HHI	3.9936**	2.7736**	1.0686	0.1514
	(2.3780)	(1.6691)	(0.7785)	(0.2510)
控制变量	控制	控制	控制	控制
固定效应	控制	控制	控制	控制
样本量	9496	9496	9496	9496
adj. R2	0.0780	0.0737	0.0682	0.0675

注：*、** 和 *** 分别表示在 10%、5% 和 1% 的水平上显著。

（三）稳健性检验与内生性问题

1. 滞后性检验

考虑到进口冲击到企业研发创新申请专利可能存在一定的时滞性，本文选择自美进口渗透率的一阶滞后项为核心解释变量对基准模型进行检验，估计结果在表7中展示。列（1）—（3）均与基准回归结果一致，结果表明来自美国的进口竞争有利于促进制造业上市公司提高创新水平；列（4）结果显示滞后一期的美国进口渗透率对外观设计专利申请量没有显著影响。

进一步对滞后两期、三期的数据检验回归结果不显著，因此不作具体展示，表明滞后效应只存在一期。总体来看本文所使用的模型是具有稳健性的，研究结论是可靠的。

表7　滞后一期的回归结果

	(1) INV	(2) INV_i	(3) INV_u	(4) INV_d
IMP_us	0.1027***	0.0586***	0.0403***	0.0039
	(0.0316)	(0.0205)	(0.0116)	(0.0040)
控制变量	控制	控制	控制	控制
固定效应	控制	控制	控制	控制
样本量	12522	12522	12522	12522
adj. R2	0.0810	0.0688	0.0800	0.0816

注：*、** 和 *** 分别表示在10%、5%和1%的水平上显著。

2. 改变样本研究期限和数据来源

为了检验模型是否稳健，在原本模型不变的情况下，改变研究期限和数据来源，从EPS全球统计数据分析平台获取2012—2017年已经匹配到国民经济行业的进出口数据，重新计算各行业的进口渗透率再带入基准回归模型，估计结果表明基准回归的结果依然成立，进一步表明本研究构建的基准模型是稳健的。

3. 内生性问题

考虑到进口渗透率与创新水平可能存在内生性问题，产生的原因可能有互为因果、遗漏变量、测量误差等，为避免内生性问题，通过引入工具变量，替代来自美国的进口竞争，作为核心解释变量。选择使用与美国可比性高的欧盟进口渗透率作为美国进口渗透率的工具变量，通过回归发现结果没有实质性差异，结果依旧稳健，一定程度上减少了模型的内生性问题。

五、主要结论与政策建议

（一）主要结论

本文主要使用 2009—2019 年中国制造业上市公司数据和 CEPII-BACI 获取的贸易数据，实证检验了自美进口竞争对中国制造业上市公司创新的影响，主要得出以下结论：

1. 制造业上市公司创新与来自美国的进口竞争显著正相关，进口竞争能够为制造业上市公司开展创新研发活动提供动力。

2. 自美进口竞争能改善制造业上市公司专利申请结构，自美进口竞争对更能体现企业进行创新研发质量的发明专利的促进作用更大，来自美国的进口竞争能够改善中国制造业上市公司专利申请结构，提高企业创新质量。

3. 自美进口竞争能促进高生产率制造业上市公司的创新，高生产率企业面对高质量产品的进口竞争时有能力进行各类研发创新；生产率相对较低的制造业上市公司更迫切地需要研发发明专利。

4. 自美进口竞争对资本和技术密集型行业的上市公司创新产出有显著正向影响，劳动密集型行业的制造业上市公司创新情况与之关系不大。

5. 自美进口竞争能够促进国内市场竞争强度较低的制造业细分行业中的上市公司提高创新水平，而能够适应国内激烈的行业竞争的制造业上市公司对来自美国的进口竞争不敏感。

（二）政策建议

根据本文得出的主要结论，针对性地提出以下四点建议：

1. 制定进口政策应考虑行业特点和进口国家异质性。应结合行业的特点与承受进口冲击的能力实行差异性政策。根据本文研究结果，自美进口竞争对医药制造业、通信设备、计算机及其他电子设备制造业等资本和技术密集型行业上市公司的创新具有显著正向促进作用，可以考虑扩大这些行业的自美进口额，在缓和中美经贸关系的同时有利于国内企业的高质量发展。

2. 加快推进实施创新驱动战略，实现各行业内部良性竞争，提高抵御进口竞争的能力，助力制造业顺利实现转型升级，改变大而不强的局面。

3. 采取试点措施，发挥上市公司"风向标"作用。在制定政策时小范围尝试观察政策效果，再推广到更多的领域。比如制定进口政策先从某一行业的上市公司的入手设置试点，上市公司的行为能够为行业内非上市公司树立标杆，从点到面进行进口政策实施有利于带动整个行业的发展。

4. 把控制造业各细分行业竞争格局，避免垄断和恶性竞争。在适当范围内竞争越激烈的行业上市公司面对来自美国强劲的进口竞争创新方面表现越稳定，可以从政策角度促进制造业行业良性竞争，提高行业整体创新水平。🐟

参考文献

[1] 张杰，郑文平，翟福昕，竞争如何影响创新：中国情景的新检验，中国工业经济，2014（11）：56–68.

[2] 何玉润，林慧婷，王茂林，产品市场竞争、高管激励与企业创新——基于中国上市公司的经验证据，财贸经济，2015（2）：125–135.

[3] 张楠，徐良果，戴泽伟，李妍锦，产品市场竞争、知识产权保护与企业创新投入，财经科学，2019（11）：54–66.

[4] 聂辉华，谭松涛，王宇锋，创新、企业规模和市场竞争：基于中国企业层面的面板数据分析，世界经济，2008（7）：57–66.

[5] 赵建春，毛其淋，进口自由化如何影响中国制造业企业的创新活动？世界经济研究，2015（12）：78–88+125–126.

[6] 林薛栋，魏浩，李飚，进口贸易自由化与中国的企业创新——来自中国制造业企业的证据，国际贸易问题，2017（2）：97–106.

[7] 张杰，进口对中国制造业企业专利活动的抑制效应研究，中国工业经济，2015（7）：68–83.

[8] 余淼杰，智琨，进口自由化与企业利润率，经济研究，2016（51（08））：57–71.

[9] 邵军，吴晓怡，进口开放是否提升了中国制造业国际竞争力？——基于关税减让的分析，世界经济研究，2014（12）：16-21+84.

[10] 钱学锋，范冬梅，黄汉民，进口竞争与中国制造业企业的成本加成，世界经济，2016（39）：71-94.

[11] 魏浩，连慧君，巫俊，中美贸易摩擦、美国进口冲击与中国企业创新，统计研究，2019（36（08））：46-59.

[12] 赵宸宇，进口竞争能否提高企业创新效率：基于中国企业层面的分析，世界经济研究，2020（1）：121-134+137.

[13] 田晖，程倩，创新是否有助于中国制造业抵御美国的进口竞争，中国科技论坛，2020（5）：145-153.

[14] 吴群锋，进口竞争缓解了制造业性别工资歧视吗，国际贸易问题，2017（4）：49-61.

[15] 田晖，程倩，李文玉，进口竞争、创新与中国制造业高质量发展，科学学研究，2021（39（02））：222-232.

[16] 谢建国，外商直接投资与中国的出口竞争力——一个中国的经验研究，世界经济研究，2003(07)：34-39。

[17] 陈维涛，孙文远，王永进，贸易自由化、进口竞争与中国工业行业技术复杂度，国际贸易问题，2017（1）：50-59.

[18] 吴延兵，企业规模、市场力量与创新：一个文献综述，经济研究，2007（5）：125-138.

[19] 魏浩，连慧君，来自美国的进口竞争与中国制造业企业就业，财经研究，2020（46（08））：4-18.

[20] 章永奎，赖少娟，杜兴强，学者型独立董事、产品市场竞争与公司创新投入，经济管理，2019（10）：123-142.

[21] 陈维涛，严伟涛，庄尚文，进口贸易自由化、企业创新与全要素生产率，世界经济研究，2018（8）：62-73+136.

[22] 余淼杰，李晋，进口类型、行业差异化程度与企业生产率提升，经济研究，2015：85-97+113.

[23] 简泽，张涛，伏玉林，进口自由化、竞争与本土企业的全要素生产率——基于中国加入 WTO 的一个自然实验，经济研究，2014：120-132.

[24] 王静，张西征，高科技产品进口溢出、创新能力和生产效率，数量经济技术经济研究，2012：22-39.

[25] 陈雯，陈鸣，施嘉明，鲁婷，劳动力成本、进口替代与出口企业创新行为，国际贸易问题，2019（7）：19-32.

[26] 纪月清，程圆圆，张兵兵，进口中间品、技术溢出与企业出口产品创新，产业经济研

究，2018（5）：54–65.

[27] 于慧，进口中间品质量、学习能力与技术创新，暨南大学，2020.

[28] 孙文娜，毛其淋，进口关税减免、企业异质性与新产品创新——基于中国企业层面的分析，中南财经政法大学学报，2015（6）：100–108.

[29] Schumpeter J A. "Capitalism, Socialism and Democracy", New York: harper, 1950.

[30] "Technological Imports and Technological Effort: An Analysis of their Determinants in Brazilian Firms", The Journal of Industrial Economics, , Vol.39, P421–432., 1991.

[31] S. Broadberry and N. Crafts. "Competition and Innovation in 1950s Britain", Business History, Vol.43(1):97–118., 2001.

[32] Arrow Kenneth J. Economic Welfare and the Allocation of Resources for Invention.Vol.P609–626. 1962.

[33] Philippe Aghion et al. "Competition and Innovation: An Inverted-U Relationship", The Quarterly Journal of Economics, Vol. 120(2). P701–728. 2005.

[34] Mary Amiti and Jozef Konings. "Trade Liberalization, Intermediate Inputs, and Productivity: Evidence from Indonesia", American Economic Review, Vol.97(5) .P1611–1638. 2007.

[35] Qing Liu and Larry D. Qiu. "Intermediate input imports and innovations: Evidence from Chinese firms' patent filings", Journal of International Economics, Vol.103.P166–183. 2016.

[36] Philippe Aghion, Christopher Harris, John Vickers. "Competition and growth with step-by-step innovation: An example", European Economic Review, Vol. 41(3), 1997.

[37] Mavannoor Parameswaran. "International trade and R&D investment: evidence from manufacturing firms in India", Vol. 5(1/2), P43–60. , 2010.

[38] Chiara Criscuolo. "Import competition, productivity, and restructuring in UK manufacturing", Oxford review of economic policy, Vol.20(3), P393–408., 2004.

[39] Roberto Álvarez. "David Versus Goliath: The Impact of Chinese Competition on Developing Countries", World Development, Vol. 37(3), 2008.

[40] Runjuan Liu, Carlos Rosell. " Import competition, multi-product firms, and basic innovation ", Journal of International Economics, Vol. 91(2), 2013.

[41] Sai Ding, Puyang Sun, Wei Jiang. " The Effect of Import Competition on Firm Productivity and Innovation: Does the Distance to Technology Frontier Matter?", Oxford Bulletin of Economics and Statistics, Vol.78(2), 2016.

[42] Philippe Aghion, Richard Blundell, Rachel Griffith, Peter Howitt, Susanne Prantl. " The Effects of Entry on Incumbent Innovation and Productivity", The Review of Economics and Statistics, Vol.91(1), 2009.

[43] Loren Brandt，Johannes Van Biesebroeck，Luhang Wang，Yifan Zhang. "WTO Accession and Performance of Chinese Manufacturing Firms"，American Economic Review，Vol.107(9)，2017.

[44] Johan Hombert and Adrien Matray. Can Innovation Help U.S. Manufacturing Firms Escape Import Competition from China? The Journal of Finance，Vol. 73(5)，P2003–2039.，2018.

[45] Pian Shu and Claudia Steinwender. The Impact of Trade Liberalization on Firm Productivity and Innovation，Vol. 19，P39–68.，2019.

中美贸易战对中国农产品进口的影响评估

陈龙江　　周筱颖*

摘要：自 2018 年以来，美国不断挑起贸易摩擦，中国被迫进行关税反制，其中农产品是中国的"重拳"。本文在对中国对美加征关税的贸易效应进行理论分析基础上，基于海关统计数据，采用双重差分模型，从数量和价格两方面实证评估关税反制对中国农产品进口的贸易限制、转移和总效应。结果表明：（1）关税反制产生了明显的贸易限制效应，显著抑制了来自美国的农产品进口，使得美国农产品降价应对，美国对华农产品出口利益因此受损，加征关税达到一定反制效果；（2）关税反制亦产生了显著的进口转移效应，使中国增加了从美国以外其他国家和地区的农产品进口；（3）关税反制在总体上显著增加了中国农产品进口总量，但并未显著提高总体进口均价。因此，仅就农产品贸易本身而言，由于转移效应的存在，关税反制并未对中国农产品的总体进口造成实质负面影响。

关键词：中美贸易战；关税；农产品；进口；双重差分法

一、引言

自 2018 年以来，中美贸易摩擦不断升级。2018 年 3 月，特朗普宣称依据"301 调查"结果，美国政府将对自中国进口的 500 亿美元商品加征 25% 的关税，此后美国多轮加码，对中国进口商品额外征收 10%—25% 的关税。对此中

---

* 作者简介：陈龙江，广东外语外贸大学经济贸易学院教授；周筱颖，中国邮政集团公司东莞分公司硕士。

国迅速做出了关税反制回击，对美国进口商品对等加征关税①。由于中国是美国农产品的主要出口市场，因此，农产品成为中方的主要反制武器。首批公布的加征关税清单涵盖了 526 项农产品，主要包含了大豆、猪肉、水果、坚果、棉花、谷物、酒类和烟草等产品②，而后发布的三批对美加征关税清单则进一步纳入了大多数未进入首批征税清单的 1617 项农产品。中国被迫发起的四轮对美关税反制，涵盖了 2133 项美国农产品。

中国的关税反制是否真的抑制了自美农产品进口？是否会产生贸易转移效应？就总体而言，关税反制对中国农产品总体的进口数量和价格影响又是怎么样的？对以上问题的回答有助于评估中国对美关税反制的农产品贸易效应。针对这一问题，已有研究主要是采用情境模拟方法从事前视角来评估，并主要聚焦于美国对中国加征关税的影响，较少关注中国反制措施对中国进口的影响，且主要关注限制效应，而极少讨论贸易转移效应以及总体影响。

基于此，本文以农产品为评估对象，采用双重差分模型，从事后视角实证评估关税反制对中国农产品进口的影响。本文与已有研究的主要区别在于：一是从事后而非事前视角评估加征关税对农产品进口的影响；二是注重从总体上把握关税反制的影响，在对美国的贸易限制效应和对其他国家和地区转移效应评估基础上，进一步评估了关税反制对中国农产品总体进口的影响，并且从进口数量和进口均价两方面展开评估。

二、文献述评

2017 年特朗普上任之后，中美两国贸易发展环境更加复杂多变，学者们对中美贸易摩擦的学术研究比对其他国家贸易摩擦的研究要更多。关于中美贸易

---

① 参见国务院关税税则委员会发布的《关于对原产于美国 500 亿美元进口商品加征关税的公告》《关于对原产于美国的部分进口商品（第二批）加征关税的公告》《关于对原产于美国约 160 亿美元进口商品加征关税的公告》《关于对原产于美国约 600 亿美元进口商品实施加征关税的公告》《关于对原产于美国的部分进口商品（第三批）加征关税的公告》。

② 由国务院关税税则委员会发布的《关于对原产于美国 500 亿美元进口商品加征关税的公告》中附件一整理所得。

摩擦的影响、成因、对策等内容的研究文献颇丰。自 2018 年以来中美贸易战更是引起了国内外学者的广泛关注。Bouët 和 Laborde(2018) 模拟分析表明，美国在贸易摩擦中无法获得好处，挑起贸易摩擦属于得不偿失的行为。Bollen 和 Romagosa（2018）研究也表明采取反制措施导致进出口减少较大。国内学者意见不一，有学者认为在此次中美贸易摩擦中，中国的社会福利损失要大于美国（樊海潮、张丽娜，2018；崔连标等，2018；李春顶等，2018)，中国遭受的福利损失约为美国的 2.6 倍，且中国的报复行为会进一步损伤国内经济（吕越等，2019）。也有学者对此持保留意见，认为中美贸易摩擦对我国的产业升级存在积极影响，能够促进我国战略新兴产业的发展（黄纯辉，2018）。但总体而言，多数学者认为中美贸易摩擦对两国的贸易发展以及社会福利都将产生较大的负面影响。

在此次贸易战中，农产品是中国反制措施的"重拳"，国内外较多研究模拟加征关税对农产品贸易的影响。从目前已有文献的研究结果来看，由于农产品自生的品种特性等因素造成的差异，加征关税对不同的农产品的影响程度存在很大的差异。另外，研究中采用不同的研究方法，设定不同的模型前提假设估算出的同一农产品贸易所受到的影响也会不同。

周曙东等（2019）研究发现在中美贸易摩擦的背景下，中国绝大部分产业部门的进口下降，其中加征关税清单中涉及的农产品如谷物、油料、肉类等进口量下降程度较大。对于美国而言，部分学者认为加征关税可能会导致相关农产品的产量和价格下降，从而直接对美国农民的收入和就业产生不利的影响，最终使其福利受损。Zheng（2018）等基于 GSIM 模型的模拟结果表明，中国对美国加征 25% 的关税短期内会导致美国国内大豆、棉花、高粱和猪肉的出口数量减少，其中，猪肉的下降幅度高达 83.8%，大豆降幅约 34.2%。而 Taheripour 和 Tyner（2018）基于 GTAP–BIO 模型从低替代弹性和高替代弹性两方面进行情境模拟测算的结果表明，低替代弹性时，美国出口至中国的大豆数量将减少 1700 万吨，而高替代弹性情况下，大豆数量最高会减少 3260 万吨。以 2016 年为基准，加征关税导致小麦的出口量减少约 82%，大约 74 万吨；玉米将减少 42%，约 11 万吨；高粱将减少 13%，约 68 万吨。Liu 等（2018）研究则发现，加征关税不利于美国的棉花出口，且为印度、澳大利亚和巴西等国家创造了机会。

中国自美进口的大宗农产品数量最多的是大豆，因此中美贸易摩擦背景下的大豆贸易备受关注。一方面，部分学者认为中美贸易摩擦对中国大豆贸易的影响有限。即使中美贸易摩擦会导致我国对美国大豆的进口量大幅下降，但是可以通过扩展进口渠道等方式来弥补缺口，因此对我国大豆进口总量和国内外大豆总供给量的影响较小（陈伟等，2019）。原梓涵等 (2018) 也基于国际大豆市场现状以及我国大豆进口需求、进口渠道等国内大豆市场的情况，判断即使在贸易摩擦的背景下，国内大豆进口的总量变化不大，市场价格只会小幅波动且能基本满足消费需求。Taheripour 和 Tyner（2018）采用 GTAP 模拟测算发现，以 2016 年为基准，中国从美国进口的大豆数量会减少 48%—90%，从其巴西、阿根廷等国家进口的大豆数量会增加，增幅分别介于 18%—36% 和 22%—62%。与此同时，中国宣布自 2018 年 7 月起，亚太五国（孟加拉国、印度、老挝、韩国、斯里兰卡）出口大豆至中国的进口关税税率为 0。这一举措可以刺激亚太五国将大豆出口至中国。因此，中国可能通过增加从其他贸易伙伴国家的大豆进口来弥补自美进口大豆的下降而产生的缺口，中国从国际市场进口大豆的数量下降幅度在 5% 左右。魏浩等（2018）也指出，中美贸易摩擦对南美地区的大豆产业来说是发展新机遇，能够提升南美地区在国际市场和中国市场中的地位。

另一方面，也有学者认为中美贸易摩擦对中国大豆贸易的影响深远。如张振等（2018）研究发现中美贸易争端会增强国际大豆价格的波动性，从而使得其贸易流发生改变。由于美国很难找到如中国市场一般庞大的出口替代国来消化本国的大豆，从而导致全球大豆供应链发生调整，可能会较大程度上影响我国大豆的进口。另外，也有学者担心我国大豆进口来源的主要替代国巴西因为运输限制、气候变化等因素难以保证持续稳定地供给。自美进口大豆的减少必然会导致中国大豆进口出现缺口，而无法通过从其他国家进口来弥补这一缺口可能会导致中国大豆进口量减少（袁洁薇、张婷，2018）。

除重点关注大豆外，也有学者分析新一轮贸易争端对玉米等大宗饲料的影响。如袁艳云等（2019）对比贸易战前后大宗饲料粮进口的变化发现，中美贸易战使得大豆和苜蓿的进口量下降，对玉米进口影响不大，并对国内玉米去库存有一定的积极作用。胡文辉（2018）也认为贸易战对玉米原料的供给影响较小，不会引起价格的大幅波动。

以上文献梳理表明，已有研究侧重研究贸易摩擦的总体影响即对相关国家的福利或经济发展的影响，或对具体的某一农业部门的影响，或对农产品贸易的影响。已有少量研究定量评估中美贸易摩擦可能的影响，但对中国的反制措施对中国农产品进口的影响事后评估极少，且极少研究评估反制措施带来的转移效应及总体效应。在研究方法上，已有定量研究主要基于 CGE 和 GTAP 模型等进行情境模拟分析，事前模拟评估结果对政策决策具有重要的参考意义，但模拟影响不一定反映真实影响，因此需要采用事后的真实数据进行评估，以识别真实的因果效应。为此，本文从事后视角，采用实际贸易数据来实证评估中国加征关税对农产品贸易的真实影响。

三、加征关税的贸易效应理论分析与研究假设

理论上，征收关税将限制一个国家的进口。Amiti M etc.（2019）曾构建一个简要的供求模型分析关税的贸易效应，但其分析基于一国对所有国家产品征收关税，而中国的关税反制仅针对美国产品，因此不完全适用于本文的分析。基于此，我们借鉴其分析思路，将中国进口市场来源进一步细分为美国和其他国家（非美国）两个来源，相应构建两个农产品进口市场，以此分析对美国加征关税带来的农产品进口贸易限制效应和转移效应及其总效应。我们假设加征关税前，来自美国和其他国家的农产品进口价格相同，即两个进口市场的初始均衡价格相等。

理论上，中国对美国农产品加征关税将使得中国自美国进口农产品减少，并且关税将在中国消费者和美国生产者（出口商）之间进行分摊，从而降低美国出口商价格。这一分析过程可由图 1 表示，图中横轴表示自美国进口农产品数量（Q^{us}），纵轴表示自美国进口农产品的价格（P）。未加征关税前，美国对华农产品出口供给曲线（S_{us}^{*}）和中国对美国农产品进口需求曲线（D_{us}）相

交时市场处于均衡状态，此时价格为未征收关税的均衡价格 P_0^*，进口数量为 Q_0^{us}。当对美国农产品进口征收从价关税后，相当于在每一价格水平均提高了美国农产品出口中国的成本，因此供给曲线（S_{us}^*）向上移动垂直方向 P^*t 至 S_{us}^*（$1+t$）。因此，加征关税后，从美国进口农产品的价格提高到 P_1^*（$1+t$），而美国农产品出口价格下降至 P_1^*，进口数量下降至 Q_1^{us}。这表明，对美国农产品加征关税减少了中国自美国进口的农产品数量（$Q_1^{us}-Q_0^{us}$），存在贸易限制效应，并且将降低美国出口至中国的价格（$P_1^*-P_0^*$）。

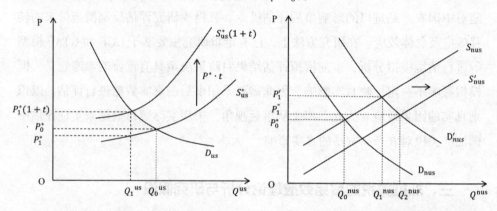

图 1　对美关税反制的贸易限制效应　　**图 2　对美关税反制的贸易转移效应**

对美国农产品加征关税提高了中国消费者对美国进口农产品的支付价格，因此，一方面，消费者将减少对美国农产品需求（限制效应），另一方面，将增加对相对更加便宜的其他国家农产品的需求，增加从其他国家的进口数量（转移效应）。这一机制如图 2 所示。

图 2 表明，从其他国家进口农产品的初始价格为 P_0^*。如前分析，在对美国农产品加征进口关税后，中国将增加对其他国家农产品的需求，因此图 2 中的中国对其他国家农产品需求曲线 D_{nus} 右移至 D_{nus}'，使得自其他国家进口的农产品数量由 Q_0^{nus} 增加至 Q_1^{nus}，价格上升至 P_1'。同时，其他未被加征关税的国家会抓住时机主动提高农产品对中国供给（包括部分国家增加从美国进口农产品再转出口至中国），从而图 2 中其他国家对中国出口供给曲线由 S_{nus} 右移至 S_{nus}'，从而中国的进口数量进一步增加至 Q_2^{nus}，价格则下降至 P_1''。这表明，对美加征关税将增加中国从其他国家进口的农产品数量（$Q_2^{nus}-Q_0^{nus}$），存在贸易

转移效应，但对其他国家出口至中国的价格的影响并不确定，取决于中国进口需求增加和其他国家出口供给增加的相对影响大小。

对美国农产品加征关税对中国农产品总体进口的影响效应，则取决于以上贸易限制效应和转移效应的相对大小。农产品进口总量是增加或减少，取决于加征关税前后自美进口农产品减少的数量（$Q_0^{us} - Q_1^{us}$）和自其他国家进口农产品增加的数量（$Q_2^{nus} - Q_0^{nus}$）之间的差额。对农产品总体进口价格（进口CIF价）的影响则受制于以下两个方面：一是美国农产品出口价格 P_1^* 和其他国家农产品出口价格 P_1'' 的相对变化，二是美国和其他国家进口农产品各自占中国进口总量的比重。因此，对美国农产品加征关税对中国农产品总体进口的数量和价格影响效应不确定。

基于以上理论分析，可以提出本文的研究假设：（1）对美加征关税将抑制中国自美农产品的进口数量和价格，即存在贸易限制效应；（2）对美加征关税将增加中国自其他替代国的农产品进口数量，即存在贸易转移效应，但价格效应不确定；（3）对美加征关税对中国农产品进口的总体数量和价格效应不确定。

四、加征关税对农产品进口的影响实证估计

（一）实证估计模型与数据

1. 模型设定及变量说明

本文采用双重差分法（DID）来评估中国对美加征关税对农产品进口的影响。具体来说，第一重差分为时间层面，即加征关税之前与之后；第二重差分为产品层面，即某一农产品是否被加征关税，被加征关税的农产品为处理组，反之为控制组。通过比较处理组与控制组在加征关税之前和之后进口总量、进口均价的差异，可以识别出加征关税的影响。具体计量模型设定如下：

$$y_{pt} = \beta_1 Tr_p \times Post_t + X_{pt} + \mu_p + \delta_t + \varepsilon_{pt}$$

式中，y_{pt} 是被解释变量，指进口产品 p 在 t 月的进口数量（import）或进口均价（price）。Tr_p 是产品分组虚拟变量，如果进口产品 p 属于加征关税清单上的税目商品，则为处理组，该变量取值为 1；反之，则为控制组，该变量取

值为 0。$Post_t$ 是时间虚拟变量，如果观测值属于加征关税后的月份，则该变量取值为 1；反之该变量取值为 0。$Tr_p \times Post_t$ 为时间虚拟变量与分组虚拟变量的交互项，该交互项是双重差分法关注的核心解释变量。μ_p 和 δ_t 分别为产品和月份固定效应。X_{pt} 是随时间和产品变化的其他控制变量，包括产品进口关税税率（tariff）、进口均价（price）等，ε_{pt} 为误差项。

2. 数据来源

本文数据来源于中国海关数据库。为与中国关税反制清单产品对应，本文将农产品定义在中国海关 HS 编码系统下前 24 章的产品范围（8 位编码）。到目前为止，中国采取了四轮反制，其中涉及农产品的情况如表 1 所示。

表 1　中国对美关税反制措施中涉及农产品情况

轮次	产品种类总量	农产品种类	占比	实施时间
第一轮	545	516	94.68%	2018-07-06
第二轮	333	1	0.30%	2018-08-24
第三轮	5207	302	5.78%	2018-09-24
	5207	302	5.78%	2019-06-01
第四轮	1717	811	47.23%	2019-09-01
	3361	201	5.98%	2019-12-15

资料来源：根据国务院关税税则委员会发布的《关于对原产于美国 500 亿美元进口商品加征关税的公告》《关于对原产于美国的部分进口商品（第二批）加征关税的公告》《关于对原产于美国约 160 亿美元进口商品加征关税的公告》《关于对原产于美国约 600 亿美元进口商品实施加征关税的公告》《关于对原产于美国的部分进口商品（第三批）加征关税的公告》中所含附件整理所得。

从表 1 可以看出，四轮加征关税措施中，涉及农产品种类数量最多的是第四轮，包含了 811 项农产品，而第一轮清单涉及农产品 516 项。虽然第一轮涉及农产品种类数量少于第四轮，但第一轮清单中的 516 项已经包含了超过 90% 的自美进口农产品，之后三轮加征关税清单虽仍涉及部分农产品，但从实际进口情况来看，所涉农产品自美进口数量很少或没有进口。基于此，并考虑到样本数量及研究的时间跨度，本文采用正式实施第一轮加征关税清单的时间（2018 年 7 月）作为政策实施时间节点，评估该轮关税反制的贸易效应。

第一轮加征关税清单涉及农产品数量为 516 项，但其中部分农产品在研究时段内并未从美进口或数量很少。因此，经数据清理后，本文最终涉及农产品348 项，总样本观测值为 6960 个。其中处理组包含 105 项农产品，控制组包含 243 项农产品。本文的观测单位为产品—月份，观测时间是 2018 年 1 月至2019 年 8 月。本文采用月度高频数据，以更准确观测加征关税对农产品进口数量和均价的影响，避免采用年度数据可能造成的估计偏差。

控制变量 X_{pt} 中，进口关税税率为中国对产品 P 在 t 年征收的进口关税率，采用最惠国关税税率数据，由于公布的关税税率以年为计量时间，本文用当年关税税率作为该年月度税率。进口农产品均价在不同估计中有所不同，在评估加征关税对自美国、自其他国家和总体农产品进口数量的影响时，分别采用与数量相对应的进口均价作为控制变量，数据来源于进口金额除以相应的进口数量所得；在评估加税对中国自美国、自其他国家和总体农产品进口价格的影响时，分别采用中国总体农产品进口均价和自美进口农产品均价作为控制变量。变量统计描述结果如表 2 所示。

表 2　变量描述性统计

变量	变量含义	样本量	平均值	标准差
lnimport$_1$	中国自美进口农产品数量的对数值	6960	8.857	4.099
lnprice$_1$	中国自美进口农产品均价的对数值	6960	10.773	3.446
lnimport$_2$	中国自其他国家进口农产品数量的对数值	6960	12.282	3.404
lnprice$_2$	中国自其他国家进口农产品均价的对数值	6960	1.302	1.456
lnimport$_3$	中国进口农产品数量的对数值	6960	12.279	3.507
lnprice$_3$	中国进口农产品均价的对数值	6960	1.336	1.488
Tr	产品分组虚拟变量	6960	0.302	0.459
Post	时间虚拟变量	6960	0.7	0 .458
lntariff	中国农产品进口关税的对数值	6660	2.635	0.507
Tr × Post	Tr 和 Post 交互项	6960	0.211	0.408

（二）估计结果

1. 对美国农产品进口抑制效应估计结果

先考察中国对美进口农产品加征关税是否存在抑制效应，估计结果如表 3 所示。表中列（1）结果表明，中国对美国农产品加征关税显著负面影响农产品进口量，平均效应为减少 47.3%，证实了加征关税对自美国进口农产品数量的贸易抑制效应。列（2）结果表明，在 10% 的显著性水平上，加征关税使得进口均价平均下降 11.3%。一般来说，加征关税会导致进口成本上升，国内进口价格上升。但本文进口均价为到岸价（CIF 价格），因此进口均价下降的原因可能是美国出口商降低出口价格，从而分担了对中国进口商加征的关税成本，这与前文理论分析的结果一致。

表 3　加征关税对中国从美进口农产品的影响估计结果

因变量	（1） lnimport$_1$	（2） lnprice$_1$
$\text{Tr}_p \times Post_t$	−0.4730*** (0.1650)	−0.1130* (0.0579)
lntariff	−0.8620 (1.3910)	0.6990** (0.2890)
lnprice$_3$	0.0528 (0.0559)	0.1560*** (0.0408)
lnprice$_1$	−1.4080*** (0.0860)	
产品固定效应	是	是
时间固定效应	是	是
R^2	0.880	0.752

注：*、**、*** 表示估计系数在 10%、5% 和 1% 水平上显著，括号中的结果为标准差。

2. 对其他国家农产品进口转移效应估计结果

为评估加征关税是否存在理论上的贸易转移效应，本文采用中国进口某产品的总进口量减去自美进口的该产品进口量的差额来计算中国从其他国家进口该产品的进口量。进口均价由上述方法计算所得的进口总额和进口数量相除得到。表 4 模型估计结果中，进口数量的核心解释变量 $\text{Tr}_p \times Post_t$ 的回归系数在

10% 的水平上显著为正，表明加征关税使得处理组产品相比于控制组产品，从其他国家进口数量平均增加 16.3%，说明存在一定的贸易转移效应。进口均价的核心解释变量 $Tr_p \times Post_t$ 的回归系数较小且不显著，说明加征关税对从其他国家农产品进口均价的影响并不明显。以上结果表明，中国对美加征关税反制带来了显著的农产品进口转移效应，加税使得中国增加了从美国以外的其他国家的农产品进口，但总体上贸易转移效应不大。这与郭晴、陈伟光（2019）模拟研究结论相似，其采用动态 CGE 模型研究发现中美贸易摩擦将导致中美双方发生的直接贸易减少，而中美双边贸易转移到其他国家和地区越多。

表 4　加征关税对中国从其它国家进口农产品的影响估计结果

因变量	（1）Inimport$_3$	（2）Inprice$_3$
$Tr_p \times Post_t$	0.1630* (0.0942)	0.0051 (0.0364)
lntariff	0.3430 (0.3170)	0.0969 (0.0914)
lnprice$_3$	−0.7180*** (0.1850)	0.8140*** (0.0429)
lnprice$_1$	−0.7810*** (0.1350)	
产品固定效应	是	是
时间固定效应	是	是
R^2	0.928	0.916

注：*、**、*** 表示估计系数在 10%、5% 和 1% 水平上显著，括号中的结果为标准差。

3. 对中国农产品进口总体效应估计结果

前文实证估计分析了中国对美加征关税产生的进口抑制效应以及对其他国家的进口转移效应，两者相互抵消，共同影响中国的整体农产品进口。基于此，为把握加征关税对中国农产品总体进口的效应，我们进一步实证评估其对中国农产品总体进口数量和价格的影响，估计结果如表 5 所示。结果表明，就中国农产品进口总体而言，对美的农产品加征 25% 关税反而使得中国农产品进口总量显著上升 17% 左右，因此，虽然加征关税显著减少了自美国进口农产

中国外经贸改革与发展 2021

品的数量，但中国农产品进口总量并未受到负面冲击。列（2）进口均价估计系数表明，加税对中国农产品进口总体均价的影响较小，且不显著，即未显著提高中国农产品总体进口价格。

表5 加征关税对中国农产品总体进口的影响估计结果

因变量	（1） lnimport$_3$	（2） lnprice$_3$
Trp × Post$_t$	0.170** (0.0787)	0.0137 (0.0409)
lntariff	0.3430 (0.3170)	−0.153 (0.109)
lnprice$_3$	−1.510*** (0.0982)	
lnprice$_1$	0.0397 (0.0271)	0.0810*** (0.0167)
产品固定效应	是	是
月份固定效应	是	是
R^2	0.734	0.741

注：*、**、*** 表示估计系数在 10%、5% 和 1% 水平上显著，括号中的结果为标准差。

综上，对美关税反制确实减少了美国对华农产品出口的数量和价格，达到了一定反制效果；同时，由于农产品进口渠道多样，关税反制产生了显著的进口转移效应，从而使得中国农产品总体进口并未受到实质负面冲击，总体进口价格也未因此提高。总体而言，对美关税反制未负面冲击我国总体农产品进口，因此可以预期其难以对国内农产品总体价格上涨造成显著影响。

（三）稳健性检验结果

前文回归结果是否可信取决于双重差分法估计是否有效。因此，本文通过平行趋势检验和安慰剂检验对估计结果进行稳健性检验。

1. 平行趋势检验

双重差分法的重要前提假设是平行趋势假设，即在政策实施之前，处理组和控制组的变化趋势基本一致。借鉴 Liu & Qiu（2016）的方法，本文通过回归检验处理组和控制组的变化趋势是否保持一致。检验方程设定如下：

$$y_{pt} = \beta_k \sum_{k \geqslant -6}^{6+} Tr_p \times month_{7+k} + \mu_p + \delta_t + \varepsilon_{pt}$$

其中，*month* 为月度虚拟变量，当月观测值取 1，其他月份观测值为 0。除此之外的方程中所涉及的变量与前文估计模型一致。由于月度数据较年度数据的波动性更大，因此检验时间取 2018 年 7 月正式对美进口农产品加征关税之前半年以及之后半年的趋势变化。如果处理组和控制组的确有着平行趋势的话，那么预期在 2018 年 7 月前的交互项的回归结果将不显著，而 2018 年 7 月后的回归结果将显著。图 3—6 分别图示了前文显著结果的相关估计的平行趋势检验结果，这些结果表明，总体上，2018 年 7 月以前相关回归系数在 0 附近波动，所有回归结果均不显著，可以认为，加征关税之前处理组和控制组的变化趋势基本一致，不存在显著差异，基本符合平行趋势假设。

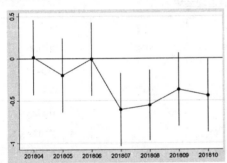

图 3　中国自美进口农产品数量的平行趋势检验结果

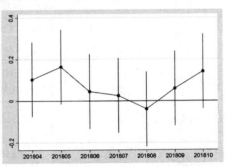

图 4　中国自美进口农产品均价的平行趋势检验结果

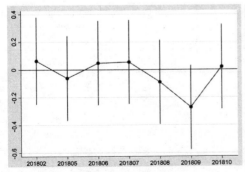

图 5　中国自其他国家进口农产品数量的平行趋势检验结果

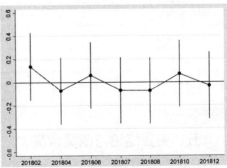

图 6　中国进口农产品总量的平行趋势检验结果

2. 安慰剂检验

本文借鉴吕越等（2019）采用安慰剂检验方法检验估计结果的稳健性。将中国对美加征关税的时间设定在 2018 年 7 月之前的某个时期，样本期设定在 2017 年 1 月—2018 年 8 月，通过改变样本研究时期与政策实施时点来验证之前的显著结果是否可信。

正如前文分析指出，双重差分法的前提条件是在政策事件发生之前处理组和控制组之间不存在较大差异。因此，如果将加征关税的实施时间设定在 2018 年 7 月之前的某一时间，核心解释变量的估计系数预期将不显著。将政策冲击时间假想设定为 2017 年 7 月，再次进行回归估计，结果如表 6 所示。估计结果表明，核心变量 $Trp \times Post_t$ 的估计系数均不显著，由此说明本文估计结果具有一定的稳健性。

表 6　安慰剂检验结果

因变量	（1） $lnimport_1$	（2） $lnprice_1$	（3） $lnimport_2$	（4） $lnprice_3$
$Trp \times Post_t$	0.210 (0.1820)	−0.005 (0.0579)	0.159 (0.0997)	0.045 (0.0728)
$lntraiff$	—	—	—	0.578 (0.618)
$lnprice_3$	0.089 (0.1020)	0.157*** (0.0461)	−0.294* (0.170)	0.871*** (0.0215)
$lnprice_1$	−1.341*** (0.1080)		−1.074*** (0.1480)	0.007 (0.0229)
产品固定效应	是	是	是	是
月份固定效应	是	是	是	是
R^2	0.864	0.694	0.920	0.720

注：*、**、*** 表示估计系数在 10%、5% 和 1% 水平上显著，括号中的结果为标准差。

五、主要结论与政策含义

本文采用中国对美国第一轮加征关税前后的农产品进口月度数据，运用双重差分法评估了关税反制对中国农产品进口的影响。主要结论如下：

第一，对美关税反制产生了明显的贸易限制效应，显著抑制了来自美国的农产品进口量，使得美国农产品降价应对，美国对华农产品出口利益因此受损，加征关税达到一定反制效果。估计结果表明，加征关税使相关农产品进口量平均减少47.3%，进口均价（到岸价）下降11.3%。

第二，对美关税反制存在显著的农产品进口转移效应，使中国增加了从美国以外其他国家和地区的农产品进口。估计结果表明，加征关税使中国从其他来源地的进口量增加约16.3%，但对进口价格未产生显著影响。加征关税的贸易转移效应可能会使其他国家从中美贸易摩擦中获得"渔翁之利"，此外，由于中美贸易摩擦使得中美两国之间的直接贸易减少，与其他国家之间的间接贸易增加，一方面中国可以通过增加从其他国家的进口以弥补因贸易摩擦带来的缺口，另一方面，美国可能会通过第三方将产品间接出口至中国，而这一行为将增加双边贸易的成本。

第三，对美关税反制总体上显著增加了中国农产品进口总量，但并未显著提高总体进口均价，因此，仅就农产品贸易本身而言，关税反制并未对中国自身造成实质负面影响。虽然对美加征关税显著抑制了自美国进口，但由于存在显著的贸易转移效应，因此，关税反制并未负面冲击中国农产品的总体进口，反而使得进口总量增加约17%。

总而言之，仅就农产品贸易本身而言，截至2019年5月，中国对美关税反制抑制了美对华农产品出口，达到了一定反制效果，但中国农产品进口总量由于转移效应的存在并未受到显著负面影响，关税反制并未对中国农产品进口本身造成实质负面冲击。从以上研究结果可解读出以下政策含义：

一是拓展农产品进口渠道，提高对外开放水平。一直以来，中国农产品进口对美国依赖程度较高，而本文估计结果表明，对美加征关税显著抑制了自美进口，因此，中国应当通过加快国内自由贸易试验区建设，加快推动区域和双边自由贸易协定等，进一步提高对外开放水平，加强与其他替代国的沟通与合作，全面深化与欧盟和"一带一路"沿线国家的农业贸易合作，尽可能实现进口市场多元化，最大限度减少对单一来源地的依赖，降低因贸易摩擦而产生的进口供给风险。

二是提高农业生产效率，扩大优质农产品国内供给。虽然进口转移效应在一定程度上可以缓解由中美贸易摩擦带来的进口冲击，但也暴露出中国农业发展的问题，即农产品进口依赖度较高，长期处于贸易逆差状态，高质量农产品国内生产供给不足。因此，应加快推进农业供给侧结构性改革，加快发展现代农业，提高农业生产效率，在确保粮食供给安全的基础上，重点提升国内农产品品质，以高质优质国产农产品替代进口。

三是继续促进中美沟通，适当回应美国利益关切，力争避免中美贸易战长期化。虽然本文研究表明中美贸易战短期内未对中国农产品总体进口造成太大冲击，但中美两国的利益早已水乳交融，长期的贸易摩擦必然会损害双方的利益，最终结果将是两败俱伤。因此，中国仍然需要继续通过深入地沟通推动两国共同解决面临的问题，中国也应进一步完善市场经济体系，健全市场经济公平竞争的体制机制，进一步严格保护知识产权，适当回应美国利益关切，力争早日启动中美第二阶段协定谈判，避免中美贸易战长期化。𝓕

参考文献

[1] 陈伟，朱俊峰，田国强.中美贸易摩擦对中国大豆的影响及对策分析，大豆科学，2019（1）：126-131.

[2] 崔连标，朱磊，宋马林等.中美贸易摩擦的国际经济影响评估，财经研究，2018（12）：4-17.

[3] 樊海潮，张丽娜.中间品贸易与中美贸易摩擦的福利效应：基于理论与量化分析的研究，中国工业经济，2018（9）：41-59.

[4] 郭晴，陈伟光.基于动态 CGE 模型的中美贸易摩擦经济效应分析，世界经济研究，2019（8）：103-117+136.

[5] 胡文辉.中美贸易战对饲料行业的影响，中国农村科技，2018（7）：24-25.

[6] 黄纯辉.战略性新兴产业应对中美贸易摩擦的策略分析，对外经贸实务，2018（8）8-11.

[7] 李春顶，何传添，林创伟.中美贸易摩擦应对政策的效果评估，中国工业经济，2018

（10）：139-157.

[8] 吕越，娄承蓉，杜映昕，屠新泉 . 基于中美双方征税清单的贸易摩擦影响效应分析，财经研究，2019（2）：59-72.

[9] 吕越，陆毅，吴嵩博，王勇 ."一带一路"倡议的对外投资促进效应——基于2005—2016年中国企业绿地投资的双重差分检验，经济研究，2019（9）：187-202.

[10] 魏浩 . 中国反制美国大豆进口的应对战略与启示"，人民论坛·学术前沿，2018（16）：34-39.

[11] 袁洁薇，张婷 . 中美大豆贸易的影响因素研究，粮食科技与经济，2018（10）：36-39.

[12] 袁艳云，何忠伟，刘芳 . 中美贸易战对大宗饲料粮进口的影响研究，中国畜牧杂志，2019（7）：164-168.

[13] 原梓涵，邵娜 . 中美贸易摩擦对大豆市场的影响及前景分析，农业展望，2018（10）：91-95.

[14] 张振，徐雪高，张璟 . 贸易新形势下国内外大豆产业发展战略取向"，农业展望，2018（10）：96-104.

[15] 周曙东，郑建，卢祥 . 中美贸易争端对中国主要农业产业部门的影响，南京农业大学学报（社会科学版），2019（1）：130-141+167-168.

[16] Amiti M, Redding S J, Weinstein D E, et al. The Impact of the 2018 Trade War on U.S. Prices and Welfare，National Bureau of Economic Research. 2019.

[17] Bollen J，Romagosa HR. Trade Wars: Economic Impacts of US Tariff Increases and Retaliations, CPB Back-ground Document. 2018.

[18] Bouët A, Laborde D. US Trade Wars in the Twenty-first Century with Emerging Countries: Make America and its Partners Lose Again, The World Economy, 2018,41(9):2276-2319

[19] Liu Q and Qiu L.D. Intermediate Input Imports and Innovations: Evidence from Chinese Firms' Patent Filings, Journal of International Economics, 2016,103:166-183.

[20] Liu Y, Robinson JRC, Shurley WD. China'Potential Cotton Tariffs and U.S. Cotton Exports: Lessons from History, Choices, 2018,33(2):1-6.

[21] Taheripour F. Tyner W E. Impacts of Possible Chinese 25% Tariff on U.S. Soybeans and Other Agricultural Commodities, Choices, 2018,33(2):1-7.

[22] Zheng Y Q,Wood D,Wang H,et al. Predicting Potential Impacts of China's Retaliatory Tariffs on the U.S. Farm Sector, Choices, 2018,33(2):1-6.